불교사회경제사상

프라즈냐 총서
55

불교사회경제사상

| 참여불교를 위한 이론적 정초 |

박경준 저

운주사

이 찬송과 노래와 기도 따윈 그만두시지요!
문들이 모두 닫힌 이 사원의 쓸쓸하고도 어두운 구석에서
당신은 누구를 예배하는 것입니까?
눈을 뜨고 보십시오, 신은 당신 앞에 없다는 것을!

그분은 농부가 곽곽한 땅을 갈고 있는 곳과
길 닦는 이가 돌을 깨고 있는 곳에 계십니다.
볕이 들거나 소나기가 퍼붓거나
그분은 그들과 더불어 계십니다.
그분의 옷은 먼지로 뒤덮여 있습니다.
당신의 신성한 망토를 벗고
그분처럼 당신도 먼지투성이의 저 흙 위로 내려가십시오.

해탈이라고요?
해탈이 어디에 있다는 말입니까?
우리의 주는 창조의 속박을 스스로 기꺼이 떠맡고 계십니다.
그분은 영원히 우리들 전체와 맺어져 있습니다.

명상에서 빠져나와 꽃도 향도 내버려 두시지요!
당신의 옷이 더럽혀지고 갈가리 찢긴들
무슨 해로움이 있겠습니까?
당신의 이마의 땀과 노역 속에
그분을 만나서 그분 곁에 서십시오.

– 타고르의 『기탄잘리』 중에서
박희진 역

책머리에

오늘의 우리 사회는 한편으로는 문명의 이기와 물질적 풍요를 누리고 있지만, 다른 한편으로는 현대사회의 구조적 모순으로 말미암은 인간성 상실과 환경파괴 등 심각한 위기에 직면해 있다. 이러한 상황 속에서 과연 불교가 할 수 있는 일은 무엇이며, 불교는 이러한 상황의 극복을 위해 어떠한 방향을 제시해야 할까?

혹자는 "오늘의 여러 현실 문제 해결을 위해 불교가 할 수 있는 일은 아무것도 없으며, 위기상황의 극복을 위해 굳이 애쓸 필요도 없다."고 말할지도 모른다. 사실 불교는 개개인의 주체적 깨달음을 중시하며 해탈과 열반을 구경究竟의 목표로 출가수도出家修道를 장려하는 종교이다. 이 점 때문에 예로부터 유가儒家에서는 불교를 '허원적멸虛遠寂滅'의 도피적·허무적 종교라든가, 부모에 대한 효도와 국가에 대한 충성을 무시하는 '무부무군無父無君'의 반인륜적 종교라고 비판하기 일쑤였다. 또한 막스 베버(Max Weber)는 일찍이 불교를 이웃의 행복(welfare)이 아니라 개인적인 안심입명安心立命(certitudo salutis)을 중시하는 개인구제個人救濟의 종교라고 하였고, 슈펭글러(Spengler)는 불타佛陀를 허무주의자로 규정하였다. 베이트슨(Bateson)은 불교를 염세주의로 보았고, 토인비(Toynbee)는 "붓다에 의하면, 진리는 역사 너머에 존재한다."고 주장하기도 하였다. 그리고 네빌(Neville)은 많은 구미의 불교도들이 불교를 낭만적인 전근대적 종교로, 또는 현대세계로부터의 도피를 가르치는 종교로 이해하고 있는 것 같다고 진단하였다.

하지만 이러한 불교 이해가 올바른 것일까? 불교는 과연 초세간超世間적이고 피안彼岸적인 것에만 몰두할 뿐 세간의 현실과 차안此岸의 일상에는 전혀 관심이 없는 것일까? 무엇보다도 먼저 이에 대한 원론적인 비판과 해명이 이루어져야 한다고 본다. 그러기 위해서 우리는 불교의 한 단면에만 시선을 고정해서는 안 되며, 시야를 넓혀 항상 전체적인 불교(Buddhism as a whole)의 모습을 조망해야 한다. 다시 말해서 불교를 하나의 단순한 종교사상으로만 이해할 것이 아니라, 정치·사회·경제·문화 사상까지를 포함한, 유기적이고 역동적이며 총체적인 인생의 지혜 또는 삶의 예술(the Art of Living)로 파악해야 한다는 말이다. 이 책을 통해 불교의 사회·경제사상에 대해 논구하고자 하는 그 첫 번째 목적이 바로 여기에 있다.

돌이켜 보건대, 인도로부터 서역과 중국을 거쳐 우리나라에 전래된 불교는 수많은 아시아 민중들에게 올바른 삶의 지표를 제시해 왔고 문화 창조의 비옥한 토양을 제공해 왔다. 특히 1,600여 년 동안 우리 겨레와 고락을 같이하면서, 혹은 민족정신의 계도자啓導者로서 혹은 민족문화 창달의 원천으로서 혹은 조국평화의 수호신으로서 민족사에 막중한 영향을 끼쳤고 다양한 공헌을 해 왔다. 그러나 조선조 500년간의 박해와 일제치하에서의 핍박을 겪으면서 문화 창조의 빛나는 전통을 거의 상실한 한국불교는 침체의 늪 속으로 빠져들게 된다. 광복 이후 더욱 거세어진 서구문명의 도전과 참혹한 전쟁의 시련 속에서 몹시 쇠약해진 불교는 설상가상으로 '비구−대처' 분쟁의 소용돌이에

휘말리기까지 한다. 그리하여 시대의 변화에 주체적으로 대응하면서 역사를 향도嚮導할 능력을 상실했던 불교는 지금까지도 그 후유증을 앓고 있으며, 오늘의 각종 사회 문제에 적극적으로 대응하지 못하고 있다. 이것은 한편으로 '불립문자不立文字 교외별전敎外別傳 직지인심直指人心 견성성불見性成佛'만을 지고의 가치로 여기며 대중적 삶의 현실과 역사에 대한 무관심을 당연시해 왔던 일부 선가禪家의 시대착오적 풍토에도 그 원인이 있다. 하지만 보다 근본적으로는 개항 이후 급격한 사회변동의 와중에서 불교인 스스로가 새로운 시대상황의 요청에 부응하는 자신의 사회적·문화적 이념의 계발을 등한시해 왔기 때문이다.

물론 오랜 역사와 전통이라는 자기 비중 때문에 창의적이고 미래지향적인 활동에 제약을 받을 수밖에 없는 불교가 전혀 이질적으로 변해 버린 사회환경 속에서 신속하게 자신의 새로운 길을 개척하기란 그리 쉽지 않을 것이다. 그러나 불타의 교설을 한낱 화석화된 언어와 문자가 아니라 역사 현실 속에 살아 숨 쉬는 가르침으로 구현해 가는 노력이야말로 불교 그 자체에 신선한 생명력을 불어넣는 일이다. 동시에 그것은 이 시대를 살아가는 불교인들에게 부과되는 고귀한 종교적 사명이라고 할 것이다. 따라서 불타의 근본이념을 오늘의 시점에서 재조명하고 재해석하여 불교의 새로운 역사적 지평을 열어 가는 작업은 오늘을 살아가는 불교인에게 주어진 신성한 과제가 아닐 수 없다. 이것이 이 책의 두 번째 목적이다.

돌이켜 보면 필자가 불교에 입문한 지도 어언 40년이 넘었다. 그동안 정신적 방황도 적지 않았다. 그것은 무엇보다도 생사해탈을 꿈꾸는

10

실존적 자아와 공동체의 정의를 지향하는 사회적 자아의 갈등에서 비롯된 것이 아닌가 싶다. 이 책은 그러한 '두 자아의 갈등과 화해'의 발자취라고 할 수 있다.

이 책은 필자의 박사학위논문을 큰 줄기로 하여 그동안 학술지 등에 발표한 논문들 중에서 일부를 가려 뽑아 수정 보완한 것이다. 책을 출간하기로 한 이후에 필자의 게으름 탓에 많은 시간이 흘렀다. 만시지탄의 부끄러움을 좀 더 충실한 내용을 담아 덮어 보고자 했으나 여전히 흠결들이 적지 않아 보인다. 강호제현의 질정과 조언을 바라마지 않는다.

이 책이 나오기까지 실로 오랜 시간의 흐름 속에서 인연을 나눈 많은 분들의 은혜와 도움이 있었다. 일일이 거명하지 않더라도 그 모든 분들께 감사의 마음만큼은 전하고 싶다. 특히 책을 펴내는 데 직접적인 노고를 아끼지 않은 이정희 박사와 이재수 박사, 그리고 미들하우스 이희선 대표와 동국대학교 김윤길 선생을 비롯한 여러분들께 거듭 감사를 드린다.

2010년 10월
남산을 바라보며 박경준 합장

제1장 불교 흥기의 배경

윌리엄 H. 드레이(William H. Dray)는 세계사를 가리켜 정열과 욕구의 드라마, 개인적 목표와 이기적 욕망의 소용돌이, 여러 민족의 행복과 국가의 지혜 그리고 개인의 덕德이 희생되는 살육장이라고 말한 바 있다.[1] 엘리아데(Eliade)는 인류 역사의 드라마 속에서 어떤 궁극적 의미를 발견할 수 있으리라는 희망이 전혀 없는 사람이 느끼는 두려운 감정을 '역사의 공포(terror of history)'[2]라고 하였다. 그리하여 사람들은 역사 너머의 또 다른 차원에서 존재의 궁극적 의미를 찾으려 했을 것이고, 종교宗敎는 바로 거기에서 비롯되었을 것이다. 이런 입장에서 볼 때, 종교를 '궁극적 관심에 의해 파악되는 존재의 상태'[3]라고 정의한

---

1 William H. Dray, *Philosophy of History*(Englewood Cliffs, N.J.: Prentice-Hall, 1964), p.69.

2 Mircea Eliade, *The Myth of the Eternal Return or, Cosmos and History*(Princeton: Princeton University Press, 1971), pp.139~162 참조.

3 Paul Tillich, *Christianity and the Encounter of the World Religions*(New York:

16

틸리히(Tillich)의 견해는 탁견卓見이라 할 것이다. 이러한 종교의 초역사적이고 궁극적인 성격 때문에 종교의 세계는 신비하고 신성하게 여겨지며, 합리적 사유보다는 계시(revelation)라든가 직관적 깨달음(enlightenment)과 같은 이른바 '종교적 체험'이 중요시되는 것이다.

그러나 종교의 세계에 있어서 이 '종교적 체험'의 신비 영역을 십분 인정한다 하더라도, 인간 생명의 유기적·역동적·총체적 특성을 생각해 볼 때, 그것은 어떤 방식, 어떤 형태로든 그 체험을 당사자가 몸담고 있는 자연환경 및 생활환경 그리고 사회환경과 불가분의 관계를 맺지 않을 수가 없을 것이다.

어떠한 철학, 사상, 종교든 그것은 적어도 일정 부분 당시의 구체적 사회환경을 반영하고 있는 것이다. 그 철학자·사상가·종교가들이 의식하든 의식하지 못하든 그들의 이성과 이상은 그들이 각기 당면한 시대의 문제 및 아픔과의 관계 속에서만 그 가치를 획득하게 되고 바로 이 객관적인 토대, 즉 시대상황이 그 사상들을 살아 움직이게 하는 원동력이라고 할 수 있다.[4]

이제 이러한 인식을 전제로 하여 불교사상의 성격과 본질을 좀 더 구체적으로, 또한 거시적으로 이해하기 위한 토대를 마련하기 위해 불교 흥기의 시대적 배경에 대해 알아보기로 한다.

Columbia University Press, 1964), p.4: "Religion is the state of being grasped by an ultimate concern, a concern which qualifies all other concerns as preliminary and which itself contains the answer to the question of the meaning of our life."

4 宋榮培, 『中國社會思想史』, 한길사, 1988, p.5.

원칙적으로 이 작업에는 고고학적(archeological) 검증이 따라야 하나 인도고대사의 연대가 매우 불확실하고,[5] 유물도 많지 않아 어려움이 많다. 현재로서는 그러한 고고학적 검증을 감행할 수 없는 형편이어서 매우 아쉽게 생각한다. 따라서 시대적 배경에 대한 연구는 당분간 거의 문헌학적(philological) 방법에 의존할 수밖에 없다고 본다. 이 책에서는 한편으로는 선행연구를 참고하고, 또 한편으로는 초기불교의 기초자료에 나타난 여러 가지 내용을 분석·검토하여 석존 당시의 시대 배경을 추정해 보고자 한다.

1. 자연환경

불교를 비롯한 인도의 독특한 종교 문화를 발생시킨 데에는 여러 가지 원인이 있겠지만, 지리적 특성과 기후적 특징 등의 자연환경은 결코 무시할 수 없는 원인이라고 하겠다. 인도라는 말은 본래 대수大水, 대해大海, 대하大河 또는 인더스(Indus) 강을 뜻하는 산스크리트어 신두(Sindhu)로부터 유래한 말로서, 신두가 페르시아어의 영향을 받아 힌두(Hindhu)로 변하고 다시 그리스어의 영향을 받아 인더스(Indus)로 바뀌고 인더스에서 현재의 인디아(India)라는 영어가 파생되었다.[6]

---

5 인도학자 W.D. Whitney는 "인도문학사에 주어진 모든 연대는 다시 타도되기 위해 세워져 있는 볼링의 핀과 같다."고 한 바 있는데, 이는 문학사뿐만 아니라 사상사를 비롯한 거의 모든 인도사의 연대에도 적용된다 하겠다.(早島鏡正 外, 『インド思想史』, 東京大學出版會, 1985, p.1 참조)

6 元義範, 『印度哲學思想』, 集文堂, 1990, p.361. 이 주장은 1965년 뉴델리에서

하지만 인도인들은 자신의 나라를 인도(India)라고 지칭하지 않으며
바라따 와르샤(Bharata-varsha) 또는 바라따 칸다(Bharata-khaṇḍa)라고
부른다.[7]

이 인도는 히말라야 산계山系의 남쪽에 가로놓인 유라시아 대륙의
반도로서 그 면적은 서유럽의 전 지역에 필적하는 약 450만km²이며,
현재는 인도공화국, 파키스탄, 방글라데시, 네팔, 부탄, 시킴(1975년
국민투표에 의해 인도의 한 주로 편입됨) 등으로 나뉘어 있다.

인도의 북쪽은 세계의 지붕이라 불리는 히말라야(Himālaya) 산계와
힌두쿠시(Hindukush) 산맥을 경계로 아시아 대륙과 구분되고, 동서는
그 지맥인 아라칸과 술라이만의 양 산맥으로 구분되며, 남쪽으로는
코모린 곶(Comorin Cape)을 꼭짓점으로 하는 광활한 역삼각형의 모양
으로 펼쳐져 인도양에 돌출되어 있다. 이 같은 인도는 그 지리적
특색에 따라 ① 히말라야 지역, ② 힌두스탄(Hindustan) 평원, ③ 인도
반도(또는 Deccan 고원) 지역 등 크게 세 지역으로 나뉜다.[8]

① 히말라야 지역에는 카슈미르(Kashmir)·네팔(Nepal)·시킴(Sik-

열린 "세계힌두종교대회"에서 Dr. B.L. Atreya가 발표한 "What is Hinduism"이라
는 논문 중에 개진된 것임.

[7] 위의 책, p.11.

[8] A.F. Rudolf Hoernle and Herbert A. Stark, *A History of India*(Delhi: Sri Satguru
Publications, 1986), pp.i~iv; D.N. Majumdar, *Races and Cultures of India*
(London: Asia Publishing House, 1961), pp.3~4. 이 밖에도 印度를 ① 인더스
강 유역, ② 갠지스 강 유역, ③ 빈드야 산맥 이남 지역 등 세 지역으로 나누는
견해도 제시되고 있다.(佐佐木教悟 外, 『佛教史槪說－インド篇』, 平樂寺書店, 1967,
第1章 참조)

kim)·부탄(Bhutan) 등이 포함되며, ② 힌두스탄 평원은 인더스(Indus)·
갠지스(Ganges)·브라흐마뿌뜨라(Brāhmaputra)의 3대수계三大水系에
의해 혜택 받은 곳으로, 아라비아 해로부터 벵골 만까지 약 3,200km,
남북으로 250~300km나 되는 세계 유수의 대평원이다. 이곳은 인도
문화가 발생한 주요 무대로서 현재도 인도 총인구의 약 절반이 거주하
며 인구 밀도도 조밀한 편이다. 토양은 비옥한 편으로 건조하면 표면이
굳어지지만, 물만 있으면 쉽게 경작할 수 있다. 몬순(Monsoon)이
벵골 만에서 이 평원을 북서쪽으로 향하여 불기 때문에 강우량은
동쪽에 많고 서쪽으로 갈수록 적어지므로 동부는 다습하여 쌀의 재배
가 가능하다. 서부는 건조하여 주로 밀이 재배된다. ③ 데칸 고원은
아라비아 해안에서 거의 100km 떨어진 곳에 높이 1,000~2,000m의
서西고츠 산맥이 남북으로 달리고, 산맥 서쪽은 단층을 이루나 동쪽은
벵골 만으로 향하여 매우 완만한 경사면을 이룬다. 따라서 이 산맥에서
발원하는 주요 하천 대부분은 동류東流하여 벵골 만으로 흘러들고
하구 부근에 서는 평야를 형성하고 있다. 다만 나르마다 강과 타프티
강만은 서류西流한다. 나르마다 강의 북쪽을 동서로 달리는 빈드야
산맥과 그것에 연속되는 산맥은 예로부터 남북교통의 장애가 되어
왔다. 데칸 고원의 동부와 남부의 토양은 라테라이트(laterite)화하여
농업에는 부적당하나, 레구르라고 불리는 흑색토의 지대가 산재하여
뭄바이의 후배지後背地를 이루면서 인도에서 으뜸가는 면화지대를
형성하고 있다. 또 광물자원은 아직 충분히 개발되지 못하였으나
철 등의 매장이 풍부한 것으로 알려졌다.

　동경 61°에서 97°, 북위 8°에서 37°에 이르는 광대한 인도의 기후도

매우 다양하다. 인도 대륙 대부분은 아열대에 속하나 그 기후는 몬순에 의해서 큰 영향을 받고 있다. 그 때문에 우기와 건기가 뚜렷하고 하천의 수량도 연중 크게 변화한다. 또 몬순의 도래 시기가 일정하지 않아 뭄바이가 며칠씩 큰비로 시달려도 델리는 건조한 날이 계속된다. 강수량도 아삼의 실롱 구릉丘陵이 세계에서 최대량을 기록하는 데 반하여 라자스탄의 서부에는 사막이 전개되어 있다.

갠지스 평야를 예로 들면 1년은 세 계절로 나뉜다. 즉 ①11~3월은 비가 거의 내리지 않아 건조하고 온화하면서도 때로는 한랭한 계절, ②3~6월은 혹서의 계절, ③6~10월은 북서 몬순에 의해 비가 많고 기온도 상당히 높은 계절이다. 다른 지방도 이 세 계절로 대강 나눌 수 있으나 지형과 몬순의 도래시기에 따라 온도와 강우일降雨日에 큰 차이가 있다. 현재도 인도에 있어서 몬순의 도래 시기와 이 기간 중의 강우량 등은 농업생산의 풍흉豊凶을 좌우하는 중대한 문제이며 국가적인 큰 관심사이기도 하다.[9]

그렇다면 이러한 인도의 지리적·기후적 조건과 인도의 정신문화 사이에는 어떤 관계가 있는 것일까? 이에 대해서는 현재 거기에는 긴밀한 관계가 있다고 보는 관점과 큰 관계가 없다고 보는 관점이 대립하고 있다. 먼저 제3대 인도 대통령을 지낸 라다끄리슈난(Radha-krishnan)의 긍정적 견해를 들어 보자.

사색의 정신이 활기를 찾고 예술과 과학이 발전하는 데 필요한

---

9 東亞出版社 編, 『原色世界大百科事典(23)』, 1983, p.374.

첫 번째 조건은 안전과 여유를 제공하는 안주사회安住社會이다.
풍요로운 문화는 사람들이 살기 위해 싸워야 하고 궁핍 때문에
죽어 가는 유목민의 사회에서는 꽃필 수 없다. 그런데 인도는
다행스럽게도 경관이 훌륭한 천혜의 땅이었다. 북쪽의 험준한
히말라야와 3면의 바다는 인도를 오랫동안 외적의 침입으로부터
지켜 주었다. 풍부한 자연은 충분한 먹을 것을 제공했고 사람들은
생존을 위해 싸우거나 힘들게 일하지 않아도 되었다. 인도인들은
결코 이 세상이 힘과 부와 지배를 쟁취하려는 사람들의 싸움터라고
는 생각하지 않았다. 인간은 자연을 개발하고 세계의 힘을 제어하
는 등, 지상의 생활 문제에 정력을 소모할 필요가 없어질 때,
한 차원 더 높은 정신적 생활을 꿈꾸게 된다. 아마도 사람들의
기력을 빼앗는 무더운 기후는 인도인들로 하여금 휴식과 은둔을
선호하게 했고, 거대한 숲들은 경건한 수행자로 하여금 나뭇잎
우거진 숲속의 길을 따라 한적하게 걸으며 진기한 꿈을 꾸고 혹은
홀연히 기쁨의 노래를 부르도록 했으리라. 세속생활에 지친 사람들
은 집을 나와 이러한 자연의 풍광을 순행巡行하며 내적인 평화를
얻고, 바람 소리와 물소리 그리고 새소리와 나뭇잎 소리에 귀
기울이며 건전한 마음과 신선한 정신으로 다시 집으로 돌아가는
것이다.[10]

요컨대 생활의 안정, 풍부한 천연자원, 걱정의 부재, 생활하기 위한

---

10 Radhakrishnan, *Indian Philosophy* Vol.I(London: George Allen & Unwin, 1977), pp.21~22.

노고勞苦로부터의 초연超然, 현실에 대해 지나친 관심을 갖지 않는다는 점 등은 인도의 풍요로운 정신문화를 창출하는 데 크게 이바지했다고 보는 것이 라다끄리슈난의 입장인 것이다. 이러한 견해는 라다끄리슈난 외에도 상당히 많은 학자들에 의해 표명되고 있다.[11]

그러나 일본의 마쓰다니 후미오(增谷文雄)는 이러한 라다끄리슈난의 주장을 공박하고 나선다. 먼저 인도에서 높은 정신문화가 꽃필 수 있었던 것은 자연의 혜택에 힘입은 바 크다는 주장에 대해 초기불교 문헌에 종종 나오는 기근에 관한 내용을 예로 들면서 인도인의 '자연의 혜택에 의한 생활의 여유'라는 것이 보편적인 사실이 아니라고 논박한다. 마쓰다니가 제시한 다섯 가지 기근의 예[12] 외에도 초기불교 자료에서는 기근의 기사를 더러 발견할 수 있다. 먼저 『사분율四分律』 권13에는,

> 그때에 세존이 아나빈두국阿那頻頭國으로부터 세간에 유행하셨는데 비구 1,250인과 함께하셨다. 그때에 그 나라에 쌀이 귀하여 걸식하기가 어려웠고 사람들은 모두 굶주린 얼굴빛이었다. 그리하여 500명의 걸인이 항상 세존의 뒤를 따르고 있었다.[13]

---

11 예를 들어 佐佐木敎悟는 "이 같은 지리적 조건은 인도의 독립성을 드러내 보여 주며, 서양 문화는 물론 페르시아나 중국과 같은 다른 동양지역의 문화와도 구별되는 독자적인 문화 체계를 형성케 하는 역할을 하고 있다." "찌는 듯한 더위, 높은 습도, 건조한 대기 등이 주민들의 성격을 수동적이고 인종적이며 사색적으로 만들었다."고 진술한다.(佐佐木敎悟, 앞의 책, 제1장 참조)

12 增谷文雄 저, 睦楨培 역, 『佛陀時代』, 경서원, 1984, pp.33~35.

13 『四分律』 13(『大正藏』 22, p.656中).

라고 하는 내용이 기록되어 있고, 『장아함경長阿含經』의 「유행경遊行
經」 중에는

> 나라(문맥으로 보아 마가다Magadha국 죽림원竹林園 부근 일대로 생각됨)
> 안의 대중들이 다 모이자 아난은 세존께 말씀드렸다. "대중은 다
> 모였습니다. 말씀하시지요." 그때 세존은 자리에서 일어나 강당으
> 로 나아가 자리에 앉아 모든 비구에게 말씀하셨다. "이 나라에는
> 기근이 심해 걸식하기 어렵다. 그대들은 마땅히 각기 무리를 나누
> 어 아는 사람을 따라 비사리毘舍離와 월지국月祇國으로 가거라.
> 거기에서 안거安居하면 궁핍함은 없을 것이다. 나는 아난과 함께
> 이곳에서 안거할 것이다."[14]

라는 내용이 발견된다. 이러한 예들을 종합해 볼 때 고대 인도 사회에
서는, 어느 정도 자주 있었는지는 알 수 없지만, 많은 사람의 생활이
어려울 정도의 큰 기근이 더러 있었던 것만은 분명하다고 생각된다.
　마쓰다니가 이 문제를 거론하는 이유는 다른 데 있지 않다. 한마디로
말해서 '생존을 위해 싸우거나 힘들게 일하지 않아도 되는' 사람들은
인도의 민중이 아니라 일부 지배계급의 바라문에 불과했으며, 결국
일부 상류층의 삶의 여유는 자연의 혜택 때문이 아니라 계급적 사회현
실 때문에 가능했다는 점을 그는 지적하고자 한 것이다. 마쓰다니는
이렇게 주장한다.

---

14 『長阿含經』 2(『大正藏』 1, p.15上).

지상의 생활 문제에 정력을 소모하지 않아도 되는 몇 천의 사람들이 '보다 고상한 정신의 영역'에 관해서 명상·사색에 몰두하고 있을 때, 다른 한쪽에서는 그보다 더 많은 아마도 그의 몇 배, 몇 십 배의 사람들이 면제받은 그들의 몫까지 떠맡아서 거의 온 정력을 '지상의 생활 문제'를 위해 소비하고 있었으리라는 것을 알아야 한다. 즉 인도에서 정신문화가 고도로 발달한 것은 반드시 자연의 은혜만이 가져다준 것이 아님을 생각해야 하며, 동시에 그런 문화 현상의 형성은 모두 노예를 부린 경제의 단계에서 일반적으로 나타나는 것이라는 점에 생각이 미치지 않을 수 없다.[15]

마쓰다니는 또한 "북쪽의 험준한 히말라야와 3면의 바다는 인도를 오랫동안 외적의 침입으로부터 지켜 주었다."는 등의, 인도의 폐쇄되고 고립된 지리적 조건이 인도 특유의 독창적인 정신문화를 가능케 했다는 주장에 대해서도, "인도 문화라고 하면 그것은 결국 인도-아리안(Indo-Āryan)에 의해 형성된 문화인데, 이 인도-아리안 자체가 사실은 인도의 국토에 대한 침입자에 불과한 것이다."[16]라고 하면서 반론을 제기한다. 다시 말해서 독특한 인도 문화가 개화開化할 수 있었던 것은 인도의 지리적 조건 때문이라기보다 오히려 인도-아리안에 의해 창출된 바라문교(Brahmanism)에 바탕을 둔 계급제도 때문이라고 보고자 하는 것이 그의 비판적 시각이다.

그러나 필자가 여기서 한 가지 지적해 두고 싶은 것은 모든 문화현상

---

15 增谷文雄, 앞의 책, p.36.

16 위의 책, p.38.

을 너무 단순화시켜 도식적으로 이해해서는 곤란하다는 점이다. 예를 들어 자연환경 P1에서는 반드시 문화 C1이 발생하고 자연환경 P2에서는 반드시 문화 C2가 발생한다든가, 혹은 사회환경 S1에서는 반드시 문화 C1′가 나타나고 사회환경 S2에서는 반드시 문화 C2′가 나타난다는 등의 주장은 옳지 않다고 본다. 이러한 도식은 일견 명쾌해 보이지만, 인간문화의 복합적인 성격에 대한 무지의 소산이라고 할 수 있다. 어떤 한 민족의 문화를 바르게 이해하려면 적어도 자연환경, 사회·역사적 배경, 민족성, 개인의 창조적 정신성 등 네 가지 요소는 고려해야 한다. 따라서 인도 문화의 경우도 인도의 독특한 자연환경, 사회·역사적 배경, 인도-아리안의 고유한 민족적 특성, 위대한 창조적 종교 지도자 등의 복합적인 요인들이 역동적으로 상호작용을 하는 가운데 나타난 것이라고 보아야 할 것이다.

2. 정치적 정황

1) 문명의 이동

인도-아리안(Indo-Āryan) 족은 본래 코카서스(Caucasus: 캅카스Kavkaz의 영어식 이름으로 흑해와 카스피 해를 연결하고 있음) 산맥의 북방에서 살았던 것으로 추정된다. 오랜 옛날 그들은 민족의 대이동을 시작하면서 동서로 분열되었다. 동방으로 이동한 민족 일부가 힌두쿠시(Hindukush) 산맥을 넘어 인도의 서북부를 통해 인더스 강과 야무나 강사이의 빤잡(Pañjab) 지방에 침입하여 원주민들을 정복하고 살기 시작한 것은 B.C.E. 1600~1300년경으로 알려져 있다. 그들은 자신을 스스로 아리안(Āryan: 고결한noble, 명예로운honorable 등의 의미)이라고 부르면서 자신들을 다른 원주민들과 엄격히 구별하였다. 그들은 반농반목半農半牧 생활을 하였으며 무용武勇이 뛰어나 원주민들을 쉽게 정복할 수 있었다. 그렇다고 하여 모든 원주민이 아리안의 지배를 받았던 것은 아니다. 『리그웨다(Ṛg-veda)』에서는 이 원주민들이 다사(Dāsa, 또는 dasyu)라고 일컬어지고 있으며, 이들은 낮은 코와 검은 피부, 그리고 황소와 같은 두꺼운 입술을 가진 사람들로 묘사되고 있다. 이들은 아리안 족과는 달리 공희供犧를 행하지 않았고, 링가(liṅga, 男根)를 숭배했으며, 모계사회를 유지하고 있었다. 아리안 족들은 밖으로는 원주민의 제 부족과 싸우면서, 『리그웨다』에 나오는 '시왕전쟁十王戰爭'의 이야기가 말해 주듯 안으로는 아리안 부족 사이의 내분도 겪었다. 이러한 과정을 거치면서 그들은 빤잡 평원에서 점차 동진하면서 농경생활에 적합한 문화와 종교를 발전시켰으며, 따라서 그들의 종교는 주로 농경에 관계가 깊은 신들을 모시는 제의종교祭儀宗敎의 성격을 강하게 띠었다. 이를 일컬어 흔히 웨다(Veda) 종교 또는 바라문교(Brahmanism)라고 한다.

그들은 B.C.E. 1100~900년경에는 이미 갠지스 강 상류지역, 좀 더 구체적으로는 강가 강과 야무나 강의 중간 지대인 도아브(Doāb) 지역에까지 진출한다. 그들은 다시 동쪽과 남쪽으로 전진하면서 자연환경에 힘입어 농업을 더욱 발전시켜 갔다. 이러는 가운데 본래는 사제였던 바라문들이 점차 하나의 사회계급을 형성하게 된다. 그들은 주술의 힘을 기조로 하는 제식의 효과를 강조하고 이 제식을 독점함으로써 권력을 장악하였다. 여기에 웨다 천계天啓주의, 바라문 지상주의,

제식 만능주의를 특징으로 하는 바라문 중심의 문화가 이른바 바라문중국婆羅門中國을 중심으로 꽃피게 된다.[17]

B.C.E. 9세기경 쟈나메쟈야(Janamejaya) 황제의 재위 기간 중에 빠우라와(Paurava, 일명 Kuru-Pañcāla) 제국은 가장 강력하였고 가장 번성하였다. 이때에 매우 창의적인 사상가들이 나와 바라문교의 발전에 이바지하고 동시에 제국을 빛냈다. 그러나 쟈나메쟈야 황제 이후 빠우라와 제국의 국운은 차츰 기울기 시작한다. B.C.E. 8세기경 니짜끄슈(Nicakṣu)의 통치 기간 중에 갠지스 강 상류에 있는 빠우라와 제국의 수도, 하스띠나뿌라(Hastināpura)가 대홍수에 의해 황폐화되었는데, 그것이 제국이 쇠퇴하는 결정적 계기가 되었던 것으로 추측된다. 니짜끄슈는 수도를 야무나(Yamuna) 강 하류에 있는 까우샴비(Kauśāmbī)로 옮겼다. 그 후 빠우라와 제국은 전쟁 등으로 더욱 피폐해졌고 바라문교의 발전도 중단되었다. 또한 그동안 빠우라와의 지배하에 있었던 여러 지역의 통치자와 국가들은 각기 독립을 주장하고 나섰다.[18]

이렇게 하여 꾸루끄셰뜨라(Kurukṣetra), 빤짤라(Pañcāla), 마트샤(Matsya), 슈라세나(Śūrasena) 등의 이른바 바라문중국(Madhya-deśa)을 중심으로 꽃피웠던 바라문 문명은 발전을 멈추게 되었고 새로운 문명의 중심권은 주변 국가, 특히 갠지스 강 중류지역의 신흥 국가로 이동하게 된다.

---

17 奈良康明, 『佛教史 I』(世界宗教史叢書 7, 東京: 山川出版社, 1979), pp.30~32; 鄭泰爀, 『印度宗敎哲學史』, 김영사, 1985, pp.13~14.

18 A.K. Warder, *Indian Buddhism*(Delhi: Motilal Banarsidass, 1980), p.28.

28

 당시의 문명이 남하·동점하고 있었던 것은 이미 시대의 일반적
추세였고, 전쟁에 참가한 주변국들이 바라문 문명을 익혀 자기 나라로
돌아가 활용함과 동시에 부국강병의 정책을 펴나가면서 힘을 키워
갔다고 볼 수 있다.

 이 신흥국 중에서도 꼬살라의 사위성(Sāvatthī), 마가다의 왕사성
(Rājagaha), 왐사의 꼬삼비(Kosambi), 왓지의 웨살리(Vesāli) 등은 당시
가장 잘 알려진 신흥 도시로서 다양한 문화운동의 중심지였다. 이들
신흥국은 표면상으로는 같은 아리안 족으로서 바라문 문명의 영향을
받았지만 바라문중국 지방과는 입장이 달랐다. 그들은 바라문중국
지방에서 직접 이주해 온 아리안 족이라고 하기보다는, 일찍이 그
큰 줄기로부터 갈라져 나온 어느 정도의 혼혈족이라고 보아야 할
것이다. 그런 만큼 그 문화도 아리안 족의 순수한 바라문 문화와는
다를 수밖에 없었을 것이다.[19] 그리고 인도의 원주민과 아리안 족
사이의 인종적·문화적 융합 및 중층화重層化는 오랫동안 계속되어
왔던 것이며 아리안 문화가 원주민의 문화를 일방적으로 정복하거나
흡수해 버린 것은 아니다. 사회의 표면에 나타나지는 않더라도 생활의
저변에서는 두 문화가 끊임없이 상호 작용하면서 다양한 형태로 혼합
되어 갔다. 그리하여 석존이 출현할 무렵에는, 아리안 계통의 문화가
중심을 이루면서도 원주민 문화에서 유래하는 요소가 사회의 표면에
분명한 모습을 드러내게 된다.[20]

19 木村泰賢, 『原始佛教思想論』(東京: 大法輪閣, 1982), pp.55~56.
20 奈良康明, 앞의 책, pp.31~32.

2) 정치적 과도기

한마디로 석존 당시의 사회는 정치적으로 격동기였다. 북부 인도지방에는 중심문명권의 이동과 함께 종래의 군소 부족국가들이 점차 통합하여 강력한 국가 체계가 형성된다. 초기불전에는 이른바 16대국(Solasa mahā janapada)의 이름이 나오는데, 그것을 열거하면 다음과 같다.[21]

國名		현재 지역	도시: ( )는 현재 이름
앙가	Aṅga 鴦伽國	Bengal	Champa(Bhagalpur) Bhaddiya Assapura
마가다	Magadha 磨竭國	南部 Bihār	Rājagaha(Rajgir) Pāṭaliputta(Patna)
까시	Kāsi 迦尸國	Banaras	Bārāṇasi(Banaras)
꼬살라	Kosala 居薩羅國	Oudh	Sāvatthi(Saheth-Maheth) Sāketa(Ayodhyā)
왓지	Vajji 拔祇國	北部 Bihār	Vesāli(Besarh) Mithilā(Janakpur)
말라	Malla 末羅國	Gorakhpur	Pāvā(Padaraona) Kusinārā(Kasia)
쩨띠	Ceti 支提國	Bundelkhand	Sotthivatī

---

[21] 16대국의 Pāli名은 *Aṅguttara-Nikāya*(A.N. IV, p.252)에 의거했고, 漢字名은 『長阿含經』(『大正藏』 1, p.34中)에 의거하여 표기하였다. 이 도표는 Etienne Lamotte(*History of Indian Buddhism*, p.8)의 것을 참고하였다. 또한 16대국의 이름은 이 밖에도 『佛說人仙經』(『大正藏』 1, pp.213下~214上), 『中阿含經』 권55 (『大正藏』 1, p.772中), *Aṅguttara-Nikāya*(A.N. I, p.213; A.N. IV, p.260) 등을 비롯한 여러 곳에서 거론되고 있다.

			Sahajāti
			Tripurī
왐사	Vaṃsa 拔沙國	Allahābād	Kosambi(Kosam)
꾸루	Kuru 居樓國	Thānesar와 Delhi 및 Meerut 지역	Indapatha(Delhi) Hastināpura
빤짤라	Pañcāla 般遮羅國	Rohilkhand 中央 Doāb	Kampilla(kampil) Ahicchatra(Ramnagar)
맛챠	Maccha 婆蹉國	Jaipur	Virātanagara(Bairat)
수라세나	Sūrasena 蘇羅娑國	Mathurā	Madhurā(Muttra)
앗사까	Assaka 頗漯波 (阿濕波)國	Nizam	Potana(Bodhan)
아완띠	Avanti 阿般提國	Mālwā와 Nimār	Ujjeni(Ujjain)Māhissati
간다라	Gandhāra 乾陀羅國	Peshāwar와 Rawalpiṇdi 지역	Takkasilā
깜보쟈	Kamboja 劍浮沙國	Kaśmīr 南西部 및 Kāfiristān	Dvāraka

이상과 같은 16대국[22]을 포함한 석존 당시의 여러 나라에서는 공화정 共和政과 군주정君主政의 두 가지 형태의 통치가 행해지고 있었고, 이들은 상호 대립적인 관계에 있었다. 전제군주국가들은 주로 야무나 강과 갠지스 강 유역에 분포되어 있었으며 공화국은 히말라야의 산기

---

22 이 16대국은 고대 통일국가를 이룩했던 마우리야 왕조 이후에 완성된 호칭으로서, 석존 당시에 모두 실재했다고 볼 수는 없을 것이다. 그러나 사실 여부를 떠나서 이것은 당시의 복잡했던 정치상황에 대한 상징적인 의미를 지닌다고 생각되어 이 책에서는 이 16대국설을 일단 수용하기로 한다.

슭에 인접해 있었다. 군주국가의 팽창에 맞서 공화국들(gaṇa-saṅghas)
은 존립을 위한 전쟁을 치러야 했으며, 또한 군주국끼리의 큰 전쟁도
빈발했고 공화국끼리의 작은 싸움도 끊이지 않았다.[23] 이러한 가운데
공화국은 점점 쇠퇴해 가고, 군주국은 영토와 국력을 증대시켜 갔던
것이 당시의 일반적인 추세였다.[24]

그런데 본래 고대 인도의 공화제는 종족사회를 기초로 하여 발전하
였고, 또한 전제군주제는 이러한 공화제국가 및 그 주변에 잔존하는
종족을 정복함으로써 발전하였다. 불타 시대의 잔존 종족으로는, 사
꺄족(Sākya 또는 Sakya: Skt. Śākya)을 비롯하여 말라(Malla) 종족, 릿챠
위(Licchavi) 종족, 위데하(Videha) 종족, 박가(Bhagga) 종족, 불리
(Buli) 종족, 꼴리야(Koliya) 종족, 몰리야(Moliya) 종족, 브라흐마나
(Brāhmaṇa) 종족, 깔라마(Kālāma) 종족, 띠와라(Tivarā) 종족, 빤다와
(Paṇḍava) 종족, 까깐다(Kākanda) 종족 등이 알려져 있다.[25]

---

23 『增一阿含經』(『大正藏』 2, pp.690上~693下)에 의하면 석존 재세 시에 석가족은
꼬살라(Kosala)국에 의해 멸망되었다. 『長阿含經』, 「遊行經」(『大正藏』 1, pp.11
上~12下)에는 마가다(Magadha)국의 아사세왕이 왓지(Vajji)를 정벌하고자 하여
大臣 禹舍로 하여금 석존께 자문을 구하도록 했다든가, 또는 마가다국의 巴陵弗城
(Pāṭaligāma)은 대신 우사가 왓지국의 공격을 방어하기 위해 구축했다는 등의
내용이 나온다. 또 『四分律』 권39(『大正藏』 22, p.850上~中)에는 꼬살라의 波斯匿
王과 마가다의 아사세왕이 싸워 많은 사람이 죽었는데 비구들이 그 죽은 사람들의
옷을 가서 가져오고자 했다든가, 또는 웨살리(Vesāli)의 릿챠위(Licchavi)족(毘舍
離梨奢)과 아사세왕이 싸워 많은 사람이 죽었다는 기록이 보인다. 이 밖에도
석존 당시의 정치 상황을 알려 주는 내용은 상당히 많다.

24 Trevor Ling, *The Buddha*(Baltimore: Penguin Books Inc., 1973), p.60.

25 宮坂宥勝, 『佛教の起源』(東京: 山喜房佛書林, 1972), pp.64~88 참조.

원래 종족사회란 경제적으로 자립하고 정치적으로 독립한 사회로서, 당시 종족사회는 원시공동체 사회의 최고 조직 형태였다. 그러나 결국 공화제국가의 기초를 이루는 과정에서 해체되어 갔던 것이다.

석가족을 비롯한 북인도의 여러 종족사회의 농업 생산 기술은 별로 발달하지 않았기 때문에 토지의 공유라든가 노동과정에서의 협업이 필요하였다. 하지만 철기구의 보급과 관개시설의 확충에 의해 생산력이 증대되고,[26] 계급사회로의 이행에 기인한 협업의 파괴가 심화되며, 잉여생산물이 쌓여 가고, 상품 교역이 활발해지고, 대상주隊商主(satthapati)·자산가資産家(gahapati)·부상富商(seṭṭhi) 등 신흥 중산 계급이 출현하고, 상업도로가 발달하고, 화폐의 유통이 전 지역으로 확대되면서 종족사회는 붕괴되기 시작한다. 그리하여 종족의 공동경제는 개별적 경제로 분열하고, 그에 따라 사적 소유가 나타난다. 불교 흥기 시대의 갠지스 강 중류지역의 비옥한 경지지대耕地地帶는 영주와 국왕들에 의한 토지사유화(촌락 소유)가 진행되고, 각자의 토지(Khetta 田地, Vatthu 土地)를 소유하는 사람들이 생겨나게 된다. 토지를 잃고 분열한 종족민의 일부는 도시의 수공업자가 되기도 하고, 상인이 되기도 하며, 종교인이 되기도 하였다. 이렇게 하여 옛 종족공동체는

---

26 고대 아리아인들은 철제 무기를 사용함으로써 갠지스-야무나 평원의 상류지역에서 토착민들을 제압하고, 철제 도끼를 사용하여 삼림을 개간하며 농지면적을 확대시켜 갔을 것이다. 특히 철제 보습에 의한 深耕農法의 개발은 토질의 향상을 가져와 생산력의 증대를 견인하였다. 또한 그들은 가뭄과 홍수 등의 자연 재난에 대비하여 관개시설(nettika)을 확충하고 경지를 정리하여 노동생산성을 높여 갔다.

몰락의 길로 접어들었던 것이다.[27]

결국 군사적 민주제를 취하는 공화제국가든 공공연히 찬탈을 일삼는 전제국가든, 그들 모든 국가는 종족사회가 붕괴한 폐허 위에 건설되었던 것이며, 더욱이 강력한 전제군주국가는 다른 약소국가를 정치적·경제적으로 종속시켜 갔다. 꼬살라국에 의한 석가족의 멸망, 그리고 마가다국에 의한 꼬살라국의 멸망은 그 좋은 예가 될 것이다. 이러한 과정에서도 정복적·노예적 관계를 거부하고 종족의 독립과 민주주의를 쟁취하기 위해서는 종족들은 서로 연합할 수밖에 없었다. 왓지족은 릿챠위족과 위데하족의 연합종족으로서, 고대 인도 최후의 민주제 사회로 알려져 있다.

3) 석가족의 정치적 위상

이와 같은 정치적 격동기 속에서 석가족은 결국 꼬살라국에 의해 병탄되고 말지만, 오래전부터 꼬살라에 예속되어 있었다는 기록도 눈에 띈다. 즉 『숫따니빠따』에서는,

> 왕이여, 저쪽 히말라야 산 기슭에 한 정직한 민족이 있습니다.
> 예전부터 꼬살라 나라의 주민으로 부와 용기를 갖추고 있습니다.
> 성姓은 '태양의 후예'라 하고 종족은 '석가족'이라 합니다. 왕이여,
> 나는 그런 집에서 출가했습니다.[28]

---

27 宮坂宥勝, 위의 책, pp.2~29 참조.

28 *Sn.* 422~423.

라고 석존이 직접 토로하고 있는 것이다. 이렇게 본다면 석가족의 희망 없는 정치적 상황도 석존으로 하여금 출가하게 한 하나의 동기로서 작용할 수 있었다는 추측도 가능하리라 생각된다.[29]

석가족의 정치형태에 대해서는 크게 두 가지 견해가 대립되고 있다. 세습군주제世襲君主制와 공화제共和制가 그것이다. 초기경전에서는 슛도다나를 보통 라자(Rāja)라 부르고, 후대로 내려오면서 마하라자(Mahā Rāja, 大王)로 기록하고 있다. 이러한 사실로 미루어 볼 때, 이 부족은 소규모이기는 해도 대대로 전제적인 세습제 군주국가의 형태를 취하고 있었다는 설이 있다.[30] 그러나 가나(gaṇa) 또는 상가(saṅgha)로 불렸던 당시의 부족집회는 많은 라자(Rāja: 왕이라기보다는 대표자)에 의해 진행되는 것이 상례였다. 『에까빤나 쟈따까(Ekapaṇṇa Jātaka)』에 의하면 릿챠위족의 한 부족집회에는 라잔(Rājan)의 칭호를 지닌 부족장 7,707명이 참석하여 국사를 논의했다는 기록이 있을 정도다.[31] 그러므로 라자나 마하라자라는 단어에 근거해서 석가족의 정치형태를 군주제라고 단정 짓는 것은 온당치 못하다 할 것이다.

『증일아함경增一阿含經』 권26 「등견품等見品」에는 "그때 까삘라왓뚜의 석씨釋氏들 5백 명이 한곳에 모여 있었다."[32] "그때에 까삘라왓뚜

---

29 金東華, 「佛敎의 國家觀」, 『佛敎學報』 第十輯, 1973, p.25; 洪庭植, 『佛敎入門』, 동국출판사, 1967, pp.40~41 참조.

30 中村 元 編, 『ブッダの世界』(東京: 學習硏究社, 1980), p.138.

31 Jātaka I, p.504.

32 "爾時迦毘羅衛釋種五百人集在一處."(『大正藏』 2, p.690上).

에 강당을 하나 새로 세웠다."[33]는 내용이 발견되고, 『장아함경』의 「아마주경阿摩晝經」에는 "때에 많은 석종자釋種子들이 무슨 일로 강당에 모여 있었습니다."[34]라는 등의 내용이 발견된다. 여기서 말하는 강당講堂이란 산타가라(santhāgāra)라는 빨리어에 상응하는 말로서 원래 산타가라는 공회당公會堂, 회의소會議所 등의 의미를 지니고 있다. 따라서 여기에서 강당이란 공회당으로서, 위의 기록들은 바로 석가족이 일종의 공화제를 행하고 있었다는 것을 말해 주고 있다 하겠다.

이러한 공회당에서 이루어진 석가족의 부족집회(sakya gaṇa)에서 중요한 안건의 의결은 투표에 의한 다수결의 방식에 의해 결정되었던 것 같다. 이 같은 사실은 불교교단의 규칙을 기록한 율장律藏(滅諍犍度: 분쟁을 해결하기 위한 제반 규정)에, 교단 내부의 분쟁을 해결하기 위한 방법의 하나로 투표에 의한 방식이 채택되고 있는 사실로도 추측할 수 있다고 본다.

따라서 만일 불교교단이 사꺄 가나의 제도를 채택하고 있었다는 전제가 성립한다면, 멸쟁건도滅諍犍度와 같은 규정으로부터 역으로 석가족의 정치제도를 추정할 수도 있을 것이다.[35]

한편, 석가족은 일반적으로 아리아인으로 알려져 왔지만, 최근에는 이론異論이 제기되고 있다. 『장아함경』에 의하면 석가족은 '리그웨다' 이래의 영웅으로 일종족日種族의 선조인 이끄슈와꾸(Ikṣuvāku) 왕의

---

33 『大正藏』 2, p.690中.

34 "時有衆多諸釋種子 以少因緣集在講堂."(『大正藏』 1, p.82下).

35 中村 元 編, 앞의 책, p.139.

후예이다. 이끄슈와꾸 왕은 빨리어로 옥까까(Okkāka) 왕이라고 하며, 감자왕甘蔗王으로 한역된다.[36] 이 왕은 뿌르족과 야다와족의 선조로서 이들은 모두 비非아리아계의 부족이다. 따라서 이 왕의 후예라고 전하는『아함경』의 기록에 따르는 한, 석가족은 아리아인 계통이 아니다. 그리고 석존의 어머니인 마야 부인은 꼴리야족 출신이라고 하는 바, 이 꼴리야족도 오스트로·아시아계의 문다어를 사용하는 코르인과 관계가 있을 것이라는 주장도 제시되고 있다.[37] 이와 같은 관점에서 생각할 때 다음『장아함경』의 내용은 자못 흥미롭다.

때에 마납摩納은 세존이 '그대'라고 부르는 말을 듣고, 또 '아직 조복되지 않았다'는 말을 듣고 곧 화를 내어 "이 석가족은 질투하고 미워하기를 좋아하고 예의를 지킬 줄도 모른다."고 부처님을 비방해 말했다. 부처님은 마납에게 말씀하셨다. "모든 석가족이 그대에게 무슨 잘못한 일이 있었는가." 마납이 말씀드렸다. "옛날 저는 어느 때 스승을 위해 무슨 조그만 볼일이 있어 석가족의 가비라국에 있었습니다. 때에 많은 석가족들은 무슨 일이 있어 강당에 모여 있었습니다. 그들은 멀리서 제가 오는 것을 보고 업신여기고 희롱하면서 예법을 지키지 않고 공경하게 대하지도 않았습니다." 부처님은 마납에게 말씀하셨다. "저 모든 석가족들은 본국에 돌아가 있을 때는 마음대로 유희한다. 마치 날아다니는 새가 제 숲에 있을 때 자유롭게 드나드는 것처럼, 모든 석가족들도 본국에 있을

36 『大正藏』1, p.82下.
37 岩本裕,『佛教入門』(東京: 中央公論社, 1970), pp.16~22 참조.

때 자유롭게 유희하는 것이 또한 그와 같다." 마납은 부처님께 말씀드렸다. "세상에는 사성四姓이 있으니 그것은 찰제리刹帝利·바라문婆羅門·거사居士·수다라首陀羅로서 저 삼성三姓은 항상 바라문을 존중하고 공경하고 공양하는 것인데, 저 모든 석자는 도리가 그러하지 못합니다. 저 석자들은 좀스럽고 비루하고 하열하면서도 우리 바라문을 공경하지 않습니다." 그때 세존은 잠자코 스스로 생각하기를 '이 마납은 갖가지로 헐뜯고 비방하여 좀스럽다고까지 말한다. 이제 나는 차라리 그 근본 인연을 설명하여 항복받아야 할까?' 하고 부처님은 이내 마납에게 물으셨다.[38]

이 내용을 음미해 봄으로써 우리는 두 가지 중요한 사실을 추출해 낼 수가 있다.

첫째, 바라문과 끄샤뜨리아 사이에 상당한 갈등이 있었다는 점이다. 둘째, 석가족은 바라문이 아니라 끄샤뜨리아이면서, 좀스럽고 비루하고 하열하였다는(廝細卑陋下劣) 평을 받고 있다는 점이다. 여기에서의 바라문과 끄샤뜨리아의 갈등은 계급적 성격보다도 인종적 성격이 더 강한 것으로 생각되며, 따라서 석가족은 아리아인이 아닐 가능성이 크다.

민족학적 연구에 의하면 당시 히말라야 산록 일대로부터 비하르, 벵갈 지방에 이르기까지 티베트·미얀마 인종의 제 부족이 분포되어 있었다고 한다. 현재에도 히말라야 산간 지역에 이 계통의 부족이 남아 있다. 따라서 석가족이 티베트·미얀마계일 가능성도 있다. 영국

---

38 『大正藏』 1, p.82中~下.

의 인도학자 빈센트 스미스(Vincent Smith)가 주장하는 것처럼 석가족은 몽골계일 가능성도 있다고 본다.

이 문제는 실은 단순한 인종의 문제가 아니다. 문화의 문제와 직결되어 있다. 따라서 불교문화의 변천을 살펴보면서 석가족의 성격을 충분히 확인할 필요가 있다. 우선 석가족이 이미 아리아 문화권 안에 위치함은 의심할 여지가 없다. 언어도 그러하며, 석존도 아리아 문화권의 상층계급 출신자로서의 교양을 충분히 갖추고 있다. 석가족이 끄샤뜨리야라는 것도 아리아적 사회의 가치체계를 수용하고 있음을 나타낸다.

그러나 석가족에 비바라문, 반바라문적인 요소가 농후함도 의심할 여지가 없다.

예를 들어 바라문 계급의 종교적·사회적 권위는 공공연히 부정되고 있다. 또한 웨다적인 제사도 수행되지 않고 있다. 석존이 슈라마나(沙門)로 수행을 시작하였던 것도 비바라문적 요소가 강한 동인도 문화를 받아들였기 때문이다.

그 후의 불교문화의 발전을 살펴보면 비바라문적 토착적 요소가 상당히 많이 발견된다. 예를 들어 요가의 중시, 사리(유골) 숭배, 스뚜빠(탑) 숭배, 동물 숭배, 지모신地母神 계통의 야크샤니(Yakṣaṇī: 불전의 夜叉, 藥叉의 여성)와 그 남성 귀령鬼靈인 야크샤 숭배, 나가(Nāga: 뱀, 龍神) 숭배 등이 그러한 것이다.

물론 아리안 계통의 사람들도 이러한 토착문화를 흡수하였으므로, 이러한 점을 가지고 석가족이 인종의 계통에서 비아리아계라고 단정지을 수는 없다. 그러나 석가족, 그리고 석존에서 시작되는 불교가

비아리아적 요소가 농후한 인도의 토착문화적 토양 가운데에서 성립·
발전되었음을 인정하여야 할 것이다.[39]

3. 사회·경제적 배경

1) 계급질서의 변화

위에서 살펴본 것처럼 불타 당시의 인도 사회는 정치적으로 매우
큰 변동을 겪고 있었다. 그러한 정치적 변동은 인도 고대사회를 떠받들
고 있었던 사성계급제도(Varṇa System)[40]의 변화와 맞물려 일어났음은
물론이다.

원래 사성계급제도는 매우 엄격하고 절대적인 것이었다. 그것은
『리그웨다(Ṛg-veda)』의 이른바 '원인原人(Puruṣa)의 노래' 가운데에
나오는 다음의 내용을 통해서도 잘 알 수 있다.

브라흐만(婆羅門)이 그의 입이었으며, 그의 두 팔은 라자냐(끄샤뜨
리아)가 되었고, 그의 두 넓적다리는 와이샤가 되었으며, 그의
발에서는 수드라가 생겨났도다.[41]

---

39 奈良康明, 앞의 책, pp.73~75.

40 사성계급제도를 카스트 제도(Caste System)로 이해하는 것은 곤란하다. 카스트
(Caste)는 원래 쟈티(Jāti, 出生)의 의미로서, 대략 기원전 수세기경부터 점차
발전한 실질적인 사회의 단위집단이며(현재 인도사회의 카스트는 2,000을 넘는다),
와르나(Varṇa)는 색깔의 의미로서, 기원전 7~6세기경부터 바라문 계급이 자신들
을 맨 위에 위치시키는 이상사회상으로부터 비롯한 것이다.

41 Ṛg-veda X·90·12.

그 의미가 조금 불명료한 이 노래는 『마누 법전(*Manu Smṛti*)』에 와서 "그리고 이 세상의 번영을 위해 (그는 그의) 입, 팔, 넓적다리, 발에서 각각 브라흐만과 *끄샤뜨리아*와 와이샤와 수드라가 나오게 했다."[42]는 더 명확한 의미로 정리되어 있다. 그리고 『마누 법전』은 이들 4계급의 의무와 일에 대해서도 기록해 두고 있다. 그에 따르면, 바라문은 웨다(Veda)의 교수와 학습, 자기와 다른 사람을 위한 제사를 맡아야 하고, 보시를 행해야 하며 동시에 보시를 받을 수 있다. 끄샤뜨리아는 인민人民을 보호하는 일, 보시하는 일, 제사지내는 일, 웨다를 배우는 일에 힘써야 하며, 감각적 대상에 물들고 집착해서는 안 된다. 와이샤는 가축을 기르고, 보시하고, 제사지내고, 웨다를 공부하고, 장사하고, 돈을 빌려주며, 토지를 경작해야 한다. 그러나 주재신主宰神이 수드라를 위해 정한 유일한 의무는 원망과 슬픔 없이 다른 세 계급에게 봉사하는 것이다.[43] 그리하여 바라문을 정점으로 하는 사회조직 속에서 바라문은 '위대한 신'[44]으로 숭앙되었다. 더욱이 인도 고대사회는 다신교적多神敎的 자연신관自然神觀의 세계관이 일반화되어 있었으므로, 신에 대한 제의를 담당한 바라문은 실질적인 권력을 행사할 수 있었을 것으로 추측된다.

그에 반해 종교적 입문식(Upanayana)을 통한 제2의 탄생이 불가능하기 때문에 일생족一生族(Ekajāti)이라고도 불리는 수드라는 참으로 비참했다. 그것은 고따마(Gautama) 법전 중에서 다음 몇 가지 규정만을

---

42 *Manu Smṛti* I, 31.

43 *Manu Smṛti* I, 87~91.

44 *Manu Smṛti* IX, 317: "학문의 有無에 관계없이 브라흐만은 위대한 신이다."

보아도 충분히 짐작할 수 있을 것이다.

만약 그(Sūdra)가 아리안의 여자와 성적 접촉을 가지면, 그의 성기
는 절단해야 하고 그의 모든 재산은 몰수해야 한다.(VII, 2)

만약 그가 웨다의 독송을 도청하면, 그의 귀는 불에 녹인 쇳물이나
나무의 진으로 채워야 한다.(VII, 4)

만약 그가 웨다를 독송하면, 그의 혀는 잘라 버려야 한다.
(VII, 5)

만약 그가 웨다를 외우고 있으면, 그의 몸은 두 조각 내야 한다.
(VII, 6)[45]

그러나 빠우라와(Paurava) 제국의 몰락과 함께 바라문중국은 점점
쇠퇴하게 되었고, 그에 따라 바라문 계급의 권세도 약화되어 갔다.
더욱이 시대가 흐르면서 바라문 인구는 점점 증가하게 되었으므로,
그들 모두가 웨다의 교수나 제사의 시행에 대한 보시로 생활할 수는
없었다. 따라서 바라문들도 새로운 생계수단을 찾지 않을 수 없어
농사를 짓기도 하고 소를 기르기도 하고 걸식乞食하기도 하였다. 또한
바라문 중에는 의사, 심부름꾼, 안마사, 나무꾼, 상인, 소몰이꾼,
도살자, 사냥꾼, 대상隊商 안내인 등 잡역에 종사하는 사람들도 나타나

---

45 *Sacred Books of the East*(Edited by F. Max Muller) Vol. II, p.239.

게 된다.[46]

이러한 상황의 전개는 끄샤뜨리아 계급이 더욱 강력한 정치적 힘을 발휘하여 제1의 계급으로 부상함에 따라 더욱 가속화되었을 것이다. 이제 바라문은 더 이상 '위대한 신'일 수 없었다. 『장아함경』의 「아마주 경阿摩晝經」을 비롯한[47] 거의 모든 불전은 '바라문 – 끄샤뜨리아(찰제리) – 와이샤 – 수드라'의 순서가 아니라 '찰제리刹帝利 – 바라문婆羅門 – 거사居士(와이샤) – 수드라(首陀羅)'의 순으로 기록하고 있으며, '국왕은 인간 가운데 최상자', '끄샤뜨리아는 이 세상의 규범', '왕은 인간의 모습으로 태어난 위대한 신'이라는 표현이 『숫따니빠따』와 『마하바라타』, 그리고 『마누 법전』 등에 나타나고 있다.

또한 석존 당시에는 화폐의 유통과 상업의 발달, 그리고 경제교역의 증대에 따라 도시가 발달하는데, 이 과정에서 많은 경제적 부를 축적한 자산가(gahapati)[48] 그룹이 사회의 새로운 세력층으로 떠오른다. 이러한 사회적 분위기에 편승하여, 참으로 비참한 상태에 처해 있던 수드라 계급의 지위나 직업에도 변화가 나타난다. 농노의 지위를 얻거나, 상인이 되기도 하고, 글을 배우는 수드라도 있었고, 심지어는 많은 돈을 모은 수드라도 있었다. 그리하여 수드라 출신이라 하더라도 재산이 많은 이른바 자산가는 끄샤뜨리아나 바라문, 와이샤로부터

---

46 佐佐木教悟 外, 『佛教史概説 – インド篇』(東京: 平樂寺書店, 1967), p.12.

47 『大正藏』1, p.82下.

48 gahapati란 도시를 배경으로 한 이러한 상업자본가일 뿐만 아니라 지방의 거대한 토지 소유자이기도 하다. 『增一阿含經』(『大正藏』2, p.647中)은 999마리의 소로 농사를 짓는 사람이 있었음을 알려 주기도 한다.

존경을 받기도 했던 것 같다. 『맛지마 니까야(*Majjhima-Nikāya*)』의 『마두라 경(*Madhura Sutta*)』은 이렇게 설한다.

> 비록 수드라라고 해도 재보, 식량, 금과 은이 많으면, (다른) 수드라
> 는 그보다 먼저 일어나고 나중에 잠자고, 또 그의 용무를 맡고,
> 그의 마음에 드는 일을 하고, 그에게 듣기 좋은 말을 할 것이다.
> 왕족도 바라문도 와이샤도 그보다 먼저 일어나고 나중에 잠자고,
> 또 그의 용무를 맡고, 그의 마음에 드는 일을 하고, 그에게 듣기
> 좋은 말을 할 것이다.[49]

이러한 얘기는 결국 바라문을 정점으로 하는 전통적인 계급 질서가 파괴되어 바라문 계급이 붕괴되고 있었다는 것을 말해 준다.[50]

2) 도덕적 타락

이러한 바라문 계급의 붕괴는 곧 바라문교의 약화로 이어지고 바라문교의 약화는 수많은 새로운 사상을 태동케 한 배경이 되었다. 그리하여 그때까지 일반 민중에게 거의 절대적인 영향력을 행사해 왔던 바라문교의 세계관과 인생관, 가치관에 대항하는 수많은 사상과 종교가 우후죽순처럼 일어났다. 당시의 새로운 사상적 흐름을 초기불교

---

49 *M.N.* II, p.85.

50 그렇다고 하여 四姓階級制度 자체가 사라진 것은 아니다. 다만 바라문과 찰제리의
    위상이 바뀌고, 하층민의 신분 이동이 좀 더 자유로워졌을 뿐, 사성제도의 골격은
    그대로 유지되고 있었다.

경전은 육사외도六師外道 또는 62견見으로 분류하고 있고, 자이나교
(Jainism) 문헌은 363견으로 나누고 있을 정도다. 새로운 사상들은
일반적으로 유물론적 경향을 띠고 있었으며, 그중에서도 특히 육사외
도 중의 한 사람인 아지따께사깜발라(Ajitakesakambala)의 사상은 극단
적인 유물론으로서 순세파順世派(Lokāyāta) 또는 사탕발림파(Cārvaka)
라고도 불린다. 이 파에 따르면, 사람의 일생도 지地·수水·화火·풍風
4대의 이합집산에 불과하며, 죽어서 화장하면 4대는 모두 지·수·화·
풍으로 돌아가고 영적인 것은 아무것도 남지 않기 때문에, 죽지 않고
살아 있을 때 잘 먹고 잘 노는 현실적 쾌락밖에는 인생의 목적은
없다고 한다. 그리하여 제사, 기도, 교육, 종교, 도덕 등 일체의 윤리적
엄숙주의를 반대한다.[51]

　이러한 사상적 조류는 단순한 이론이나 철학에 그치지 않고 구체적
현실에도 직접 반영되어 나타났던 것으로, 향락주의가 팽배하여 상당
한 성적 문란이 행해지고 있었다.

　원시불전에는 불교교단에 암라수원菴羅樹園(Ambavana)을 기증한
암바빨리(Ambapālī) 음녀淫女를 비롯한, 적지 않은 음녀와 유녀遊女에
관한 이야기가 기록되어 있다. 또한 『사분율四分律』에는 성행위와
관련된 잡다하고 사소한 사건들이 수없이 기록되어 있다. 비구 중에는
동성연애자가 있었으며, 코끼리·원숭이·죽은 말과 수간獸姦을 행하
는 사람이 있었고, 사람의 시체와 시간屍姦을 행하는 사람도 있었다.
비구니 중에서도 아교로 남근을 만들어 자위행위를 하는 사람도 있었

---

51 元義範, 앞의 책, pp.44~45.

다.[52] 『근본설일체유부비나야잡사根本說一切有部毘奈耶雜事』에 따르
면, 심지어 투라난타 비구니는 불쌍한 여자아이를 데려다 술을 팔게
하여 돈을 벌기도 하고 음녀를 고용하여 윤락행위를 시켜 돈을 벌기도
해서 세인들로부터 빈축을 산 일도 있었다.[53] 교단 내의 상황이 이
정도였다면 일반 사회에서는 그 정도가 더 심했을 것이다.

또한 당시에는 도적이 많아 사람들이 불안해했던 것 같다. "강도들을
피해 비구들이 제타 숲 절로 모여 와 살았다." "부자들은 무장한 사람들
의 호위를 받아도 늘 불안해했다." "비구니들이 길을 가다가 도적에게
겁탈을 당하고 의발을 잃었다."는 기록들은[54] 이러한 사실을 잘 말해
주는 것이다.

이 외에도 가짜 구리그릇을 만든 사람이라든가 저울을 속인 사람
등의 과보 이야기[55]는 상도덕商道德이 땅에 떨어져 있었음을 시사하는
이야기이고, 살인마 앙굴리말라의 이야기라든가 제바달다가 세존을
제거하려고 한 이야기, 아사세가 부왕을 죽인 이야기 등은 참으로
도덕적으로 타락한 당시의 사회상을 우리에게 잘 보여 주고 있다
할 것이다.

이러한 사회적 분위기 속에서 사문 및 바라문과 같은 성직자들도
수행자로서의 본분을 잊은 채 안일과 타성에 빠져 많은 문제점을

52 『四分律』 권55·권1·권25 등 참조.

53 『根本說一切有部毘奈耶雜事』 권32, 第七門(『大正藏』 24, p.365中~下).

54 『四分律』 권10·권4·권13 등 참조(『大正藏』 24, pp.631下~632上, p.591下, p.653
上).

55 『雜阿含經』 권19(『大正藏』 2, pp.136下~137上).

드러내고 있었다. 『장아함』의 한 경(「阿摩晝經」)에서 석존은 그들의 잘못된 생활상을 다음과 같이 지적하고 있다.

> 마납아, 다른 사문·바라문들은 남의 신시信施를 받고서 다시 남은
> 것을 쌓아 두기를 구하거나, 또 의복·음식에 만족할 줄을 모르지만,
> 우리 법에 들어오는 자는 그런 일은 없을 것이다. 마납아, 다른
> 사문·바라문들은 남의 신시를 먹고서 스스로 자기의 생업을 경영
> 하고 나무들을 심어 귀신이 깃들게 하지만 우리 법에 들어오는
> 자는 그런 일은 없을 것이다. 마납아, 다른 사문·바라문들은 남의
> 신시를 먹고 다시 방편으로 모든 이양利養, 상아象牙, 잡보雜寶,
> 높고 넓고 큰 평상, 갖가지 무늬가 아로새겨진 비단 이부자리·침구
> 따위를 구하지만, 우리 법에 들어오는 자는 그런 일이 없다.[56]

세존은 계속해서, 다른 사문·바라문들은 ①소유酥油를 몸에 문질러 스스로 장엄하고 향수에 목욕하고 향료를 바르며, 향 기름으로 머리를 빗질하고 좋은 꽃다발(華鬘)을 걸며, 눈을 짙푸른 빛으로 칠하고 얼굴을 꾸며서 장엄하며, 고리를 달고 끈을 매며 지팡이를 꾸미어 거울로 자신을 비춰보고, 온갖 빛깔의 가죽신과 하얀 웃옷과 칼과 몽둥이로 호위하고, 보배일산과 보배부채와 장엄한 보배수레를 구하고, ②바둑·장기·팔도八道·십도十道·백도百道·일체도一切道에 이르기까지 갖가지 잡기를 즐기고, ③도에 방해되는 필요 없는 세상 잡사雜事에 대해 이야기하기 좋아하고, ④삿된 직업을 가지고 아첨하기도 하고

---

56 『長阿含經』 권13(『大正藏』 1, p.84上).

헐뜯기도 하면서 이익을 구하고, ⑤서로 자기가 법을 잘 알고, 자기가 옳다고 시비하고, ⑥왕과 대신, 바라문과 거사들을 위해 심부름이나 하고, ⑦다만 전쟁과 싸우는 일을 익혀서 혹은 도장刀杖과 활 쏘는 일을 익히고, 혹은 닭·개·돼지·염소·코끼리·말·소·낙타 등의 온갖 짐승을 싸움 붙이고, 혹은 남녀를 싸우게 하며, 또 고동소리·북소리· 노랫소리·춤 소리 등 온갖 소리를 내고 깃대를 타고 넘는 등 온갖 재주를 부리고, ⑧도에 방해되는 법을 행하고 삿된 직업으로 생활하면 서 남녀의 길흉과 호추好醜를 상 보고 또 짐승을 상 보아 이익을 구하고, ⑨귀신을 부르거나 혹은 부리거나 머물게 하며, 혹은 갖가지 싫어하는 기도를 시킨다. 무수한 방법으로써 사람을 위협하고 공갈하여 모으기 도 하고 흩어지게도 하며 괴롭히기도 하고 즐겁게 하기도 한다. 또 태胎를 편안하게도 하여 옷을 내고, 또 사람을 저주하여 나귀를 만들기 도 하며, 또 사람을 장님이나 귀머거리나 벙어리로 만들기도 하며, 모든 기술을 부리고 손을 마주 잡고 해와 달을 향하여 모든 고행을 하여 이익을 구하고, ⑩혹은 물과 불의 주문을 외우고, 혹은 귀신의 주문을 외우며, 혹은 찰제리 주문을 외우고, 혹은 새(鳥) 주문이나 곤충(支節)의 주문을 외우며, 혹은 집을 편안하게 하는 부적과 주문 혹은 불에 데거나 쥐에 물린 것을 낫게 하기 위한 주문을 외우고, 혹은 죽고 사는 것을 판단하는 글을 외우고, 혹은 꿈을 풀이하는 글을 외우고, 혹은 손금과 관상을 보고, 혹은 천문들을 외우며, 혹은 일체 소리의 글을 외우지만, 불교교단에 들어온 자는 그런 일이 없다고 설한다.[57]

성직자들마저 가치의 혼란을 겪고 있는 이러한 일종의 아노미

(Anomie) 상태의 사회를 보면서 석존은 과연 무엇을 생각했을까? 이런 측면에서 본다면 불교가 본래 사회 개혁 운동으로서 출발했다는 네빌(Neville)의 주장도[58] 어느 정도 타당성이 있다 하겠다.

3) 상업의 발달과 도시화

불타 시대에 있어서 사회기구의 변동 가운데 특기할 만한 것은 경제적 사회를 확립하였다고 하는 점이다. 이것을 확립한 근본 기조는 촌락사 회기구로부터 도시국가기구에로의 변동이다. 그리고 이것과 병행해 서 직업의 분화, 생산기술의 향상, 대상인大商人의 출현, 동서 교통로, 특히 서방제국과의 교통로 확립 등 종래의 사제자司祭者 바라문에 의한 농촌사회에서는 보이지 않던 현저한 사회변동을 가져왔다.

우선 도시국가의 성립은 불타 시대의 인도에 나타나는 특이한 사회 현상의 하나였다. 그때까지의 농촌생활은 가마(gāma)라고 하는 촌락 중심의 사회였다.[59] 이 가마에 대해서 대국大國(mahājanapada), 도성都 城(rājadhānī), 도시(nagara), 소도시(nigama)라고 하는 말들이 초기불 교 자료에 많이 눈에 띈다.[60] 주로 갠지스 강 중류에 있는 이들 도시는 물자가 풍족하였고, 갠지스 강을 따라 그 확장과 세력 증강을 기도하며 무력 투쟁에 의한 대도시의 건설을 목적으로 하고 있었다. 그리하여

---

57 『長阿含經』 권13(『大正藏』 1, p.84上).

58 Neville, "World Community and Religion"(『人類文明과 圓佛教思想』 下, 1991), p.1574.

59 雲井昭善, 『佛教興起時代의 思想研究』(京都: 平樂寺書店, 1967), pp.193~194.

60 A. N. I, p.159; II, p.33; III, p.108 등.

견고한 성벽을 쌓고, 투쟁이 격화되면 될수록 축성에 신경을 썼다.
『중아함경』 권1 「성유경城喩經」에서는 당시 도성의 견고함과 풍요로
움을 다음과 같이 표현하고 있다.

왕의 변성邊城에는 7사事가 구족具足하고 4식食이 풍요하여, 무엇
이나 얻기가 어렵지 않았다. 그러므로 왕성王城은 오직 안에서
저절로 무너지기 전에는 외적 때문에 부서지지는 않을 것 같았다.
어떻게 왕성이 7사를 구족했는가 하면, 왕의 변성에는 망루를
만들어 세우고 땅을 굳게 쌓아 무너지지 않게 하였으며, 안은
안온하고 바깥의 원적怨敵을 제어했다. 이것을 왕성의 1사事 구족
이라 한다. ……(중략)…… 어떻게 왕의 변성은 4식이 풍요하여
무엇이나 얻기에 어렵지 않은가 하면, 이른바 왕의 변성은 물과
풀과 땔나무의 재료가 미리 준비되어 있어, 안은 안온하고 바깥의
원적을 제어했다. 이것을 왕성의 1식食이 풍요하여 얻기에 어렵지
않다 하는 것이다. (하략)[61]

---

61 『大正藏』 1, p.422下.
　2事: 성 밖으로 못을 둘러 파기를 깊고 넓게 하여 방비할 만함.
　3事: 성을 둘러 길을 내기를 평평하고 넓게 하여 안온함.
　4事: 4종 군사의 힘, 곧 코끼리 군사, 말 군사, 수레 군사, 걷는 군사를 모아
　바깥의 원적을 제어함.
　5事: 병기, 곧 활과 창을 미리 갖추어 원적을 제어함.
　6事: 지혜롭고 용감한 문 지키는 대장이 있어 착하지 않은 사람이 들어오는
　것을 금하여 원적을 제어함.
　7事: 높은 담 쌓기를 튼튼하게 하고, 진흙을 바르고 흰 흙을 칠해 안온하게
　하여 원적을 제어함.

이렇듯 당시의 도시는 경제교역의 중심지이자 물자의 집산지로서 극히 융성한 발전을 이루고 있었다. 그것은 사위성舍衛城(Sāvatthī)이라는 이름의 의미 분석을 통해서도 알 수 있다. 사왓티(Sāvatthī)는 본래 '무엇이든 있다(Sabbaṁ atthi)'로부터 비롯된 이름이라고 추정되기 때문이다.[62] 리스 데이비즈(Rhys Davids)는 석존 당시 인도에 존재했던 주요 도시(都城), (1) Ayojjhā, (2) Bārāṇasi, (3) Champā, (4) Kampilla, (5) Kosambi, (6) Madhurā, (7) Mithilā, (8) Rājagaha, (9) Roruka, (10) Sāgala, (11) Sāketa, (12) Sāvatthi, (13) Ujjeni, (14) Vesāli 등 14개의 이름을 열거하고 있다.[63]

당시 인도의 국정國情은 대단히 복잡하여 64국, 16대국, 8대성 등의 이름이 여러 군데에서 거론되고, 『마하승기율摩訶僧祇律』 권8에 의하면, 당시의 인도에서는 60호 이상의 인가人家가 있는 곳은 대취락大聚落으로 불리었고, 국명은 있더라도 성벽이 있는 중심대도시의 이름을 따 그 나라 이름이 붙여지는 일이 많았다. 각국의 국경에는 세관이 있었고, 세금을 거두는 자, 탈세자도 많았다.[64]

신흥 도시에서는 경제 발전에 따라 기술의 진보가 이루어지고 직업이 세분되기에 이른다. 마가다 왕 아자타삿투가 불타를 방문하여

2食: 왕의 변성에는 많은 벼를 거두고 또 보리를 저축하는 것.

3食: 왕의 변성에는 점두秥豆와 콩과 팥을 저장하는 것.

4食: 왕의 변성에는 타락 기름과 꿀과 감자와 사탕수수와 생선과 소금과 고기를 저장하는 것.

62 雲井昭善, 앞의 책, p.194.

63 Rhys Davids, *Buddhist India*(Delhi: Motilal Banarsidass, 1981), pp.34~41.

64 春日禮智, 「佛教印度の社會」(『印度學佛教學研究』 通卷 第35號, 1969), p.377.

대담했을 때, 왕은 세간의 직업의 예로서 25개를 열거하고 있는데
이는 당시의 직업 상황을 보여 주는 좋은 예라 할 것이다.[65] 불타
시대에 직업은 세습되었으며, 특정한 직업을 세습하고 있는 여러
가족은 함께 동업조합(guild)을 결성하고 있었다. 각 길드에는 조합장
인 장자(jeṭṭhaka) 또는 수장(pamukha)이 있었으며, 그들이 중심이
되어 조직을 통제하고, 규칙을 위반한 사람에게는 제재를 가했다.
리스 데이비즈는 당시의 길드를 다음 18가지로 정리하고 있다.[66]

(1) 목공木工(The workers in wood)

(2) 금속공金屬工(The workers in metal)

(3) 석공石工(The workers in stone)

(4) 직공織工(The weavers)

(5) 피혁공皮革工(Leather workers)

(6) 도공陶工(Potters)

(7) 상아공象牙工(Ivory workers)

(8) 염직공染織工(Dyers)

(9) 보석공寶石工(Jewellers)

(10) 어부漁夫(The fisher folk)

(11) 도살자屠殺者(The butchers)

(12) 수렵인狩獵人(Hunters and trappers)

(13) 요리사料理師 및 과자상菓子商(The cooks and confectioners)

(14) 이발사理髮師(The barbers and shampooers)

65 Rhys Davids, op. cit., p.88.
66 Rhys Davids, op. cit., pp.90~96.

(15) 화상인花商人(The garland-makers and flower-sellers)

(16) 선원船員(Sailors)

(17) 광주리 제작자(The rush-workers and basket makers)

(18) 화가畫家(Painters)

이 중에서 상아공, 직공, 금속공, 도공 등은 일반적으로 존경받는 직업이었고, 도살자, 어부, 사냥군 등은 사회적으로 경멸당하는 직업이었다.

특히 신흥 도시의 주민 속에서 두드러진 활약을 한 것은 자산가라고 불리는 계층의 사람들인바, 이들은 많은 재산을 가진 도시, 농촌의 유력자였다. 도시에서는 상업에 종사하는 사람들이 대부분이었으며, 이와 관련하여 대상隊商의 호위병 또는 육로 안내인도 있었다. 대상주隊商主(Satthavāha)[67]는 이 상인들 중 최고 유력자有力者로서 대상을 조직하여 남쪽의 통상로나 북쪽의 통상로를 이용하여 활발한 상업 활동을 하고 있었다. 대상에는, 대상주가 자기의 자본으로 단독으로 편성한 것과, 대상주가 중심이 되고 그 아래에 다수의 상인이 상품이나 식량을 가지고 모여 편성된 경우가 있었던 듯하다.

그러나 불타 시대에 대상은 곤란이 많고 매우 위험한 일이었다. 그들이 도중에 만난 재난을 경전에서는 오난소五難所[68]로 정리하고 있다. 그리하여 대상주는 사막 지대나 삼림을 통과할 때에 종종 '육지의

---

[67] 경전 속에서(『大正藏』 1, p.610下) 석존은 '商人主'라고 지칭되기도 하는데, 이것은 석존이 제자들과 함께 무리지어 다니고 있는 것이 대상과 비슷했기 때문에 붙여진 호칭일 것이다.

[68] *Jātaka* I, p.99. 도적, 맹수, 물이 없음, 귀신, 기근.

안내자'나 '숲의 파수꾼'을 길 안내자로 고용하기도 하였다. 그러나
이와 같은 위험이나 손해가 있었음에도 불구하고 대상은 큰 이익을
남겨서 1회의 왕복에 의해 얻는 이익은 2배 또는 4배에 달했다고
한다. 이들이 취급한 상품은 직물, 식료품, 기름, 곡물, 향료, 꽃,
금 및 보석 가공품이었다.

육로 무역이 활발해진 것에 못지않게 수로 무역도 이루어졌는데,
배는 바라나시나 참빠 등 갠지스 강의 항구나 숫빠라카, 바루캇쟈
등 서해안의 항구로부터 동남아시아 방면, 스리랑카, 때로는 바빌론
지방을 향해 출항했다고 한다.[69] 원양 항해의 기술은 꽤 발달해 있었으
며, 방향 결정을 위해 새나 점성술의 지식도 사용되었다고 한다.

또한 이러한 상업의 발달은 자연히 교환의 매개체로서 화폐를 필요
로 했다. 육로와 수로 무역에서 제일 먼저 취급된 것은 금, 은, 보석
등의 사치품과 특산물이었다. 먼 지역으로 운반하기에 부피가 작으면
서 값이 나가는 물건들을 취급하다가 점점 다양한 품목으로 발전하였
을 것이다. 그리고 당시는 물물교환이 행해지고 있었으나, 점차 금속
통화가 많이 이용되었다. 이 시대에는 주조 동화銅貨나 타각인打刻印을
지닌 방형·원형의 은화, 금화, 동화를 이용한 교환 경제가 행해지고
있었다.[70] 그 후 오늘날과 마찬가지로 화폐의 발행권은 국정의 최고

---

69 山崎元一, 『古代インド社會の硏究』(東京: 刀水書房, 1987), p.190.

70 통화의 종류로는 먼저 까하빠나(kahapana)가 있는데, 이것은 네모나게 생긴
조그만 銅貨이며, 그 무게와 순도의 보증으로서 私人의 印號가 찍혀 있다. 그
밖에도 이것의 절반, 4분의 1의 것들이 있었으나, 아직 은화나 금화는 나타나지
않고 있다. 그러나 이전부터 있던 니슈카나, 그 밖의 청동이나 赤銅의 대용화폐도

수반인 국왕의 손으로 옮겨간 것으로 보인다.

이러한 사회적 분위기에서 기존의 사성제四姓制에 기반을 둔 인간에 대한 평가에 변화가 나타났다. 다시 말해서 우선 사람에게 신망과 위신을 부여하는 기준이 그 사람의 혈통, 계보, 종교적 자격으로부터 그 사람의 경제적인 능력으로 바뀌었다. 그리하여 앞에서 소개한 『마두라(Madhura) 경』의 내용을 통해서도 알 수 있듯이 경제적 실권을 장악한 사람이 새로운 실력자로 등장했던 것이다. 이러한 사회적 추세에 따라 당시 상업의 발전과 불교의 발전은 상당히 밀접한 연관성을 갖지 않을 수 없었다고 생각된다. 왜냐하면 다른 계급의 사람들과 자유롭게 거래하고 또한 외국으로 나가 장사에 힘쓰는 상인들에게 있어, 하층민이나 이민족의 접촉을 부정시하는 바라문의 종교는 부적절했고, 반면 사성평등을 주창하고 근면과 정려에 입각한 적극적인 경제활동을 가르치는 불교는 그들의 생활 이념과 일치되는 바가 많았기 때문이다.

이렇듯 상공업자의 대두와 도시의 출현은 새로운 종교 발흥의 사회적 기반이 되었으며, 불교는 바로 이러한 시대 조류에 힘입어 인도 대륙에 뿌리를 내리게 된 것이다.

───────

있어서, 화폐와 마찬가지로 교역의 매개를 하고 있었다. 그리고 시장의 가격은 물론, 사례금이나 年金, 罰金, 利子 등에도 모두 이들 화폐가 가격의 기준이 되어 있었다. 다만 이들 여러 종류의 화폐 사이의 상관가치는 확정되어 있지는 않았던 것 같다(Rhys Davids, op. cit., p.218). 『十誦律』 권7에는 鐵錢, 銅錢, 白鐵錢, 鉛錫錢, 皮錢, 木錢 등의 명칭이 열거되어 있다. 그러나 인도에서 가장 귀중시된 것은 금은을 중심으로 하는 七寶, 즉 珍寶이다(春日禮智, 앞의 논문, p.378).

제2장 불교사상의 실천적 기조

서두에서 잠시 언급한 것처럼 동서고금을 통하여 불교에 대한 오해와 곡해는 늘 있어 왔다. 그중에서도 서구사회에 상당한 영향력을 끼쳤던 막스 베버(Max Weber)는 서구인들로 하여금, 특히 초기불교에 대한 그릇된 편견을 갖게 하는 데 앞장을 섰다 해도 과언이 아니다. 베버는 그의 유명한 저서인 『인도의 종교』에서 인도에서 발생한 여러 종교를, 그 다양한 특성을 무시한 채, 너무 안이하게 동일한 개념의 틀 속에 일반화시켜 버리고 말았다. 결국 '인도의 종교'라는 제목 자체가 문제성을 안고 있었다고 할 수 있다. 베버에 의하면, 인도의 모든 종교는 세계 일반(the world in general)을 부정할 뿐 아니라 개인적인 구원(personal salvation)만을 갈망한다. 베버는 다음과 같이 말한다.

정통파든 이단이든, 지식층으로부터 나온 인도의 모든 구원의 전문어들(technologies)은 일상생활뿐만 아니라 (天國과 天神들의 세계를 포함한) 세계 일반으로부터의 철수撤收(withdrawal)라는 개념을 내포하고 있다. ……(중략)…… 이러한 세계의 부정否定에 있어서의 극단적인 급진주의(radicalism)는 인도 종교철학의 세계 이미지(world image)에 의해 결정지어졌는데, 인도의 종교철학에서는 초지일관 구원에 대한 갈망 이외에는 다른 선택의 여지가 없었다.[1]

베버의 견해에 의하면, 고대의 불교는 평정을 찾는 교양 있는 지식 계급들의 출가주의적 구원론에 불과하였다. 이러한 개인적 구원의 상태[그는 결코 해탈解脫(liberation)이라는 단어를 쓰지 않았다.]에 도달하기 위해서, 세계는 버려져야 하고 자아(self)는 금욕과 고행 (mortification)을 통해 부정되어야 한다는 것이 불교의 기본 입장이라고 그는 생각한 것이다. 이것은 "인도의 지식층들의 모든 구원론에 있어서는, 평정平靜이 거룩한 목표이다.[2] 그 목표에 이르기 위해서는 세계로부터 초연해야 하며, 금욕과 고행을 통해 자신을 부정해야 한다."[3]는 그의 진술을 통해서 분명히 알 수 있다.

베버는 한 걸음 더 나아가,

불교는 어떤 종류의 '사회적' 운동과도 아무런 관계가 없으며, 그러한 것(사회운동)과 유사하지도 않다. 불교는 어떠한 '사회적-정

---

1 Max Weber, *The Religion of India*(New York: The Free Press, 1958), pp.166~167.
2 베버는 불교의 열반(Nirvāṇa) 또는 해탈(Mokṣa)을 평정(tranquility)이라고 표현한 것 같다.
3 Max Weber, op. cit., p.205.

치적' 목표도 내세우지 않는다.[4]

라고 주장한다. 적어도 초기불교에 관한 한 베버는 불교를 철저히
비사회적인 초월의 종교로 보고 있음에 틀림이 없다.

올덴베르그(Herman Oldenberg)는 "국가나 사회가 어떤 상태에 있건,
일단 출가出家하여 이 세상을 버린 사람은 다시 이 세상의 일에 간여할
필요가 없다는 것이 불교의 기본 입장이다."라고 주장한다.[5]

또한 베이트슨(J.H. Bateson)은 불교를 유물론(materialism), 무신론
(atheism), 염세주의(pessimism), 허무주의(nihilism), 이기주의(ego-
ism) 등으로 요약 정리하였는데,[6] 무신론을 제외한 다른 정의들은
모두 그릇된 개념이라고 해야 할 것이다.

최근에는 우리나라에서도 "불교의 요구는 자아와 세계의 교정과
수정 정도가 아니라, 자아의 철저한 해체와 세계의 완전한 지멸止滅이
다. 구원과 진정한 행복의 근거는 추상적 관념도, 절대신에 대한 믿음
도 아니다. 행복은 우리 자신 속에서 구체적으로 신체에 의해서 경험
된다. 완전한 자아 해체와 세계 지멸을 위해서, 첫째로 불타의 가르침
을 듣고서 신심을 일으켜 이 세상(일상적 생존 방식 일체)에 대해서

---

4 Ibid., p.226: Buddhism had no sort of tie with any sort of "social" movement,
  nor did it run parallel with such and it has established no "social-political"
  goal.

5 Herman Oldenberg, *Buddha*, pp.153~154.

6 Melford E. Spiro, *Buddhism and Society*(New york: Harper & Row, 1970),
  p.7.

58

싫어하는 마음을 내어 출가해야 한다."[7]는 주장이 대두되기도 하였다.

만일 이러한 식의 불교이해를 정당한 것으로 인정·수용한다면 불교의 정치·사회·경제사상에 대한 연구는 참으로 무의미한 도로徒勞에 그치고 말 것이다. 따라서 본격적인 불교의 사회·경제사상에 대해 고찰하기 이전에 먼저 불교사상의 성격과 본질에 관한 기본적인 입장의 정리가 반드시 필요하다고 본다.

앞에서 소개한 바와 같은, 불교에 대한 그릇된 주장들은 아무런 근거 없이 이루어지지는 않았을 것이다. 사실 초기경전에 설해진 가르침 가운데는 그러한 곡해의 소지가 얼마든지 있다. 이를테면 초기경전에는 "아생이진我生已盡 범행이립梵行已立 소작이작所作已作 불수후유不受後有"라는 구절이 줄기차게 나타나고 있다.[8] 이것은 물론 모든 출가수행자의 궁극적 목표로서, 이 목표를 달성하면 최고의 성자, 즉 아라한阿羅漢이 된다고 한다. 여기에서 특히 "나의 윤회생사는 이미 다하고(我生已盡) 더 이상 다음 생을 받지 않는다(不受後有)."는 구절을 잘못 해석하면 허무주의적이고 염세적인 불교이해가 도출되고 말 것이다. 이 게송의 내용은 물론 열반의 경지를 설하고 있다.

---

7 許祐盛, 「無我說: 自我解體와 世界止滅의 倫理觀」(『哲學研究』29, 1991, pp.194~195).

8 몇 가지 예만 들어 본다. 『長阿含經』권22(『大正藏』1, p.149下), 『中阿含經』권29(『大正藏』1, p.612下), 『雜阿含經』권1(『大正藏』2, p.1上), 『增一阿含經』권5(『大正藏』2, p.569中), *Sn.* 502.

1. 열반의 바른 이해

1) 열반의 개념

열반(nirvāṇa: nibbāna)은 불교의 궁극적 목표이자 최고선(summum bonum)으로서 불교학의 가장 중요하고도 핵심적인 한 테마라고 할 수 있다. 열반에 대한 논의는 그런 만큼 어렵고 조심스러워진다. 어떤 면에서는 그것은 이미 불교학의 영역을 넘어서 있는 수행과 실천의 문제요, 체험과 증득의 문제로 인식되기도 한다. 그렇게 본다면 "말할 수 없는 것에 대해서는 침묵을 지켜야 한다."[9]는 비트겐슈타인(Ludwig Wittgenstein)의 말처럼, 열반에 대해서는 아예 침묵을 지키는 것이 옳은 태도인지도 모른다. 언어는 인간 존재가 자신들의 감각기관과 마음을 통해 경험한 사물과 생각(ideas)을 표현하기 위해 창조하고 사용하는 것인 바, 그러한 인간의 언어는 절대적 진리이자 궁극적 실재實在인 열반의 참된 본성을 표현하기에는 부족한 점이 너무나 많을 것이기 때문이다.[10]

그러나 열반을 수행과 실천의 문제로만 치지도외置之度外할 수는 없다고 본다. 목표에 대한 명확한 지식과 이해는 올바른 수행과 실천을 위해서도 반드시 필요한 것이라고 생각되기 때문이다. 석존은 일찍이 『장아함경』의 「포타바루경布吒婆樓經」에서 "집이 어디에 있는지도 모

---

[9] Ludwig Wittgenstein, *Tractatus Logico Philosophicus*(London: Kegan Paul, 1922), p.189: "Where of one cannot speak, there of one must be silent."

[10] Walpola Rahula, *What the Buddha Taught*(London: Gordon Fraser, 1978), p.35.

른 채 사다리를 빈 땅(空地)에 세워 놓고 지붕 위에 오르려고 하는 것은 참으로 허망하다."[11]라고 설한 바 있는데, 이 가르침은 맹목적인 믿음과 실천만으로는 소기의 목적을 이룰 수 없다는 불교의 기본입장을 잘 나타내 주고 있다.

열반에 대한 성급하고 독단적인 개념규정도 문제지만, 이에 대한 논의를 회피하거나 금기시하는 것도 문제다. 물론 열반에 대한 언명과 논의는 원시경전을 비롯하여 아비달마 시대의 각 부파와 대승의 여러 학파 또는 종파 사이에서 끊임없이 계속되어 왔다. 근래에 들어서는 서양의 학자들 사이에서도 이 문제에 대한 탐구와 논의가 활발히 행해지고 있는 실정이다. 그러나 그들 중 상당수는, 막스 베버(Max Weber)의 경우처럼, 열반에 대한 편견과 오해를 지니고 있는 것 같다.

그렇다면 이러한 열반의 왜곡은 어디에서 비롯된 것일까? 그것은 무엇보다도 열반이 부정적인 용어로 표현되기 때문일 것이다. 열반은 니원泥洹, 니왈泥曰, 니반泥畔, 열반나涅槃那 등과 함께 닙바나(nibbā-na, 범어로는 nirvāṇa)의 한자 음역어로 쓰인다. 열반에 대한 의역으로는 멸滅, 멸도滅度, 적멸寂滅, 원적圓寂, 무위無爲, 무작無作, 무생無生 등이 쓰인다. 빨리어에 있어서는 닙바나(寂滅: extinction, blowing out) 외에도 니로다(nirodha, 止滅: cessation), 위라가(virāga, 離貪: absence of desire), 아상카따(asaṃkhata, 無爲: unconditioned, un-compound), 탕학카야(taṇhakkhaya, 渴愛의 소멸: extinction of thirst) 등이 같은 의미로 종종 사용된다. 빨리 경전에서는 열반에 대한 정의가 다음의 예문처럼

11 『大正藏』1, p.111下.

대개 부정적이고 소극적이다.

그것은 갈애渴愛(taṇhā)의 완전한 소멸이고, 갈애를 포기하는 것이
며, 갈애를 거부하는 것이며, 갈애로부터의 해방이며, 갈애로부터
초연한 것이다.[12]

모든 유위법有爲法을 가라앉히고, 모든 번뇌를 없애고, 갈애가
소멸하고, 갈애와 분리되고, 갈애가 지멸되는 것이 열반이다.[13]

윤회와 재생을 단절함이 열반이다.[14]

여기(열반)에는 지地·수水·화火·풍風의 4대四大가 설 자리가 없다.
여기서는 길이와 넓이, 미세함과 거침, 선과 악, 이름과 형상이
또한 파괴된다. 또한 이 세상과 저 세상, 오고 감, 탄생과 죽음이
없으며, 아무런 감각 대상도 없다.[15]

또한 니르와나(nirvāṇa)의 어원(nir-vā, 吹滅)을 생각해 보더라도,
열반에는 부정적이고 소극적인 측면이 많이 있음을 부인할 수 없을
것이다. 석존의 생애를 상기해 보아도 열반의 소극적 성격은 유추될

---

12 *S.N.* Ⅴ, p.421.

13 *S.N.* Ⅰ, p.136.

14 *S.N.* Ⅱ, p.117.

15 *Udāna*(Colombo, 1929), p.128.

수 있을 것 같다. 고타마 싯다르타는 본래 노老·병病·사死를 벗어나기 위해 출가하였지만, 실제로 불타가 되고 나서도 종종 병을 앓기도 하고, 세월의 흐름과 함께 노인이 되었으며, 마침내 80세가 되어 죽음을 맞이했던 것이다.[16]

그럼에도 불구하고 석존이 노·병·사를 벗어나 불사不死를 얻었노라고 소리 높여 선언한 까닭은 무엇일까? 그것은 단순히 노·병·사에 대한 공포를 떨쳐버린, 이른바 체념과 달관 이외에, 내면적으로 생·노·사에 흔들리지 않는 어떤 적극적인 힘을 얻었기 때문이라고 볼 수도 있지 않을까. 석존은 열반을 가리켜 불사(amata)라고도, 절대안온絶對安穩(yogakkhema)이라고도, 청량淸凉(sītibhāva)이라고도, 최고락最高樂(parama sukha)이라고도 하였다.[17] 또한 길상吉祥(siva), 안전安全(khema), 청정淸淨(suddhi), 섬 또는 등불(dīpa), 피난처(saraṇa), 보호소(tāṇa), 피안(pāra), 평화(santi) 등 적극적 개념의 열반을 정의하기도 하였다.[18]

또한 어원적으로 열반이 '불길이 꺼진 상태'의 의미임을 인정하더라도, 그것은 결코 생명 또는 삶의 불길이 꺼진 것을 의미하지는 않는다.

비구들아, 모든 것은 불타고 있느니라. 불타고 있는 것은 어떤 것들인가? 비구들아, 눈이 불타고 있고, 형상(色)이 불타고 있고, 안식眼識이 불타고 있고, 시각視覺이 불타고 있다. 그리고 고苦이든

---

16 木村泰賢, 앞의 책, p.352.

17 위의 책, pp.352~353.

18 Walpola Rahula, op. cit., p.36.

낙樂이든 비고비락非苦非樂이든, 시각으로 인해 일어난 모든 감각
이 불타고 있다. 그것은 무엇으로 불타고 있는가? 그것은 탐욕과
증오와 무지의 불로 타고 있느니라. 또한 그것은 태어남과 늙음과
죽음, 그리고 슬픔과 한탄과 고통과 비탄과 절망으로 불타고 있느
니라.[19]

라고 한 가르침에 비추어 보더라도 그 불길은 탐욕과 증오와 무지,
즉 3독三毒의 불길이며 모든 고통과 번뇌의 불길인 것이다. 열반은
생명의 불길이 꺼진 상태가 아니라 바로 이 탐진치貪瞋癡의 불길,
고통과 번뇌의 불길이 꺼진 상태를 의미한다고 보아야 한다.

바람 잔 숲에 새들이 날고 물결 고요한 호수 위에 고기들이 뛰노는
것처럼, 탐진치의 불길, 고통과 번뇌의 불길이 꺼짐으로써 우리의
순수한 본래적 생명은 비로소 자유롭게 약동하게 될 것이다. 따라서
열반은 생명의 불길이 꺼진 상태이기는커녕, 오히려 우리의 순수한
본래적 생명이 연기도 그을음도 없이 완전 연소되는 상태를 뜻한다고
보아야 할 것이다. 석존이 설한 거문고의 비유가 시사하듯, 열반의
삶이란 악기의 침묵이 아니라 조율이 잘된 악기에서 울려나는, 장단이
잘 맞는 아름다운 음악의 연주에 비유될 수도 있을 것이다. 그러면
열반의 적극적 성격을 잘 보여 주고 있는 한 경설을 살펴보도록 하자.
『중아함경』의 「공경경恭敬經」에는,

---

19 *S.N.* IV, p.19.

비구들이여, 모든 범행인梵行人을 공경하고 잘 살피고(善觀) 존중
해야 한다. 만일 비구가 모든 범행이 이미 완성된 이(梵行已)를
공경하지 않고 잘 살피지 않거나 존중하지 않고서 위의법威儀法을
갖추는 것은 결코 있을 수 없다. 위의법을 갖추지 않고서 학법學法을
갖추는 것은 있을 수 없고, 학법을 갖추지 않고서 계신戒身을 갖추는
것은 결코 있을 수 없다. 계신을 갖추지 않고서 정신定身을 갖추는
것은 결코 있을 수 없고, 정신을 갖추지 않고서 혜신慧身을 갖추는
것은 결코 있을 수 없다. 혜신을 갖추지 않고서 해탈신解脫身을
갖추는 것은 결코 있을 수 없고, 해탈신을 갖추지 않고서 해탈지견
신解脫知見身을 갖추는 것은 결코 있을 수 없다. 해탈지견신을
갖추지 않고서 열반을 갖추는 것은 결코 있을 수가 없느니라.
그러나 만약 비구가 범행이 이미 완성된 이를 공경하고 잘 살피고
존중하면 반드시 위의법을 갖추게 될 것이고 ……(중략)…… 해탈
지견신을 갖추면 반드시 열반을 갖추게 될 것이니라.[20]

라고 하는 석존의 가르침이 설해져 있다. 우리는 이 가르침을 통해
열반 속에는 오분법신五分法身의 적극적인 힘이 살아 움직이고 있다는
것을 알 수 있다. 대승불교에서 상常·락樂·아我·정淨의 열반4덕을
설하는 것도 이러한 연유에서일 것이다.

그럼에도 불구하고 토인비는 열반을 철저히 자기멸각自己滅却(self
-extinction)으로 파악하고 있다. 그리하여 석존의 생애와 석존의 가르
침은 서로 모순된다고 주장하기까지 한다. 이러한 주장의 이면에는,

---

20 『大正藏』 1, pp.486下~487上.

몸과 정신이 모두 아주 없어진다(灰身滅智)는 무여열반無餘涅槃의 개념이 상정되고 있는 것 같다. 그러나 무여열반은 어디까지나 부차적·파생적인 개념이며, 열반의 원형은 현재열반現在涅槃(diṭṭha-dhamma-nibbāna)이라고도 불리는 유여열반有餘涅槃[21]이라고 보아야 한다. 그리고 무여열반 또한 현실의 삶을 떠난, 윤회생사의 세계와는 또 다른 하나의 존재 영역으로 이해되어서도 안 된다.[22] "열반과 (생사의) 세간은 조금만큼도 분별이 없다. 세간과 열반 또한 조금만큼도 분별이 없다. 열반의 실제와 세간의 실제, 이 둘 사이에는 털끝만큼의 차별도 없다."[23]는 용수龍樹(Nāgārjuna)의 주장은 참으로 온당한 것이라 하겠다. 훗날 법상종法相宗에서 무주처열반無住處涅槃의 개념을 중시한 것은 무여열반의 난점을 해결하기 위한 것으로 이해되며, 무주처열반은 유여열반의 개념을 더욱 실천적이고 역동적으로 발전시키고 있다 하겠다.

요컨대 불교는 자기멸각의 가르침이 아니라 '삶의 예술(the Art of Living)'인 것이며, 열반은 그 예술 자체임과 동시에 그 예술이 빚어낸 '지혜와 자비의 삶' 또는 '자유·평정·생명의 삶'이라고 말할 수 있을 것이다. 열반은 '삶의 소멸'이 아닌 '삶의 질質'에 대한 언명言明인 것이다.

---

21 宇井伯壽, 『佛敎汎論』(東京: 岩波書店, 1962), p.288.

22 金東華, 『原始佛敎思想』, 京城文化社, 1982, p.349.

23 "涅槃與世間 無有少分別 世間與涅槃 亦無少分別 涅槃之實際 及與世間際 如是二際者 無毫釐差別."(『大正藏』 30, p.36上).

2) '욕망의 역설' 비판

그러나 열반에 관한 또 하나의 중요한 문제가 남아 있다. 그것은 이른바 '욕망의 역설(the Paradox of Desire)'에 대한 주장이다. 불교에서는 모든 욕망을 버려야 열반을 성취할 수 있다고 가르치지만, 열반을 성취하려고 하는 것, 또는 열반을 성취하기 위해 욕망을 버리려고 하는 것 역시 또 하나의 욕망이 아니겠느냐는 지적이다. 그렇다면 '욕망의 멸각滅却'을 통한 열반의 성취라는 것은 자체 모순을 안고 있으며, 결국 논리적으로 열반의 성취는 불가능하다고 보아야 한다는 주장이다. 이제 이에 대한 필자의 비판적 입장을 밝혀 실천적 불교사상의 기초를 다져 두고자 한다.

(1) 욕망에 대한 불교의 기본 입장

불교경전에서는 인간의 끝없는 욕망에 대한 가르침이 여러 가지 비유를 통해 설해지고 있다. 『담마빠다(Dhammapāda)』 186에는 "소나기처럼 쏟아지는 많은 금에 의해서도 욕망은 충족되지 않는다. 욕망의 즐거움은 적고 욕망은 고통을 낳는다는 것을 아는 사람은 현명한 사람이다."[24]라는 내용이 있고, 『잡아함경』 권39 「중다경衆多經」에는 "히말라야 산만큼이나 거대한 순금 덩어리를 한 사람이 가지고 쓴다 해도 오히려 만족을 느끼지 못하리라."[25]는 게송이 나온다. 또한 인간의

---

24 *Dhp.* 186: "na kahāpaṇavassena titti kāmesu vijjati 'appassādādukkhā kāmā' iti viññāya paṇḍito."

25 『雜阿含經』(『大正藏』 2, p.289中) "巨積眞金聚 猶如雪山王 一人受用者 意猶不知足."

욕망이 채워지기 어려운 것은 "바다가 강물을 삼키는 것과 같다."[26]는 비유도 보인다. 요컨대 인간의 욕망은 채우면 채울수록 더욱 커져 가는지도 모른다. 바다에 빠진 사람이 바닷물을 마시면 마실수록 갈증이 심해지는 것처럼.[27]

이와 같이 인간의 욕망은 끝이 없고, 따라서 욕망의 충족이 불가능한 것이라면 차라리 욕망을 좇기보다는 욕망을 줄이고 현재의 상태에 만족하는 것이 삶의 지혜일지도 모른다. 불전에 자주 등장하는 '소욕지족少欲知足'[28]이라는 말은 이러한 맥락에서 이해해도 좋을 것이다. 그러나 욕망의 무한성이라는 점을 생각해 본다면, 욕망을 줄인다거나 소욕하는 것만으로는 아직 부족하다 할 것이다.

그래서 가장 오래된 경전 중의 하나인 『담마빠다』에는 욕망에 대한 더욱 단호하고 준열한 붓다의 가르침이 설해져 있다.

나는 그대들에게 이 고결한 가르침(bhaddaṁ)을 설하노라. 여기에
모인 그대들은 모두 사람들이 비라나(bīraṇa: 풀의 일종, 香草) 풀의
뿌리(usīra)를 찾기 위해 비라나 풀을 파헤치듯, 욕망의 뿌리를
파내어라. 그리하여 강물이 강둑 위의 갈대를 휩쓸어가듯 악마
(Māra: 죽음의 신 또는 죽음의 의미)가 그대들을 자꾸자꾸 파괴하지
못하게 하라.(337)

---

26 增谷文雄, 『佛敎槪論』(現代人の佛敎 12)(東京: 筑摩書房, 1966), pp.130~131.

27 尹炳植, 「佛敎의 人間觀」, 『哲學과 宗敎』, 1990, p.54.

28 『雜阿含經』 권45, 『無量壽經』 上, 『法華經』 「勸發品」, 『北本涅槃經』 등 많은 경전에 나온다.

나무를 아무리 잘라 내어도 그 뿌리가 상하지 않고 견고하면 그 나무는 다시 자라는 것처럼, 욕망의 뿌리를 잘라 내지 않으면 (taṇhānusaye anūhate) 이 괴로움은 자꾸자꾸 생기게 된다.(338)[29]

이 밖에도 욕망이 고통과 윤회의 근본 원인이기 때문에 욕망을 제어하고 극복해야 된다는 가르침은 수많은 불전 속에 설해져 있다. 욕망에 대한 이와 같은 불교의 일반적 시각은 단순한 상식과 교훈의 차원을 넘어 사성제와 연기설 등에서 보다 근본적인 이론체계를 이루고 있다. 결국 모든 욕망[30]을 제거해야만 열반을 성취할 수 있다는 것이 불교의 기본 입장임에는 틀림이 없다고 하겠다.

(2) '욕망의 역설' 주장

'욕망의 역설'이라는 직접적인 표현을 쓰지는 않았지만, 바로 이 역설을 지적한 대표적인 사람으로 토인비를 들 수 있다. 토인비는 그의 저서

---

29 S. Radhakrishnan, *The Dhammapada*(London: Oxford University Press, 1958), pp.164~165.

30 'Paradox of Desire' 중의 'desire'에 걸맞은 가장 일반적인 우리말을 찾다보니 욕망이라는 단어를 택하게 되었다. 본래 이 욕망에 해당되는 빨리어로는 taṇhā, chanda, icchā, kāma, rāga, lobha 등이 있는데, 이 책에서는 주로 taṇhā와 chanda의 의미로 썼다. 사실 漢譯에서는 taṇhā(tṛṣṇā)의 역어로서 '渴愛·渴·渴乏·渴仰心·愛·愛染·愛心·愛着·愛欲·着·樂着·所樂着·貪·貪欲·貪愛·恩愛·耽染·癡·癡愛' 등이 사용되고 있고(일본 불교계에서는 妄執이라는 역어도 종종 쓰임), chanda의 역어로는 欲·欲樂·愛·喜欲·希求·求 등이 사용될 뿐 欲望이라는 역어는 거의 찾아볼 수 없다. 'taṇhā'의 英譯으로는 'craving·desire·thirst'가 일반적이고 'chanda'의 영역으로는 'desire·will'이 일반적이다.

『역사가의 종교관』을 통해 불교에 관한 몇 가지 비판을 가하고 있는데, 그 요점은 대개 다음과 같다.

첫째, 붓다의 생애와 붓다의 가르침 사이에는 근본적인 모순이 있다고 그는 주장한다. 둘째, 붓다의 가르침보다는 붓다의 생애가 더 가치 있는 것으로 생각되는데, 그것은 ①인간의 본성에 관한 붓다의 설명에 부족한 점이 있고, ②붓다의 가르침을 통해 제시된 인생의 목표, 즉 열반은 본질적으로 성취될 수 없으며, ③설혹 그 목표가 성취될 수 있다 하더라도 그것은 별로 바람직스럽지 못하기 때문이라고 주장한다.[31] 이러한 주장들은 근본적으로 그의 편향된 열반관에 의거하고 있는 것으로 추측된다.

다시 말해서 토인비는 기본적으로 불교의 최고 목표인 열반을 '욕망의 불꽃이 꺼지고, 따라서 결국 자아가 완전히 소멸되는 존재의 상태'로 규정하고 있는 것이다.[32] 이와 같은 열반에 대한 왜곡된 고정관념은 그의 모든 논의를 그릇된 방향으로 끌고 가는 결정적 원인이 되고 있다. 그가 펼치고 있는 이론을 잠깐 살펴보도록 하자.

소승불교의 철학자들이 영혼의 탐구를 추구해 가는 그 진지성과 결연성決然性은 ①절대적 해탈(열반)은 도달할 수 있는 목표인가, ②도달할 수 있다면 해탈의 추구는 선한 활동이라고 할 수 있겠는가라

---

31 K.N. Jayatilleke, *Aspects of Buddhist Social Philosophy-A Recent Criticism of Buddhism*(The Wheel, No.128·129, 1969), p.1.

32 Arnold Toynbee, *An Historian's Approach to Religion*(London: Oxford University Press, 1956), p.62: "Nirvāna-state of being in which the flame of Desire has been blown out and, in the act, the Self has been completely extinguished."

는 두 문제를 제기한다고 토인비는 말한다. 그리고 ①의 물음에 대해 답하기를, "모든 욕망에서 해탈하고자 하는 고도로 분투적인 정신적 노력이 모든 욕망을 소멸하고자 하는 하나의 지배적 욕망(the single master-desire)에 집착함이 없이 그 목표를 달성할 수 있는 길을 찾아내기란 어렵기 때문에, 다시 말해서 '욕망의 소멸 이외에는 아무것도 바라지 않는다'는 바로 그 욕망의 지멸止滅은 심리적으로 불가능할 것이기 때문에, 절대적 해탈은 본래적으로 이루어질 수 없다고 생각한다."고 말한다.[33]

또한 ②의 물음에 대해서는, "어쨌든 절대적 해탈이 모든 욕망의 소멸을 통해서만 달성될 수 있다는 불타의 확고한 주장이 정당하다고 한다면, 소승불교도는 자기를 위한 개인적 쾌락·번영·권력과 같이 항용 이기적인 것으로 인정되는 욕망의 억압뿐만 아니라 이웃 중생에 대한 사랑과 연민과 같이 항용 이타적인 것으로 인정되는 욕망의 억압까지도 요구받게 된다. 감정의 모든 속박에서 해방되는 것이 목표인 철학자에게는 이기적 정욕情欲의 무자비한 추구가 위태로운 것처럼, 이타적인 사랑과 연민 역시 수도修道에 위태로운 것이다. 선악의 구별 없이 모든 욕망을 공평히 억압해야 한다는 것이 소승불교 교의의 논리적 귀결이라 할 때, 불타 자신은 스스로 숭고한(sublime) 모순을 범하고 있는 셈이 된다. 불타는 성도를 이룩하고 곧 열반에 들 수 있었는데도, 중생에게 해탈의 길을 가르치기 위해서 고뇌로부터의 자신의 해탈을 연기하기로 작정했기 때문이다."[34]라고 답하고 있다.

33 A. Toynbee, op. cit., pp.63~64.
34 Ibid., p.64.

이 중에서 특히 ①의 물음에 대한 답변, 즉 '모든 욕망에서 해탈(열반)하고자 하는 것도 결국 또 하나의 욕망이 되기 때문에, 열반(욕망의 소멸)의 성취는 불가능하다'는 내용은 직접적인 표현만 하지 않았을 뿐, 다름 아닌 '욕망의 역설'의 주장인 것이다.

다음으로 비스베이더(Visvader)에 의하면, 불교와 힌두교는 근본적으로 인간의 욕망 문제를 취급하는, 좀 더 구체적으로 말하자면 욕망의 지멸 또는 욕망의 전환을 가르치는 종교이다. 예를 들면, 불교는 괴로움의 소멸을 그 주요 목표로 하는데, 욕망이 괴로움의 근본 원인이라고 보기 때문에 욕망의 지멸을 그 목표 달성의 수단으로 삼는다. 하지만 '욕망을 포기하라'는 말은 '의도意圖하지 말고 손을 들라'고 하는 의도의 역설, 또는 '무심無心히 행하라(act from no-mind)'는 선가의 가르침과 비슷한 곤란한 문제를 일으킨다.

내가 모든 욕망을 포기하고자 할 때, 나는 먼저 욕망을 포기하고자 하는 욕망을 갖지 않으면 안 된다. 그러나 '모든 욕망을 포기하라'는 지시를 진지하게 생각해 보면, 욕망을 포기하고자 하는 욕망 또한 버리지 않으면 안 된다.[35] 더 나아가 비스베이더는 이 점을 괴로움의 문제와 관련시켜 다음과 같이 주장한다.

모든 욕망을 버리려는 욕망의 역설적 특성을 부풀리는 것은 (다름 아닌) 이 고통을 피하려는 욕망이다. 왜냐하면 만약 내가 모든 욕망을 버리려는 욕망을 버린다면 나는 계속해서 고통 속에 갇혀

---

35 John Visvader, "The Use of Paradox in Uroboric Philosophies"(*Philosophy East and West* 28, No.4, October 1978), pp.460~461.

있게 될 것이고, 그렇다고 만약 모든 욕망을 버리려고 노력한다면 그것은 괴로움의 원인을 하나 더 덧붙이는 결과를 낳게 될 뿐이기 때문이다.[36]

이것이 바로 비스베이더가 주장하는 '욕망의 역설'의 요지이다. 또한 허먼(Herman)은 보다 조직적으로 욕망의 역설에 대해 주장한다. 허먼은 먼저 만약 불교의 주요 목표 중의 하나가 욕망(desire and desiring)의 지멸이라고 한다면, 첫째, 지멸되어야 할 이 욕망의 본질은 무엇인가? 둘째, 그 욕망을 지멸시키는 일을 어떻게 시작할 것인가? 하는 두 가지 물음을 제기한다. 그는 이러한 두 물음은 불교나 힌두교 전통뿐만 아니라 욕망이 본질적으로 인간의 궁극적 행복에 대한 장애물이라고 주장하는 여타의 모든 철학과 종교에서 주요한 문제임을 밝히면서,[37] "만일 내가 욕망(desiring)을 지멸시키고자 욕망(desire)한다면, 결국 모든 욕망을 다 지멸시킬 수는 없을 것이다. 왜냐하면 나는 다만 한 욕망을 또 다른 욕망으로 대체시켰을 뿐이기 때문이다. 욕망의 역설(the paradox of desire)은 '모든 욕망'을 멸각滅却시키려는 욕망 속에 포함된 실제적인 모순과 좌절을 지적하고, 동시에 모든 욕망을 멸각시키고자 (욕망)하는 사람들은 결코 그 목표를 달성할

---

36 Ibid., p.461: "It is this desire to escape suffering that fills out the paradoxical quality of the desire to give up desires, for if I give up the desire to give up desires, I will still be locked in suffering, while if I try to give up desires, I will only add to the cause of it."

37 A.L. Herman, "A Solution to the paradox of desire in Buddhism"(*Philosophy East and West* 29, No.1, January, 1979), p.91.

수 없으리라는 것을 주장한다."[38]고 진술하고 있다. 그리고 다음과
같은 다섯 가지 명제를 통해서 보다 체계적으로 자신의 주장을 펴고
있다.

(1) 욕망② 없음(無欲)에 대한 욕망①은 결국 (또 하나의) 욕망③이
된다(Desire① for desire②-lessness leads to desire③) ; 욕망의 역설은
우리로 하여금 욕망①은 궁극적으로 욕망②와 다르지 않고, 결과로
생기는 욕망인 욕망③ 또한 욕망②와 다르지 않다는 것을 믿게 한다.

(2) 욕망①은 일종의 욕망②이다(Desire① is a species of desire②) ;
일반적으로는 긍정적인 또는 바람직스러운 것으로 생각되는 욕망①
도 사실은 순전한(pure and simple) 욕망②이다. 욕망②는 우리를
고통과 불행으로 이끄는 탐욕(lusts), 갈애(cravings), 일상적인 존재의
욕구(needs) 등을 의미하는 부정적 개념의 욕망이다.

(3) 욕망③은 일종의 욕망②이다(Desire③ is a species of desire②) ;
욕망② 없음에 대한 욕망①로부터 생기는 마지막 욕망③ 역시 순전한
또 하나의 욕망②이다.

(4) 그러나 만일 욕망①과 욕망③이 (결국) 욕망②의 일종이라면
욕망② 없음은 불가능하다(But if desire① and desire③ are merely species
of desire② then desire②-lessness is impossible) ; 이와 같이 욕망②는
욕망① 또는 욕망③으로서 계속해서 존재할 것이기 때문에 욕망②를
지멸시키는 것은 불가능하다는 것을 욕망의 역설은 말한다.

---

38 Ibid.

(5) (4)의 진리를 깨닫는 것은 열반을 성취하는 것과 같다(Realizing the truth of (4) is tantamount to achieving nirvāṇa) ; 욕망의 역설로부터 벗어나는 길이 없음을 알고, 그리하여 열반에로의 길이 없고 또한 욕망되어야 한다거나 달성되어야 할 목표도 없음을 알면, 우리는 그 길과 목표로부터 해방된다. 그리고 그 '해방(letting go)'이야말로 바로 열반인 것이며, 또는 우리를 열반으로 인도하는 것이다. 왜냐하면 어떤 열렬한 구도자가 자신이 할 수 있는 일이 아무것도 없다는 것을 깨닫게 되면, 그에게는 해야 할 일이 하나도 남아 있지 않기 때문이다.[39]

(3) '욕망의 역설' 비판

이상에서 우리는 토인비와 비스베이더, 그리고 허먼의 욕망의 역설에 대한 주장을 간략하게 살펴보았다. 그러나 과연 이러한 주장은 타당한 것일까. 한마디로 필자는 '욕망의 역설' 주장은 온당치 못한 것이며, 이러한 주장은 자칫하면 불타의 가르침을 근본적으로 왜곡시킬 수도 있는 매우 위험스러운 발상이라고 생각한다. 이하에서 이러한 역설의 주장이 왜 온당치 못한 것인가 하는 점에 대해 논구해 보도록 한다.

앞에서 살펴본 것처럼 토인비와 비스베이더 그리고 허먼은 모두 '욕망의 역설'을 주장하고는 있지만, 조금씩 입장의 차이를 나타내고 있다. 다시 말해서 토인비는 욕망의 역설 때문에 열반의 성취가 불가능하다고 보고 있고(이것은 근본적으로 열반에 대한 잘못된 선입견으로 말미암은 것이다), 반면에 비스베이더와 허먼은 욕망의 역설을 주장하기는

---

39 A.L. Herman, op. cit., pp.92~94.

하지만 그렇다고 하여 열반이 성취 불가능한 목표라고 보지는 않는
것 같다.

허먼은 "욕망의 역설로부터 벗어나는 길이 없음을 알고, 그리하여
열반에로의 길이 없고 또한 욕망되어야 한다든가 달성되어야 할 목표
도 없음을 알면, 우리는 그 길과 목표로부터 해방된다. 그리고 그
해방이야말로 바로 열반인 것이며 또는 우리를 열반으로 인도하는
것이다."[40]라는 참으로 역설적인 논리로 열반을 인정하고 있다. 욕망의
역설을 진지하게 응시하고 욕망을 버리려는 욕망마저도 버림으로써,
오히려 열반(욕망의 소멸)은 달성될 수 있다는 말이다.

한편, 비스베이더는 욕망의 역설을 이른바 '치료적 역설'[41]의 일종으
로 취급하고 있다. 그것은 그의 「유로보로스의 철학에 있어서 역설의
사용」이라는 논문의 다음 진술을 통해서도 쉽게 알 수 있다.

나는 (강을 건너간 후에는 뗏목을 버리라고 설하는) 불교와 (지붕
위에 올라간 후에는 사다리를 버리라고 가르치는) 초기 비트겐슈
타인의 사상을 지칭하여 '유로보로스의 (또는 유로보로스적) 철학
들'이라고 표현해 보았다. 그것은 이들 철학사상이 중세시대의
연금술사와 그노시스 교도(Gnostics: 초기 기독교 시대에 있어서의
신비주의적 이단 기독교)가 상징적으로 즐겨 사용한 유로보로스
(Uroboros)라는 뱀을 연상하게 했기 때문이다. 그들이 그린 몇
점의 유로보로스는 원형圓形을 이룬 채 자신의 꼬리를 삼키고

---

40 A.L. Herman, op. cit., pp.93~94.
41 黃弼昊, 『分析哲學과 宗敎』, 종로서적, 1989, pp.121~125 참조.

있다. 유로보로스는 때때로 자신을 샐러맨더(Salamander: 불속에
산다는 전설의 불도마뱀)로 변형시키는 모습으로 묘사되기도 한다.
이러한 표현 속에는 유로보로스 철학의 주요한 두 가지 양상이
묘사되어 있다고 여겨진다. 하나는 자신의 꼬리를 삼키는 표현을
통해서 상징되는, 뗏목과 사다리를 내던져 버린다는(즉 자신의
발자국을 지워버린다) 점이다. 또 하나는 유로보로스가 샐러맨더
로 변형되는 표현을 통해서 상징되는, 자신의 본래적인 철학적
입장과 종종 단절되며 또한 심히 다른 상태를 성취한다는 점이다.
이것은 불제(exorcism)의 철학으로서 근본적으로 치료적인 특성이
있다. 다시 말해서 그것은 치료의 철학이다. 그것은 삶의 매듭을
풀어 주며 지적인 압박감을 경감시켜 주기 때문이다.[42]

이러한 비스베이더의 관점도 결국은 욕망을 버리려는 욕망마저도
버려야 한다는 허먼의 입장과 같다고 생각되며, 그렇게 할 때 오히려
열반은 성취된다는 의미에서 치료적 역설이라고 할 수 있는 것이다.
그러나 이들의 입장과 의도가 어떻든 간에 이들이 모두 '욕망의 역설'을
인정하고 있다는 점은 부인할 수 없다고 본다. 그렇다면 과연 욕망의
역설은 성립하는 것일까.

먼저 이와 관련된 한 경설을 인용해 보기로 한다. 『잡아함경』 권21
「바라문경婆羅門經」에는 아난阿難(Ānanda) 존자와 한 바라문(Uṇṇā-
bha)[43]이 욕망의 역설이라고 할 만한 내용을 중심으로 서로 주고받는

---

42 John Visvader, op. cit., p.455.

43 漢譯 『아함경』에는 異婆羅門이라고만 되어 있지만 Saṃyutta-nikāya에는 Uṇṇābha

대화가 실려 있다. 잠시 그 대화의 내용을 살펴보도록 하자.

그때에 어떤 바라문이 존자 아난다가 있는 곳에 와서 서로 노고를
위로하는 인사를 나누고 한쪽에 앉아서 존자 아난다에게 물었다.
"무엇 때문에 사문 고타마 밑에서 범행梵行을 닦습니까?"
존자 아난다는 바라문에게 말하였다.
"끊기 위해서이다."
"존자여, 무엇을 끊으려 합니까?"
"탐애貪愛를 끊으려 한다(斷愛)." A)
"아난다 존자여, 무엇을 의지해 탐애를 끊을 수 있습니까?"
"바라문이여, 욕欲을 의지해 탐애를 끊는다." B)
"아난다 존자여, 그렇다면 (그 欲은) 끝이 없는 것 아닙니까?"
"바라문이여, 끝이 없는 것이 아니니, 이와 같이 (탐애가 끊어지는)
끝이 있어서 (그 欲은) 끝이 없는 것이 아니다."
"아난다 존자여, 어찌하여 끝이 있으며, 끝이 없는 것이 아닙니까?"
"바라문이여, 나는 이제 너에게 물으리니 생각하는 대로 나에게
대답하라. 바라문이여, 어떻게 생각하는가? 너는 먼저 욕欲이
있어서 이 정사精舍에 온 것 아닌가?"
"그렇습니다! 아난다 존자여."
"그렇다면 바라문이여, 이미 이 정사에 왔으니 그 욕欲은 없어지지
않았는가?"
"그렇습니다. 존자 아난다여, 저는 노력하고 준비하고 계획해서

바라문이라고 하여 이름까지 밝혀져 있다.

이 정사에 왔습니다."

"이미 이 정사에 왔다면 그 노력과 준비와 계획 또한 없어지지
않았는가?"

"그렇습니다. 존자 아난다여, 그 노력과 준비와 계획 또한 없어진
것입니다."[44]

위 인용문 중 A)의 내용 가운데 나오는 '탐애貪愛(漢譯에서는 愛로
되어 있음)'는 *Pāli Nikāya*에는 'chanda'로 되어 있고, B)의 내용 중에
나오는 '욕欲'도 빨리문에는 'chanda'로 되어 있다. 그리고 P.T.S. 영역
본英譯本에서는 둘 다 'desire'로 번역되어 있다.[45] 한역漢譯에서는 문맥
상의 의미를 고려하여 애愛와 욕欲으로 서로 달리 번역하였기 때문에[46]
욕망의 역설이라는 느낌이 덜 들지만, 빨리문과 영역본에 의하면
동일한 단어가 사용되고 있기 때문에 욕망의 역설이라는 느낌이 훨씬
실감 나게 다가올 것이다. 여하튼 "바라문이여, 이전에 그대에게는
'나는 공원에 가야겠다'[47]는 욕망이 있었겠지만, 그대가 그 공원에
도착하고 나서는 그 특별한 욕망은 사라졌을 것이다. …… 완전한

---

44 『大正藏』2, p.147上~中.

45 *Kindred Sayings* V, P.T.S., pp.243~245.

46 愛와 欲으로 구분하여 漢譯한 것은 적절하다고 생각된다. 사실 巴利文에서도
chanda라는 동일한 단어를 아난다가 사용했기 때문에 Uṇṇābha 바라문이 "그렇
다면 그 欲은 끝이 없는 것 아닙니까?"라는 질문을 하게 되었고, 英譯本에서도
desire라는 동일한 단어를 사용하여, 욕망의 역설이라는 문제가 더 진지하게
대두된 것 같다.

47 한역본에는 정사로 되어 있으나, 빨리본에는 공원으로 되어 있다.

깨달음에 의해서 해탈을 이룬 아라한의 경우도 마찬가지다. 이제
그는 아라한과를 얻었으므로, 이전에 품었던 '아라한과를 얻어야겠다'
는 욕망은 이미 사라졌다."[48]는 아난다의 답변은 무척 명쾌하게 들린다.

비스베이더와 허먼을 비판하는 앨트(Alt)의 논지는 이 「바라문경」의
입장과 상통한다고 하겠다. 앨트가 이 경설을 참고했는지는 알 수
없지만, "내가 욕망②를 제거하고자 욕망①한다고 하자. 만약 내가
욕망①을 충족시킨다면, 즉 내가 실제로 욕망②를 제거한다면 욕망
①도 그에 의해 없어질 것이다. 어떤 욕망의 충족은 그 욕망의 지멸과
같은 것이기 때문이다. 따라서 욕망①은 다른 욕망과 마찬가지로,
결국 지멸될 수 있다고 본다."[49]는 앨트의 주장은 「바라문경」의 내용을
요약·정리해 놓은 것 같은 인상을 주기까지 한다. 아무튼, 욕망의
역설을 인정하지 않는 것이 경설의 확고한 입장임을 알 수 있을 것이다.
필자는 한마디로 이 '욕망의 역설' 문제는 근본적으로 욕망의 개념을
잘 구별하여 사용함으로써 해결될 수 있다고 본다.[50]

본디 이 문제는 위의 「바라문경」에서 아난이 말한 'chanda①에
의해 chanda②를 끊는다(chandena ca chandaṃ pajahissati)'는 구절에서
비롯되었다고 여겨지는데, 여기서 말하는 chanda①(허먼이 말하는 de-
sire①에 해당)과 chanda②(허먼의 desire②에 해당)의 의미는 분명하게

---

48 *Kindred Sayings* V, P.T.S., pp.244~245.

49 Wayne Alt, "There is no paradox of desire in Buddhism"(*Philosophy East and West* 30, No.4, October, 1980), p.527.

50 비스베이더와 허먼 그리고 앨트도 모두 desire의 개념을 분석·분류함으로써
역설의 문제가 해결될 수 있으리라는 희망을 제시하고 있다.

구분하여 이해해야 할 줄 안다. chanda①은 긍정적인 의미의 의욕 (will), 바람, 소망, 이상, 원願 등을 뜻하는 것이고, chanda②는 부정적 인 의미의 이기적 욕망, 탐욕(lust), 갈애渴愛(craving, thirst)인 것이다. 따라서 chanda②는 당연히 taṇhā(갈애, 妄執)의 의미로 이해되어야 하는 것이다. 이것을 엄격하게 구별하지 않고 모두 일반적 욕망 또는 욕구(desire)의 동일한 의미로 이해하다 보니 앞에서 살펴본 허먼의 (1), (2), (3), (4)와 같은 주장이 나오게 된 것이다.

필자가 조사한 바에 의하면 taṇhā는 대부분이 부정적 의미로 쓰이고 있고, chanda는 긍정적 의미와 부정적 의미로 두루 쓰이고 있는 듯하 다. 따라서 chanda라는 단어는 문맥에 따라 그때그때의 의미를 적절하 게 분별하여 파악해야 할 것이다. 이러한 견지에서 이제 허먼이 본질적 으로 동일한 것으로 보는 desire①과 desire②를 좀 더 구체적으로 구분하여 보기로 하자.

십이연기설十二緣起說에 의하면 우리들의 생명은 무명無明을 근본 으로 하고 있으므로 우리들의 모든 정신적·육체적 활동은 이 무명의 범위를 벗어나지 못한다고 볼 수 있다. 그러나 이 무명을 기초로 하여 일어난 식識이 점차 나아가 이른바 지혜(paññā)가 되면, 오히려 무명 자신을 뒤엎고 무명의 지배로부터 벗어나려는 희구希求를 일으키 게 된다. 따라서 불교적 수행은 결국 무명에 기초하는 본능적 의지 (desire②)와 이것을 해탈하여 순수한 정신생활로 들어가고자 하는 지혜(desire①)의 투쟁에 다름이 아니라고 할 수 있다. 석존은 본능적인 아집我執·아욕我欲에 가담하는 쪽의 마음작용을 번뇌(kilesa)·사使 (anusaya)·전纏(bandha)·누漏(āsava) 등이라 일컫고, 이것을 해탈하

는 쪽에 가담하는 마음작용을 한마디로 보리심菩提心이라 칭하였는데,
보다 구체적으로 말하면 지智(paññā)·혜慧(ñāṇa)·명明(vijja)이라고
했다.[51] 여기에서 desire①은 물론 지·혜·명의 성질을 띠고 있고,
desire②는 번뇌·사·전·누의 성질을 띠고 있다고 볼 수 있다.

또한 우리들의 의지는 이것을 자연 상태로 내버려두면 동물과 다름
없이 다만 본능에 지배되어 욕망의 긍정이라는 한쪽 방향으로만 나아
가게 된다. 따라서 이러한 자연적 의지(desire②)를 제어하기 위해서는
다시 적극적으로 더욱더 강력한 의지와 의욕(desire①)이 필요하게
된다. 석존은 이것을 법욕法欲(dhamma chandana)이라고 지칭하였다.
법욕이란 다시 말해서 점차로 높은 경계를 희구하여 마침내 영원항상永
遠恒常에까지 미치는 의욕(desire①)이다.[52] 『이띠웃따까』의 다음 설명
은 법욕 또는 desire①의 의미를 더욱 분명하게 해 준다.

비구들이여! 예를 들어 어떤 사람이 강의 흐름을 즐기고 놀며
떠내려가려고 할 때, 눈이 예리한 사람이 언덕에 서 있다가 그를
발견하고 다음과 같이 말할 것이다. "여보게! 자네가 강의 흐름을
즐기고 놀며 떠내려가려고 하지만 이 강의 하류에는 파도와 소용돌
이가 치며, 악어가 있고 악귀가 사는 호수가 있네. 그러면 자네는
그 호수에 도착해서 죽거나 그렇지 않으면 죽도록 심한 고통을
받을 것이네." 그때 비구들이여! 그 사람은 그런 외침을 듣고 손발을
움직여 흐름을 건너려고 노력할 것이다.[53]

---

51 木村泰賢, 『原始佛敎思想論』(東京: 大法輪閣, 1982), p.149.

52 木村泰賢, 앞의 책, p.312.

물론 여기에서도 '강의 흐름을 즐기고 놀며 떠내려가려고 하는 것'은 desire②이고 '손발을 움직여 흐름을 건너려고 노력하는 것'은 desire ①이라고 할 수 있을 것이다.

인간은 지智·혜慧·명明(일반적인 용어로 말하자면 理性 또는 精神)의 능력 때문에 이 세계의 생명체 중에서 자아의식 또는 자아 관념을 갖는 유일한 존재가 되었다. 자기 자신을 대상화하는 자아의식이 있음으로써 인간은 반성적 사유를 하게 되고, 반성적 사유를 통해 인간은 자기를 초월할 수도 있는 것이다. desire①은 이러한 인간의 자기 초월적 능력으로 인하여 가능한 것이라고 생각된다.

요컨대 desire②는 taṇhā이다. 그것은 일차적·본능적·대상적·노예적·맹목적 욕망이며, 무명(avijja)에 바탕한 감각적·정신적 집착 일반으로서 고통의 재생산 구조인 유전연기流轉緣起 계열에 속한다. 이 taṇhā를 끊어야겠다는 desire①은 이차적·반성적·창조적 의지로서 어느 정도의 지혜 또는 깨달음에 바탕한 환멸연기還滅緣起 계열에 속한다 할 것이다. 또한 desire①은 '초발심시변성정각初發心是便成正覺'[54]이라고 할 때의 발심發心(發菩提心)에 해당된다고도 말할 수 있다. 발심은 taṇhā를 따르는 무의미한 삶의 종말에 대한 각성覺醒(이해, 인식, 깨달음)이 없이는 불가능할 것이다.

여기서 한 가지 덧붙여 두고 싶은 점은 desire②의 문제 또한 단순한 도덕적인 문제이기 이전에 본질적으로 인식론적인 문제로 보아야

---

53 *Itivuttaka* 109.

54 『大正藏』 9, p.449下. 『60화엄』 「梵行品」에 나오는 말이다. 『80화엄』에서는 "初發心時卽得阿耨多羅三藐三菩提"라고 번역하고 있다.

한다는 것이다.[55] 욕망은 본래 대상에 대한 분별, 더 나아가 주관과
객관의 분별을 전제로 하기 때문이다. 그것은 taṇhā가 무명을 토대로
하여 작용하고 있음을 생각해 보면 쉽게 이해할 수 있을 것이다.
그리고 월칭月稱(Candrakīrti)의 "욕망이여, 나는 너의 뿌리를 아나니,
너는 헛된 사념思念(saṅkalpa)으로부터 일어난다. 나는 더 이상 헛된
사념에 빠지지 않을 것이며, 따라서 나에게서 모든 욕망은 사라질
것이다."[56]라고 하는 이야기는 이를 더욱 뒷받침해 준다. 앞으로의
논의의 중심은 욕망의 역설이 아니라 욕망의 뿌리에로 옮겨가야 할
것이고, 따라서 불교적 인식론에 대한 깊은 이해가 요청된다 할 것이다.
마지막으로 토인비의 주장에 대해 살펴보도록 하자. 토인비는 불타의
생애와 불타의 가르침 사이에는 근본적인 모순이 있다고 말하고 있지
만, 경전은 오히려 "불타는 가르치는 대로 행하고, 행하는 대로 가르친
다."[57]라고 설하고 있다. 그렇다면 문제는 어디에 있는 것일까. 토인비
는 원천적으로 불교의 열반에 대한 편견과 선입견을 지니고 있었던
것 같다. 그가 생각하는 열반은 '욕망의 불꽃이 모두 꺼진 자기멸각自己
滅却(self-extinction)의 상태'였다. 따라서 불교의 최고선인 열반을 성취
하기 위해서는 desire②뿐만 아니라 desire①까지도 버려야 하는데,
석존은 desire①은 버리지 못했다는 것이다. 다시 말해서 인간의

55 David Loy, "The difference between saṃsāra and nirvāṇa"(*Philosophy East and West* 33, No.4, October, 1983), p.356.

56 T.R.V. Murti, *The Central Philosophy of Buddhism*(London: Geoge Allen and Unwin Ltd, 1974), p.223에서 재인용.

57 *Itivuttaka*, P.T.S. p.122: "yathāvādi tathākāri yathākāri tathāvādi."

지상목적이 자기멸각이어야 한다는 불타의 가르침과 불타의 실제적인
자비의 삶 사이에는 모순이 있다는 것이다.(the Buddha was not preaching
what He was practising.)[58]

그러나 석존이 언제 어디서 인간의 지상목적이 자기멸각이어야
한다고 했으며, 자기멸각이 열반이라고 가르쳤단 말인가. 석존은 일찍
이 이 세상에는 네 종류의 사람, 즉 ①자신과 남의 행복에 모두 무관심한
사람, ②남의 행복만을 위할 뿐 자신의 행복은 돌보지 않는 사람,
③자신의 행복만 돌보고 남의 행복은 돌보지 않는 사람, ④자신과
남의 행복을 함께 도모하는 사람으로 나누고, 이 중에서 ④와 같은
부류의 사람이 가장 훌륭한 사람이라고 설한 바 있다.[59]

자기멸각은 결코 열반이 아니며, 불타의 생애와 불타의 가르침
사이에는 아무런 모순도 없다. 욕망의 역설은 관념적인 언어의 유희일
뿐 실재하지 않는 것이며, 따라서 열반의 성취가 불가능한 것도 아니다.
이들에게는 무엇보다도 열반에 대한 바른 이해가 결여되어 있었던
것이다.

2. 근본 교설의 실천적 이해

1) 사성제

석존이 정각을 성취한 후 꼰단냐(Koṇḍañña)・왑빠(Vappa)・밧디야
(Bhaddiya)・마하나마(Mahānāma)・앗사지(Assaji) 등 다섯 비구에게 녹

---

58 Arnold Toynbee, op. cit., p.292.

59 A. N. II, p.95.

야원鹿野苑에서 최초로 설법하였던 내용은 일반적으로 중도中道, 사성제四聖諦, 팔정도八正道의 가르침으로 알려져 있다. 하지만 엄밀히 말해서 중도와 팔정도의 설법도 사실은 사성제에 포함된다고 보아야 한다. 적어도 원시불교에 있어서는 사성제의 가르침은 석존의 모든 교설 속에서 가장 중요하고 포괄적인 것이라고 할 수 있다. 사성제의 중요성과 포괄성에 대해『중아함경』의「상적유경象跡喩經」은 독특한 비유를 들어 이야기하고 있다. 육상에서 가장 큰 동물인 코끼리의 발자국이 다른 동물들의 발자국을 모두 포섭하는 것처럼, 사성제는 석존의 모든 교법을 포섭한다는 것이다.[60] 이처럼 불교의 핵심적인 내용을 이루고 있는 사성제는 일반적으로 고성제苦聖諦·집성제集聖諦·멸성제滅聖諦·도성제道聖諦로 알려져 있다. 그러나 이 고·집·멸·도는 어디까지나 약칭이다. 사성제는 대체적으로『장아함경』에서는 고苦·고집苦集·고멸苦滅·고출요苦出要,『중아함경』에서는 고苦·고습苦習·고멸苦滅·고멸도苦滅道,『잡아함경』에서는 고苦·고집苦集·고멸苦滅·고멸도적苦滅道跡,『증일아함경』에서는 고苦·고습苦習·고진苦盡·고출요苦出要로 각각 설해지고 있다. 사성제의 각 항이 의미하는 바는 서로 다르겠지만, 적어도 형식적으로는 사성제에 빠짐없이 고(dukkha)라는 말이 붙어 있다는 점이 흥미롭다. 이것은 어쨌든 사성제에서 고의 개념이 매우 중시되고 있음을 말해 준다고 하겠다.[61]

사실, 모든 인도 철학이 고에 대한 인식에서 출발하듯,[62] 불교도

---

60 『中阿含經』권30,「象跡喩經」(『大正藏』1, p.464中).
61 李仲杓,「阿含의 中道體系 研究」(東國大學校 博士學位 論文, 1989), pp.240~241 참조.

본래 고에 대한 자각으로부터 출발했다고 할 수 있다. 특히 석존의
고에 대한 인식은 매우 투철했던 것 같다. 그것은 석존이 갠지스
강가에서 제자들에게 "너희들이 그동안 생사에 유전하면서 고통과
슬픔으로 흘린 눈물은 저 갠지스 강의 물보다도 많으니라."[63]라고
한 하나의 설법을 통해서도 능히 짐작할 수가 있다.

그러나 불교에 있어서 고의 자각은 결코 비관론이라든가 염세주의
로 흐르지 않는다. 먼저 사성제에 대한 대표적인 가르침인 상응부相應
部『전법륜경轉法輪經(*Dhammacakkappavatana-sutta*)』의 내용을 직접
살펴보자.

고통苦痛(Dukkha)에 관한 거룩한 진리(苦聖諦)는 다음과 같다.
태어남은 고통이다. 늙음은 고통이다. 병듦은 고통이다. 죽음은
고통이다. 슬픔과 비탄, 아픔, 비통과 절망은 고통이다. 싫은 사람
들(the unpleasant)과 만나는 것은 고통이다. 사랑하는 사람들(the
pleasant)과 헤어지는 것은 고통이다. 구하는 것을 얻지 못하는
것은 고통이다. 요컨대 취착된 5온(五取蘊)은 고통이다.
고통의 발생에 관한 거룩한 진리(苦集聖諦)는 다음과 같다.
강렬한 탐욕과 함께 윤회 전생하게 하는 것은 다름 아닌 욕망(渴愛,
妄執, taṇhā)이다. 그것은 이곳저곳에서 새로운 희락喜樂을 찾는다.
(욕망에는 세 가지가 있으니, 즉) 감각적 즐거움에 대한 욕망
(kāmataṇhā), 존재와 생성에 대한 욕망(bhavataṇhā), 번영에 대한

62 元義範, 『印度哲學思想』, 집문당, 1990, p.17.
63 『大正藏』 2, p.814上~中.

욕망(vibhavataṇhā)[64]이 그것이다.

고통의 소멸에 관한 거룩한 진리(苦滅聖諦)는 다음과 같다.

그것은 바로 그 욕망의 완전한 소멸이며, 욕망의 포기이며, 욕망의
단념이며, 욕망으로부터의 해방이며, 욕망으로부터의 초월이다.

고통의 소멸에 이르는 도에 관한 거룩한 진리(苦滅道聖諦)는 다음과
같다.

그것은 한마디로 팔정도八正道(또는 八聖道)이니, 즉 바른 견해(正
見), 바른 사유(正思惟), 바른 말(正語), 바른 행위(正業), 바른
생활(正命), 바른 노력(正精進), 바른 알아차림(正念), 바른 선정(正
定)이다.[65]

이 경설의 내용을 통해 알 수 있는 것처럼, 사성제는 적어도 비관론이
라든가 염세주의와는 거리가 멀다. 오히려 고통 속에 있으면서도
결코 좌절하거나 절망하지 않고, 일단 고통의 실상을 깨달아,[66] 그
고통의 원인과 조건을 진지하게 규명하고, 팔정도의 실천에 의해

---

64 vibhava taṇhā는 보통 無有愛(thirst of nonexistence)라고 번역된다. 하지만
근래에는 vibhava를 '非有' 또는 '無有'라는 소극적인 의미보다도 '번영', '財',
'권력', '全盛' 등의 적극적인 의미로 해석해야 한다는 주장이 빨리어 학자들
사이에 나타나고 있다. 필자는 木村泰賢의 '繁榮欲'이라는 譯語를 택해 '번영에
대한 욕망'이라고 번역하였다. vibhava taṇhā의 의미에 대한 자세한 해설은
木村泰賢의 『原始佛教思想論』(東京: 大法輪閣, 1982), pp.154~155 참조.

65 *S.N.* 56, 11.

66 대부분의 중생은 고통 속에 있으면서도 고통의 상황을 바르게 인식하지 못한다.
岸樹井藤의 비유는 바로 이 점을 우리에게 감동적으로 얘기해 주고 있다.

고를 극복하려는 (다시 말해서 열반을 증득하려는) 적극적·긍정적
정신과 의지가 사성제의 교설 속에는 용해되어 있는 것이다. 그렇기
때문에 석존은 자신이 중생의 병을 치료하는 대의왕大醫王과 같고,
양의良醫가 사법四法[67]에 의해 사람들의 병을 치료하듯, 세존은 사성제
에 의해 중생의 고통을 다스린다고 설하고 있는 것이다.[68]

또한『상윳따 니까야(Saṃyutta-Nikāya)』의 한 경(Siṃsapā: 申恕林)에
도 설해져 있는 것처럼 사성제는 매우 현실적이고 실천적인 성격을
띠고 있음을 알 수 있다. 이 경에 의하면 석존은 자신이 깨달은 내용을
모두 설하지는 않는다. 사실은 설하지 않은 것이 설한 것보다 훨씬
많다. 석존의 깨달음 중 제자들에게 직접 설한 내용이 손에 들고
있는 싱사빠 나무 잎사귀 몇 잎 정도라면, 설하지 않은 내용은 드넓은
싱사빠 숲의 모든 나뭇잎이라고 할 수 있다는 것이다.

그것을 설하지 않은 이유는 그것들이 참된 인식을 가져다주는 진정
한 철학적 문제가 아닐 뿐만 아니라,[69] 우리에게 실질적인 이로움을
주지 못하고 열반의 성취에도 도움이 안 되기 때문이다. 반면에 석존이
우리에게 설하는 내용은 사성제에 불과하다는 것이다. 오직 사성제만
을 설하는 이유에 대해 석존은 다음과 같이 설한다.

---

67 ①병을 잘 알고(善知病), ②병의 원인을 잘 알고(善知病源), ③병의 치료법을
   잘 알고(善知病對治), ④병을 치료했다면 다시는 병이 일어나지 않도록 하는
   것을 잘 아는 것(善知治病已當來更不動發)이다.(『大正藏』2, p.105上).

68 『雜阿含經』권15(『大正藏』2, p.105上~中).

69 和什哲郎, 『原始佛教の實踐哲學』(東京: 岩波書店, 1973), pp.94~97 참조.

제자들이여, 왜냐하면 사성제는 이익(profit: attha)이 되기 때문이
다. 그것은 거룩한 삶(holy life: brahmacariya)의 기초가 된다. 그것
은 (우리를) 염리厭離(revulsion: nibbida)로 이끌고, 이탐離貪(dis-
passion: viraga)으로 이끌고, 멸진滅盡(cessation: nirodha)으로 이끌
고, 적정寂靜(tranquility: upasama)으로 이끌고, 명혜明慧(full com-
prehension: abhiññā)로 이끌고 정각正覺(the perfect wisdom: sam-
bodhi)으로 이끈다. (그리하여) 그것은 (우리를) 마침내 열반涅
槃(Nibbāna)으로 이끈다. 그렇기 때문에 나는 사성제를 설하는
것이다.
제자들이여, 그러므로 사성제의 진리를 깨닫도록 부지런히 노력
하라.[70]

우리는 이 『싱사빠(Siṃsapā)경』과 『중아함경』의 「전유경箭喩經」[71]
을 비롯한 여러 경설 속에서 이와 동일한 취지의 가르침을 얼마든지

70 S.N. V, p.438 및 (P.T.S.의 英譯本인) Kindred Sayings V, p.370을 참조함.
71 불타는 ①世有常인지 世無有常인지, ②世有底인지 世無底인지, ③命卽是身인
지 命異身異인지, ④如來終인지 如來不終인지 如來終不終인지 如來亦非終亦非
不終인지 등의 (형이상학적) 문제를 분별하려고 하는 사람은, 독 묻은 화살을
맞고서 그것을 빨리 뽑아내지는 않고 그 화살을 쏜 사람이 누구인지, 화살·활·화
살촉·화살 깃의 재료는 무엇인지 등의 문제에 대해 알려고 하는 사람처럼 어리석
은 자라고 하면서, 그렇기 때문에 자신은 이러한 문제에 대해서는 분별하지
않고 無記의 입장을 취하며, 그 대신 자신은 항상 사성제를 설한다는 것이다.
불타가 한결같이(一向) 사성제만을 설하는 이유로서, 『箭喩經』에는 ①義相應,
②法相應, ③梵行本, ④趣智, ⑤趣覺, ⑥趣於涅槃 등의 내용이 열거되고 있다.
(『大正藏』 1, pp.804上~805下).

발견할 수가 있다.

그뿐만 아니라 사성제의 적극적·실천적 성격은 십이연기설의 분석을 통해 더욱 명쾌하게 규명될 수 있다고 본다. 본래 사성제는 십이연기설을 보다 이해하기 쉽게 실천적으로 조직해 놓은 교설로서, 사실상 사성제와 연기법은 별개의 법문이 아니라 동일한 내용의 법문인 것이다. 사성제 중 고성제와 집성제는 유전연기流轉緣起에 해당되고, 멸성제와 도성제는 환멸연기還滅緣起에 해당된다.[72]

원시경전에 설해지고 있는 연기설은 대개가 유지연기有支緣起이다. 그중의 몇 가지만 들어보면, 먼저 상응부相應部(Saṃyutta-Nikāya)에 나오는 애愛 → 취取 → 유有 → 생生 → 노사老死(憂悲苦惱)의 5지연기五支緣起, 이른바 탐애貪愛(taṇhā) 연기를 들 수 있겠다. 다음으로 장부長部(Dīgha-Nikāya) 제15 『대연경大緣經(Mahānidāna-Suttanta)』에는, 식識 → 명색名色 → 촉觸 → 수受 → 애愛 → 취取 → 유有 → 생生 → 노사老死의 이른바 9지연기九支緣起가 설해져 있고, 장부 제14 『대본경大本經(Mahāpadāna-Suttanta)』 등에는 식識 → 명색名色 → 육입六入 → 촉觸 → 수受 → 애愛 → 취取 → 유有 → 생生 → 노사老死의 10지연기十支緣起가 설해져 있다. 그리고 10지연기에 무명無明 → 행行이 첨가되어 있는 것이 바로 12연기설十二緣起說이다. 이를 종합해 볼 때, 연기설은 무명(avijjā, avidyā)과 탐애(渴愛: taṇhā, tṛṣṇā)가 특히 유정有情 번뇌의 근본이며, 그것에 의해 생사고의 유정세계가 있음을 보여 주고 있다. 동시에 연기설은 이 무명과 탐애를 단진斷盡함으로써

72 水野弘元, 『原始佛教』(京都: 平樂寺書店, 1981), p.135.

곧 열반에 이르게 된다고 강조한다.[73]

한마디로 말해서, 초기불교의 연기설은 본래 인생고(老死憂悲苦惱)의 조건을 규명하고 원인을 분석하는 데서부터 출발했던 것이다. 사이구사(三枝)가 십이연기설을 '고苦의 고찰'[74]로 규정하는 것이나 미즈노(水野)가 "불교에서 연기를 설하는 소이所以는 사실세계의 현상관계를 밝히고자 한 것이 아니라, 어떠한 이유에서 우리의 불안과 고뇌가 생겨나고 어떻게 하면 그 고뇌를 제거하여 상락常樂의 이상경理想境에 도달할 수 있는가 하는, 인생 문제를 바르게 알고 그 바른 인생관에 따라 수양하고 노력하여 이상을 달성하기 위한 것이다."[75]라고 언명하고 있는 것도 그 표현은 다르지만 의미는 동일한 것이다.

그렇다면 연기설을 이렇게 이해할 수 있는 근거는 무엇일까? 그것은 첫째, 석존의 출가 동기를 음미해 보면 쉽게 알 수 있다. 싯다르타 태자는 노·병·사와 같은 현실의 고통과 고뇌를 직시하고 그러한 인생고를 해결하기 위해서 출가하였던 것으로, 훗날 연기의 진리를 깨닫게 된 것도 이러한 출가 동기와 무관하다고 볼 수는 없기 때문이다. 둘째, 초기불교의 연기설을 살펴보면 거기에는 무명연기無明緣起(無明을 출발점으로 하는 十二支緣起)뿐만 아니라 제식연기齊識緣起(識을 출발점으로 하는 十支緣起)라든가 탐애연기貪愛緣起(愛를 출발점으로 하는 五支緣起)와 같은 연기설도 설해지고 있음을 발견할 수 있는데, 그것은 결국 노사老死의 문제로부터 시작하여 마침내 무명에 이르게 되는

73 雲井昭善, 『佛教興起時代の思想研究』(京都: 平樂寺書店, 1967), p.402.

74 三枝充悳, 『初期佛教の思想』(東京: 東洋哲學研究所, 1978), p.584.

75 水野弘元, 앞의 책, p.140.

연기설의 과정을 보여 주는 것이라고 생각되기 때문이다. 셋째, 경전에는 "어떠한 법이 있어서 노사가 있는 것이며, 어떠한 법을 조건으로 하여 노사가 있는 것일까?"[76]라고 하는 물음이 더러 발견되는데, 이것 또한 연기설이 성립되는 과정을 잘 말해 주고 있기 때문이다. 이러한 물음에 대한 전정사유專精思惟의 결과 마침내 석존은 '노사老死는 생生을 연緣하여 있고, 생은 유有를 연하여 있다. 유는 취取를 연하여 있고, 취는 애愛를 연하여 있고, 애는 수受를 연하여 있고, 수는 촉觸을 연하여 있고, 촉은 육입六入을 연하여 있고, 육입은 명색名色을 연하여 있고, 명색은 식識을 연하여 있고, 식은 행行을 연하여 있고, 행은 무명無明을 연하여 있다'는 깨달음을 성취하게 되었을 것이다. 그러나 설명의 편의상 '무명을 연하여 행이 있고, 행을 연하여 식이 있다. 식을 연하여 …… 생을 연하여 노사우비고뇌老死憂悲苦惱가 있다'고 다시 순서적으로 정리하여 설하게 된 것이며, 경전에서는 통상 이러한 순서적 설명이 일반화되어 있는 것이다.

이처럼 우리의 현실고가 조건에 의해 나타나는 것이라고 한다면, 십이연기설은 결국 우리의 현실고가 절대적인 것이 아니라 근본적으로 무명에 의해 나타나 있는, 극복 가능한 것임을 말해 주고 있는 것이다.

이렇게 볼 때, 연기설은 우리에게 '모든 고통은 절대적인 것이 아니고 연기되어 있으므로 그 조건과 원인을 파악하여 고통을 극복하도록 노력하라'는 가르침을 전해 주고 있다 할 수 있다. 따라서 연기설은 현실에 대한 깊은 통찰과 현실극복을 위한 창조적 비판, 그리고 적극적

---

76 "……何法有故老死有 何法緣故老死有……"(『大正藏』2, p.80中~下).

실천의 자세를 우리에게 일깨워 주고 있다.

결국 사성제는 '고의 자각을 통한 고의 극복'을 설하고 있는 것이며, 이러한 사성제의 의의는 개인적·심리적·실존적 현실(고)만이 아니라 사회적·역사적 현실에도 적용될 수 있다고 본다. 우리의 삶은 본래 '정신과 육체'라든가 '개인과 사회'로 양분할 수 없는 유기적·총체적·역동적인 것이기 때문이다. 다시 말해서 사성제의 가르침은 사회적 고통이나 문제도 운명적이거나 필연적인 것이 아니라 연기되어 있는 것이기 때문에, 지혜로운 통찰과 분석으로써 그 원인과 조건을 바르게 파악하여 제거해 간다면 반드시 해결·극복할 수 있다는 희망의 전갈을 우리에게 전해 주고 있는 것이다.

이러한 사성제의 내용과 의의를 생각해 볼 때 불교는 결코 현실도피주의라든가 허무주의라고 할 수 없다. 오히려 적극적인 현실 개혁의 철학이요, 종교라고 할 것이다.

2) 무상과 무아의 실천론

"연기를 보는 자는 법을 보고, 법을 보는 자는 연기를 본다."[77]고 한 『중아함경』의 가르침처럼 연기법은 확실히 불교의 핵심적인 사상임에 틀림없다. 연기법은 인간과 우주의 어떤 궁극적인 제1원인(Prima causa)을 인정하지 않는다. "이것이 있을 때 저것이 있게 되고, 이것이 일어나므로 말미암아 저것이 일어난다. 이것이 없을 때 저것이 없게 되고, 이것이 멸하므로 말미암아 저것이 멸한다.(此有故彼有 此起故彼起

---

77 "若見緣起便見法 若見法便見緣起."(『大正藏』 1, p.467上).

94

此無故彼無 此滅故彼滅)"[78]라는 연기의 기본 공식을 통해서도 알 수 있는 것처럼 연기법은 오직 모든 사물과 존재의 상호 작용 및 관계에 의한 생멸 변화만을 인정한다. 이러한 연기법에 입각하여, 시간적인 측면에서 제법을 규정한 것이 '제행무상諸行無常(Sabbe saṅkhārā aniccā)'의 법인法印이고, 공간적인 측면에서 제법을 규정한 것이 '제법 무아諸法無我(Sabbe dhammā anattā)'의 법인이라고 할 수 있다.

북전불교北傳佛敎에서는 이 무상과 무아는 열반적정涅槃寂靜과 더불어 통상 삼법인三法印으로 불리며, 법인法印(dharma-lakṣana)이라는 단어가 말해 주듯 불교사상을 특징 지우는 불교의 근본 진리이다. 그런 만큼 무상과 무아, 그리고 열반에 대한 올바른 이해는 매우 중요한 의미를 지니는 것이다. 열반에 대해서는 앞에서 언급했기 때문에 여기서는 무상과 무아에 대해, 그 실천론을 중심으로 살펴보고자 한다.

(1) 무상의 실천론

우리 인생에는 생生·노老·병病·사死가 있고, 우주에는 성成·주住·괴壞·공空이 있으며, 우리의 마음에는 생生·주住·이異(變)·멸滅이 있다.

---

[78] Imasmiṃ sati idaṃ hoti, imass'uppādā idaṃ uppajjati; imasmiṃ asati idaṃ na hoti, imassa nirodhā idaṃ nirujjhati.(S.N. II, p.65·70·78 등)

"When this is present, that comes to be; from the arising of this, that arises When this is absent, that does not come to be; on the cessation of this, that ceases."(Kalupahana, *Causality*, p.68)

이같이 번역하게 된 배경에 대해서는 拙稿, 「初期佛敎의 緣起相依說 再檢討」(『韓國佛敎學』 第十四輯)를 참조할 것.

다시 말해서 정신과 물질을 포함한 이 세상의 모든 것은 항상함이 없고, 끝없이 생멸 변화해 갈 뿐이다. 만물이 유전한다는 것, 바로 이것이 무상(aniccā)의 의미이다. 그런데 우리나라를 비롯한 동양사회에서는 전통적으로 이 '무상'이라는 말이 애상哀傷과 비감悲感, 더 나아가서는 절망감을 의미하는 감성적 개념으로 쓰여 왔다.[79] 단적인 예로서 가을날 떨어지는 낙엽이나 어떤 사람의 우연한 죽음을 보고 우리는 '인생무상'을 말하기 일쑤이다. 이러한 무상의 개념은 비관적 인생관을 낳을 수밖에 없을 것이다.

그러나 봄·여름이 지나면 가을이 오는 것만이 무상이 아니고, 가을·겨울이 지나면 다시 봄이 오는 것도 무상이다. '모든 사물과 존재의 있는 그대로의 참모습'에 대한 불타의 냉철한 이지적 통찰의 결과 무상의 가르침이 설해졌다는 사실을 우리는 잊어서는 안 될 것이다. 그리고 불타의 모든 가르침이 단순한 지식이나 관념적인 이론체계에 머무르지 않고 반드시 실천과 수행을 지향하고 있듯이 무상의 가르침 속에도 실천적 의의가 담겨 있지 않을 수 없다고 본다.

그렇다면 과연 무상의 실천적 의의는 무엇일까? 먼저 무상에 관한 경설經說의 내용을 음미해 보도록 하자.

비구들이여, 색은 무상하다. 만약 원인(因)이나 조건(緣)으로 모든 색이 생겨났다면 그것 또한 무상하다. 무상한 원인과 무상한 조건으로 생겨난 모든 색이 어떻게 항상할 수 있겠는가?

---

79 增谷文雄, 『佛敎槪論』, pp.66~67 참조.

이와 같이 모든 비구들이여, 색은 무상하다. 수受·상想·행行·식識도 무상하다. 무상한 것은 곧 괴로움이다. 괴로운 것은 곳 내(我)가 아니다. 내가 아닌 것은 곧 내 것(我所)이 아니다.

성스러운 제자들이여, 이와 같이 보는 자는 색을 싫어하고, 수·상·행·식도 싫어한다. 싫어하는 것은 즐기지 않는다. 즐기지 않으면 해탈이고, 해탈지견解脫知見이다.

"나의 삶은 이미 다했고 청정한 행은 이미 수립되었다. 내가 할 일도 이미 다했으니 내 스스로 다음 생을 받지 않을 것을 아노라."[80]

우선 이 내용을 살펴보면, 무상의 인식이 슬픔이라든가 절망으로 연결되지 않고 있음을 알 수 있다. 오히려 더 적극적인 삶을 촉발시키고 있다. 물론 세속적인 입장에서는 본능적이고 이기적인 욕망을 마음껏 추구하는 것이 적극적인 삶인 양 생각할 수도 있겠지만, 여기서 말하는 '적극적'이라는 의미는 그와는 질적으로 다른 개념이다. 전자의 적극적인 삶을 요란하게 흐르는 개울물에 비유한다면, 후자의 적극적인 삶은 소리 없이 유유히 흐르는 장강長江에 비유할 수 있을 것이다. 그렇기 때문에 오온五蘊의 무상함에 대한 통찰은 마침내 열반[81]의 삶을 성취케 하고 있는 것이다. 다시 말해서 무상의 자각은 본능적·맹목적·세속적인 탐욕의 삶에 빠져 있는 사람들로 하여금 반성적·창조

---

80 『雜阿含經』 권1(『大正藏』 2, p.2上~中).

81 "나의 미혹한 삶은 이미 끝났다. 淸淨行은 이제 성취되었다. 더 이상 미혹의 삶을 되풀이하는 일은 없을 것이다."라는 내용은 앞에서도 말한 것처럼 열반의 경지를 얘기하고 있다.

적·종교적인 삶을 향해 적극적으로 나아가게 하는 계기가 되는 것이다. 그러므로 세존은 최후의 설법에서 제자들에게 "제행諸行이 모두다 무상하므로 그대들은 마땅히 근행정진勤行精進하라."고 유계遺誡하고 있는 것이다.[82]

이러한 세존의 입장은 『잡아함경』의 「명명경明冥經」에도 잘 나타나고 있다.

> 대왕이여, 네 부류의 사람이 있다는 것을 알아야만 할 것이오.
> 어떤 것이 넷인가. 어떤 사람은 어둠에서 어둠으로 들어가고,
> 어떤 사람은 어둠에서 밝음으로 들어가며, 어떤 사람은 밝음에서
> 어둠으로 들어가고, 어떤 사람은 밝음에서 밝음으로 들어가오.
> 대왕이여, 어떤 사람이 어둠에서 나와 어둠으로 들어가는가. 이른
> 바 어떤 사람은 비천한 가문에 태어나니, 전다라梅陀羅의 집안,
> 어부의 집안, 죽세공 하는 집안, 수레 모는 집안과 아울러 갖가지
> 하천한 장인의 집안에 태어난다오. 빈궁貧窮하고 단명短命하며
> 모양은 초췌한데, 게다가 수행이 비천한 집안에 태어나며, 또한
> 남에게 하천하게 부림을 당하면 이것을 어둠이라 하오. 이 어둠
> 속에 살면서 다시 몸으로 악행을 행하고 입과 뜻으로 악행을 행하
> 면, 그 인연으로 몸이 허물어지고 목숨이 끝난 뒤에는 반드시
> 나쁜 세상에 나서 지옥에 떨어진다오. (하략)[83]

---

82 『大正藏』 1, p.204下.
83 『大正藏』 2, p.304下.

이 경의 내용을 잘 살펴보면 적어도 다음과 같은 두 가지 교훈을 얻어낼 수가 있다. 첫째, 현재 아무리 좋은 환경 속에서 잘사는 사람이라 할지라도 (無常의 理法을 깨닫지 못하고, 지금의 상황이 영원할 것이라고 생각하여) 열심히 노력하지 않고 악행惡行을 일삼으면 반드시 어두운 운명에 떨어지고 만다는 것이다. 즉 행복한 환경도 끊임없는 노력이 뒷받침될 때 지속될 수 있다는 점을 강조하고 있는 것이다. 둘째, 현재 아무리 나쁜 환경 속에서 어렵게 사는 사람이라 할지라도 (無常의 理法을 깨달아, 지금의 상황이 영원한 것이 아니라 생각하여) 열심히 노력하고 선행을 쌓아 가면 반드시 밝은 운명으로 바뀐다는 점이다. 즉 우리들의 창조적(또는 미래지향적) 의지와 노력을 강조하고 있는 것이다.

미즈노 코겐(水野弘元)이 제행무상의 의의를, ① 무상하기 때문에 느껴지는 고苦에 의해서 자신과 세간의 결함을 알게 되어 종교심이 싹트게 된다는 점, ② 자신과 주위 사람, 재산과 지위와 명예에 집착하는 아집·탐욕의 마음을 버리게 된다는 점, ③ 무상을 봄으로써 사회 인생에 대한 올바른 인식과 그로 인한 정진 노력의 결의를 얻을 수 있다는 점 등으로 정리한 것은 탁견이라 할 것이다.[84]

이렇게 볼 때 무상의 의미는 비관적 인생관과는 거리가 멀다 할 것이다. 필자는 이 중에서도 특히 세 번째의 적극적이고도 실천적인 의의를 강조해 두고 싶다.

---

[84] 水野弘元, 『原始佛教』(京都: 平樂寺書店, 1981), pp. 107~109.

(2) 무아의 실천론

제법무아라 함은 "물질적·정신적 그리고 모든 현상적 존재(諸法)는 고정 불변하는 실체가 없다(無我)."는 것을 의미한다. 다시 말해서, 이 세계에 존재하는 모든 것은 인간이든 사물이든 그 어떤 것도 영원불변하는 개체나 실체가 없다는 말이다. 따라서 범아일여梵我一如의 기치를 내세우는 우빠니샤드 철학의 중요한 개념인 브라흐만(Brahman)과 아트만(ātman)과 같은 존재는 무아설의 견지에서는 용납될 수가 없는 것이다. 사실상 불교의 무아설은 우빠니샤드 철학의 아트만을 부정하는 데에서부터 출발하고 있다.

그러나 이러한 무아설은 자칫 잘못 받아들여지기 쉽다. 그리하여 우리를 허무주의나 도덕적 회의로 이끌어 갈 수도 있다. 독일의 유명한 불교학자 올덴베르그(H. Oldenberg)는 무아와 열반의 가르침에 근거하여 불교를 허무주의로 이해하고 있거니와,[85] 석존 당시 외도들 중에도 무아설에 근거하여 불교를 허무주의로 곡해한 예가 있었음을 다음의 질문은 잘 보여 주고 있다.

우리는 사문 구담瞿曇은 "(모든 것을) 끊어 없애 버리고(斷滅) 부숴 버리라(破壞)고 가르친다."고 들었는데, 지금 존자 부린니께 묻습니다. 정말 그렇습니까?[86]

---

[85] T.R.V. Murti, *The Central Philosophy of Buddhism* (London: George Allen and Unwin Ltd., 1960), p.37 참조.

[86] 『大正藏』 2, p.248上.

그러나 부린니富鄰尼를 비롯한 석존의 제자들은 그렇게 이해하지 않고 있었음을, 위 질문에 대한 다음의 대답을 통해 알 수 있다.

나는 그렇게 알고 있지 않다. 세존께서 중생에게 "모든 존재를 끊어 없애 버리고 부숴 버려서 아무것도 없게 하라."고 가르치는 일은 있을 수 없다. 내가 알기로는, 세존께서는 "모든 중생이 아我가 있다고 잘못 생각하여 나라고 하는 교만(我慢)과 삿된 교만(邪慢)을 일으키고 있다."고 말씀하셨으며, 세존께서는 그들을 위하여 설법 하시어 그것들을 끊어 없애 버리려고 하신 것이다.[87]

그뿐만 아니라 석존의 제자 중에도 불교를 허무주의로 곡해한 사람이 있었으며,[88] 심지어는 자살을 한 비구가 있었다는 기록도 간혹 눈에 띈다.[89]

불타가 영혼의 불멸을 인정하는 상주론常住論(eternalism)과 인격人格의 연속성을 무시하고 도덕적 인과율과 책임을 부정하는 단멸론斷滅論(annihilationism)을 똑같이 배척하고 있음을 상기할 때 무아설에 대한 허무주의적·단멸론적 이해는 일단 오류라고 보아야 한다. 그것은 '자귀의自歸依 법귀의法歸依, 자등명自燈明 법등명法燈明'이라든가 "자기의 의지처는 자기뿐이니 자기 밖의 그 무엇을 의지하리오. 자기가 참으로 조어調御될 때, 가장 훌륭한 의지처를 얻게 되리라."[90]는 등의

---

87 위의 책.
88 『大正藏』 2, p.30下.
89 『大正藏』 2, p.286上~中.

가르침을 통해서도 쉽게 알 수 있다.

김동화 박사에 의하면, 불교에서 부정하는 것은 실아實我(實體我)일 뿐, 가아假我와 진아眞我는 모두 인정한다.[91] 요컨대 망상분별의 소산인 고정 불변하는 실체로서의 나(實我)는 없지만, 오온가화합체五蘊假和合體로서 여기 이렇게 숨 쉬고 느끼고 생각하는 임시적인 나(假我)와 불교의 실천적 수행에 의해 체득되는 이상적인 나(眞我 또는 大我)는 엄연히 존재한다는 것이다.

그렇다면 결국 우리의 인생역정이란 가아가 진아(참나)를 실현해 가는 과정이라고 할 수 있다. 그러나 범부중생들은 오온가화합五蘊假和合의 가아를 가아로서 보지 못하고 실아實我로 집착하는 것이다. 이 집착이 있는 한 '참나'는 결코 실현될 수가 없다. 그러므로 석존은 끊임없이 무아를 설하여 그 집착을 끊게 하고 마침내 '참나'를 실현토록 하는 것이다.

이렇게 볼 때 무아의 실천(無我行)이란 '자기를 망각하고, 자기를 포기하고, 자기를 죽여야 한다'는 것을 의미하지 않는다. 그것은 오히려 '참나의 실현' '열반의 성취', 조금 일반적인 말로 표현해서 '인간완성' '자기완성'을 향한 적극적인 노력과 실천을 뜻하는 것이다.[92]

이와 같이 무아설이 궁극적으로 '참나의 실현'을 지향하고 있다면, 우리들의 실천과 수행이 올바른 방향을 잃지 않도록 하기 위해 참나의 개념에 대해 조금 살펴볼 필요가 있다고 본다.

---

90 *Dhp.* 160.

91 金東華, 『佛教學槪論』, 보련각, 1972, pp.99~100.

92 增谷文雄, 앞의 책, pp.82~83.

'참나(眞我)'에 대한 올바른 시각을 갖기 위해서, 우선 헤겔과 야스퍼스의 명제를 한 가지씩 검토해 보자. 마르쿠제(Herbert Marcuse)는 헤겔(G.W.F. Hegel)의 '참된 무한(real infinity)'의 개념에 대해 다음과 같이 정리한다.

(참된) 무한無限은 유한한 것의 배후背後 또는 피안彼岸에 있는 그 무엇이 아니라, 유한한 것의 참다운 현실(true reality)이다. 참된 무한은 모든 잠재적인 가능성이 실현되고 모든 존재가 그 궁극적인 형식에 도달하게 되는 실존의 양식이다.[93]

또 야스퍼스는 "인간 존재는 인간 형성이다(Menschsein ist Menschwerden)."라고 말한다. 다시 풀이하면, 헤겔은 '무한'이라는 개념은 '유한한 현상과 존재'를 떠나서 생각할 수 없다는 태도를 지니며, 야스퍼스는 인간이라는 개념을 존재론적으로 완성된 어떤 것으로 보지 않고 만들어지고(창조되고) 채워져야 할 어떤 것으로 보고 있다.

우리는 참나에 대한 개념 정립을 위해서 위의 두 명제를 깊이 음미해 볼 필요가 있다. "참나를 찾는다."거나 "참나를 깨닫는다." 또는 "나에 의지한다."고 할 때에, 자칫하면 참나를 현실적인 나(假我)를 떠나 있는 어떤 완성체로 생각하기 쉬운데, 어떤 완성체로서 존재하는 나란 결국 실체아實體我라고 할 수 있기 때문에, '무아'의 본래적인 의미를 떠올려 볼 때 그러한 '완성체의 나' 역시 인정될 수 없는 것이다.

---

93 H. Marcuse, *Reason and Revolution*(Boston: Beacon Press, 1964), p.69.

실체가 있는 불변의 대상적 존재는 어떠한 유형이든 인정하지 않는 것이 불교의 기본 태도임을 우리는 한시도 잊어서는 안 된다. 생사와 열반이 떨어질 수 없는 관계에 있는 것처럼, 생사 속의 가아假我와 열반의 진아眞我 또한 떼어놓고 생각할 수 없다.

요컨대 진아는 가아의 참다운 현실인 것이요, 깨달아야(발견해야) 하고 또한 만들어야(창조해야) 할 실존인 것이다. 따라서 '현실의 나'를 떠나서 참나를 찾으려고 하는 모든 기도는 어리석은 것이요, 공허한 것이다. 어떤 이는 우주적 생명 그 자체 또는 존재의 영원한 법칙과 원리를 참나라고 생각할지 모르지만, 그것은 참나라기보다는 오히려 참나의 기반으로 보는 것이 타당할 것이다.

끝으로 무아 사상을 우리들의 구체적인 현실 속에서 실천하려 할 때 유념해야 할 점에 대해 살펴보기로 한다.

일반적으로 사람들은 무아를 통해서 나에 대한 집착(我執)의 어리석음을 배우게 된다. 불교에서는 그 무엇보다도 나에 대한 집착, 나의 것(我執)에 대한 집착을 경계한다. 사실 우리가 살고 있는 이 세상에서는 아집으로 말미암은 불행하고도 어두운 일들이 얼마나 많이 일어나고 있는가. 사람들은 나에 집착함으로써, 나라는 관념에 얽매임으로써 있는 그대로의 진실을 왜곡하여 받아들이고, 그리하여 순리를 거스르게 되어 일을 그르치며 문제를 일으킨다.

인간 사이의 모든 불편한 관계는 거의 모두가 이 아집으로 말미암은 것이라고 단정해도 좋을 것이다. 그러나 아집을 버린다 하여 모든 일에 소극적인 자세로 임한다든지 행동이 위축된다든지 해서는 안 될 것이다. 심지어는 거미줄처럼 얽히고설킨 수많은 인간사의 매듭을 아예 풀어보려 들지도 않으면서 외면해 버린다면 그것은 더욱 큰 문제라고 하지 않을 수 없다. 아집을 버리라고 하는 것은 정법에 의거하여 자기를 객관화시키라는 것이지, 무엇이든지 무조건 체념하거나 포기하라는 것은 아니다. 창조적 질서에 기여할 수 있는 가치 있는 일이라면 주저함 없이 적극적으로 행동하고 실천하는 것이 진정한 무아행無我行이라고 할 수 있지 않겠는가.

또한 무아 사상을 전체주의全體主義와 혼동해서는 안 될 것이다. 무아의 실천이란 결코 개성도 없고 독창성도 없는, 획일적이고도 규격화된 삶의 방식을 의미하지 않는다. 자신을 객관화시키고 사회화시키는 것으로부터 한 걸음 더 나아가 자유로운 행위의 선택을 통해 자신의 개성과 독창성을 한껏 살려낼 수 있을 때, 도리어 무아행은 완성되는 것이다. 그리하여 무아행이란 '나를 끝없이 죽여 가며 동시에 나를 끝없이 살려내는, 그 중도적 노력과 실천'이 되는 것이다.

3. 불교의 실천적 가르침

1) 현실적 실천의 강조

우리 주변에는 불교를 단순한 철학적 관념론의 종교로 간주하는 사람이 적지 않다. 불교가 '마음의 종교'요 '깨달음의 종교'인 것은 분명하지만, 불교에서 말하는 마음은 어떤 대상적 실체가 아니며 초월적 존재도 아니다. 따라서 '일체유심조一切唯心造'와 같은 말을 '마음이 일체를 창조했다'는 식으로 해석해서는 안 된다. '만법유식萬法唯識'이라는 말도 어디까지나 인식론으로서 이해해야지 관념론으로 해석해서는 안 될 것이다. 특히 『유마경維摩經』의 「불국품佛國品」에 설해진 "마음이 청정하면 불토佛土가 청정하다."[94]는 등의 가르침도 우리가 해석상의 오류를 범하기 쉬운 것 중의 하나이다. 이 가르침은 매우 심오한 내용으로 우리들의 깊은 사유를 필요로 하는 것이지만, 만약 이것을 "내 마음이 정화되면(깨달음을 얻어 마음의 자유와 평정을 이룩하면) 모든 사회적 갈등과 모순이 저절로 사라지고 이 세계에는 대립과 전쟁이 저절로 그쳐 평화와 정의의 시대가 열릴 것이다."라는 식으로 해석한다면 문제가 아닐 수 없다.[95] 이러한 해석은 '한 소식'만 하면 이 세상에서 해야 할 일(生死一大事)을 다해 마친 것과 다름없다는 식의 발상과 궤를 같이한다고 볼 수 있다.

그러나 한 개인의 정신적 각성(깨달음)에 의해 자연적·사회적인 환경이 곧바로 변화하는 것은 아니며, 그가 깨달았다고 해서 이제 더 이상 할 일이 없는 것도 아니다. 정신적으로 각성된 개인 그 자신은 세계를 새로운 안목으로 볼 수야 있겠지만, 그렇다고 객관적인 세계를 마음대로 변화시킬 수는 없는 것이다. 따라서 이 객관적인 사회역사를 변혁시키려는 노력은 또 다른 차원에서 이루어져야 한다. 여기에 바로 성취중생成就衆生·정불국토淨佛國土를 위한 현실적·사회적 실천이 요청되는 것이다.

관념을 배격하고 현실적·구체적인 실천을 강조한 대표적인 경설은 『중아함경』의 「가미니경伽彌尼經」의 다음 구절이다.

---

94 "隨其心淨則佛土淨."(『大正藏』 14, p.538下).

95 孝橋正一, 『現代佛敎論』(京都: 永田文昌堂, 1971), pp.35~37 참조.

"가미니여, 그것은 마치 이 마을에서 멀지 않은 곳에 깊은 못이 있는데, 거기에 어떤 사람이 아주 무거운 돌을 그 물속에 던져 넣었다. 만일 여러 사람이 와서 각각 합장하고 그것을 향해 칭찬하고 축원하면서 '원컨대 돌아, 떠올라라'라고 말하였다. 가미니여, 네 생각에는 어떠한가? 이 아주 무거운 돌이 어찌 여러 사람이 각각 합장하고 칭찬하고 축원했다고 해서 이 인연으로 하여 떠오를 수 있겠느냐?"

"아닙니다, 세존이시여."

"이와 같이 가미니여, 저 남자들은 게을러 정진하지 않고 도리어 악한 법을 행하며, 열 가지 선하지 않은 업도業道, 곧 생물을 죽이고, 주지 않는 것을 취하며, 사음을 행하고, 거짓말을 하며, 내지 삿된 견해를 모두 범하였는데도, 만일 여러 사람이 각각 합장하고 그들을 향해 칭찬하고 축원한다고 해서, 이것을 인연으로 하여 몸이 무너지고 목숨이 끝난 후 좋은 곳에 가게 된다거나, 천상에 날 수 있다는 것은 있을 수가 없는 것이다. 왜냐하면 이른바 이 열 가지 선하지 않은 업도는 악한 업(黑)을 지으면 악한 과보(黑報)가 있게 되어 자연히 밑으로 내려가 반드시 악한 곳에 이를 것이기 때문이니라."[96]

---

96 『大正藏』1, p.440上~中. 이와 비슷한 내용으로 "해와 달과 물과 불을 섬기면서 '저를 인도하여 梵天에 태어나게 하소서'라고 기도할지라도 그것은 소용이 없다. 그것은 마치 阿夷羅河(Ajitavatī)의 물이 기슭에까지 가득 차 까마귀나 새들도 그 물을 먹을 수 있을 때, 어떤 사람이 이쪽 기슭에 몸이 단단히 묶여 있으면서 헛되이 저쪽 기슭을 향해 '와서 나를 그쪽 기슭으로 건네주시오'라고 소리치는 것과 같다."는 經說도 보인다.(『大正藏』1, p.106上)

또한 『증일아함경增一阿含經』 권23 「증상품增上品」 말미에는 다음과 같은 게송이 나온다.

아무리 많이 외운다고 이익될 것 없나니
그 법은 훌륭하다 하지 않는다.
그것은 소머리 수를 세는 것과 같나니
사문에게 중요한 일이 아니라네.

적거나 많거나 외우고 익혀
그 법을 법대로 따라 행하면
그것이야말로 가장 훌륭하나니
사문의 법이라 할 만하니라.[97]

이 내용 역시 불교는 지적·관념적 유희를 배격하는, 매우 실질적이고 현실적이며 실천지향적인 종교임을 말해 주고 있다. 불교의 이러한 성격은 우리가 앞서 살핀 바 있는 사성제의 교설 속에 이미 나타나 있기도 하다.

2) 사회적 실천의 강조

막스 베버(Max Weber)가 원시불교를 이웃의 행복보다는 개인적인 구원을 더 중시하는 매우 비사회적인 종교로 이해하고 있다는 점은 앞에 서 이미 언급한 바 있다. 또한 과거 대승불교권에서 『아함경』은

---

[97] 『大正藏』 2, p.673中.

소승 경전의 대명사로 인식되었던 것도 부인할 수 없는 사실이다. 그러나 원시경전을 하나하나 읽어나가다 보면 그러한 인식이 잘못된 선입견이요 편견이었음을 이내 깨닫게 된다.

　원시경전에서는 나와 이웃의 행복을 똑같이 중요시하고 있으며, 사회적 실천을 적극적으로 권장하고 있다. 그 점은 무엇보다도 "천상천하유아위존天上天下唯我爲尊 삼계개고오당안지三界皆苦吾當安之"[98]라는 불타의 탄생게에 잘 나타나 있다. "하늘 위나 하늘 아래 오직 내가 홀로 존귀하나니, 3계의 모든 괴로움을 내가 마땅히 평안케 하리라." 이 세상의 모든 중생의 고통(生・老・病・死를 비롯한 모든 고통)을 구제하겠노라고 한 탄생게의 내용은 누가 봐도 비사회적인 가르침이라고는 할 수 없다. 물론 이 탄생게는 세존이 직접 설했다고 볼 수는 없다. 이 게송은 석존이 어떤 삶을 살았는지를 잘 알고 있고, 또한 석존을 흠모하고 찬탄하는 제자들이 지어낸 것이다. 그렇다 하더라도 이 게송은 충분한 의미를 지니고 있다. 왜냐하면 이 게송 속에는 불제자들의 불타관 또는 불교관이 투영되어 있기 때문이다.

　『숫따니빠따』에 나타난 석존의 가르침을 다시 살펴보자.

　마치 어머니가 목숨을 걸고 외아들을 아끼듯이, 모든 살아 있는 것에 대해서 한량없는 자비심을 내라.(149)

　또한 온 세계에 대해서 한량없는 자비를 행하라. 위아래로, 또는

---

98 『大正藏』 3, p.463下. '三界皆苦吾當安之' 부분이 '要度衆生生老病死'로 표현되기도 한다.(『大正藏』 1, p.4下)

옆으로 장애와 원한과 적의가 없는 자비를 행하라.(150)

서 있을 때나 길을 갈 때나 앉아 있을 때나 누워서 잠들지 않는
한, 이 자비심을 굳게 가지라. 이 세상에서는 이러한 상태를 신성한
경지라 부른다.(151)[99]

이와 같은 내용의 가르침을 접하면서 우리는 어떻게 원시불교가
개인적인 구원만을 추구하는 종교라고 말할 수 있겠는가. 이 자비심의
밑바닥에는 분명 사회적 관심이 자리하고 있는 것이다.
　그것은 다음의 '전법傳法의 선언'[100]에서 더욱 실천적으로, 명쾌하게
드러난다.

나는 이렇게 들었다. 어느 때 부처님은 바라나시의 이시파타나
미가다야에 머물고 있었다. 그때 부처님은 '비구들이여' 하고 제자
들을 불렀다. 비구들은 '부처님이시여' 하고 대답했다. 부처님은
비구들을 향해 말했다.
"비구들이여, 나는 이 세상의 모든 속박에서 풀려났다. 그대들
또한 모든 속박으로부터 자유로워졌다. 비구들이여, 그러나 이제
유행遊行하라. 많은 사람의 이익과 행복을 위해서, 세상을 불쌍히
여기고 인천人天의 이익과 행복을 위해서 두 사람이 함께 가지

99　*Sn.* 149~151.

100　宇井伯壽는 이것을 '巡教利生의 명령'이라고 표현하고 있다.(『佛教汎論』, 1963,
　　　p.1077)

마라.[101] 비구들이여, 처음도 좋고 중간도 좋고 마시막도 좋게 논리 정연하고 정확한 표현으로 법을 설하라. 그리고 진정으로 원만하고 청정한 범행梵行을 설하라. 사람들 가운데는 아직 때묻지 않은 사람도 있지만, 그들은 설법을 듣지 못한다면 금방 타락할 것이다. 그러나 그들은 설법을 들으면 곧 깨달을 것이다. 비구들이여, 나 또한 법을 설하기 위해 우루벨라의 세나(Senā) 마을(將軍村)로 갈 것이다."[102]

여기에서 특히 주의 깊게 보아야 할 내용은 "많은 사람의 이익과 행복을 위해서 유행遊行하되, 두 사람이 함께 가지 마라."는 대목이다. 해탈과 열반을 성취한 성자들은 '개인적인 구원(Weber의 표현임)'에 만족하지 않고 이제 사회적 실천을 위해 일어선다. 그리고 더욱 효과적인 사회구제를 성취하기 위해 두 사람이 함께 가서는 안 되는 것이다. 이러한 정신은 "나의 가르침을 일부 상층계급만이 이해할 수 있는 웨다어(Vedic)로 독송하거나 설하지 말라. 각 지방(나라)의 일반 민중들이 쓰는 일상어를 사용하도록 하라."[103]는 석존의 가르침 속에도

---

101 Pāli 原文은 'Mā ekena dve agamettha(agamittha로 되어 있기도 함)'로서 P.T.S. 英譯本의 "Let not two take the same course."라는 번역은 맞다. 하지만 *Dialogues of Buddha* II, p.37의 "Go not singly but in pairs."라는 번역은 誤譯이다. 여기서 'ekena dve'는 '둘이(dve) 함께(하나가 되어, 하나로써, ekena)'로 해석해야 하며, 따라서 전체 문장은 "둘이서 함께 가지 마라."의 의미이다.

102 *S.N.* I, pp.105~106(*Kindred Sayings* I, p.132).

103 "You are not to put the Buddha's words into Vedic. Who does so would commit a sin. I authorize you, monks, to learn the Buddha's words each

면면히 이어지고 있다.

또한 다음과 같은 단편적인 가르침들을 통해서 보더라도 석존이
얼마만큼 사회적 실천을 강조했었나를 알 수 있을 것이다.

여래는 언제나 일체중생을 사랑하고 가엾이 여기어 편안하게 하고,
또한 일체중생을 편안하게 하는 것을 칭찬하느니라.(『잡아함경』)[104]

내 몸을 이롭게 하기 바라지 않고
또한 명예도 구하지 않네.
오직 저 중생들을 가엾이 여기므로
지혜로 법 바퀴를 굴리셨다네.(『장아함경』)[105]

만약 자기 자신을 요익하게 하고 또 남도 요익하게 하며, 많은
사람을 요익하게 하고 세간을 가엾게 여기며, 하늘을 위하고 사람
을 위해 이치와 요익을 구하며 안온과 쾌락해지기를 바라는 사람이
면, 이 사람은 모든 사람 중에서 제일이고 위대하고 높고 우두머리
이고 뛰어나고 존귀하고 미묘하다.[106]

---

in his own dialect(sakā nirutti)."(*Pāli Cullavagga* 5·33; etc). "佛言 聽隨國音讀
誦 但不得違失佛意."(『彌沙塞部和醯五分律』권26 『大正藏』22, p.174中).

104 『大正藏』2, p.231上.

105 『大正藏』1, p.9中.

106 『大正藏』1, p.422上.

　그리고 사섭법四攝法이라든가 사무량심四無量心 등의 여러 교법,
오계五戒를 비롯한 여러 계율 속에도 직·간접적으로 사회의식이 반영
되어 있다고 보아야 한다.

　이상의 고찰을 통해 불교가 사회적 실천을 매우 강조하고 있다는
것을 개략적으로 밝혀 보았다.

제3장 불교의 사회사상

우리는 이상에서 불교가 결코 관념적·현실도피적·허무주의적 종교가 아니라, 오히려 사람들의 고통에 깊은 관심을 갖고 사회적 실천을 강조하는 현실적·실천지향적 종교임을 살펴보았다. 따라서 앞에서도 언급한 바 있는 "불교는 사회적 운동과는 아무런 관계가 없고, 어떠한 사회적·정치적 목표도 내세우지 않는다."는 베버(Weber)의 주장이나 "국가나 사회가 어떤 상태에 있건, 일단 출가하여 이 세상을 버린 사람은 다시 이 세상의 일에 간여할 필요가 없다는 것이 불교의 기본 입장이다."라는 올덴베르그(Oldenberg)의 주장은 모두 잘못된 것이다.

이것은 전륜성왕(Cakkavattin)의 이상을 생각해 보면 더욱 분명해진다. 석존 당시 인도에서는 귀족가문 출신의 젊은이에게 두 가지 이상이 있었다. 하나는 전륜성왕이 되어 온 천하를 다스리는 것이고, 다른 하나는 출가수행자가 되어 위대한 성자가 되는 것이다. 석존의 전기에서도 "싯다르타 태자가 출가하면 등정각等正覺을 이루어 불타가 될 것이고, 출가하지 않으면 전륜왕이 될 것이다."[1]라는 예언의 내용이

나오고 있다. 이를 곰곰이 음미해 보면 결국 불타와 전륜성왕은 인간의
고통을 해결해 주는 구제자의 양면임을 알 수 있게 된다.[2] 즉 불타는
정신적 구제자를 대변하고 전륜왕은 세간적 구제자를 대변하는 것이
다. 이 두 구제자는 결코 서로 구분하여 생각할 수 없다. 불교적 입장에
서 본다면, 전륜왕은 불타의 이상을 세속사회에 실현하는 불타의
대행자라고 할 수 있다. 따라서 전륜성왕의 통치이념은 곧 불교 사회·
경제사상의 구체적 내용으로 간주될 수 있다고 본다. 이제 이러한
입장에서 전륜성왕과 관련된 기사와 가르침, 그리고 다른 경설이라든
가 교설 등을 자료 삼아 먼저 불교의 사회사상에 대해 살펴보기로
한다.

인류는 20세기 전반 두 차례 세계대전의 큰 시련을 겪은 이래 줄곧
격변의 시대를 살고 있다. 그리하여 과학과 기술의 눈부신 발달, 생활공
간의 우주에로의 확산, 제도와 조직에 의한 인간과 사회의 조종, 인간존
재의 실존적 위기 등 새로운 상황을 맞이하여 이에 슬기롭게 대응하기
위해 노력해 오고 있다. 그런 와중에서 기존의 시대사상과 신념체계,
그리고 가치관은 계속해서 새로운 도전을 받아 왔으며, 그에 따라
끝없는 자기 개혁을 시도했다. 그것이 곧 네오(Neo)라는 접두사로

---

1 『佛所行讚』 권1(『大正藏』 4, p.2上).

2 Trevor Ling, *Buddha, Marx and God*(New York: St. Martin Press, 1966), p.145:
  "그들은 서로 역할이 다르지만, 거의 동일한 인물이요 한사람인 것으로 생각된다.";
  Heinrich Zimmer, *Philosophies of India*(New York: Meridian Books Inc., 1956),
  p.129: "불교의 개념에 따르면 우주적 군주는 불타의 세속적 모습이다."

시작되는 여러 이데올로기인 것이다. 즉 신자유주의(Neo-liberalism),
신민족주의(Neo-nationalism), 신공산주의(Neo-communism), 신식민
주의(Neo-colonialism) 등이 그것이다.[3]

이러한 상황하에서 '불교 사회·경제사상'에 대해 고찰하는 것이
어떤 실질적이고 기술적인 도움을 줄 수 있을지는 의문이다. 하지만
불교는 인간관계 및 인간성에 대한 매우 깊이 있는 통찰을 지닌 종교이
기에 적어도 인간적인 이상사회의 건설을 위한 올바른 방향을 제시해
줄 수 있다고 확신한다. 불교경전은 비록 현대적 의미의 체계적인
사회사상이나 사회이론을 함유하고 있지는 않지만, 사회발전과 이상
사회 등에 관한 다양한 실천적 지침과 사회윤리를 가르쳐 주고 있기
때문이다.

그리고 한 가지 첨언해 둘 것은, 여기에서 말하는 '사회사상'이라고
할 때의 사회는 국가의 개념과 사회의 개념이 복합된 '국가사회'의
개념이라는 점이다. 종래 자유주의 정치철학이나 마르크시즘(Marx-
ism)이 국가에 대한 사회의 우위성을 내세웠지만, 이제는 그것이 타당
성을 잃게 되었다. 오늘날의 산업사회나 복지사회는 사실상 국가의
산물이기 때문이다.

---

3 金大煥, 『社會思想史』, 法文社, 1991, p.3.

1. 불교의 사회관

1) 불교에서 본 세간과 사회

원래 불교 술어 가운데에는 사회(Society, Société, Gesellschaft)라는 말은 사용되지 않는다. 그러나 이에 해당하는 말이 없는 것은 아니다. 세世 또는 세간世間(loka)[4]이 바로 그 말이다. 이 loka는 원래 동사 luj에서 유래된 말이다. luj는 '깨지다, 부서지다(break, destroy, crumble)' 등의 의미를 지니고 있다. 그렇기 때문에 석존은 제자들에게 "무너지고 부서지기(lujjati) 때문에 세간(loka: the world)이라고 이름하는 것이다."[5]라고 설하기도 하는 것이다. 괴멸壞滅하기 때문에 세간이라 이름한다는 것은 결국 세간과 괴멸은 같은 의미임을 말해 준다. 본디 괴멸은 무상無常을 지칭하고, 무상은 범부에게는 고苦를 의미한다. 따라서 세간과 고는 동의어라 할 수 있다. 불교에서 이 사바세계를 흔히 고통의 바다라든가 불난 집에 비유하는 것은 바로 이러한 연유에서이다.[6]

불교에서 이러한 세간에 관한 이야기는 『장아함경』의 「세기경世記經」, 별행본別行本인 「기세경起世經」과 「기세인본경起世因本經」 및 「대루탄경大樓炭經」, 빨리본인 *Aggañña-sutta*와 *Brahmajāla-sutta* 등에서 특히 중점적으로 설해지고 있다.

---

4 이 밖에도 世界(lokadhātu), 國土(khetta: kṣetra), 法界(dharmadhātu) 등의 단어가 있다.

5 *Kindred Sayings* IV(P.T.S), p.28.

6 서경수, 『불교 철학의 한국적 전개』, 불광출판사, 1990, p.19.

이들 문헌에 나타난 '세간'관은 한마디로 삼천대천세계의 양태와
그 생성변화 등에 관한 광범위한 내용이기 때문에 오늘날의 '사회'라는
개념과는 사뭇 다르다.[7] 하지만 이 문헌 속에는 근대적인 '사회계약론'
이라고 할 만한 내용이 포함되어 있어 이채롭기도 하다. 이 문제에
대해서는 다음 항에서 다루기로 하고 우선 세간이라는 용어의 쓰임을
살펴봄으로써 불교적 사회관의 한 특징을 이끌어내 보고자 한다.

이 '세간'이라는 개념은 아비달마 불교에서는 중생세간(有情世間,
sattva-loka)과 기세간器世間(bhājana-loka)의 2종 세간으로 나뉘고, 화
엄종에서는 이 2종 세간에 지정각세간智正覺世間이 첨가되어 3종 세간
으로 분류된다. 유정세간은 무릇 살아 있는 모든 생명체를 가리키고,
기세간은 이들 생류生類가 머물고 있는 일체의 국토를 포함하는 이른바
삼천대천세계, 즉 전 우주를 의미하며, 지정각세간은 중생세간과 기세
간을 교화하는 여래를 지칭한다.

여기에서 우리가 유의해야 할 점은 3종 세간에 모두 세간이라는
말이 공통적으로 사용되고 있는 점이다. 이것은 불교에서는 자연과
중생, 또는 중생과 불타를 이원적으로 구분하여 보고 있지 않다는
사실을 잘 말해 주고 있다 하겠다. 불타의 근본 교의인 연기설을
생각해 볼 때 이 점은 더욱 분명해진다. 연기설의 요지는 이 세상의
모든 것은 독자적·고립적으로 존재하지 않고 상호 관계 속에서 존재한
다는 것이다.

이러한 연기론적 세계관에 입각해서 볼 때 자연과 인간, 또는 개인과

7 西義雄, 「原始佛教に於ける社會觀」(『印度學佛教學研究』 通卷 第2號, 1953), p.316.

사회는 결코 분리시켜 생각할 수 없을 것이다. 인간(有情世間)과 세계(器世間)를 세간이라는 말로써 하나로 묶는 소이가 바로 여기에 있는 것이다.

이와 같은 사유방식은 아비달마의 업설業說에도 그대로 나타나고 있는데, 특히 공업共業이라는 개념 속에 잘 나타나고 있다. 공업이란 유정有情 각자의 개별적인 업을 뜻하는 불공업不共業에 반대되는 개념으로서 유정 공통의 업이라는 의미이다. 유정 각자의 차별적인 운명과 현실은 불공업에 의해서 결정되고, 유정이 함께 공유하는 자연환경과 사회환경(器世間)은 공업에 의해서 결정된다.[8]

결국 불교에서는 '개인이라는 것' 또는 '사회라는 것'의 독립된 실체를 인정하지 않고 있으며, 다만 끝없는 상호작용을 통한 연기적 공존 관계를 인정하고 있는 것이다. 이런 관점에서 볼 때 불교는, 사회는 개인으로써 성립하는 것이지만 또한 개인과는 달라서, 개인이 나고 없어짐에 상관하지 않고 엄연히 실재한다고 하는(즉 사회 자체를 단순한 개인의 총합 이상의 객관적인 실체로 보아야 한다는) 이른바 사회실재론社會實在論과는 다른 입장이다. 그렇다고 하여 불교가 사회유명론社會唯名論의 입장에 서 있다고 볼 수도 없다. 사회유명론은 사회의 본질을 하나의 실재로 보지 않고, 단지 개인의 집합체 또는 여러 개인 간의 상호작용 그 자체라고 보지만(따라서 사회의 성질이 개인을 결정하는 것이 아니고, 개인의 성질이 사회의 성질을 결정한다고 봄), 불교에서는 무아 사상을 통해서 알 수 있듯이 개인의 실체성도 인정하지 않고

---

8 金東華, 『佛敎倫理學』, 文潮社, 1971, p.98 참조.

있기 때문이다.

어쨌든 불교사회관의 독특한 입장은 인간(有情)과 세계(자연 및 사회)를 똑같은 세간으로 표현하고 있다는 점, 그리고 자연환경 및 사회환경을 유정(인간)들의 공업의 산물로 보고 있다는 점에 잘 나타나 있다. 이러한 불교의 입장은 오늘의 시대적 과제인 '개인과 사회' 및 '자연과 인간'의 관계 재정립을 위해 매우 중요한 방향을 제시해 주고 있다 할 것이다.

2) 불교의 사회기원론

앞에서도 잠깐 언급한 것처럼 불교 문헌 중에는 '사회기원론社會起源論' 또는 근대적인 '사회계약론社會契約論'이라고 할 만한 내용이 설해져 있다. 이것은 일종의 신화나 설화의 성격을 띠고 있지만, 그렇다고 해서 결코 그 중요성이 평가절하되어서는 안 될 것이다. 이 내용의 중요성에 대해 고살(Ghoshal)은 "초기의 불교 교학자들이 정립한 인간의 기원과 사회적·정치적 제도에 관한 놀라운 이론 속에, 다시 말해서 그들의 독특한 교리에 기반을 둔 세계의 시대적 진화에 관한 이론 속에, 그들이 우리의 고대 사회·정치적 이념들을 저장해 둔 것은 가장 근본적인 공헌이다."라고 평하고 있다.[9]

우선 『악간냐 숫따(*Aggañña-sutta*)』의 내용을 요약하여 살펴보도록 하자.

---

[9] U.N. Ghoshal, *History of Indian Political Ideas*(Oxford: Oxford University Press, 1959), p.62.

아주 먼 옛날 세계가 붕괴되기 시작할 때, 그 속에 살고 있는 존재들이 오랫동안 행복하게 살 수 있는 광음천光音天으로 이주를 시작했다. 그리고 세계가 다시 형성될 때, 그들은 그곳을 떠나 지상으로 내려와 오랫동안 인간존재로서 삶을 영위했다. 그 당시 지상은 온통 물로 덮여 있었고, 완전히 어둠에 싸였으며, 태양도 달도 별도 없었다. 낮과 밤, 시간이라는 개념이 아직 없었고, 남자와 여자의 구별도 없었다. 모든 존재는 오직 존재물일 뿐이었다. 그들은 형체가 없이 스스로 빛나는 존재로 공기 속을 뚫고 다녔다. 그들은 지극히 행복하게 살았다. 시간이 지나면서 지상을 덮은 물 위에는 색깔·냄새·맛을 지닌 이끼류의 층이 나타났다.

어느 날 탐욕스런 기질을 지닌 존재가 지상의 이끼류를 맛보았다. 그때 그 맛이 그를 가득 채우게 되어 그에게서 갈망과 욕망이 일어났다. 욕망의 출현으로 스스로 빛나는 존재는 사라지고 뒤를 이어 해·달·별들이 낮과 밤, 시간의 단위인 월月과 년年을 동반하여 나타났다. 이와 같이 세계는 새로운 모습을 드러내게 되었다. 인간존재들이 지상의 이끼류를 계속 음식으로 취하자, 그들의 신체는 굳어지고 그들의 외모는 모양을 갖추게 되었다. 자신의 얼굴이 잘생긴 사람은 자기보다 못생긴 사람을 업신여겼다. 이것이 자만과 독단을 일으켰고, 이어서 맛있는 이끼류는 사라졌다. 이것이 사라지자 버섯과 같은 생물이 흙에서 자라났고 존재자들은 그것을 먹기 시작했다. 그들의 몸은 더욱 단단해졌고, 겉모습의 차이도 더욱 뚜렷해졌다. 잘생긴 자들이 못생긴 자들을 경멸하기 시작할 때, 그들의 자만과 독단이 더욱 커져서 흙속의 생물은

사라졌다. 그러자 덩굴식물이 나타나서 존재자들의 음식이 되었
다. 음식의 변화로 신체적 외모가 더욱 다양해짐에 따라 그들의
독단과 자만은 갈수록 심해졌다. 하여 덩굴식물은 사라지고 쌀이
나타났다. 그들이 매일 아침과 저녁으로 초원에서 쌀을 모아 그것
을 섭취한 결과, 그들의 신체는 더욱 형체화되어 남자와 여자의
모습을 취하게 되었다. 인간존재가 등장한 것이다. 이후 남자와
여자는 사랑에 빠져 성적 교섭에 빠졌다. 다른 사람들이 그들의
행위에 눈살을 찌푸리자 그들은 집을 짓고 그 속에서 남편과 아내로
서 살기 시작했으며, 초원에서 가져온 쌀을 계속 음식으로 취했다.
이리하여 가족이라는 제도가 생기게 되었다. 어느 날 한 게으른
사람이 매일 음식을 구하러 가는 일이 귀찮아 한 번에 많은 쌀을
가져오는 방법을 생각해냈다. 다른 사람들도 그를 본받아 한 번에
8일간의 음식을 모으기 시작했다. 나중에 사람들은 자기들끼리
초원을 분할하여, 각자의 구역을 정했다. 따라서 이제까지 공동으
로 소유했던 토지가 개인의 소유로 되었으며, 이리하여 사유재산
이라는 관념이 발생했다. 어느 날 욕심 많은 사람이 다른 사람의
구역에서 쌀을 훔쳤다. 사람들은 그런 행위의 반복에 대해 그를
훈계하였고, 그는 그러지 않겠다고 약속했다. 그러나 얼마 안
있어 그는 그 짓을 계속했다. 그러자 사람들은 그를 때리고 비난하
였다. 이것이 도둑질·거짓말·비난·처벌의 시작이었다. 그 후 사
람들은 모임을 갖고 그들 사이에 나쁜 기질이 증대하고 있음에
주목하여, 그들 사이의 어떤 도덕적 기준을 세울 필요가 있음을
깨달았다. 그래서 도덕의 보호자로서 활동할 사람을 선출하기로

122

결정하고, 정의의 수호에 적임자를 선출했다. 사람들은 선출된 그에게 처벌받을 만한 사람을 비난하고 벌하도록 요구했으며, 그에게는 그 대가로서 사람들이 생산한 것 중에서 일정량을 주기로 약속했다. 그는 모든 사람들에 의해 선출되었으므로 '선출된 위대한 자(mahā-sammata)'라고 불렸으며, 초원의 왕이었으므로 '끄샤뜨리아'라고 불렸으며, 정의를 베풂으로써 모든 이들에게 환대를 받았으므로 '라자(王: 즐거워하는 자)'라고 불렸다. 이리하여 통치라는 관념이 이 세계에 발생했다.

그 후 그들 사이에 자라나는 나쁜 기질을 근절해야 한다고 생각한 어떤 사람들은 집을 떠나서 숲으로 들어가 명상을 수행했다. 그들은 악을 몰아내기 위해 고민했으므로 사람들은 그들을 '바라문'이라고 불렸다. 다른 사람들은 여러 가지 상업에 종사하며 아내와 자식을 거느리고 살았으므로 '와이샤'라고 불리게 되었다. 나머지 사람들은 사냥이나 이와 유사한 거친 방법으로 살았으므로 '수드라'라고 불렸다. 이렇게 사회는 계층화되어, 계급이 등장하게 되었다.[10]

이 경의 내용은 대략 우주의 해체와 생성, 가족제도·사유재산·왕(또는 국가)·계급 등의 발생에 대한 설명으로 구성되어 있다. 여기에서는 이 중에서 특히 '왕 또는 국가(사회)의 발생에 대한 설명'에 한정시켜

10 *D.N.* III, pp.77~94. 이 경은 본래 브라흐만이 최상이라는 관념을 깨뜨리고 끄샤뜨리아가 가장 수승하다는 것을 말하기 위해서 설해진 것으로 진화과정에 대해 상세한 설명을 하고 있다.

논의하기로 한다.

경전의 내용 중에 나오는 것처럼, 사람들 사이에 악이 늘어가자 사람들은 도덕적 기준을 세울 필요성을 깨닫고, 도덕의 보호자로서 활동할 사람을 선출하여 그 사람에게 악을 저지른 사람들을 비난하고 벌해 주도록 요청하였다. 그리고 그 대가로서 사람들은 자신의 생산물 중 일부를 그에게 주기로 약속하였다. 이 내용을 통해 우리는 지배자와 피지배자 사이의 사회적 계약이라는 관념을 분명히 발견할 수 있다.

국가 또는 사회의 본질에 대한 견해는 유럽의 사회사상사에 있어서 다양하게 표명되었다. 그중에서도 홉스(Hobbes)와 루소(Rousseau)의 견해는 매우 대조적이면서도 영향력이 컸던 사상이다. 홉스는 '만인에 대한 만인의 적대관계'를 인간사회의 가장 기본적인 상태라고 보았다. 그와 같은 적대관계는 철저한 이기주의적인 관점에 기인하며, 모든 사람은 자신의 이익을 극대화하고 손실을 극소화하려 하기 때문에 거기에서 언제나 대립과 갈등과 분쟁이 생긴다는 것이다. 한편, 루소는 그들 사이에 질서와 안정을 유지시키기 위해서는 사회와 국가가 성립되어야 하며 그것을 통한 강력한 지배와 통제가 필요하다고 보았다. 따라서 각자는 스스로 간직하고 있는 주권을 양도해야 하며 그것이 하나의 사회계약(pactum societatis)이라는 것이다.[11]

이렇게 볼 때 이 경전의 내용은 루소의 '사회계약론'과 비슷한 입장을 보여 주고 있음에 틀림없다.

그런데 나카무라 하지메(中村 元)는 이 경에 내포된 국가나 국왕의

---

11 金大煥, 앞의 책, p.236.

성격을 '치안유지청부업자治安維持請負業者'라고 정의했고, 가나오까 슈우(金岡秀友)는 왕은 인민과 인민의 이익을 지키려고 인민이 선택한 사람과의 사이에 맺어진 인민안전청부계약人民安全請負契約의 결과로 생긴 것이라고 했다.[12] 또한 고샬(Ghoshal)은 인민이 국왕에게 기대한 것은 절도와 폭력에 의지하는 사람들로부터 자신들의 생명과 재산을 보호하는 것이 전부였기 때문에, 국가 발생의 견지에서 볼 때, 그것은 논리상 지배자의 역할이 공공질서 유지로 한정되는 야경국가夜警國家 라는 개념과 연결된다고 주장하였다.[13]

이에 대해 삐야세나 딧사나야께(Piyasena Dissanayake)는 당시로서 는 국왕이나 국가가 그 일을 제외하고는 하고 싶어도 할 일이 없었고, 현대와는 달리 그 단계의 사람들은 국가로부터의 풍요로운 사회적 이익을 기대하지는 않았다고 하면서, 고샬의 주장이 부당한 것이라고 비판하였다.[14]

아무튼, 이 경의 사회계약론 및 그 계약의 결과로 성립된 국가, 선출된 통치자의 직무, 선출방법 등을 현대 민주주의의 가장 기본적인 속성, 즉 국민주권의 원칙, 권력위임의 원칙, 피통치자 동의의 원칙, 평등의 원칙, 자유권의 원칙과 비교해 볼 때, 불타의 국가(사회)관의 성격은 더욱 분명해질 것이다.[15]

---

12 尹世遠, 「佛陀의 政治思想에 관한 研究」(中央大 博士學位論文, 1985), p.77.

13 U.N. Ghoshal, *History of Indian Political Ideas*(London: Oxford University Press, 1959), p.64.

14 Piyasena Dissanayake, *Political Thoughts of the Buddha*(Colombo: The Department of Cultural Affairs, 1977), p.70.

2. 승가의 사회적 기능

1) 사회통합

여기에서 우리가 불교교단 또는 승단이라는 의미로 사용하는 승가僧伽 (Saṅgha: Skt. Saṃgha)라는 단어는 불교 이전부터 인도에 꽤 일반화되어 있었던 것으로 알려져 있다. 다시 말해서 상가(Saṅgha)는 본래 가나 (gaṇa)와 함께 상공업자들의 동업조합同業組合(guild) 등을 지칭하는 데 사용되었던 말이다. 또한 고대 인도에 있어서 종족사회를 기반으로 하는 공화정체共和政體의 정치조직을 상가 또는 가나라고 부르기도 하였다. 그리고 마침내는 석존 당시의 여러 종교집단을 가리키는 데도 이 단어들이 사용되었다. 불교교단에 대해서도 초창기에는 이들 두 용어가 동등하게 사용되었으나 시간이 흐르면서 상가라는 말이 점점 우세하게 되었고, 교단의 '율律'이 확립될 무렵에는 상가가 공식적인 명칭으로 자리잡게 되었다고 추측된다.[16]

이러한 승가는 오늘날 그 구성원으로서 흔히 사부대중四部大衆을 말하지만, 본래는 비구比丘, 비구니比丘尼로 구성된 출가 승려의 단체였다. 여기서는 본 고찰의 취지상 승가를 본래적 의미인 출세간적 집단의 개념으로 한정해 두고자 한다.

---

15 尹世遠, 앞의 논문, p.80.

16 平川 彰, 『原始佛教の研究』(東京: 春秋社, 1980), pp.3~5. saṅgha라는 말은 일찍이 웨다 문헌에서 '聯合集團'을 뜻하는 gaṇa와 동의어로 사용되었던 것으로 보이며, Monier Williams의 *Sanskrit-English Dictionary*에 의하면 gaṇa는 '무리·떼· 다수·종족·한 계열·부류·집회·연합' 등을 의미한다.

불교 승가는 한마디로 열반涅槃이라는 목적을 성취하기 위해 출가한 수행자들의 종교적 집단이다. 그러나 앞에서도 살펴본 것처럼 승가의 존재 이유가 단지 개인적인 목표의 성취에만 있다고 보는 데는 문제가 있는 것 같다. 월폴라 라훌라(Walpola Rahula)는 이 점에 대해 다음과 같이 지적한다.

> 승단을 조직한 이유는, 자신의 정신적·지적 발전뿐만 아니라 또한 타인에 대한 봉사에 일생을 기꺼이 바치고자 하는 사람들에게 기회를 제공하기 위해서다. 가족이 딸린 재가신자가 타인을 위한 봉사에 자신의 전 생애를 바치기를 기대할 수는 없을 것이며, 반면에 가족부양의 의무나 여타의 세속적 유대관계에 얽매이지 않아도 되는 승려라면 보다 많은 사람의 행복과 깨달음을 위해 자신의 생애를 던질 수 있을 것이다. 이것이 바로 불타가 승단을 조직한 이유이다. 역사 속에서 사원이 정신적 삶의 요람이었을 뿐만 아니라 교육과 문화의 중심지로 기능할 수 있었던 것은 바로 이러한 이유 때문이다.[17]

월폴라 라훌라는 승가의 일종의 '사회적 의무'에 대해 분명하게 언급하고 있다. 석존이 일찍이 전도의 선언을 통해 "많은 사람들의 이익과 행복을 위해서 유행遊行하라. 두 사람이 함께 가지 마라."고 한 가르침이라든가 "나는 언제나 일체중생을 사랑하고 가엾이 여기어

---

[17] Walpola Rahula, *What the Buddha Taught*(London: Gordon Fraser, 1978), p.77f.

편안하게 하고, 또한 그렇게 하는 것을 칭찬하느니라."고 한 『잡아함경』의 말씀을 통해 볼 때 라훌라의 주장은 설득력이 있다고 생각된다. 또한 『중아함경』의 「목적유경木積喩經」에서 석존은 목적유木積喩를 비롯한 여러 비유를 통해 출가인의 자세에 대해 설법한 적이 있다. 그때 석존은 "그대들 위없는 청정한 행(梵行)을 성취하고자 하는 자는 차라리 역사力士로 하여금 시뻘겋게 달군 구리 쇠판으로 그 몸을 휘감게 하라. 그는 이로 인해 고통을 받고 죽게 되더라도, 그 때문에 지옥에 떨어지지는 않을 것이다. 그러나 만일 어리석은 사람이 계戒를 범하고 정진하지 않고 악하고 착하지 않은 법을 일으켜서 범행이 아닌 것을 범행이라 하고 사문이 아닌데도 사문이라 하면서, 찰제리·바라문·거사 등으로부터 의복을 보시 받으면, 그는 오랫동안 나쁜 과보를 받게 되며 몸이 무너지고 목숨이 다하면 지옥에 떨어질 것이다. ……(중략)…… 남에게서 의복·음식·평상과 요·탕약 따위의 보시를 받는 것은 모든 시주로 하여금 큰 복을 얻게 하고 큰 과보를 얻고 큰 광명을 얻게 하기 위한 것이다."라는 등의 법문을 설하였다. 설법이 끝나자 이 설법을 들은 120명의 비구 가운데 60명은 번뇌가 다하고 모든 의심이 풀렸지만, 60명은 퇴보심退步心을 일으켜 계를 버리고 환속하고 만다.[18]

이 내용을 살펴보면, 석존은 분명히 출가자에게는 일종의 '사회적 의무와 책임'이 있음을 설하고 있다. 60명의 비구가 환속한 것은 이러한 의무감이 부담스러웠기 때문이라고 볼 수도 있을 것이다. 까루나

---

18 『大正藏』 1, pp.425上~427上.

라뜨네(Karunaratne)는 사회적 의무에 투철했던 불타의 생애를 다음과
같이 적고 있다.

> 불타의 삶은 충분히 발전된 사회의식을 보여 주는 주목할 만한
> 기록이기도 하다. 그는 권력자들과 어울렸고 비천한 사람들 곁을
> 떠나지 않았다. 그는 마가다의 빔비사라와 꼬살라의 빠세나디
> 같은 국왕들과 함께 활동하였다. 그는 아나따삔디까(給孤獨)와
> 같은 부유한 자본가(長者)와도 교제하였다. 그의 문하에는 비사카,
> 케마, 움빨라반나와 같은 귀부인들도 있었다. 그렇다고 하여 그에
> 게 있어서는 이러한 교제가 앙굴리말라와 같은 강도, 수니따와
> 같은 청소부, 암바빨리·빠따차라·순다리와 같은 매춘부 등과 친분
> 을 맺는 데에 방해가 되는 것은 아니었다. 그는 병자를 보살피고
> 버림받은 자와 가난한 자를 구제하였으며, 약자를 위로하고 불행한
> 자에게 행복을 가져다주었다. 그는 사회를 회피하지 않고 끊임없이
> 변화하는 사람들의 모임 속에서 마지막 순간까지 그들과 더불어
> 살았다.[19]

 석존 재세 시의 불교 승가는 세간·세속과의 교섭을 단절한, 이른바
수도원적 생활을 영위하지 않았으며, 상당한 사회적 유대를 유지하고
있었다.[20] 이러한 승가의 사회적 유대 때문에, 불교교단의 비구

---

19 W.S. Karunaratne, *Wesak Number 1965*, p.4: 딧사나야케 저, 정승석 역,『불교
　의 정치철학』, 대원정사, 1988, p.83에서 재인용.
20 早島鏡正,『初期佛教と社會生活』(東京: 岩波書店, 1964), p.693.

(bhikkhus)를 monks로 영역하는 것은 부적절하다는 주장도 제기되고 있다. 왜냐하면 monks는 사회적 유대를 상실한 승려의 의미이기 때문이라는 것이다. 본래 종교적 은둔자를 뜻하는 monachus에서 파생된 monks는 후일 세상과 떨어져 생활하는 단체의 구성원을 의미하게 되었다.[21]

이러한 승가의 '사회적 의무와 유대'를 배경으로 해서, 석존은 무엇보다도 사회적 화합, 또는 '사회적 통합'을 중요시했던 것으로 생각된다. 필자는 이 '사회통합'을 승가의 중요한 사회적 기능으로 파악하고 있는 바, 우선 이 점에 대해 살펴보도록 한다.

먼저 승가가 '사회통합'의 기능을 충실히 수행하려면 승가 자체가 화합되고 통합되어 있어야 할 것이다. 사실 승가를 '화합중和合衆'이라고 하는 것처럼 승가의 생명은 화합이라고 할 수 있다. 불교에서 가장 중한 죄라고 하는 오역죄五逆罪 가운데 이른바 '파화합승破和合僧'이 포함되어 있는 것도 바로 이러한 이유에서이다. 석존은 『앙굿따라니까야(Aṅguttara-Nikāya)』에서 승가의 화합에 대해 직접 설하고 있다. 세존은 승가적 집단을 분류하여 '제일중第一衆', '불화합중不和合衆', '화합중和合衆' 등 셋으로 나누고, 이 중에서 화합중을 이루어 나갈 것을 제자들에게 다음과 같이 당부한다.

비구들이여, 비구가 화합하고 환희하며 다투지 않고 마치 젖과 물처럼 서로 친애親愛의 눈으로 바라보며 지낸다면 그대들은 그때

21 Trevor Ling, *The Buddha*(New York: Pelican Books, 1976), p.150.

에 많은 복을 짓느니라. 비구들이여, 비구는 그때에 범주梵住에 머무나니, 즉 환희로운 심해탈心解脫에 머물고, 환희로운 자에게 기쁨이 생기고, 마음이 기쁜 사람의 몸은 경안輕安하며, 몸이 경안 하면 즐거움을 받고, 즐거운 사람의 마음은 정定을 얻느니라.[22]

이와 같이 승가 자체의 탄탄한 화합의 기반 위에서 승가는 다시 '사회적 화합'을 위해 노력해야 한다. 심지어는 불교교단이 불이익을 당하고, 교단의 발전에 방해되는 일이 있더라도 사회적 화합과 사회적 질서를 위해서는 관용의 미덕을 실천해야 한다. 석존은 다음과 같이 설한다.

만일 갖가지 방법으로 여래와 법과 중승衆僧을 헐뜯는 무리가 있더라도, 너희는 분노에 맺힌 마음을 품어 저들을 해칠 뜻을 가져서는 안 된다.[23]

'교세확장'이라든가 '불교를 위한 불교' 또는 '불교인을 위한 불교'와 같은 의식은 아예 석존에게서 찾아볼 수가 없다. 그것은 원래 자이나교 신자였던 우빨리(Upāli) 장자長者와 시하(Sīha) 장군이 불교로 개종하 는 과정에서 불타가 그들에게 설한 가르침을 통해 극명하게 드러난다. 우빨리와 시하의 개종 이야기는 비슷한 내용으로 되어 있기 때문에 여기서는 시하 장군의 경우만을 살피기로 한다.

---

22 『南傳大藏經』권17, p.399.
23 『長阿含經』권14(『大正藏』1, p.88下).

시하 장군은 당시에 상당한 사회적 영향력을 행사하고 있었던 명망
가였다. 석존은 그가 자이나교에서 불교로 개종한다는 사실 자체로써,
사회에 적지 않은 충격과 물의가 야기될 것을 염려했던 것 같다.
그리하여 시하 장군에게 개종의 생각을 재고해 보라고 한다. 이 말을
듣고 시하 장군은 불타를 더욱 존경하게 되며 개종의 뜻을 굽히지
않는다. 그러자 세존은 '앞으로도 계속해서 자이나교 승려들에게 공양
한다'는 조건으로 그의 개종을 허락한다.[24] 여기서 우리는 교단의 발전
보다도 사회적 안정과 질서를 우선시하는 석존의 한결같은 입장을
거듭 확인할 수 있다.

또한 석존은 『중아함경』에서 "그 나라의 풍속과 법을 따르고, 옳거니
그르거니 말하지 마라."[25]고 설한 적이 있다. 정법을 펴는 일 그 자체보
다도 정법을 통해서 중생들을 이롭게 하고자 하는 데 더 큰 의의를
두었기 때문에, 분쟁과 혼란을 야기하지 않도록 최대한의 주의를
하고 있음을 알 수 있다.

이러한 입장은 3종외도의 비판 내용 중에도 잘 나타난다. 석존은
숙작인론宿作因論, 존우화작인론尊祐化作因論, 무인무연론無因無緣論
을 비판함에 있어서 이들 사상의 이론 체계 자체의 옳고 그름에 대해서
는 언급하지 않고, 이들 사상이 우리의 현실에 끼치게 될 악영향을
문제 삼고 있다. 다시 말해서 이들 3종외도를 참된 진리로 받아들일
경우, 십악업十惡業에 대해 대처할 방안이 없고,[26] 우리들의 창조적인

---

24 Upāli 장자 이야기는 『中阿含經』 권32 「優婆離經」에 나오며, Sīha 장군 이야기는
   A.N. IV, p.179f 및 Vinaya I, p.233f 등에 나온다.
25 "隨國俗法 莫是莫非."(『大正藏』 1, p.701下).

의욕이나 노력도 무의미해지게 된다는 것이다. 여기서 십악업의 문제를 거론하는 것은 석존이 우리의 현실사회에 있어서 도덕적 질서를 얼마나 중요시하고 있는가를 간접적으로 입증해 주고 있다.

석존은 결국 아무리 그럴싸한 사상과 철학, 종교라고 할지라도 현실의 도덕적 질서를, 다시 말해서 사회의 안녕과 평화를 뒷받침해 줄 수 없다면, 그 사상 자체의 진위 여부를 떠나 그것은 무익한 사상이요, 따라서 그릇된 사상이라고 비판하고 있는 것이다.

우리는 이상의 고찰을 통해 불교 승가가 사회통합적 기능을 훌륭하게 수행하고 있음을 알 수 있을 것이다.

2) 정신적 계도

인간은 근본적으로 연기적 존재이지만 그러한 인간의 근원을 바르게 깨닫지 못한 사람들의 행동은 이기적 욕망에 좌우되기 십상이다. 일반적으로 욕망의 대상은 한정되어 있고 사람들의 욕망은 무한하기 때문에 기본적인 인간관계는 '경쟁적 대립'의 양상을 띤다. '우호적 협력'의 관계가 이루어지기도 하지만 그것은 대개 '집단이기주의'에서 비롯되는 것이 상례이다. 특히 개인주의가 팽배한 현대사회에서 경쟁적 대립의 관계는 더욱 심화되어 가고 있는 실정이다.

이러한 상황에서 사회적 통합과 세계 평화는 물적物的 · 외적外的인 노력만으로 이루어지기 어렵다고 본다.[27] 더욱이 불교적 의미의 평화라

---

26 예를 들어 살생을 했더라도 그 원인은 宿命이나 尊祐, 혹은 偶然이 될 것이므로 정작 살생을 행한 그 사람에게는 아무런 책임이 없게 된다. 따라서 살생을 방비할 이론적 근거나 계책을 잃게 된다.

는 개념이 근본적으로 적정寂靜(santi)이요 열반涅槃(nibbāna)이라고
할 때, 단지 외적인 혼란과 폭력이 없는 상태를 평화라고 말할 수
는 없을 것이다.[28] 따라서 근본적인 사회통합, 그리고 진정한 세계평화
를 실현하려면 반드시 심적·내적인 노력이 병행되어야 한다. 그러기
위해서 특히 오늘의 우리에게는 정신적 가치에 대한 새로운 인식이
절실히 요청된다 할 것이다.

에리히 프롬(Erich Fromm)은 인간의 욕구를 '생존의 욕구(survival
needs)'와 '초생존超生存의 욕구(trans-survival needs)'로 나누고 있고,[29]
아브라함 매슬로우(Abraham Maslow)는 ① 생리적 욕구(physiological
needs), ② 안전의 욕구(safety needs), ③ 소속과 사랑의 욕구(belonging
and love needs), ④ 존중의 욕구(esteem needs), ⑤ 자아실현의 욕구

---

27 Karunaratne는 불교의 입장을 다음과 같이 정리하고 있다: "인간의 삶을 완전하게
   할 수 있다는 가능성을 인정한다면, 인류 사상의 역사를 더듬어 볼 때 그 완성을
   어떻게 실현할 수 있는가에 대해서는 선택적인 두 가지의 답변이 있다. 마음과
   정신의 전적인 정화에 의해 개인에 있어서의 내적 발전으로써 인간의 삶이
   완성될 수 있다는 것이 하나의 생각이다. 또 하나의 생각은 제도적인 변화에
   의해서 환경에 있어서의 외적 변혁으로써만 인간의 삶이 완성될 수 있다는
   것이다. 첫 번째의 생각은 종교생활의 주창자들이 폭넓게 채택한 것인 반면,
   두 번째의 생각은 시대와 국가를 막론하고 국내외의 모든 정치가가 채택하여
   왔다. …… 붓다의 가르침에서는 불교의 사회철학과 관련되는 한, 그 두 가지
   생각이 조화롭게 결합되어 있다."(W.S. Karunaratne, op. cit., p.3: 덧사나야케
   저, 정승석 역, 앞의 책, pp.118~119에서 재인용.)

28 徐閏吉, 「平和와 協調의 原理로서의 佛敎」(『東國思想』 제7집, 1976), p.96.

29 Erich Fromm, *The Revolution of Hope*(New York: Harper & Row, 1968),
   p.70.

(self-actualization needs) 등 인간욕구의 5단계를 제시한 바 있다.[30] 이들은 결국 인간의 삶에서는 물질적 가치뿐만 아니라 정신적 가치도 필요하다는 것을 주장하고 있다. 석존 또한 정신적 가치가 물질적 가치 못지않게 소중하다는 것을 가르친 바 있다. 그것은, 바라드바자 바라문이 석존에게 "사문이여, 나는 밭을 갈고 씨를 뿌린 후에 먹습니다. 당신도 밭을 갈고 씨를 뿌린 후에 먹으십시오."라고 했을 때, "바라문이여, 나도 밭을 갈고 씨를 뿌립니다. 갈고 뿌린 다음에 먹습니다."라고 하면서 "믿음은 종자요, 고행은 비이며, 지혜는 내 멍에와 호미, 부끄러움은 쟁이자루, 의지는 잡아매는 줄, 생각은 내 호미날과 작대기입니다."[31]라고 한 석존의 대답을 통해 잘 알 수 있다.

인간에게는 물질적 식량과 정신적 양식이 똑같이 필요하다[32]는 것을 석존은 누구보다도 잘 알고 있었다. 바라드바자 바라문이 보기에는 석존이 일하지 않는 사람으로 생각되었을지 모르나, 석존은 자신이 정신적 양식을 생산하는 농부와 다를 바 없다는 굳은 신념을 가지고 있었다.

그리하여 『싱갈로와다 숫딴따(*Siṅgālovāda-suttanta*)』에서, 석존은 사문·바라문에게, 일반 신자들로부터 물질적 식량을 얻는 대신, 그들에게 정신적 양식을 제공하라고 가르친다. 즉 ① 신자信者의 악惡을

30 高範瑞, 『價値觀硏究』, 나남, 1992, pp.24~25.

31 *Sn.* 77.

32 Bertrand Russell도 동물은 건강하고 먹을 것만 충분하면 행복하지만 인간은 그렇지 못하다고 말하고 있다.(*The Conquest of Happiness*, Bantam books, 1968, p.3)

막아 주고, ②선善에 머물게 하고, ③선심善心으로써 신자를 사랑하고, ④아직 듣지 못한 것은 들려주고, ⑤이미 들은 것은 청정케 하고, ⑥생천生天의 도道를 개시開示하라고 설하는 것이다.[33]

또한 본능과 욕망의 노예로서 살아가기 쉽고, 무반성적 일상의 차원에 머무르기 쉬운 재가자들은 정신적 양식을 제공해 주는 사문·바라문을 공양하고 존경해야 한다. 불교의 재가신자를 의미하는 upāsaka(信男)와 upāsikā(信女)가 원래 '존경하다, 섬기다, 가까이 앉다'는 뜻의 upāsati에서 파생된 말이라는 사실은 시사해 주는 바가 많다.

이렇게 볼 때 사회에 대한 승가의 '정신적 계도'의 역할과 기능은 참으로 막중하며, 따라서 '정신적 계도'와 '사회 통합'은 승가의 가장 중요하고도 근본적인 사회적 기능이 되는 것이다.

3. 불교의 이상사회론

1) 불교의 이상사회와 그 실현 방법

(1) 이상사회

필자는 본 장의 서두에서 경전에 자주 등장하는 전륜왕(Cakkavattin)을 불타의 이상을 세속사회에 실현하는 불타의 대행자라고 하였다. 따라서 그 전륜왕이 통치하는 나라, 즉 전륜왕국의 모습은 곧 불교가 지향하는 이상사회의 모습이라고 보아도 좋을 것이다. 이러한 전제하에 여기에서는 『장아함경』 권6의 「전륜성왕수행경轉輪聖王修行經」과

『증일아함경』권44 「십불선품十不善品」의 내용, 그리고 『장아함경』
권2 「유행경遊行經」에 나오는 칠불쇠법七不衰法의 내용에 의거하여
불교의 이상사회관에 대해 살펴보고자 한다.

먼저 「전륜성왕수행경」[34]의 내용부터 검토해 보자.

그는 전륜성왕이 되어 사천하四天下를 다스렸다. 그때에 왕은 자유
롭게 이 법法으로써 다스리고 교화하였으며 사람 중에서 뛰어나
칠보七寶를 구족하였다. 첫째는 금륜보金輪寶이고, 둘째는 백상보
白象寶이며, 셋째는 감마보紺馬寶이고, 넷째는 신주보神珠寶이며,
다섯째는 옥녀보玉女寶이고, 여섯째는 거사보居士寶이며, 일곱째
는 주병보主兵寶이다. 그는 천 명의 아들이 있었는데, 용맹하고
건장하였으며, 원적怨敵을 항복받을 수 있었으니 무기를 쓰지 않고
도 나라가 저절로 태평하였다.

여기서 칠보는 전륜왕의 자유자재한 힘과 권능을 상징하는 보배라고
할 수 있다. 이 내용 중에서는 무엇보다도 '무기를 쓰지 않고도 나라가
저절로 태평했다'는 구절에 주의해야 할 것이다. 이상사회의 첫 번째
조건은 평화임에 틀림없다. 평화는 무력을 통해서가 아니라 정법과
정의에 의해서 실현되어야 한다. 모든 통치행위 또한 반드시 정법에
따라서 이루어져야 한다.

경은 계속해서 이렇게 설한다.

---

34 『大正藏』 1, pp.39上~42中.

마땅히 법에 의해 법을 세우고 법을 갖추어 그것을 공경하고 존중하라. 법을 관찰하고 법으로써 우두머리로 삼고 바른 법을 지키고 보호하라. 또 마땅히 법으로써 모든 채녀妹女들을 가르치고 또 마땅히 법으로써 보호해 살펴라. 그리고 모든 왕자, 대신, 여러 벼슬아치(群療), 모든 관리 및 모든 백성, 사문, 바라문을 가르쳐 경계하도록 하라. 아래로는 짐승들에 이르기까지 다 마땅히 보호해 보살피도록 하여라.

'법을 관찰하고 법으로써 우두머리로 삼고 바른 법을 보호하라'는 내용은 전륜왕국이 바로 '법치국가'임을 생생하게 말해 주고 있다 하겠다. 근대민주국가의 근본이념인 법치法治의 개념이 참으로 강조되어 있음을 알 수 있을 것이다. '법에 의해 법을 세운다'는 내용도 놀랍다. 또한 '금수에 이르기까지 다 보호하라'는 내용도 눈길을 끈다.[35] 이것은 인간중심주의의 사회는 다른 생명체는 물론 인간에게도 진정한 이상향이 될 수 없다는 것을 말해 주고 있다고 생각된다.

경의 또 다른 내용을 살펴보자.

또 나라에 외로운 이와 노인이 있거든 마땅히 물건을 주어 구제하고 곤궁한 자가 와서 구하는 것이 있거든 부디 거절하지 말라. 또 나라에 옛 법이 있거든 너는 그것을 고치지 말라. 이런 것들이

---

35 오늘날 '실천윤리학(practical ethics)'에서는 '동물살생'의 문제가 쟁점으로 떠오르고 있다.(피터싱어 저, 황경식·김성동 역, 『실천윤리학』, 철학과 현실사, 1992, 제5장 참고)

전륜성왕이 수행해야 할 법이니, 너는 마땅히 받들어 행하라.

여기에는 이른바 '복지국가'의 이념이 잘 나타나 있으며, 옛 전통(문화)과 역사를 중시하는 견해도 표명되고 있다. 또한 "토지는 살찌고 풍성하며 백성은 불꽃같이 번성합니다. 그들은 성질이 어질고 화하며, 사랑하고 효도하며 충성스럽고 유순합니다(慈孝忠順)."라는 내용도 보인다.

다음으로, 장차 미륵彌勒(Metteyya)불이 출현할 즈음의 전륜왕이 지배하는 국가상태를 설명하고 있는 『증일아함경』의 「십불선품十不善品」의 내용 일부를 살펴보자. 이 내용은 대승경전에 묘사되어 있는 여러 정토淨土(佛國土)의 모습과 매우 흡사하여 자못 흥미롭다. 그 내용을 살펴보자.

그때에 이 남섬부주(閻浮地)는 매우 평평하게 정리되어 거울처럼 맑고 밝을 것이다. 온 남섬부주 안에는 곡식이 풍성하고 인민이 번성하며 온갖 보배가 많고 마을들은 닭 우는 소리가 서로 들릴 만큼 가까울 것이다. 또 그때에는 더러운 꽃과 과일들은 모두 말라버리고, 나쁘고 더러운 물건은 저절로 없어지며 그 밖의 달고 맛있고 또 매우 향기로운 과일나무가 땅에서 자라날 것이다. 그때에 기후는 화창하고 사계절은 때를 맞추며 사람 몸에는 백여덟 가지 근심이 없을 것이다. 탐욕·성냄·어리석음은 성하지 않아 사람들의 마음은 고르고 모두 그 뜻이 같아서, 서로 보면 기뻐하고 좋은 말로 대하며 말씨가 같아 차별이 없기는 저 울단왈鬱單曰

사람들과 다름이 없을 것이다. 그리고 그때 남섬부주 사람들은 크고 작기가 꼭 같아서 여러 가지 차별이 없을 것이다. 또 그때의 남녀들이 대소변이 보고 싶으면 땅은 저절로 갈라졌다가 일을 마치면 그 땅이 다시 합쳐질 것이다.

그때에 남섬부주 안에는 멥쌀이 저절로 자라는데 껍질이 없으며 매우 향기롭고 맛있으며 그것을 먹으면 괴로움이 없어질 것이다. 또 이른바 금은의 보배와 자거·마노·진주·호박이 땅에 흩어져 있어도 그것을 살피고 기록하는 사람이 없을 것이다. 그들은 그 보배를 손에 들고 저희끼리 말할 것이다.

'옛날 사람들은 이 보배 때문에 서로 죽이고 감옥에 가두었으며 또 무수히 고뇌하였다. 그러나 지금은 이 보배들이 기와조각이나 돌과 같아서 아무도 지키는 사람이 없다.'

그때에 법왕이 나타나 이름을 샹카(蠰佉, Saṃkha)라 할 것이다. 그는 바른 법으로 인민을 다스리고 일곱 가지 보배를 성취할 것이다. 일곱 가지 보배란, 윤보輪寶·상보象寶·마보馬寶·주보珠寶·옥녀보玉女寶·전병보典兵寶·수장보守藏寶이니, 이것을 일곱 가지 보배라 한다. 그는 이 남섬부주를 통치할 때에 칼이나 몽둥이를 쓰지 않아도 항복하지 않을 이가 없을 것이다. ……(중략)…… 여러 창고지기는 모두 그 왕에게 가서 아뢸 것이다. "원컨대 대왕은 이 보배 창고의 물건을 빈궁한 사람들에게 보시하소서." 그때에 샹카왕은 그 보배를 얻고도 살피고 기록하지 않을 것이니 마음에 재물이라는 생각이 없기 때문이니라. 그때에 남섬부주 안에는 나무 위에 옷이 저절로 열릴 것이다. 그것은 매우 곱고 부드러워

140

사람들은 그것을 가져다 입을 것이다. 마치 지금 울단왈 사람들이
나무 위에서 저절로 열리는 옷을 입는 것과 조금도 다름이 없을
것이다.[36]

여기에는 공상적인 요소가 있지만, 불교가 지향하는 이상세계의
모습이 잘 묘사되어 있는 것만은 사실이다.

요컨대 전륜왕은 법륜을 굴림으로써, 즉 정의와 보편적 진리의
위력에 따라 세계를 평정하고 통치하는 왕 중의 왕으로 묘사되고
있다. 이 전륜성왕이 지배하는 나라는 경제생활 등 모든 조건이 풍족하
기 때문에 재보가 지극히 풍요롭고 언어가 통일되어 있으며, 또한
위생 시설 등도 완비되어 있어서 병원이라는 것도 없다. 또한 정신적·
도덕적으로 충분히 교화되어 있기 때문에 완전히 자유롭고 평등하고
차별 없는 성격을 갖춘 사람들만이 사는 국토로서 묘사되고 있는
것이다.[37]

다음에는 나라를 쇠망케 하지 않고 길이 흥성케 하는 7가지 조건인
'칠불쇠법七不衰法'의 내용을 살펴보자.

①집회를 자주 갖고 바른 일을 의논한다.

②군신은 서로 화순하고 상하는 서로 공경하고 순응해 서로 어기지
않는다.

③법을 받들어 금기할 바를 알고 제도를 어기지 않는다.

④부모를 효도로 섬기고 스승과 어른을 공경하고 순종한다.

36 『大正藏』 2, pp.787下~788上.
37 大野信三, 『佛敎社會·經濟學說の硏究』(東京: 有斐閣, 1956), pp.110~111.

⑤ 종묘宗廟를 공경하고 옛 선조에게 정성을 들인다.

⑥ 여자들은 바르고 참되며 정숙히 한다.

⑦ 사문을 높이 섬기고 지계자持戒者를 존경하고 공양하는 데 게으르지 않는다.[38]

필자는 이 칠불쇠법의 내용도 결국 석존이 생각한 이상사회의 모습을 반영하고 있다고 판단한다.

이 내용에 따르면, 사람들이 자기 나라의 전통과 관습을 중시하고, 인민이 서로 화합하고 이해하며, 도덕을 존중하고, 종교를 소중하게 받드는 것이 곧 강국이 되는 근본이다. 이것은 역사적으로도 입증이 된 것으로, 왓지(Vajji) 공화국은 이 칠불쇠법을 지켰기 때문에 마가다(Magadha)국에 의해 쉽게 공략당하지 않았던 것이며, 앞에서 언급한 것처럼 화씨성華氏城(Pātaliputta)은 실로 왓지 공화국을 의식하여 건설했던 것이니, 왓지국이 얼마만한 강국이었나를 잘 말해 주는 것이다.[39]

이러한 점들을 종합해서 생각해 볼 때, 불교가 지향하는 이상사회의 이념에는 자유, 평등, 평화, 정의, 풍요, 도덕, 질서, 법치, 민주, 복지 등의 이상이 포함되어 있다고 할 수 있다. 따라서 불교적 이상사회는 물질적으로 풍요롭고 신체적으로 건강하며 사회적으로 정의로운 사회임과 동시에 그 사회의 구성원들이 도덕적인 성숙과 정신적 자유(궁극적으로는 죽음의 극복)를 통한 인격적 완성을 이룬 사회라고 정의함

---

38 『中阿含經』 권35, 「雨勢經」(『大正藏』 2, pp.648下~649上). 『長阿含經』 「遊行經」에서는 '七不退法'이라고 하고 있다.

39 木村泰賢, 『原始佛教思想論』, p.275.

직하다. 결국 정신적인 충족과 물질적인 충족의 두 가지 기본원리가 불교 이상사회의 기반을 이루고 있다 할 것이다.[40]

(2) 이상사회의 실현방법(폭력과 혁명의 문제)

앞에서 살펴본 바와 같이 불교는 근본적으로 무력과 폭력을 배제하는 평화주의의 종교이다. 자신의 나라를 계속해서 침공해 들어오는 이웃나라 왕을 능히 물리칠 힘이 있었지만, 더 이상 병사들의 희생이 있어서는 안 되겠다고 생각하여 자기 나라를 양보했다는 장수왕長壽王의 이야기는 극단적인 예이기는 하나 불교의 평화주의를 보여 주는 대표적인 이야기이다.[41]

『중아함경』권6에는 어떤 사람이 자신을 위해서가 아니라 자신의 부모나 처자를 위하고자 하여 악행을 저질렀다 하더라도 그 악행은 정당화될 수 없다는, 바꾸어 말하자면 '목적과 수단이 다 좋아야 한다'는 요지의 가르침이 설해져 있다.[42] 이 가르침 역시 불교는 무력과 폭력을 원칙적으로 배격한다는 입장을 천명하고 있다고 생각된다. 그러나 이 문제는 그렇게 간단하지가 않다. 『대살차니건자소설경大薩遮尼乾子所說經』에 따르면, 정법을 지키고 있는 군주가 국내에서 반역이 일어난다든가 국외로부터 침략을 받았을 때에는 다음의 세 원칙에 따라 대처해야 한다고 설하고 있다.

첫째, 내적內敵 또는 외적外敵이 오로지 인민을 죽이고 인민을 학대

---

40 Piyasena Dissanayake, op. cit., pp.101~102.
41 『大正藏』2, p.626下f.
42 『大正藏』1, pp.456下~457上.

할 것만을 궁리하는 데 반해, 나는 무력을 사용하여 인민의 고통을 구해 줄 것을 생각해야 한다. 둘째, 가능한 한 무력을 사용하지 않고 내외의 적을 평정할 방법을 모색해 보아야 한다. 셋째, 적은 가능한 한 죽이지 않고 포로로 붙잡아 무력을 최소화하도록 노력해야 한다.[43]

이에 의하면 부득이한 때에만 무력의 사용이 허용되고 있음을 알 수 있을 것이다.

또한 『증일아함경』 권31에는 앙굴리말라의 전생에 관한 세존의 설명이 기록되어 있는데, 이 내용 가운데에는 오늘날 '시민저항운동'과 관련된 문제가 포함되어 있어 눈길을 끈다. 그 이야기의 대강 줄거리는 다음과 같다.

대과왕大果王에게 청정태자淸淨太子(어렸을 때 이름은 大力)가 있었다. 용모가 단정하고 지혜 총명했으나 결혼을 거부하여 왕을 걱정케 하였다. 왕은 음종淫種이라는 이름의 한 음녀淫女로 하여금 태자를 유혹케 하여 그 뜻을 돌리려 하였다. 그 음녀의 유혹에 빠진 태자는 부왕께 요청하여 성안의 모든 규수가 결혼하기 전에 먼저 그와 함께 지내도록 허락을 받는다. 사람들은 태자가 원망스러웠지만 어쩔 수 없이 태자의 행위를 관망할 수밖에 없었다. 이때 성안의 한 여인 수만須蠻이 일부러 발가벗고 대중 앞으로 나아가 청정태자의 잘못을 폭로하고 군중을 선동한다. 이에 성난 군중은 궁중으로 몰려가 청정태자를 처형한다.[44] (청정태자는 곧

---

43 大野信三, 앞의 책, pp.109~110(『大正藏』 9, p.337下 참조).
44 『大正藏』 2, pp.721下~722下.

전생의 앙굴리말라이다.)

비록 전생담의 내용이긴 하지만, 여기에는 폭정에 항거하는 사람들의 일종의 '시민저항운동'을 용인하는 불타의 입장이 의식적이든 무의식적이든 어느 정도 반영되어 있다고 보아도 좋을 것 같다. 물론 청정태자를 처형하기까지 하는 과격한 행동을 인정했다고 볼 수는 없겠지만, 오늘날 민주주의에서 말하는, 기본적 인권을 침해하는 국가권력에 대하여 저항할 수 있는 시민의 '저항권'을 인정하는 것만은 분명하다 하겠다.[45]

이와 관련하여, 1980년대 불교계 일각에서 제기된 바 있는 '폭력혁명'의 문제에 대해 잠시 언급해 보고자 한다.

필자는 세존의 '시민저항운동'의 용인을 '(폭력)혁명'의 허용으로까지 확대 해석하는 것은 무리라고 생각한다. 혁명은 경우에 따라서 온건하고 평화적으로 이루어질 수도 있겠지만, 일반적으로는 폭력을 수반하게 마련이며, 심한 경우에는 무력투쟁과 유혈의 참사를 초래하기도 한다. 이처럼 폭력혁명에는 엄청난 희생이 뒤따를 가능성이 많기 때문에 이 문제는 보다 신중하게 다루어져야 할 것이다. 그러면 당시에 제기된 한 주장을 우선 인용해 보기로 한다.

중도中道는 본질(空)이 실천으로 현상할 때 인간이 취해야 할 과제이다. 그러므로 중도는 좌와 우의 중간 또는 고와 저의 중간이라는

---

45 이 내용 중 특히 이 저항운동을 주도한 주체가 여성이라는 사실도 주의를 끈다.

상태적 개념이 아니라 '도리(道)에 맞는(中)'이라는 기능적 개념이다. 실제적으로 중도는 본질(空)을 기능적으로 현상하기 때문에 극단이 중도일 수도 있고 폭력이 중도일 수도 있는 것이다.[46]

이 내용을 살펴보면 혁명을 위한 수단으로서의 폭력이 긍정적으로 수용되고 있다. 그리고 그 이론적 근거를 불교의 중도에서 끌어오고 있음을 알 수 있다. 이에 관한 좀 더 구체적인 입장이 다음의 글을 통해 표명되고 있다.

계급사회에서 지배계급은 지배질서의 안정을 주장한다. 그 안정을 추구하기 위해서 권력과 법, 그리고 재판소, 여론 등을 장악하여 지배계급에 유리하게 한다. 이런 것들은 이른바 지배계급이 합법적으로 사용하는 폭력이다. 이에 눌린 계급은 지배질서의 폭력에 대항하기 위하여 또 다른 폭력적 방법을 사용한다. 데모나 농성, 무장봉기 등이 그것이며 더 나아가 혁명적 폭력이 정당화된다. 지배계급의 폭력에 대한 피지배계급의 폭력은 오히려 정당하다고 할 수 있다. 극단의 악에 대한 극단의 선은 중도다. 다시 말해 혁명은 계급사회에서 중도라고 할 수 있다.[47]

이 내용 중에 나타나 있는 '합법적 폭력'[48]이라는 개념에 대해서는

46 『實踐佛教』第四輯, 일월서각, 1987, p.68.

47 여익구, 「민중불교 구현을 위한 몇 가지 철학적 문제」, 『實踐佛教』, 앞의 책, p.69.

필자도 상당 부분 공감하고 있다. 하지만 그것에 대해 반드시 폭력으로 써 대항해야 한다는 주장에는 동의할 수 없다. 또한 중도는 기능적 개념이지 상태적 개념이 아니라는 점은 공감하지만, 그렇다고 '극단의 악에 대한 극단의 선'이라는 식의 물리역학적 개념이 중도라고는 생각 하지 않는다. 중도를 이렇게 해석하는 것은 중도를 중간中間이라는 개념으로 해석하는 것과 본질적으로 다를 바 없다고 본다. 우리는 '원망怨望을 원망으로써 갚으려고 하면 원망은 쉬지 않는다'라는『법구 경法句經』의 유명한 게송을 잘 기억한다. 물론 이것은 사회과학적 지식에 근거한 가르침이 아니라 종교적 지혜를 통해서 나온 가르침이 다. 따라서 이 가르침이 항상 보편성과 객관성을 지닐 수는 없겠지만 적어도 불교인에게는 실천을 위한 기본방향을 제시해 주고 있다고 본다.

그리고『열반경涅槃經』에 설해지고 있는 '법을 수호하는 사람은 칼이나 병장기를 들고 법사를 호위해야 한다'는 내용이나『승만경勝鬘 經』등의 '절복折伏'이라는 내용이 폭력혁명론의 경전적 근거로 인용되 고 있는데, 이러한 내용이 반드시 폭력혁명론을 뒷받침해 주는 것으로 는 생각되지 않는다. 왜냐하면『열반경』은 계속해서 '비록 칼과 작대기 를 가졌더라도 생명을 끊지는 말아야 하나니'[49]라고 설하고 있으며, 『승만경』등에서 말하는 절복이라는 의미도[50] 전후관계로 볼 때 혁명적 폭력과는 거리가 멀게 느껴지기 때문이다. 그러나 앞에서 살펴본

---

48 제도적 폭력의 의미로 해석해도 좋을 것이다.

49 『大正藏』 12, p.624中.

50 『大正藏』 12, p.217下.

『대살차니건자소설경』의 입장을 통해서도 알 수 있듯이, 불교가 폭력을 어떤 상황에서든 (절대적으로) 금하는 것은 아니라고 생각한다. 우리 한국의 역사만 보더라도 불교인이 전쟁터에서 싸운 일이 한두 번이 아니었고, 일찍이 신라의 원광圓光법사는 '세속오계世俗五戒'를 통하여 살생유택殺生有擇을 가르쳤다. 문제는 '상황'에 달려 있는 것 같다. 상황을 어떻게 진단하고 어떻게 판단하느냐에 따라서 폭력의 정당성은 판가름 날 것이다. 다만 우리가 주의해야 할 것은 어떤 한 사회의 상황을 판단할 때 그 특수성을 고려하지 않고 일반적 역사법칙의 개념으로부터 연역적演繹的으로 판단해서는 안 된다는 점이다. 그럴 때 폭력의 문제도 더욱 쉽게 해결될 수 있으리라고 본다. 이렇게 본다면 결국 폭력혁명은 일반화시킬 수 있는 성질의 것이 아님을 알아야 한다. 폭력혁명론은 결코 원칙의 문제가 될 수는 없으며 상황의 문제요, 판단의 문제인 것이다.

혁명의 문제와 관련하여 한 가지 덧붙이고 싶은 것은 불교 업설業說의 내용과 의미를 곰곰이 생각해 볼 때 불교는 '혁명'보다는 '개혁'에 더 가까운 사상으로 생각된다는 점이다.[51] 업설에 의거한 역사의 점진적 발전원리에 대해서는, 그것은 기존체제하에서의 점차적 사회변혁을 옹호하는 보수적 이론(또는 改良主義)이라는 비판을 가할 수도 있겠다. 그러나 혁명을 통하여 사회 전체를 일거에 개조하려는 전체론적 실험의 감행은 많은 위험성을 안게 될 것이다. 그러한 위험성의 하나에 대하여 칼 포퍼(Karl Popper)는 다음과 같이 경고한 바 있다. "인간성의

---

51 拙稿, 「業說을 통해 본 佛敎의 歷史精神」(『東國思想』제9집, 1976), pp.103~114.

'과학적' 통제를 요구하는 진화론자는 이 요구가 얼마나 자살적인 것인가를 깨닫지 못하고 있다. 진화와 진보의 원천은 선택이 가능한 자료의 다양성이다. 인간 진화의 원천은 '조금 이상해서 이웃과 같지 않을 수 있는 자유' 또는 '다수인과 견해를 달리하고 자기 자신의 길을 갈 수 있는 자유'인 것이다. 전체론적 통제는 인간 권리의 평등화가 아니라 인간 정신의 평등화를 불러올 수밖에 없는 만큼, 진보의 종언을 의미하게 될 것이다."[52]

2) 통치자론

이상사회를 실현하려면 지도자의 올바른 리더십, 효율적인 제도완비, 사회 구성원 각자의 자발적 노력과 참여가 필수불가결한 세 가지 요소라고 하겠다. 여기에서는 이상적인 지도자상에 대해 살펴보기로 한다.

통치자는 무엇보다도 통치 기준을 분명히 확립할 필요가 있을 것이다. 아무런 원칙과 기준이 없이 국가를 다스린다고 하면 그 국가는 커다란 혼란만이 야기될 것이기 때문이다. 불교에서는 이러한 통치의 대원칙을 법法(dhamma : Skt. dharma)이라고 규정하고 있다. 그것은 앞에서 언급한 「전륜성왕수행경轉輪聖王修行經」의 "다만 바른 법으로 나라를 다스려 부디 치우치거나 억울하게 하지 말라. 온 나라 안에 비법非法이 행하게 하지 말라. 이것을 이름하여 '내가 다스리는 법'이라 한다."[53]는 가르침을 통해서도 증명된다. 그렇다면 법이란 무엇일까?

---

52 Karl R. Popper, *The Poverty of Historicism* (New York: Harper & Row, 1964), p.159.

법(dharma)이라는 말은[54] 원래 불타 시대 이전부터 인도사회에서 사용되었다. 리그웨다 시대에는 다양한 신들의 '작용'에 대해 dharman(中性)이라는 형태로 이 말이 사용되었고, 또한 이미 '질서-순서-특성' 등의 의미도 있었다. 브라흐마나(Brāhmaṇa) 문헌에서는 '도덕적 의의·사성四姓의 의무·질서' 등의 의미로 사용되며, 우빠니샤드(Upaniṣad) 시대를 거쳐 경서經書 시대가 되면서 '규정規定'이라는 의미로 사용되기에 이르렀다.

불교에서는 크게 두 가지 의미로 쓰이는데, 하나는 법성法性(dhammatā: 자연에 구비된 이법 또는 법칙으로서의 법)으로서의 법이고, 다른 하나는 교법教法(pariyatti: 법성을 인식하여 우리들의 목적에 응용하는 것인 가르침으로서의 법)으로서의 법이다. 불음佛音(Buddhaghosa)은 법의 의미로서 ① 교법教法(pariyatti) ② 인연因緣(hetu) ③ 덕德(guṇa) ④ 현상現象(missata, nijjīvatā) 등을 열거하고 있다.[55] 그러나 불교에서는 법이 이 밖에도 실로 다양한 의미로 쓰이고 있다. 스펠만(J.W. Spellman)은 법의 의미를 ① 올바르고 타당한 것(what is proper)과의 일치, ② 보편적인 진리(universal truth), ③ 관습 또는 전통의 규약(a code of customs or tradition), ④ 정의(righteousness), ⑤ 영원한 것(the eternal), ⑥ 불변하는 것(unchanging), ⑦ 법(law), ⑧ 이 모든 것들의 변형물(variations of all these) 등으로 정의하고 있으며,[56] 월폴라 라훌라(Walpola Rahula)

---

53 『大正藏』 1, p.40上.

54 dharma는 dhṛ에서 파생된 말로 이것은 '지탱하다(hold)', '지지하다(support)', '유지하다(sustain)' 등의 의미를 지닌다.

55 木村泰賢, 앞의 책, pp.82~84.

는 옛 빨리어 사전을 인용하여 14가지의 의미를 제시하기도 한다.[57]

따라서 불교에서 '정법으로 통치한다'고 할 때의 정법은 상당히 포괄적인 의미를 지닐 수밖에 없다. 그러나 이 문맥에서 적어도 정의正義(justice, righteousness)라는 의미만큼은 잊어서는 안 될 줄 안다. 이 정의의 문제는 서양 정치사상사가 시작될 때부터 오늘에 이르기까지 끊임없이 논의되어 온 매우 중요한 문제이다. 오늘날 논의되고 있는 정의 문제의 핵심적인 내용은 ① 국민의 기본적인 자유 문제와 ② 사회 및 경제적 가치들의 분배 문제, ③ 그리고 만일 이 두 가지가 갈등을 빚을 경우에 그 우선성(priority)의 문제 등으로 집약해 볼 수 있을 것이다.[58] 이러한 문제들에 대한 보다 체계적인 연구는 다른 기회로 미루기로 하고 우선 여기서는 불교경전에서 말하는 '정법에 의한 통치'라고 할 때의 정법이 오늘날 정의의 개념과 유사한 점이 많다는 것을 밝혀 두고 싶다. 다만 한 가지 주의해야 할 점은 정법에는 종교적 의미도 적지 않게 포함되어 있다는 사실이다.

그러면 정법을 실현하는 통치자의 이상적 모습은 불교경전에서 어떻게 묘사되고 있을까?

먼저 『증일아함경』에 설해져 있는 국왕이 지켜야 할 열 가지 윤리 덕목에 대해 알아본다.

---

56 J.W. Spellman, *Political Theory of Ancient India*(Oxford: Charendon Press, 1967), p.98.

57 Piyasena Dissanayake, op. cit., p.98.

58 尹世遠, 앞의 논문, pp.94~95.

첫째, 국왕은 재물에 집착하지 않고 성을 내지 않으며 또 조그만 일로 해치려는 마음을 일으키지 않을 것.

둘째, 국왕은 신하들의 충고를 받아들여 그 말을 거스르지 않을 것.

셋째, 국왕은 항상 보시하기를 좋아해 백성과 함께 즐거워할 것.

넷째, 국왕은 법도에 맞게 재물을 거두고 잘못된 법도로 하지 않을 것.

다섯째, 국왕은 남의 여자를 탐하지 말고 항상 자기 아내만을 보호할 것.

여섯째, 국왕은 술을 마셔서 마음이 거칠거나 어지럽게 되는 일이 없도록 할 것.

일곱째, 국왕은 실없이 웃고 놀지 않고 외적外敵을 항복시킬 것.

여덟째, 국왕은 법을 살펴 다스리고 교화하여 왜곡시키지 말 것.

아홉째, 국왕은 신하들과 화목하여 끝내 다툼이 없도록 할 것.

열째, 국왕은 병이 없고 기력이 강성할 것.[59]

여기 열거한 열 가지 윤리 덕목은 국왕이 국왕의 자리를 오래 유지하는 데 필요한 십법十法이라고 하는 것인데, 불교도들은 국왕을 추앙하고 절대시하기만 하는 것이 아니라 국왕에게도 이와 같이 윤리적 실천을 강력히 요구한다. 국왕의 지위를 보존하기에 필요한 열 가지 덕목이 제시되어 있다는 것은, 바꾸어 말하면 이러한 덕목을 실천하지 못할 때에는 국왕은 그 자리에서 물러나야 한다는 것을 의미하는

---

[59] 『大正藏』 2, p.778上.

것으로[60] 국왕의 권력이 크게 신장되어 있었던 석존 당시에 이와 같은
요구가 가능했던 것은 당시 석존의 사회적 위상을 암시해 준다고
볼 수도 있을 것이다.

다음으로『대살차니건자소설경』은 군주의 임무에 대해 설하고 있
다. 이에 따르면, 군주의 임무는 ①바로 인민의 부모로서 인민을
돌보고 이들에게 행복을 주어 고뇌를 없애 주며 인민을 자애롭게
돌보는 데에 있다. ②군주는 언제나 인민을 어린아이처럼 걱정하고
인민의 고락을 관찰하여 인민의 번영을 생각하고 해마다 날씨의 변화
와 수확의 많고 적음을 알고 인민의 기쁨과 근심을 알아야만 한다.
③군주는 또한 인민의 죄의 유무와 공적의 유무를 알아 상벌을 명확히
해야 한다. ④또한 인민의 실정을 알아서 위엄과 힘으로, 인민에게
보호하여 주어야 할 것은 때에 맞추어 보호해 주고 취해야 할 것은
잘 헤아려 취하며, 인민의 이익을 빼앗지 않도록 하고 가혹한 징세를
피하여 인민의 생활을 안정시켜야 한다.[61]

그리고 군주는 인민의 범죄를 처리할 때에 자비심을 잃지 말고,
밝은 지혜에 의해 잘 판단하며 다섯 가지 방침에 의해 처벌해야 한다.
첫째, 사실을 규명해서 그 사실에 따라 처단한다. 둘째, 군주에게
힘이 있을 때는 엄하게 처벌해도 좋지만, 힘이 없을 때는 처벌하면
도리어 난을 초래하므로 때를 기다려야 한다. 셋째, 그 범행이 고의로
이루어진 것인가 그렇지 않은가를 잘 판별하고 나서 처벌할지 어떨지
를 판정한다. 넷째, 온화한 말씨로 그 죄가 어떠한 법규에 해당하는가를

---

60 洪庭植,「佛敎의 政治思想」(『佛敎學報』 제10집, 1973), p.82 참조.

61 『大正藏』 9, p.330上.

가르쳐 자신의 죄를 자각하게 한다. 다섯째, 그 죄를 미워하되 사람을 미워하지 말며 자비로운 마음을 바탕으로 해서 범죄자에게 죄를 뉘우치게끔 한다.[62]

또한 국왕은 특히 관료와 공직자에 대한 관리를 잘해야 한다는 것을 경은 다음과 같이 설하고 있다.

국왕의 여러 관료가 국가의 대계大計를 걱정하지 않고 자신의 이익만 챙겨서 사사로운 원한을 따라 공적인 일에 해를 끼치거나 뇌물을 받아 정도政道를 어지럽히고 백성이 서로 번갈아가면서 속이게 되며, 강자가 약자를 능멸하고 귀족층은 서민층을 업신여기며, 부자가 가난한 이를 속이고 구부러진 것(曲)으로써 바른 것(直)을 굽히며 부자는 등을 펴고 가난한 자는 굽신거리게 하며 환난을 더욱 키우게 한다. 이럴 때에는 아첨하는 무리들이 정권을 장악하고 충직하고 어진 사람들은 숨어들며 때로는 조정에서 자신의 몸에 위해가 일어날까 두려워 입을 다물고 말하지 않고, 혹은 재물을 구하여 자신의 안위를 위해 사용하고 민중이 자신들의 빈곤을 충분히 구제받지 못하게 된다. 고난을 싫어하고 난리를 생각하고도 왕명을 듣지 않으며 이들 때문에 군신들은 충절을 행하지 않고 윗사람을 속이고 아랫사람을 어지럽히고도 왕의 관록만 받기를 도모하니. ……(중략)…… 그들은 바로 인민의 행복을 빼앗는 도적이다. 왕은 이들을 가장 엄중히 처벌해야 한다.[63]

62 大野信三, 앞의 책, pp.108~109.
63 『大正藏』9, p.335下.

하지만 불교에서 상정하는 이상적인 통치자 상은 무엇보다도 전륜성왕을 통해 잘 나타나고 있다. 전륜성왕은 지도자로서의 자질과 능력, 덕성과 건강을 갖추어야 함은 물론, 인간의 두 가지 욕구, 즉 정신적 욕구와 물질적 욕구를 조화롭게 충족시켜 줄 수 있어야 한다. 다시 말해서 전륜성왕은 인민들의 도덕성을 증대시키고 부의 평등분배를 실천해야 하는 것이다.

4. 인간관계의 윤리

1) 『육방예경六方禮經』의 분석

사람이 사회생활을 영위해 가는 데는 여러 가지 인간관계를 맺기 마련이다. 그 최소단위는 역시 가족으로서 부부간의 관계, 부모와 자식 간의 관계, 형제·자매 사이의 관계가 원만하게 이루어져야만 그 가정은 평화와 행복을 누릴 수 있다. 더 나아가 스승과 제자의 관계, 친구와의 관계, 신자와 성직자와의 관계, 사용자와 고용인의 관계 등 모든 인간관계가 원만하고 올곧게 정립될 때 사회 전체는 평화와 질서를 유지할 수 있다.

많은 불교경전은 이러한 여러 인간관계의 윤리를 매우 체계적으로 다루고 있다.

이들 문제와 관련된 주요 원시경전들은 다음과 같다.

①『싱갈로와다 숫딴따(Siṅgālovāda-suttanta)』[64]

---

[64] *D.N.* III, pp.180~193.

②『불설시가라월육방예경佛說尸迦羅越六方禮經』,[65] 후한後漢 안세
고安世高 역譯

③『불설선생자경佛說善生子經』,[66] 서진西晉 지법도支法度 역譯

④『장아함경長阿含經』권11 「선생경善生經」 제12,[67] 후한後秦 불타
야사佛陀耶舍·축불념쓰佛念 공역共譯

⑤『중아함경中阿含經』권33 「선생경」 제19,[68] 동진東晉 구담승가제
바瞿曇僧伽提婆 역譯

여러 이본異本을 열거하였지만 내용은 대동소이하다. 이 가운데서
①『싱갈로와다 숫딴따』와 ②『불설시가라월육방예경』이 다른 경전
에 비해 비교적 자세하다. 이 경들은 다음과 같은 내용을 담고 있다.

세존이 왕사성王舍城의 깔란다까(Kalandaka) 죽림竹林에 머물렀을
때 자산자의 아들 싱갈라(善生)는 아침 일찍 일어나 왕사성 밖으로
나가서 목욕재계하고 동방·서방·남방·북방과 상방·하방, 모두 6방
을 향해 예배를 드리는 것을 보았다. 그 까닭을 물으니 다만 부친의
유언을 따랐을 뿐 그 진의는 모른다고 대답하였다. 이에 세존은 동방은
부모를, 남방은 스승을, 서방은 처자를, 북방은 붕우朋友를, 하방은
노복奴僕이나 용인傭人을, 상방은 수행자나 바라문에 배정하고 이에
예배드리는 것이라고 말했다. 다시 말해 육방으로 비유되는 인간관계
의 의미를 설한 것이다. 각 관계를 살펴보기로 한다.

65 『大正藏』 1, pp.250~252. 흔히 『六方禮經』이라고 약칭함.

66 『大正藏』 1, pp.252~255. 『善生子經』이라 약칭함.

67 『大正藏』 1, pp.70~72.

68 『大正藏』 1, pp.638~642.

156

(1) 부자父子관계

당시 인도사회는 가부장적 제도를 이루고 있었다. 그러나 석존은 부모와 자식관계를 의무와 복종관계로 파악한 것이 아니라 서로 간에 사랑과 믿음으로써 자발적인 자신의 역할을 다하는 관계라고 설하고 있다.

먼저 자식이 부모에 대하여 지켜야 할 덕목에 대해 『싱갈로와다 숫딴따』에서는 다섯 가지(五事)를 들고 있다.[69] ① 옛날에는 부모가 나를 길러 주었으므로 이제는 내가 부모를 부양하겠다. ② 부모의 일을 내가 하겠다. ③ 혈통을 이어가겠다. ④ 가문의 명예(전통)를 계승하겠다. ⑤ 부모의 유산을 물려받는 데 부족함이 없도록 하겠다(I will make myself worthy of my heritage).

자식 된 도리로서 자신을 낳아 준 부모님에 대하여 그 은혜를 갚아야 하며 효순孝順을 다해야만 한다고 가르치고 있다.

한편, 부모는 자식을 가르치고 보살필 의무를 지니고 있으니, 역시 『싱갈로와다 숫딴따』에서는 그 덕목을 다섯 가지로 꼽고 있다.[70]

---

69 漢譯 『장아함경』 「善生經」에서는 다음과 같은 五事를 설하고 있다.(『大正藏』 1, p.71下)

① 부모를 잘 받들어 貧乏하지 않게 하고(供奉能使無乏)

② 할 일이 있으면 먼저 부모에게 알리며(凡有所爲 先白父母)

③ 부모의 하시는 일에 공손하게 따르고 거스르지 않으며(父母所爲 恭順不逆)

④ 부모의 당부를 어기지 않으며(父母正令不敢違背)

⑤ 부모가 경영하는 바른 사업을 계승하여 끊어지지 않게 하는 것이다(不斷父母所爲正業).

70 『장아함경』 「선생경」에서는 다음과 같이 서술하고 있다.

①악을 행하지 않게 하며, ②선행을 하도록 간곡히 타이르며, ③기술을 익혀 직업을 갖게 하고, ④적합한 여자와 결혼을 시키고, ⑤적당한 때에 가산家産을 상속시킨다.

이 밖에도 경전에서는 부모는 자식이 사회인으로서 올바르게 살아갈 수 있도록 하라고 가르치고 있다.

(2) 부부夫婦관계

불교에서도 재가신도의 결혼생활을 인정하고 있다. 이는 가족은 사회구성의 기본단위이기 때문일 것이다. 그러나 결혼생활을 벗어난 남녀관계는 인정하지 않고 있다.

> 슬기로운 사람은 음행淫行을 회피하라. 타오르는 불구덩이를 피하듯. 만일 정행淨行을 닦을 수가 없더라도 남의 아내를 범해서는 안 된다.[71]

올바른 결혼생활을 영위하기 위해서 남편과 아내는 서로 사랑하고 아껴야 한다. 역시 경에서는 각각 다섯 가지 일을 설하고 있다. 먼저 남편은 아내에게 ①아내를 존경하고, ②아내를 예의로써 공손히 대하

---

① 자식을 타일러 나쁜 일을 하지 못하게 하고(制子不聽爲惡)
② 좋은 일을 가르쳐 주며(指授示其善處)
③ 사랑이 골수에 사무치게 하며(慈愛入骨撤髓)
④ 좋은 곳에 결혼시키며(爲子求善婚娶)
⑤ 수시로 필요한 물건을 대어 주어야 한다(隨時供給所須).

[71] *Sn.* 396.

며, ③아내에게 충실하며, ④집안 살림의 권한을 부여하고, ⑤장식품을 제공해야 한다고 그 덕목을 설하고 있다.[72] 한편, 아내는 남편에게 다음 다섯 가지의 덕목을 지켜야 하니, ①주어진 임무를 잘 수행하고, ②남편의 일가 친족을 잘 받들며, ③정조를 지키고, ④남편이 모은 재산을 잘 지키고, ⑤무슨 일에나 능란하고 부지런해야 한다.[73]

(3) 사제師弟관계

교육의 중요성은 두말할 나위도 없지만, 현실적으로 교육의 위기를 누구나 말하고 있다. 가정교육·학교교육·사회교육, 이 셋은 조화를 이루어야 한다. 그 가운데서도 학교교육이 차지하는 역할과 비중은 막중하며, 학교교육의 주체가 교사와 학생이라고 할 때, 스승과 제자의 바람직한 관계는 참으로 중요하다 하겠다.

『싱갈로와다 숫딴따』에서는 제자는 다섯 가지 일로 스승을 대할

---

[72] 『장아함경』 「선생경」에서는 다음과 같이 서술하고 있다.
　①예절로써 대하며(相待以禮)
　②위엄을 지켜 함부로 하지 말며(威嚴不媟)
　③의복과 음식을 때맞추어 대어 주며(衣食隨時)
　④때때로 장엄하게 하며(莊嚴以時)
　⑤집안일을 믿고 맡긴다(委付家內).
[73] 『장아함경』 「선생경」에서는 다음과 같이 서술하고 있다.
　①먼저 일어나고(先起)
　②뒤에 앉으며(後坐)
　③부드러운 말을 하고(和言)
　④남편에게 경순하며(敬順)
　⑤남편의 뜻을 미리 알아서 받들어 행하여야 한다(先意承旨).

것을 가르치고 있다. 즉 ①스승 앞에서는 반드시 일어나 예를 갖추며, ②스승을 가까이하여 잘 모시고, ③열심히 배우고, ④스승을 섬기고 존중하며, ⑤가르침을 주의 깊게 듣고 기억하는 일이 그것이다.[74]

한편, 스승도 또한 제자를 잘 보살펴야 하는데 그 다섯 가지를 들어보면, ①제자를 잘 훈육하고, ②이미 배운 것을 잘 지니도록 하며, ③모든 지식을 남김없이 가르치고, ④친구와 동료에게 제자를 좋게 말하고, ⑤여러 가지 면으로 비호해 주는 일이 그것이다.[75]

스승과 제자 사이의 관계는 단지 지식을 가르치고 배우는 단순한 관계가 아니라 인격적인 만남에 의해서 맺어지는 뜻깊은 관계이다. 또한 스승과 제자의 바람직한 관계는 사회·국가적으로도 매우 중요한 의의를 지니는 것이다.

---

[74] 『장아함경』「선생경」에서는 다음과 같이 서술하고 있다.
①필요한 물건을 대어 드리며(給侍所須)
②예의를 다해 공경하고 공양하며(禮敬供養)
③존경하여 우러러 받들고(尊重戴仰)
④스승의 가르침이 있을 때에 순종하여 어기지 않으며(師有敎勅 敬順無違)
⑤스승으로부터 들은 법은 잘 지녀 잊지 않아야 한다(從師聞法 善持不忘).

[75] 『장아함경』「선생경」에서는 다음과 같이 서술하고 있다.
①법도에 따라서 다루고(順法調御)
②모르는 것을 가르쳐 주며(誨其未聞)
③묻는 것에 대답하여 잘 이해하도록 하며(隨其所問 令善解義)
④좋은 벗을 알선해 주고(示其善友)
⑤아는 것은 아낌없이 모두 가르쳐 주어야 한다(盡以所知 誨授不吝).

(4) 붕우朋友관계

사회를 살아가는 데 사람과 사귀는 일이 중요한 몫을 차지하며 그 가운데 벗과의 사귐은 매우 중요하다. 우인友人에는 사품四品이 있다고 한다. ①꽃과 같은 벗(友如花), ②저울과 같은 벗(友如稱), ③산과 같은 벗(友如山), ④땅과 같은 벗(友如地)이 그것이다. '꽃과 같은 벗'이란 마치 아름답게 핀 꽃을 보면 좋아하다가 시들면 버리는 것과 같이 부귀나 권세가 있을 적에는 사귀다가 빈천해지면 떨어져 나가는 벗을 말한다. '저울과 같은 벗'이란 마치 저울이 무거우면 내려가고 가벼우면 올라가듯 베풂이 있으면 공경하나 주는 것이 없게 되면 깔보는 나쁜 벗을 말한다. '산과 같은 벗'이란 비유컨대 황금의 산이 여기 있다고 할 때 그곳에 새나 짐승이 모이면 그들의 털빛도 빛나는 것과 마찬가지로 좋은 친구와 사귀면 그 영화를 입어 함께 즐거움을 나누는 벗을 말한다. '땅과 같은 벗'이란 온갖 곡식과 열매를 땅이 길러 주듯 벗과 사귐에서 은혜를 한껏 베푸는 벗을 말한다.[76]

이렇게 중요한 벗과는 ①보시布施, ②애어愛語, ③이행利行, ④동사同事, ⑤불기不欺(약속을 지킴)로써 사귀어야 한다. 또한 상대 벗도 ①친구를 유혹으로부터 보호하고, ②이미 유혹에 빠진 친구는 그 재산을 보호해 주며, ③위험에 처해 있을 때에는 의지처가 되어 주고, ④불행에 처했을 때 못 본 체하지 말며, ⑤친구의 가족까지도 돌보아야 한다.[77]

---

76 李載昌, 앞의 논문, p.110; 『佛說孛經抄』(『大正藏』 17, p.731中).

77 『長阿含經』 「善生經」에서는 친구(벗)가 아니라 친족으로 되어 있으며 친족 간의 윤리는 다음과 같다.

원시경전은 서로 신뢰하고 존경하며 어려움에 처했을 때 도울 수
있는 사람을 진정한 벗으로 정의하고 있다.

(5) 주종主從관계

전통사회는 계층 간에 신분의 차이가 있어 주종의 관계가 성립되었지
만, 오늘날에 와서는 이러한 관계는 노사관계로 이해해도 좋을 것이다.

경에서는 주인(ayiraka)된 이는 다섯 가지 일로써 종자從者(dāsa:
servants)와 노작자勞作者(kammakara: employees)에게 대할 것을 설하
고 있다. ①능력에 따라 일을 맡기고, ②음식물과 급료를 제공해
주고, ③병이 났을 때는 간호해 주며, ④때때로 연회를 베풀고, ⑤때때
로 휴가를 주어야 한다는 것이다.[78]

한편, 피고용인인 근로자도 역시 고용주나 주인에게 다섯 가지
일로 써 대하여야 한다. 즉 ①주인보다 먼저 일어나고, ②주인보다
늦게 취침하고, ③주인이 주는 것에 만족하며, ④자신의 일을 잘하고,

---

①베풀어 주고(給施) ②좋은 말을 해 주며(善言) ③이익을 주고(利益) ④이익을
함께 나누며(同利) ⑤속이지 않는다(不欺).

①게으름에서 지켜 주고(護放逸) ②게을러 재산을 잃는 것에서 지켜 주며(護放逸
失財) ③두려움에서 지켜 주고(護恐怖) ④서로 경책하고 가르쳐 주며(屛相敎誡)
⑤늘 서로 칭찬해 준다(常相稱歎).

[78] 『長阿含經』「善生經」에서는 다음과 같이 서술하고 있다.

①능력에 따라 일을 시키고(隨能使役)

②때맞춰 음식을 주며(飮食隨時)

③때맞춰 수고를 치하해 상을 내리고(賜勞隨時)

④병들었을 때 약을 주며(病與醫藥)

⑤때맞춰 휴가를 준다(縱其休暇).

⑤주인의 명예를 칭양하는 일이 그 다섯 가지이다.[79] 주종의 관계에서
도 수직적 상하관계보다는 수평적 상호관계로써 상호 신뢰와 봉사를
중시한 것이 불타의 주종관계에 대한 입장이다. 오늘날 노사문제의
원만한 해결을 위한 매우 근본적인 방향 제시가 되어 있다고 생각된다.

(6) 출가자와 재가신자의 관계

어느 사회나 종교의 역할과 기능도 중요한 몫을 차지하고 있다. 종교의
자유가 주어진 오늘날에도 한 사회의 건전한 발전을 위해서는 종교단
체를 구성하는 사람들의 상호관계가 건전하게 이루어져야 한다. 먼저
출가자는 재가신자에게 ①악을 행하지 않게 하고, ②선을 행하도록
타이르며, ③선심善心으로써 신자를 사랑하고, ④아직 듣지 못한
것은 들려주고, ⑤이미 들은 것은 바로잡아 주고 청정케 하며, ⑥
생천生天의 도를 개시開示하는 일을 해야 한다.[80] 반면에 신자들은

---

[79] 『長阿含經』「善生經」에서는 다음과 같이 서술하고 있다.
　　①아침 일찍 일어나고(早起)
　　②일을 할 때 두루 꼼꼼하게 하며(爲事周密)
　　③주지 않는 것을 가지지 않고(不與不取)
　　④일을 할 때 차례대로 하며(作務以次)
　　⑤주인을 칭찬하여 명예를 드날린다(稱揚主名).
[80] 『長阿含經』「善生經」에는 다음과 같이 서술되어 있다.
　　①악을 행하지 않도록 막고 지켜 주고(防護不令爲惡)
　　②착한 길을 가르쳐 주며(指授善處)
　　③착한 마음을 품도록 해 주고(敎懷善心)
　　④아직 들어보지 못한 가르침을 들려주며(使未聞者聞)
　　⑤이미 들은 것은 잘 알도록 해 주고(已聞能使善解)

수행자들을 대함에 ①자애로운 행동으로 대하고, ②다정한 말로 대하고, ③자비로운 마음으로 대하고(by affection in act and speech and mind), ④자유롭게 출입할 수 있도록 하며, ⑤생활에 필요한 물건을 제공하는 일을 행하여야 한다.[81]

　이상에서 살펴본 것처럼 이 경전에 설해져 있는 여러 인간관계의 윤리는 오늘날의 상황에서도 거의 그대로 적용될 수 있을 뿐만 아니라 우리에게 참으로 많은 것을 일깨워 주고 있다고 여겨진다. 특히 이 경전에서는 부자父子, 부부夫婦, 사제師弟 등의 모든 인간관계가 수직적이고 봉건적인 의무·복종의 관계가 아니라 수평적이고 상호적인 관계에 바탕을 둔, 서로가 감사하고 봉사하는 호혜적이고 합리적인 관계의 윤리가 제시되고 있어서 이채롭기까지 하다. 이러한 이유로 이 경전은 남방불교권에서는 물론 우리나라에서도 오랫동안 불교인들에 의해 중요시되어 왔던 것이니, C.E. 5세기의 대주석가인 붓다고사(Buddhaghosa, 佛音)가 그의 『장부경長部經』 주석서(*Sumaṅgalavilāsinī*)에서 "가장家長(gihi)이 행해야 할 행위로서 이 경전 가운데에 설해져 있지 않은 것은 아무것도 없다. 이 경전은 가장의 계율戒律(gihi-vinaya)이라고 일컬어진다. 그렇기 때문에 이 경전을 듣고 가르침대로 실행하

---

⑥천상으로 향하는 길을 열어 보여 준다(開示天路).

81 『長阿含經』 「善生經」에는 다음과 같이 서술되어 있다.
　①몸으로 자애로움을 행하고(身行慈)
　②입으로 자애로움을 행하며(口行慈)
　③마음으로 자애로움을 행하고(意行慈)
　④때맞춰 베풀어 주고(以時施)
　⑤문 앞에서 막지 않는다(門不制止).

면 번영만이 기다릴 뿐, 쇠멸은 있을 수 없다."[82]고 한 말이 바로
그러한 사실을 입증해 준다.

요컨대 이러한 인간관계의 윤리에 입각하여 서로 간에 맺어진 인연
을 잘 활용함으로써 스스로의 발전을 꾀하고 남을 일깨우며, 그리하여
보다 나은 삶을 더불어 가꾸어 가는 일은 시공을 넘어 영원한 생명력을
갖고 있다고 할 수 있을 것이다.

2) 사섭법四攝法

화합과 협동은 공동체에 필요한 중요한 덕목이다. 섭법攝法 또는 섭사
攝事란 중생을 상호 결합시키는 조건이란 뜻으로 사섭법은 화합과
협동을 통하여 원만한 사회적 관계를 이루려는 이타적 실천행을 그
주요 내용으로 하고 있다. 이른바 사섭법은 보시布施(dāna), 애어愛語
(peyya-rajja, 또는 peyya-rāc), 이행利行(attha-cariyā), 동사同事(samā-
nattatā)이다.

원시불교에서 인간의 종교적 실천의 기본적인 원리로서 특히 강조되
는 것은 자비였다. 자비는 순화된 사랑으로 종교와 사회성을 확보하는
중심적인 요소이다.[83] 이러한 자비실천의 구체적 방법이 곧 사섭법인
것이다.

첫째로, '보시'란 자신이 소유한 것을 남에게 조건 없이 베풀어
주는 것이니, 가난한 자에게는 재財를 주고 법法을 듣고자 하는 사람에
게는 법을 시여하는 것이다. 시여를 하되 법에 맞게 하며, 준다는

82 中村 元, 『原始佛敎の生活倫理』(東京: 春秋社, 1978), p.459에서 재인용.
83 中村 元, 『原始佛敎』, p.118.

생각도 떠나서 베푸는 것이 진정한 보시의 의미이다.

둘째로, '애어'란 따뜻하고 사랑스런 말로써 서로 대화하고 서로 위로하며 격려하는 것이다. 사회는 언어의 공동체라는 지적처럼 인간관계에서 언어의 기능은 매우 큰 비중을 갖는다. 사실상 사회에서 인간관계는 언어를 통하여 이루어지며 언어는 사회로부터 그 생명력을 얻는다. 원시경전은 일찍부터 언어의 중요성을 인정하여 중도적 실천 덕목인 팔정도八正道에서 바른 생활(正命)과 함께 올바른 말(正語)을 중요 항목으로 시설하고 있으며 원시경전에서 설하고 있는 십선계十善戒는 언어의 범계를 가장 무겁게 다루고 있다.[84] 애어란 기쁨을 주는 말(可喜語), 조리에 맞는 말(可味語), 환한 얼굴로 하는 말 등으로 설명되기도 한다.[85]

셋째로, '이행'이란 자신을 뒤로 하고 남을 먼저 이롭게 하는 이타적인 행위를 일컫고 있다. 요즈음 표현으로 하면 공익을 도모하는 것 또는 사회봉사의 개념도 이 속에 포함할 수 있다고 하겠다.

넷째로, '동사'란 남과 더불어 고락을 함께 나누는 것을 뜻하며, 그 지향하는 바는 스스로를 단체에 동화시키는 능동적인 행동을 말한다. 그러나 석존은 일찍이 '법에 있어서의 동사(samānattatā dhamme-su)'[86]라 하여, 그 단체의 규칙이나 관습 등이 법에 위배되지 않는다는 전제하에서 자신을 거기에 동화시키라고 한 것이며, 법에 위배된다면 거기에서 탈퇴한다든가 아니면 이를 개혁하려고 최선의 노력을 기울

---

84 十善戒 중 不妄語, 不兩舌, 不惡口, 不綺語 등 4조항이 언어에 관련된 것이다.
85 金東華, 『佛敎倫理學』, 文潮社, 1971, p.319.
86 *A. N.* III, p.32.

여야 한다. 동사를 '처음에는 스스로 하여금 남에게 동화시키고, 후에는 남으로 하여금 자신에게 동화시키는 도리'라고 정의해 볼 수도 있을 것이다.

요컨대 이 사섭법은 가정과 사회, 국가와 세계를 하나로 거두는 데 필수적인 사회적 도덕이라 하겠다. 석존은 사섭법에 의해 세간을 거두는 것은 마부에 의해 수레가 나가는 것과 같다고 비유하고 있으며, 수장자手長子(Hatthaka)가 500대중을 사섭법으로 통섭하고 훌륭한 공적을 올려 석존의 칭찬을 받았다는 일화도 전해지고 있다.[87]

오늘날 우리 사회에 만연된 수많은 갈등과 대립, 크고 작은 분규와 소요는 이 사섭법의 적극적인 실천에 의해 극복될 수 있을 것이다.

---

87 木村泰賢, 앞의 책, p.277.

제4장 불교의 경제사상

경제행위는 인간이 생활하는 데 필수적인 요소로서 경제에 대한 인간의 가치지향, 그에 대한 주체의 가치의식 및 평가적 태도에 의하여 결정된다. 이러한 경제행위는 사회의 역사적 발전에서 생기는 일정한 조건에 따라 끊임없이 반복되는 복합적인 체계로 나타나게 된다. 이것을 경제과정이라 부른다.[1] 인류는 이러한 경제과정을 통해서 수많은 부를 축적하게 되었고 부가 포화상태에 이를 때까지 무한한 성장을 계속할 것이라는 환상에 빠지게 된 것이다.[2]

이러한 경제적 진보란 대부분 종교와 전통적 지혜가 통상적으로 거부하는 강력한 이기심이라는 인간의 추진력을 사용해야만 달성될 수 있다. 현대경제는 광적인 탐욕으로 그 추진력을 얻고 있으며 이기심의 심연에 빠져 있다. 이것들은 우연한 현상이 아니라 팽창주의적 사고의 필연적 결과라고 할 것이다. 그러나 정신적·도덕적 문제에

---

1 박현채 편저, 『정치경제학강의』, 돌베개, 1991, p.73.
2 E.F. Schumacher 저, 김정우 역, 『불교경제학』, 대원정사, 1987, p.38.

관해 고민하지 않고 오직 부만을 추구함으로써 이 지구상에 평화를 건설할 수 있다는 일이 과연 가능한 것일까.

불교경전은 오늘의 시점에서 보았을 때 비록 완성된 형태의 경제이론을 가지고 있지 않다고 하더라도 생산과 분배 등에 관한 다양한 실천적 경제윤리를 제공하고 있다. 물량주의가 낳은 현대적 경제의 난제들에 대하여 불교경전은 어떻게 답할 수 있을 것인가를 고찰하는 것은 매우 의미 있는 일이라고 하겠다.

1. 재財의 효용론

1) 윤리적 삶의 기초로서 재의 효용

불교교단은 출세간주의를 기반으로 하고 있어서 그들의 소유는 수도 생활에 필요한 최소한의 물자로 제한되었다. 식생활은 일일일식一日一食으로 걸식에 의존하였고 세 벌의 누더기 옷과 일기一器의 발우(三衣一鉢)가 소유물의 전부였다. 승단의 이러한 금욕생활은 해탈을 이루기 위한 수도생활의 조건이었으므로 출가자들에 있어서 재물이나 경제생활은 전혀 무시되거나 이차적 중요성을 갖는 것으로밖에는 그 가치가 인정되지 않았다. 그런 의미에서 불교의 경제사상은 하나의 경제윤리체계라는 성격을 띠지 않을 수 없었다.[3] 그러나 더 큰 관심의 대상이 되는 것은 불타와 그 제자들이 세간의 삶에 대해 가지는 기본적 입장이다.

---

3 大野信三, 『佛敎社會經濟學說の硏究』(東京: 有斐閣, 1956), p.120.

　불교경전은 세간에서의 재산소유·관리·분배 등의 경제행위를 모두 인정하고 있으며 그 관심은 출세간과 마찬가지로 경제윤리적 측면에 비중이 있었다. 즉 경전은 정당한 방법으로 재산을 취득하고 근면을 통해 사치와 향락에 빠지지 않는 검소한 소비생활을 권장하고 있다. 그러나 이러한 올바른 경제행위를 통한 재산의 증식은, 재산증식 자체에 그 목표가 있는 것이 아니라 가난한 자에게 시여함으로써 천상에 태어난다는 종교적 기제와 연관되어 있는 것이다. 따라서 재財의 취득도 그 과정이 반드시 정당해야 한다.

　『앙굿따라 니까야(*Aṅguttara-Nikāya*)』의 한 경은 다음과 같이 설한다.

　비구들이여, 세상에는 세 종류의 사람들이 있다. 무엇이 셋인가? 눈먼 사람, 한 눈 가진 사람, 두 눈 가진 사람이다.

　비구들이여, 눈먼 사람이란 어떤 종류의 사람인가? 여기에 어떤 사람은 재산을 얻거나 늘리는 눈을 갖고 있지 않다. 또한 악하고 선한 방법, 비난받고 칭찬받는 방법, 천하고 고상한 방법, 떳떳하고 어두운 방법을 잘 아는 눈을 갖고 있지도 않다. 비구들이여, 이러한 사람들을 눈먼 사람이라 부른다.

　비구들이여, 어떤 종류의 사람들이 한쪽 눈만 가진 사람인가? 이 사람은 재산을 얻거나 늘리는 눈을 갖고 있다. 그러나 (재산을 얻거나 늘리는 데 있어서) 선하고 악한 방법, 비난받고 칭찬받는 방법, 천하고 고상한 방법, 떳떳하고 어두운 방법을 잘 분별하는 눈은 갖고 있지 않다. 비구들이여, 이러한 사람들을 한 눈 가진

이라고 부른다.

비구들이여, 두 눈 가진 이는 어떤 종류의 사람들인가? 그는 재산을 얻거나 늘리는 눈을 갖고 있다. 그는 또한 선한 방법과 악한 방법, 비난받고 칭찬받는 방법, 천하고 고상한 방법, 떳떳하고 어두운 방법을 잘 분별하는 눈도 갖고 있다. 비구들이여, 이러한 사람을 두 눈 가진 이라고 부른다.[4]

즉 일정한 윤리 규범에 따라 재산의 획득과 증식을 추구해야 하며 자신은 물론 타인에게도 위해危害를 가하지 않는 정당한 법에 따라 재산의 증대와 집적을 이루어야 하는 것임을 강조하고 있다.[5] 그러나 더욱 중요한 것은 경제행위가 '해탈을 위한 수도'라는 종교적 목표를 달성하기 위한 수단으로서 참다운 뜻을 갖는다는 것이다.

필자는 앞에서 사성제四聖諦에 대해 고찰한 바 있다. 도제道諦는 해탈과 열반에 이르는 실천적 방편으로서, 성스런 진리의 의미를

---

4 A.N. I, pp.111~112. Aṅguttara-Nikāya에는 Anāthapiṇḍika에 대한 붓다의 다음과 같은 가르침도 보인다. "참으로 장자여, 이 세상에는 기대할 만하고, 아낄 만하고, 기뻐하며 얻고자 할 만한 것이 네 가지 있다. 무엇이 네 가지인가? 정당한 방법으로 재산 모으기를 바라는 것, 그것이 첫 번째다. 정당한 방법으로 재산을 얻고, 나와 친척과 스승이 좋은 평판 얻기를 바라는 것, 그것이 두 번째다. 정당한 방법으로 재산을 얻고, 나와 친척과 스승이 좋은 평판을 얻으며, 또 장수하기 바라는 것, 이것이 세 번째다. 정당한 방법으로 재산을 얻고, 나와 친척과 스승이 좋은 평판을 받으며, 장수하고, 마침내 이 몸뚱어리가 부서질 때, 죽음의 저편에 있는 행복의 나라 곧 하늘나라에 태어나기를 바라는 것, 이것이 네 번째다."(A.N. II, p.74)

5 中村 元, 『原始佛敎を讀む』(東京: 岩波書店, 1985), p.350.

갖는다. 이것은 수행자가 실천해야 하는 올바른 길로서 여덟 가지
덕목으로 구성된다. 이 가운데 바른 생활을 뜻하는 정명正命(sammā
-ājīva)은 일상의 모든 생활에서 넘치거나 모자람이 없는 올바른 중도
적 삶의 길이다. 물론 보시를 포함한 정당한 경제행위도 모두 정명의
덕德이다. 아울러『잡아함경』은 재물을 얻는 경제행위가 방편이라는
점을 명확히 제시하고 있다(方便得財). 원시불교의 입장에서 볼 때,
건전한 경제생활의 목적은 재화 자체가 아니다. 재화는 인간이 인간의
도리를 이행하기 위한 윤리적 삶의 기초이며, 나아가 해탈을 위한
수도를 성취하는 데 필요한 수단이다. 그러면 이러한 재화를 어떻게
사용해야 여법如法한 재의 효용을 달성할 수 있는가.『증지부增支部』의
다음 가르침은 재의 효용에 대해 다섯 가지로 명확히 정리하고 있다.

첫째, 부모·아내·자식·하인·일꾼과 남들을 즐겁고 행복하게 하기
위해,

둘째, 우인友人과 동료를 즐겁고 행복하게 하기 위해,

셋째, 왕난王難·수난水難·화난火難·도적의 난·전쟁에 대비하고 상
속을 준비하고 재산의 보존을 위해,

넷째, 친족·손님·아귀·왕·신에 대한 다섯 의무를 수행하기 위해,

다섯째, 인내와 겸손으로 자아를 성취한 성자들을 공양하기 위해.[6]

재의 축적은 결국 사람이 사람답게 살아가기 위해 필요하며, 사회적
복리 증진과 종교적 목표를 달성하기 위해서 필요한 것이다. 특히
이러한 재의 활용이 인간의 신성한 의무로 규정되고 있는 점은 재의

---

6 *A.N.* II, p.67.

효용에 대한 도덕적 기준을 제시해 준다 하겠다. 그러므로 "법에 어긋남이 없이 얻은 부를 시여하면서 마음을 청정케 한다."[7]는 교설은 재의 시여 그 자체가 즐거움이고 종교적 수행과정임을 보여 주는 것이다.

2) 사회적 복지 개념으로서 재의 효용

그러나 비록 재의 효용이 도덕적 정당성을 확보한다 하더라도 재에 대한 집착은 절대 용인되지 않는다. "거기에 만약 성스런 제자인 가장이 부의 다섯 가지 전제를 명심했는데도 재산이 감소해 가면 '실로 부가 전제로 하는 그것들을 내가 명심하고 있는데도 재산이 나로 말미암아 감소해 가는구나' 하고 생각하여 후회하지 않는다. 거기서 만약 성스런 제자인 가장이 부의 다섯 가지 전제를 명심함으로써 재산이 증대하면 '실로 부가 전제로 하는 것들을 내가 명심하였기 때문에 재산이 증대하는 것이로구나'라고 생각하여 후회하지 않는다. 이렇게 두 경우의 어느 쪽도 후회하지 않는다."[8]는 경전의 가르침은 바로 이 점을 지적하고 있다. 재를 소중히 여기지만 절대 집착하지는 않는다. 이것이 올바른 생활, 즉 정명正命의 실천인 것이다.

앞에서 인용한 『증지부』경전에서 재의 효용에 관한 교설은 주로 가족성원으로서의 의무와 도덕적 실천규정이 그 주된 내용이었다.

보다 범위를 넓혀 사회적 봉사를 지향하는 복전福田사상의 구체적인 실현 덕목에는 어떠한 것들이 있을까. 『증일아함경增一阿含經』은 공덕을 밤낮으로 향상시킬 수 있는 일을 다음과 같이 다섯 가지로 열거하고

---

7 A.N. III, p.354.
8 A.N. III, p.10.

있다.

첫째, 훌륭한 정원을 만들고,

둘째, 수림을 울창하게 하며,

셋째, 교량을 건설하고,

넷째, 선박을 만들고,

다섯째, 객사와 휴게소를 짓는다.[9]

정원을 만들고 수림을 가꾸며 객사와 휴게소를 세우는 것은 오늘날 공익을 위한 복지증진 활동의 일환으로 평가될 수 있다. 교량을 건설하고 선박을 만드는 일도 훌륭한 공익사업임에 틀림없다. 그리고 교통로의 건설과 그 시설의 확충은 생산부문에서 사회간접자본에 대한 투자의 성격을 가진다는 데 보다 큰 의미가 있다.

『제덕복전경諸德福田經』은 공익사업에 있어 더 구체적인 사항들을 추가하여 일곱 가지의 복전 대상을 들고 있다.

첫째, 부도浮屠나 승방僧房·당각堂閣을 세우는 일.

둘째, 과원果園과 목욕하는 연못에 나무를 심어 시원하게 할 것.

셋째, 항시 의약을 베풀어서 모든 사람을 질병의 고통으로부터 구해 줄 것.

넷째, 튼튼한 배를 만들어 사람들을 건네 줄 것.

다섯째, 교량을 건설해서 힘없고 약한 자를 건너게 할 것.

여섯째, 길 가까운 곳에 우물을 파서 목마른 사람들이 마시게 할 것.

---

9 『大正藏』 2, p.699上.

174

일곱째, 공동화장실을 지어 여러 사람이 편리하게 이용토록 할 것.[10]

『제덕복전경』에서 구체화되고 보완된 것은 여행자를 위한 편의시설의 건설이다. 이것은 상업과 운송업의 발달에 따른 교통로의 이용이 빈번했을 것으로 보이는 그 시대의 사회경제적 여건 변동의 결과로 볼 수 있다. 이와 같이 복전은 당시 사회가 요구하는, 공동이익에의 참여를 기본정신으로 하는 이타적 행위와 활동이라고 할 수 있으므로 공익증진을 위한 실천적 행위는 모두 복전의 대상이 된다고 할 수 있다.[11]

이와 같이 불교경전에 있어서 재財의 효용은 정명의 실천으로 이어지는 가족으로서의 신성한 의무 이행과 사회적 시여인 복전사상의 실현으로 요약될 수 있다.

즉 재의 효용은 개인적 탐욕에 봉사하는 데 있는 것이 아니라, 가족과 주변사람에게 사람의 도리를 다하고 인류사회를 위해 회향되고 균등하게 분배될 때 그 본래의 목표를 다하는 것이다.[12]

---

10 『大正藏』 16, p.777中.

11 李載昌, 「佛敎의 社會·經濟觀」, 『佛敎學報』 第十輯(佛敎文化硏究所, 1973), p.115.

12 徐閠吉, 「現代의 經濟生活에 대한 佛敎의 倫理的 見解」, 『佛敎와 現代世界』(東國大學校開校70周年紀念世界佛敎學術會議, 1976), p.185.

2. 생산론

1) 생산의 윤리

불타 시대는 농경과 목축업이 중심 산업이었으며 인구가 증가하고 물자의 수요가 늘어남에 따라 상업과 수공업이 발달하고 도시가 형성되기에 이르렀다. 그러나 그 경제의 규모는 아직 초기 영역 경제단계를 벗어나지 못하고 있었다. 원시경전에는 생산주체와 관련된 산업으로 농업과 목축업이 자주 언급되고 있으며 특히 도로와 공익사업에 대한 공덕이 자주 거론되고 있다. 그러나 생산과 관련된 교설은 분배 문제에 비해 상대적으로 그 빈도가 낮은 편이다. 그 이유로서 나카무라 하지메 (中村 元)는 고대 인도경제의 풍토적風土的 성격을 들고 있다. 즉 인도에서는 천혜의 풍토 때문에 식량 생산에 인위적 노력이 별로 필요 없었고 이모작도 가능했다는 것이다. 혹시 가뭄이라도 들면 수많은 아사자가 발생하지만, 인도인들은 그것을 운명으로 돌리고 말기 때문에 이러한 사회에 있어서는 당연히 '만드는' 도덕보다는 '나누는' 도덕이 강조된다는 것이다.[13]

이에 대해 이재창 박사는 이론異論을 제기하고 있다. 즉 본래 생산력이 극히 낮은 사회단계에서는 생산물의 균등배분이 없으면 사람들은 함께 살아갈 수가 없다는 것이다. 즉 종족사회의 테두리에서 완전히 벗어나지 못했던 석존 당시에는 모든 사람이 협력하여 노동하는 협업의 형태를 취하고 있었기 때문에 생산의 문제는 심각한 것이 못 되었고

---

13 中村 元, 『釋尊のことば』(東京: 春秋社, 1958), p.225.

반대로 분배의 공평을 기하는 적정분배適正分配가 강조될 수밖에 없었
다는 것이다.[14]

이 견해는 상당한 타당성이 있는 것으로 생각된다. 왜냐하면 석가족
을 비롯한 당시 거의 모든 종족 공동체 사회에 있어서 쌀은 종족민의
공유물이었고, 관개용수는 공동으로 사용되었던 바, 불교에서 강조하
는 보시 또는 시여(dāna)도 본래는 그들 종족민들의 노동생산물(쌀
등)의 분배양식에서 비롯된 것이라고 여겨지기 때문이다.[15]

하지만 생산과 관련된 교설이 분배보다 상대적으로 적다고 하여
불타가 생산활동 자체를 낮게 평가했다고 보아서는 곤란하다. 그것은
분배와 관련된 보시의 덕목이 강조되고 있는 데서 비롯되는 결과일
뿐이다.

생산윤리에서는 무엇보다도 근면과 정려가 중요시되었으며 사치와
낭비를 경계하였다.

비구들이여, 어떤 상인이 오전에 열심히 업무에 힘쓰고 낮에도
열심히 업무에 힘쓰며 오후에도 열심히 힘쓴다 하자. 비구들이여,
이러한 삼법三法을 성취하는 상인은 능히 아직 얻지 못한 재산을
얻고 또 이미 얻은 재산을 증식할 수 있을 것이다.[16]

특히 게으름에 떨어지거나 향락·도박 등 악습에 빠지는 것은 재산을

---

14 李載昌, 앞의 논문, p.128.

15 宮坂有勝, 앞의 책, p.22.

16 『南傳大藏經』 17, p.188.

잃게 되는 직접적인 원인으로서 이를 피하도록 가르치고 있다. 이러한 세간적 경제윤리는 교단 내외에서 불타를 따르던 많은 사람에게 영향을 끼치게 된다.

정법을 수호하고 바른 생활을 영위하는 수많은 장자長者들이 불타에게 귀의하는 장면은 이를 잘 설명해 주고 있다. 즉 불타의 교설이 그들이 추구하는 경제이념에 배치되지 않았음을 반증하는 결과이기도 하다. 기타태자와 수달장자의 정사 기증은 올바른 방법으로 재산을 증식·관리하고 사회를 위해 이상적으로 시여한 대표적인 예로 꼽을 수 있다.

불타의 교설은 어떤 직업에 종사하든 근면과 검소로써 직책을 충실히 이행할 것을 권면하고 있다. 근면과 검소는 부를 생산하는 기본적인 두 축이다. 사실상 이들 덕목은 재가신자들에게는 재산을 증식하고 유지·상속하는 데 따른 윤리적 틀로서 작용하였던 것이다. 그러나 이러한 부의 축적은 자본주의의 목표인 이윤의 무한추구에 있는 것이 아니라 시여라는 올바른 쓰임을 통해서 생천生天이라는 종교적 기제機制와 연결됨으로써 생산활동과 부의 증식에 종교적 정당성을 부여하고 있는 것이다. 이러한 교설은 무소유의 해탈을 주장하는 불타의 근본적인 가르침과 비교해 볼 때 일견 상호 모순되는 것으로 보인다. 그러나 이 문제의 해답은 앞에서 고찰한 것처럼 교단구조의 이원적인 성격에서 찾아야 할 것이다. 세간과 출세간은 대립과 모순의 구조가 아니라, 상호 균형과 조화를 이루는 보완 관계이다. 세간은 공덕전功德田인 출세간을 통해서 시여의 덕을 실천함으로써 경제생활의 윤리적 근거를 확보하며 종교적 목표에 도달하게 된다. 한편, 출세간은 세간의 도움으로 교단을 유지하고 종교적 이상을 향해 수행하는 것이다.

다른 사람에게 시여하고 스스로 계행戒行을 잘 지킴으로써 천상에 나게 된다는 차제설법次第說法(anupubbikathā)은 그 구체적 해답으로 서 충분할 것이다.

2) 불교경전의 생산관

"불교에서는 부의 축적을 권장하면서도 한편으로는 그 부를 만인이 향수享受할 수 있도록 하라고 가르친다. 불교적 경제원리는 자본주의 적인 측면이 있지만, 생산수단을 소수 자본가가 독점한다는 의미의 자본주의와는 그 의미와 내용이 크게 다르다는 것을 인정해야 한다. 어떤 점에서는 사회주의적인 사고에 가깝다."[17]는 주장은 불교의 경제 윤리가 내포한 자본주의 및 사회주의적 요소에 대한 부분적 평가일 수 있으나 이러한 견해는 불교 경제에서 가장 중요한 시대적 배경을 간과하는 것이다. 불교경전은 경제체제나 구조에 대한 경제이론을 제시한다기보다 앞서 언급한 것처럼 올바른 생활을 영위하는 데 따른 경제윤리를 제공하는 데 더 큰 비중을 둔다. 불타가 언급한 자본의 증식이나 부의 축적은 불타의 독창적 주장이라기보다는 당시 인도사회 의 사회경제체제를 인정하고 수용한 결과로 생각된다. 석존 시대는 농업·목축업 등 기초산업은 물론 상업과 수공업이 발달했던 대도시를 중심으로 한 교환경제가 두드러지게 활발했고, 직업씨족(craft-clan)이 라 불릴 수 있는 분업화된 경제체제가 형성되어 있었다.[18] 불타는

17 中村 元, 『原始佛教』(東京: 日本放送出版協會, 1974), p.213.
18 增谷文雄, 『佛陀時代』(現代佛教名著全集 第四卷, 東京: 隆文館, 1972), p.352.

이러한 인도사회의 기존 경제제도를 세간의 일로서 그대로 용인하는 한편 근면과 검소라는 경제윤리를 강조함으로써 경제적인 풍요에서 발생하는 사치와 낭비, 게으름과 방종 등 부負의 요소 들을 배격하고 새로운 경제질서를 모색한 것이다.

근대의 경제원리는 생산 및 노동의 가치를 중시하여 생산적 노동을 농업과 공업에 한정시키고 상업노동은 비생산적인 노동으로 분류하였다.[19] 그러나 불교경전에서는 상업활동도 농업노동과 같은 범주로 인정하고 있다. 특히 수도생활도 물질적 생산활동과 다름없는 정신적 노동이라고 하는 주장은 획기적인 견해이다. 어느 날 바라드바자라는 바라문이 자기들은 밭을 갈아 생활해 가는데 사문들은 아무 일도 하지 않고 시여에 의해서 살아가는 것을 비난한 일이 있다. 이에 대해 불타는 다음과 같이 대답하였다.

믿음은 종자요, 고행은 비이며, 지혜는 내 멍에와 호미, 부끄러움은 괭이자루, 의지는 잡아매는 줄, 생각은 내 호미날과 작대기입니다.(77)

몸을 근신하고 말을 조심하며, 음식을 절제하여 과식하지 않습니다. 나는 진실을 김매는 일로 삼고 있습니다. 유화柔和가 내 멍에를 떼어놓습니다.(78)

노력은 내 황소이므로 나를 안온의 경지로 실어다 줍니다. 물러남

---

19 김종호, 『노동과 인간』, 以文出版社, 1990, p.29.

이 없이 앞으로 나아가 그곳에 이르면 근심 걱정이 사라집니다.(79)

이 밭갈이는 이렇게 해서 이루어지고 단 이슬의 과보를 가져옵니다. 이런 농사를 지으면 온갖 고뇌에서 풀려나게 됩니다.(80)[20]

이상의 비유는 수행이 밭 갈고 씨 뿌리는 생산노동과 다르지 않은 정신노동이라는 점을 강조하는 교설이지만 바꾸어 말하면 생산노동은 수행자의 정진처럼 신성하고 고귀하다는 의미를 내포한 것으로 볼 수도 있다. 사실상 당시의 브라흐만들도 때와 장소에 따라 경작이나 목축 및 상업, 그 밖의 여러 가지 직업에 종사하는 일도 있었으며 어떤 경우에는 경작에 종사하는 브라흐만 가운데 존경과 신망이 더 높은 사람도 있었다.[21] 이것은 노동생산에 대한 사회적 평가가 대단히 높았음을 반영하는 예이다.

사문들은 직접 생산에 종사하지는 않았지만, 그들은 노동과 생산을 소중히 여겼다. 비록 당시 인도사회가 용인했던 걸식에 의한 최저생활은 그것 자체가 수행으로서 의미가 있지만, 그들이 생산에 직접적으로 참여하지 않았던 책임에 대한 도덕적 의무감과 무관하지 않은 것으로 생각된다. 그러나 수도생활을 경작활동과 관련지음으로써, 수도생활 자체가 사회적 생산행위의 한 분야임을 강조하여 출가 승단이 비생산적인 소비집단이라는 비난에 대해 그 도덕적 정당성을 제공하는 것이다. 이는 곧 출가생활과 재가생활을 잇는 철학적·윤리적 연결 고리로

---

20 *Sn.* 77~80.
21 *Jātaka* II, p.156; III, p.162·293.

서 더 큰 의미가 있다고 하겠다.

아울러 석존은 근대적 의미의 노동·생산관과 일치하는 견해를 가진 것은 아니지만, 농업과 상업을 동일한 맥락으로 파악하고 있으며 수도생활을 생산활동으로 비교한 것은 노동과 생산에 관한 근대적 개념에 상당히 근접한 것이다.

고전경제학자 중 아담 스미스(Adam Smith)는 "한 국민의 부는 축적된 자원이 아니라 해마다의 생산물이며 그 원천은 노동"[22]이라 하여 노동 생산을 부의 근원으로 파악하였다. 따라서 생산노동의 비율을 높이는 것이 부를 증진하는 원인이 되는 것으로 이해하였다.

스미스는 또한 노동을 그것이 투하되는 대상의 가치를 증가시키는 노동과 그러한 효과가 없는 노동으로 나누어 전자를 생산적 노동, 후자를 비생산적 노동이라 불렀다. 생산적 노동으로, 노동자·제조공·농업자·농촌노동자의 노동이 생산적인 것은 물론이지만, 상인도 그에 미치지는 못하나 역시 생산적이라고 언급하고 있으며, 비생산적 노동의 종사자로는 법률가·예술가·군인·성직자 등이 포함되고 있다. 스미스에 의하면 생산적 노동이란 유형재화, 즉 필수품·편의품 등의 물질적 부를 생산하는 데 직접 참여하는 노동을 의미하였다. 상인의 노동이 생산적이라는 규정도 그것이 운송노동이거나 단순한 유통서비스이거나 간에 그것은 물질적 부를 생산하는 연장이거나 그것과 결부되어 있기 때문에 생산적이라고 인정한 것이다. 비생산적 노동은 물질적 부에 직접 참여하지 않는 노동을 지칭하였다. 불타는 상업노동

---

22 A. Smith, *Wealth of Nations*, p.LVII.

과 생산노동을 대비하여 설한다.

> 일이 많아 맡은 일이 많고 노력이 많이 드는 업무와 일이 적어
> 맡은 일이 적고 노력이 적게 드는 업무가 있다. 전자는 경작이고
> 후자는 상업인데 실행하면 위대한 과보를 얻게 되지만, 행하지
> 않으면 위대한 과보가 얻어지지 않는다.[23]

이와 같이 원시경전에서는 경작과 상업이 같은 효용으로써 평가되고
있다. 불타 당시는 이미 도시화의 진행과 함께 점차 상공업이 발달하게
됨으로써 도시에 상당한 부가 축적되었으며 상공업자들은 조합을
형성해서 도시 내부의 경제적 실권을 장악하고 있었다.[24] 이와 같이
당시 사회에서 농업은 물론 상업의 비중이 컸던 점도 고려되어야
할 것이다.

석존은 농업과 상업뿐만 아니라 수공업이나 목축업 등 모든 산업
분야를 사회적 토대로서 중시한 것이다. 특히 앞에서 인용한 바 있는
복전의 대상 가운데는 교통로의 설정과 관계된 사항들이 큰 비중을
차지하고 있다. 이것은 인도 농촌사회의 고립성·폐쇄성을 타파함으로
써 자기의 활동 범위를 확장하려 했던 인도 상공업자의 사회이상이
이와 같은 형태로 표명된 것으로 생각된다.[25] 한편, 이러한 교통로의
발달은 분업을 확대시키는 운송의 발달을 가져와 생산력의 개선에

---

23 *M.N.* II, pp.197~198.

24 中村 元, 『原始佛敎』, pp.12~14.

25 위의 책, pp.214~215.

크게 이바지하는 요인이 되었던 것이다.

생산의 중요성을 강조한 것은 부의 원천이 생산에 있다는 생각 말고도, 불타 시대가 경제적으로 풍요로운 시기였다고는 하지만 빈곤 층이 상당수에 달했던 것으로 보여 이러한 빈핍貧乏의 문제를 해결하기 위해서도 생산의 중요성이 제기된 것은 자연스런 귀결일 것이다. 사실상 빈궁의 문제는 불교경전 도처에서 찾아볼 수 있다. 특히『금색 왕경金色王經』은 빈핍의 문제를 매우 심각하게 제기하고 있다.

어떤 법을 괴로움이라 하느냐. 이른바 빈궁이요.
어떤 괴로움이 가장 무거우냐. 이른바 빈궁의 괴로움이다.
죽는 괴로움과 가난한 괴로움 두 가지가 모두 다름이 없으나
차라리 죽는 괴로움 받을지언정 빈궁하게 살지 않으리.[26]

이 경전은 빈궁고를 얼마나 견디기 어려운 괴로움으로 생각했는지를 보여 준다. 이러한 빈궁층의 발생은 사회 구조적인 문제, 즉 계급 차별이라든가 재화의 왜곡된 흐름, 천재지변 등 갑작스런 환경의 영향에서 그 원인을 찾을 수도 있겠으나, 빈궁 발생의 보다 근본적인 이유는 생산물의 절대량 부족에 있었을 것이라는 추론도 가능케 한다. 이러한 상황에서 생산의 중요성은 증대될 수밖에 없었을 것이다.

생산증대를 위한 기술개발은 현대 경제발전에서 불가결한 요소로 평가되고 있다. 근대 이전에도 수공업적 생산력은 생산력 체계의

---

26 "何法名爲苦 所爲貧窮是 何苦最爲重 所爲貧窮苦 死苦與貧苦 二苦等無異 寧當受 死苦 不用貧窮生."(『大正藏』3, p.389下).

조직적 측면인 분업을 중시하는 한편, 인간의 천부적 재능과 오랜 기간의 훈련을 통해서 인간에게 고착된 숙련기교 및 판단에 의지하였다.[27] 당시 기술연마에 관한 불타의 언급은 주목할 만하다.

먼저 기술을 배우고 뒤에 재물을 구하라.[28]

고전학자古典學者에 속하는 경제학자들도 기술의 진보에 관해서는 별로 관심을 보이지 않았으나 최근에 기술의 진보는 생산성 제고를 위한 필수적인 요건으로 받아들여지고 있다.

솔로우(R. Solow)와 데니슨(E. Denison) 같은 경제학자들은 미국에서의 경제성장 반 이상이 기술진보에 기인한다고 주장한다. 오스트리아 태생의 미국 경제학자 슘페터(J. Schumpeter)는 『경제발전론(The Theory of Economic Development)』에서 자본주의가 계속 성장해 온 근본적인 기간基幹은 기술혁신에 있다고 갈파하였다. 무엇보다도 혁신자의 역할이 중요함을 강조하였다. 비록 새로운 자원의 증가가 없더라도 기술혁신에 의해 새로운 생산방법·관리기법이 발전되는 것이며 이를 통해 생산성은 계속 증가하는 것이다. 그러므로 기술진보를 위해 지속적인 연구개발이 필요한 것이다.

비록 석존의 가르침이 직업인이 재화를 생산하는 데 따른 기본적인 태도나 자질에 관한 윤리적 측면에 그 비중이 있기는 하지만 기술 습득을 주요한 생산요소로 본 것은 경제 흐름을 명확히 파악한 결과라

27 鄭允炯, 『西洋經濟思想 硏究』, 創作과 批評社, 1981, p.37.
28 『大正藏』 1, p.72中.

생각된다.

불타가 근면과 검소, 기술의 습득을 재화 생산의 주요한 덕목으로 꼽은 것은 경제활동의 윤리적 지표를 제시함은 물론 경제행위에 대한 철학적 기초를 마련함으로써 생산활동의 중요성과 아울러 생산에의 사회적 참여가 이루어지도록 하는 데 적극적 계기를 마련한 것으로 판단할 수 있다.

3. 분배론

1) 복전福田으로서의 분배 개념

원시불교의 분배론은 생산론과 마찬가지로 근대적 의미의 분배이론이라기보다는 분배정의를 실현하기 위한 분배의 윤리적 측면으로 이해해야 할 것이다.

불타 시대의 분배론 고찰은 두 가지 측면에서 이루어질 수 있다.

첫째는 승단 자체의 소유물을 어떤 형태로 소유하고 분배하느냐 하는 문제이고, 둘째는 재가자의 경제생활에서 올바른 분배로 평가되는 시여와 복전사상은 과연 어떤 의미를 갖는가 하는 문제이다.

먼저 승단의 소유물에는 정사나 승원 등의 건축물과 이를 유지하는 데 필요한 토지 등의 부동산과 의식을 집행하는 데 쓰이는 불구佛具와 원내園內의 죽목竹木 등 동산이 있었으며, 개인이 소유할 수 있는 옷·음식·발우·발통鉢筒·좌구坐具 등 수물隨物 또는 경물輕物이 있었다. 이들을 통틀어 사방승물四方僧物이라고 하는데 사방승물 중 경물을 제외하고는 모두 공유물로서 개인이 소유할 수가 없었다. 개인이 소유할 수 있는 경물의 분배에서도 철저하게 평등분배의 원칙이 지켜지고 있었다. 즉 불타는 재세시건 입멸 후건 동등하게 승단의 일원으로서 대우를 받으며 그 의식衣食의 분배도 전적으로 승니僧尼와 동등하였다.[29] 어떤 제자라 할지라도 그가 입단하여 승가의 일원으로서 자리에 머물러 있는 이상 그는 당연히 모든 시여의 기회에 평등의 일분一分을 요구할 권리를 갖게 된다.

이와 같이 사방승물의 운용은 극히 민주적인 방식으로 행해졌으나 그 분배와 소유형태는 사회주의적 경제원리에 따르고 있는 것으로 평가할 수 있을 것이다.

승단의 경제생활은 어떤 면에서 사회주의 경제가 추구하는 가장 이상적인 모델인 원시 공동체의 분배형태를 취하고 있다 할 것이다. 그러나 더욱 중요한 것은 이러한 이면에 자발성 및 평등과 자비라는 불교의 종교적 이상이 내재하고 있다는 사실이다. 이 점이 결코 간과되어서는 안 될 것이다.

세간의 분배원리에서도 예외는 아니다. 복전으로 이어지는 보시의 실천은 그 토대를 이타적 자비사상[30]에서 찾을 수 있다. 특히 가난한 자와 병든 자들에 대한 봉사를 주요 내용으로 하는 빈궁전貧窮田은 복지 개념으로서 사회적 분배라는 기능을 충분히 담당할 수 있는 것이다.

---

29 李載昌, 앞의 논문, p.129.

30 일례로 『增一阿含經』에는 "병자를 돌보아 주는 것은 곧 나(부처님)를 돌보는 것이요, 병자를 간호하는 것은 곧 나를 간호하는 것이다. 왜냐하면 나는 지금 몸소 병자를 간호하고 싶기 때문이다."라고 설해져 있다.(『大正藏』2, p.569下)

복전이란 "복의 씨앗을 심는 밭"이라는 뜻으로 복덕과 공덕을 길러 낸다는 의미를 지니고 있다. 『우바새계경』은 복전을 세 가지로 분류하고 있다.

첫째는 보은전報恩田으로 부모와 스승(師長)·화상和上에 대한 봉양을 말하는 것이며,

둘째는 공덕전功德田이다. 경전敬田이라고도 하며 불·법·승 삼보를 공경하는 것을 가리키고,

셋째는 빈궁전이니 이는 가난하고 곤란한 지경에 처한 사람에 대한 시여施與를 가리킨다.[31]

밀(J.S. Mill)에 의하면 부의 분배는 오로지 인간제도의 문제로서 그것은 사회의 법률과 관습에 의지한다고 한다. 분배를 결정하는 법칙은 사회지도계급의 의견과 감정에 의해 작성되며 시대와 나라에 따라 다르고 사람의 희망에 따라 크게 달라질 수 있다고 한다. 당시 인도사회는 왕권이 강화되고 상공업이 발달했으며 물질이 풍부했으나 분배정의를 실현할 수 있는 사회적 주체세력이 확립되지 않은 시기로 불타의 복전사상은 사회적 분배구조에 많은 영향을 끼쳤을 것으로 보인다.

당시 토목사업이 활발하게 이루어지고 편의시설이 건설된 것은 복전사상과 무관하지 않은 것이며, 사람과 짐승에 대한 의료시설의 확충, 공원의 건설, 상수도의 정비 등 후대 아쇼카 왕의 일련의 복지정책 또한 복전사상의 실천으로 평가될 수 있을 것이다.[32]

---

31 『大正藏』 24, p.105下.

32 金煐泰, 「佛敎的 治國의 史的 實際」, 『佛敎學報』 第十輯, pp.142~143 참조.

2) 국가의 분배정책에 관한 경전의 입장

복전사상은 분배와 관련해서 개인적 분배의 사회적 관계가 그 중심이 되고 있다. 그러나 국왕의 정책에 대해서도 그 중요성을 인정하여 올바른 경제 운용의 방향을 제시하고 있는 점을 놓쳐서는 안 된다.

국가가 재화를 사용하는 것은 국민으로부터 징수한 세금을 통해서이다. 그러므로 국가의 분배정책은 조세의 바탕 위에서 가능한 것이다. 당시 사람들은 국민이 내는 세금이 국가 목적에 충당되는 것으로 생각하기보다는 국왕 개인의 사적 수입으로 소비되는 것으로 생각하는 경향이 있었다. 그러므로 세금을 많이 징수하는 것은 그만큼 인민을 괴롭히는 것이고, 이에 반해 세금을 덜어 주는 것은 그만큼 인민에게 즐거움을 주는 것이라는 생각이 지배적이었다. 이러한 생각은 대승경전에도 반영되어 "세금의 징수는 일정한 법을 따를 것이며 세율을 낮추고 빈궁한 자에게는 면세의 혜택을 주어야 한다."는 교설이 설해져 있다.[33] 이것은 지급능력에 따라 공평하게 조세가 결정되어야 한다는, 현대 재정財政의 주류를 이루는 능력의 원칙에 매우 가까운 조세관이다. 이러한 원칙에 따라 징수된 세금은 올바른 대상에게 올바른 절차에 따라 재분배되어야 한다는 것이 국가분배정책의 기조를 이루고 있다. 특히 『구라단두경究羅檀頭經(Kūṭadanta-sutta)』은 분배에 대한 국가의 정책이 어떻게 시행되어야 하는가를 구체적으로 보여 주고 있다.

옛날에 광역왕廣域王이라는 왕이 있었는데 강력하고 건강하였으

---

33 洪庭植, 「佛敎의 政治思想」, 『佛敎學報』 第十輯(佛敎文化硏究所, 1973), p.65 참조.

며, 금·은과 사치품으로 가득한 창고와 조화로운 궁전을 가지고 있어서 매우 부유하게 살았다. 어느 날 광역왕은 홀로 앉아서 다음과 같은 생각에 몰두해 있었다. "사람이 누릴 수 있는 모든 재물을 나는 모두 가지고 있으되 지상의 모든 영토를 정복하여 내 것으로 삼았다. 나의 행복과 번영을 보장할 큰 제사를 며칠 동안 지낸다면 좋을 것이다." 그래서 그는 자신의 사제司祭인 바라문을 불러 자신의 생각을 전하고 이렇게 말했다. "그래서 나는 나의 행복과 번영을 보장해 줄 대규모 제사를 며칠 동안 지내고자 하는데 어떻게 하는 것이 좋은지 가르쳐 주시오." 이에 대해 바라문 사제는 이와 같이 말했다. "왕의 국가는 약탈과 유린으로 곤경에 처해 있습니다. 곳곳에 강도가 들끓어 마을과 도시를 약탈하므로 마음 놓고 다닐 수가 없습니다. 이러한 상황에서 새로운 세금을 징수한다면 왕은 잘못을 저지르는 일이 될 것입니다. 어쩌면 왕께선 이렇게 생각하실지도 모르겠습니다. '지위를 빼앗거나 추방·벌금·구금 또는 사형에 처함으로써 범법자를 없앨 수 있을 것이다.' 그러나 그들의 방종은 그렇게 한다고 하여 만족할 만큼 종식될 수는 없을 것입니다. 처벌을 받지 않은 나머지 사람들은 여전히 국토를 어지럽게 할 것입니다. 그러므로 이러한 무질서를 철저히 없앨 방법은 단 한 가지밖에 없습니다. 왕의 국토에서 목축과 농업에 종사하는 사람에게는 누구에게나 식량과 종자를 제공하십시오. 왕의 국토에서 상업에 종사하는 사람이면 누구에게나 자금을 제공하십시오. 왕의 국토에서 관직에 종사하는 사람이면 누구에게나 식량과 임금을 제공하십시오. 그렇게 되면 백성은 자기 일에

전념하게 되어 국토를 유린하는 일이 없어지고 왕의 권위는 날로
강해질 것입니다. 그래서 국가는 조용하고 평화로우며 국민은
서로 즐거워 아이들을 팔에 끼고 춤추며 행복해 할 것이고 대문을
활짝 열고 살아갈 것입니다." 왕은 이 말을 받아들였다.[34]

여기에서는 나라의 안녕과 평화는 올바른 경제의 운용으로부터
가능한 것이라는 점이 강조되고 있다. 불타는 사회적 제 문제란 경제적
불균등에 기인하고 있으며 이를 시정하기 위해서는 국가의 정책적
역할이 중요하다는 점을 강조하고 있다. 즉 국가는 적절한 재분배정책
을 통해 사회적 공정을 실현해야 한다는 것이다. 현대사회에 있어서도
소득분배의 불균등은 단순히 근면과 검약의 차이로만 설명할 수 없는
것으로서, 아무리 부지런하고 절약하며 자기 생업에 최선을 다한다고
할지라도 사람마다 타고난 재능도 다르고 상속받은 재산도 다르며
개인적 능력에 대한 기회도 다 다르기 때문에 일정한 시간이 경과하면
반드시 불균등한 결과를 가져오기 마련이다. 자유시장경제제도에서
는 경쟁의 출발조건이 동일해야 하는데 현실적으로는 이와 같이 동일
한 조건을 기대할 수 없는 것이다.[35] 여기에 정부에 의한 분배정책의
당위성이 있게 된다. 국가는 빈한한 농부에게 생산기반을, 상인에게는
자본을, 고용인에게는 임금을 지불함으로써 올바른 방향으로 재화의
균등분배가 이루어져서 사회정의가 실현될 수 있다는 것이 『구라단두
경』의 설명이다. 이러한 『구라단두경』의 설명은 불교의 실천이념인

---

34 *D.N.* I, p.134.

35 金大植 외, 『經濟學原論』, 박영사, 1991, p.465 참조.

평등과 자비에 바탕을 두고 있다는 것은 두말할 나위가 없다.

특히 『구라단두경』에서 국가의 분배정책은 일시적인 빈민구제의 차원에서가 아니라 가난한 사람들이 지속적으로 생계수단을 가지고 생산활동에 종사함으로써 자립의 기반을 구축하여 원천적으로 궁핍에서 벗어나도록 도와주고 있다는 데 그 의미가 있다.[36] 여기에서 우리는 불타의 인간현실에 대한 보다 근본적인 연민(자비)과 경제 흐름에 대한 통찰을 만나게 된다. 오늘날에도 생산기반의 취약성과 실업사태는 심각한 사회문제를 일으키고 있는 것은 너무나 잘 알려진 사실이다.

불타는 일반의 보시에서도 사회경제적인 측면과 종교적 의미를 동시에 고려하고 있다.

「선생경善生經」은 "재물이 이미 갖추어지면 마땅히 스스로 잘 지켜야 하리. 재물을 쓰는 데 사치스러워서는 안 되며, 분수에 맞도록 올바른 대상을 선택해서 주어야 한다. 속이거나 강요하는 자에게는 차라리 걸식乞食하게 할지언정 재물을 주지 말라."[37]고 설하고 있다.

어느 시대를 막론하고 하나의 정책은 사회구성원 모두에게 득이 된다든가 반대로 해가 된다든가 하는 경우는 거의 없으며 어떤 특정 집단의 희생으로 다른 특정 집단이 득을 보는 것이 일반적 현상이다. 사회보장제도에서도 궁극적으로 득을 보는 사람은 누구이고 해를 보는 사람은 누구인가에 대한 분명한 해답을 구하는 것은 오늘날 복지 정책에서 중요과제 중의 하나이다. 불타는 국가적 혹은 개인적

---

36 鄭承碩, 「分配問題에 대한 佛敎의 基本認識」, 『省潭 金羽泰敎授 回甲紀念論文集』(1992), p.388 참조.
37 『大正藏』 1, p.72中.

재財의 분배에서 그 대상인 수혜자의 선택을 도덕적 기준에서 찾음으로써 분배정의에서 사회적 합의를 확보하고 있는 것이다.

평등과 자비를 그 근간으로 하는 시여의 분배원리는 오늘날의 문제와도 무관하지 않음을 확인할 수 있다.

4. 직업론

1) 직업의 의의

불교의 세계관은 연기론이 그 중심을 이룬다. 연기론은 일체 현상은 모두 상대적 의존관계 위에 성립한다는 것으로서, 그 관계를 떠나서는 어떤 일도 이루어질 수 없다는 입장이다. 즉 이 세계는 무수한 의존관계로 이루어진 것으로서 모든 것은 무한한 그물을 서로 끌어당겨 의존하여 만나고 있는 것이다.[38] 따라서 모든 존재는 절대적이고 실체적인 것이 아니라 상호의존적이고 상대적이며 역동적 존재이다. 이런 관점에서 볼 때 인간은 역사적·사회적 존재이며, 인간의 삶은 사회와 역사를 떠나서 생각할 수 없다. 따라서 우리 인간은 자연과의 관계 또는 인간과의 관계를 적절히 유지하며 살아가기 마련이다. 여기에서 필수적으로 요구되는 것이 생산과 노동이다. 생산과 노동은 모든 인간생활의 기초이며, 이 토대 위에 문화가 결실을 본다. 그러므로 불교적 진리의 행위적 체득이란 역사적·사회적 차원에서는 기본적으로 생산과 노동의 실천을 의미하는 것이어야 한다.[39]

---

38 木村泰賢, 앞의 책, p.103.

39 孝橋正一, 『現代佛教論』(京都: 永田文昌堂, 1971), pp.69~70.

노동은 그 대가로 경제적 급부가 부여되고 그것에 의하여 생활이 유지되며 지속적인 사회활동이 이루어진다는 측면에서 직업으로서의 기능을 갖게 된다. 여기에 불교의 직업론을 다루는 의의가 있는 것이다. 직업이란 개성을 발휘하고 역할을 실현하며 생계의 유지를 목적으로 하는 계속적인 인간 활동이라 할 수 있다. 사회생활의 기초가 사회 전체와 개인이라는 양극의 상호작용으로 이루어지는 것이라고 볼 때 직업은 이 양극을 연결하는 통로가 된다. 사회와 개인, 전체와 개체의 연결점을 직업이라 할 수 있는데, 전체는 개인의 직업을 통해서 유지되며 개체는 직업을 통하여 전체에 귀속된다. 그러므로 직업은 사회생활의 기초를 이루는 사회생활의 골격이고 개인을 사회의 구성원으로 만드는 필수적인 요건이라 할 수 있다.[40]

이러한 사회적 토대로서의 직업에 대해 경전은 어떤 입장을 취하고 있는가. 먼저 불타는 직업의 평등성을 강조한다.

태어남에 의해 천민이라는 것도 없고 태어남에 의해 바라문이라는 것도 없다. 업業에 의해 천민이 있게 되고 업에 의해 바라문이 있게 된다.[41]

사회적 신분이나 계급에 의해 귀천이 나누어지는 것이 아니라 귀천은 개인의 행위에 의해 결정된다는 것이다. 물론 그 행위는 정당한 윤리적 행위를 지칭하지만, 신분에 따른 직업활동도 포함하는 것이다.

40 沈義輔, 『職業倫理』, 白山出版社, 1992, p.156.
41 『大正藏』 2, p.29上.

계급사회에서 직업차는 곧 계급차를 의미하기 때문이다.[42]

당시 고대 인도사회는 종성種姓의 계급에 따라 그에게 부여되는 일이 달랐다. 그들 직업 가운데 가장 중요한 역할은, 바라문에 있어서는 웨다의 교수이고, 끄샤뜨리아에 있어서는 인민의 보호이며, 와이샤에게 있어서는 농업과 상업이고, 수드라에 있어서는 다른 세 종성에 대한 봉사였다.

당시 이러한 종성의 직업규정이 절대 불변의 사항은 아니었고, 경전耕田 바라문, 소를 치는 바라문 등의 기록에서 보는 것처럼 시대적·사회적 조건에 따라 가변적인 성격을 지니고 있음을 알 수 있다.[43] 그러나 종성제도를 떠나서 사회문제나 직업문제를 생각할 수 없는 것이 당시의 사정이었다. 이러한 배경에서 나온 불타의 평등선언은 매우 큰 의미를 지니는 것이다.

사실상 불타에게 귀의한 많은 사람은 모든 계층에서 다양한 직업들을 가지고 있었다. 그러나 직업에 대한 차별의식은 경전의 어디에서도 찾아볼 수 없다. 앞에서 설명한 바라드바자 바라문과 불타의 대화에서 보는 것처럼 성직과 농업이 대등하게 취급되고 있으며, 『잡아함경』에는 농업·상업·목축·금대金貸·건축업·관리·무술·서예·계산·회화[44] 등 다양한 직업이 바람직한 직업으로서 평등하게 다루어지고 있다.

이러한 불타의 평등 원칙은 자신의 신분과 직업에 좌절과 고뇌를

42 成基重, 『職業倫理』, 螢雲出版社, 1987, p.21.
43 成基重, 앞의 책, p.49 참조.
44 『大正藏』 2, p.23下.

느끼는 사람들에게는 위안과 용기를 주고, 사회적 성취를 이루려는 사람에게는 희망과 자신감을 고취시키기에 충분했을 것이다.

직업에 귀천이 없다는 생각은 근대에 이르기까지 많은 사람에 의해 끊임없이 강조됐다. 그러나 경전에서 직업에 귀천이 없다는 주장은 모든 직업을 똑같이 평가한다는 의미는 아니다. 불타는 바른 직업과 바르지 못한 직업을 구별하고 있다. 바른 직업으로는 『잡아함경』에서 설한 앞의 직업들을 들고 있으며, 바르지 못한 직업으로는 어부, 엽사獵師와 도살자屠殺者 등의 살생과 관련된 직업과 무기의 판매, 생물의 매매, 육류의 매매, 주류의 매매 그리고 독의 매매 등 사회에 해악을 끼칠 수 있는 물건의 거래 행위를 열거하고 있다.[45]

여기에서 유의할 것은, 바르지 못한 직업은 주류의 매매를 제외하고는 모두 생물을 죽이는 것과 관계가 있다는 것이다. 그래서 이 내용에는 곧 오계 가운데 불살생계와 불음주계가 반영되는 것이다. 불살생은 일체의 생명을 사랑하는 자비정신의 표현이며, 불음주는 사회적 낭비를 없애고, 해탈을 지향하는 지혜와 정진이 감손되는 것을 줄이려는 도덕적 노력이다. 직업은 수단으로서의 기능을 가지지만 궁극적으로는 해탈을 위한 수행이라는 종교적 목표와 연관되어 있다. 그러므로 직업에서 귀천의 판별기준은 신분이나 직종에 있는 것이 아니라 개인의 도덕성과 사회적 기여도에 있는 것이다.

그러나 출가자에게는 어떠한 세속적 직업도 용납되지 않는다. 일례로 『잡아함경』 권18 「정구경淨口經」에는 다음과 같은 내용이 설해지고

---

45 *A.N.* III, p.208.

있다.

존자尊者 사리불舍利弗이 말하였다.

"자매여, 모든 사문이나 바라문으로서 일에 밝은 사람은 비뚤어진 법(橫法)에도 밝아서 사특한 방법으로 먹을 것을 구하는 자이니, 그와 같은 사문이나 바라문들은 하구식下口食을 하는 것이다. 만일 모든 사문이나 바라문으로서 별을 우러러 관찰하는 사특한 방법으로 먹을 것을 구하는 사람이면 곧 앙구식仰口食을 하는 것이다. 만일 사문이나 바라문으로서 남의 심부름을 위하는 사특한 방법으로 먹을 것을 구하는 사람이면 그와 같은 사문이나 바라문은 방구식方口食을 하는 것이다. 만일 사문이나 바라문으로서 여러 의방醫方으로 갖가지 병을 다스리는 사특한 방법으로 먹을 것을 구하는 사람이면, 그와 같은 사문이나 바라문은 곧 사유구식四維口食을 하는 것이다.

나는 이 4종의 사특한 방법에 떨어져 먹을 것을 구하지 않는다. 자매여, 나는 다만 법으로써 먹을 것을 구하여 스스로 살아가느니라. 그러므로 나는 4종의 먹을 것을 구하지 않는다고 말하느니라."[46]

출가수행자는 이른바 사부정식四不淨食(또는 四邪命食)에 의해 생활해서는 안 되며 걸식에 의해서만 살아가야 한다는 것이다. 사부정식이란, ①논·밭을 갈고 나무를 심어 생활하는 것(下口食), ②성수星宿, 일월日月, 풍우風雨 등을 연구함에 의해서 생활하는 것(仰口食), ③권

---

46 『大正藏』 2, pp.131下~132上.

세에 아첨하여 교언영색으로 그들로부터 재물을 얻어 사는 것(方口食),
④점치고 관상 보는 것을 배워 사람의 길흉화복을 말하거나 의술로써
생활하는 것(維口食)을 말한다.[47] 다시 말해서, 바른 직업이든 바르지
못한 직업이든, 출가자는 일체의 세속적 직업을 가져서는 안 된다는
말이다. 이것은 출가수행도 일종의 출세간적 직업(聖職)이라는 점을
생각해 볼 때, 직업 자체를 부정한다는 의미가 아니라 각자의 본분을
잘 지켜야 한다는 의미로 이해해야 할 것이다.

2) 경전의 직업관

『잡아함경』은 재가자가 현세에서 안정과 이락利樂을 얻는 네 가지
요소들을 설하고 있다.

①(직업을 가지고) 열심히 일하며 바르게 사는 것(方便具足)

②소유한 재화를 정당하게 관리하고 수호하는 것(守護具足)

③현실적인 어려움을 도와주고 올바른 길로 인도하는 벗을 가지는
것(善知識具足)

④균형 있는 경제 운용으로 넘거나 모자람이 없이 조화 있는 생활을
영위하는 것(正命具足).[48]

원시경전은 모든 경제행위를 '해탈을 위한 수도'라는 목표를 위한
수단으로 규정하고 있음은 앞에서 살펴본 바와 같다. 그 가운데 특히

---

47 불교에서는 (우주)공간을 흔히 十方으로 구분하여 설한다. 시방이란 동·서·남·북
 (四方)과 네 간방(四維), 그리고 위(上方)와 아래(下方) 방향이다. 여기서는 이
 시방에 배대하여 직업을 분류하고 있는 점이 흥미롭다.

48 『大正藏』 2, p.23上~中.

직업과 관련된 요소를 방편구족方便具足이라고 표현한 것은 대단히 흥미롭다. 이것은 직업은 삶을 영위하는 인간 활동의 구체적인 요소이고 사회적 관계를 이루는 기본적인 단위이며 그것을 수단으로 하여 '해탈을 위한 수도'의 성취에 나아갈 수 있기 때문에 방편으로서의 중요성을 더욱 강조한 것으로 생각된다. '승가의 사회적 기능'에서 살펴본 바와 같이 승가가 정신적 가치를 생산하는 사회적 구성원이라는 사회의식, 즉 일종의 직업의식을 가지고 있었던 점은 이를 잘 설명하는 것이다.

근대 자본주의 정신이 프로테스탄트의 직업윤리를 계승하였다고 갈파한 막스 베버(M. Weber)는 "직업은 인간이 신의 섭리로 받은 것이며 그 섭리에 순응하여야 한다."[49]는 루터의 견해를 소개하고 있다. 즉 그것은 자기 자신의 직업이 바로 하나님의 소명召命(calling)이라는 직업의식이며 모든 사람은 특정한 직분을 하나님에게서 부여받아 그 직업을 통해서 하나님의 영광을 드러내면서 살도록 부름을 받았다고 믿고 있었다.[50] 직업의식에 대한 견해가 불타 시대와 시대적 배경, 종교적 신념을 달리하지만, 그 목표가 종교적 구제에 있다는 데 어느 정도 공통점도 엿보인다.

오늘날 직업에 관한 관점은 대체로 다음과 같이 세 가지로 요약해 볼 수 있다.

첫째, 직업을 자기 자신을 위한 것으로 보는 직업관이다. 이것은

49 M. Weber, 朴性洙 역, 『프로테스탄티즘의 윤리와 자본주의 정신』, 文藝出版社, 1990, p.51.

50 M. Weber, 앞의 책, pp.45~56 참조.

가장 일반적인 직업관으로서 생업으로서의 직업적 측면을 강조하는 직업관이라 할 수 있다.

둘째, 개인적인 필요나 이익을 목적으로 삼기보다는 개인이 속하고 있는 집단 전체의 목적이나 이익을 기준으로 삼는다. 그러므로 이 직업관은 국가본위의 직업관이라고 말할 수 있다.

셋째, 직업을 자아실현의 과정으로 보는 직업관이다. 이것은 자아실현적 직업관이라 부를 수 있다.[51]

이 세 가지 관점으로 불타의 직업관을 고찰한다면 그것은 어떻게 평가될 수 있을까?

『잡아함경』은 "종종種種의 공교업처工巧業處로 스스로 생활을 영위하라."[52]고 설한다. 즉 다양한 기술과 직업을 통해서 생계를 유지하라는 의미로, 생업으로서의 직업을 중시하는 말이다. 다음으로, 시여를 통한 복전의 실현은 사회적 참여와 봉사로서의 직업을 강조하는 것이며, 직업이 '해탈을 위한 수도'의 성취를 목표로 하는 방편으로 될 때는, 자아실현의 장으로서 직업을 파악하는 것이다. 그러므로 불타의 직업관은 세 가지의 관점 및 직업기능[53]이 종합적으로 조화된 균형 있는 직업관이라 할 수 있을 것이다.

또한 직업을 가진 사람은 근면과 성실로써 그 의무를 다해야 한다는 것이 직업윤리에 대한 불타의 입장이다.

『잡아함경』은 "모든 직업에서 성실하고 부지런히 행하라."[54]고 가르

---

51 沈義輔, 앞의 책, pp.185~186 참조.
52 『大正藏』 2, p.23上.
53 세 가지 직업관은 직업기능으로서의 의미도 동시에 가지고 있다.

친다. 또 『별역잡아함경別譯雜阿含經』은 더욱 구체적으로 근면의 의미를 강조하고 있다.

> 어떤 것이 정근精勤인가? 그 직업을 따라 가계를 세워 생활하는 것이다. 혹은 왕의 신하가 되거나 혹은 농부가 되거나 혹은 치생治生[55]을 하거나 혹은 목자牧者가 되거나 그 업을 따라 괴로움을 싫어하지 않고 또 춥거나 덥거나 바람이 불거나 비가 오거나 배가 고프거나 목이 마르거나, 또 모기·깔다귀·파리·벌 때문에 괴로움이 있을지라도 그 업을 버리지 않고 그 업을 성취하기 위하여 애써 나아가는 것을 정근이라고 한다.[56]

이와 같이 철저한 직업의식은 수도자의 수행정신과 조금도 다르지 않음을 알 수 있다. 이것은 바로 불교가 추구하는 목표가 지식의 탐구나 형이상학적 관념론에 있는 것이 아니라, 올바르고 생생한 삶의 진실을 체득하는 데 있음을 확인해 주는 것이다.

나아가 우리는 직업윤리와 관련하여 오늘날 큰 사회문제가 되는 고용주와 피고용인의 관계를 생각하지 않을 수 없다. 고용주와 피고용인의 관계는 이들 사이의 제도화된 사회관계를 의미하며, 그 관계가 원만하면 상호협력에 의한 생산적 향상으로 공존의 번영을 가져오지만 그렇지 않으면 대립과 갈등으로 인한 경제적 손실 및 사회적 혼란을

---

54 『大正藏』 2, p.23中.
55 여기에서는 수공업 및 상업의 의미로 이해하면 좋을 듯하다.
56 『大正藏』 2, p.404下.

야기하게 된다. 물론 당시의 인도사회가 근대적 의미의 고용관계를
유지했던 것은 아니며, 고용관계는 주로 주인과 노예의 관계로 성립되
어 있었다. 노예는 지주들이 소유하는 논·밭의 경작을 담당하는 농노
와 상인들의 물품을 수송하는 노예 등이 대부분을 이루고 있었다.
그러나 그들은 자영상인으로 독립하는가 하면 상당한 재산을 축적한
자들도 있었기 때문에[57] 주인과 노예의 관계를 고용관계로 규정해도
커다란 무리는 없을 것이라고 본다.

불타는 『육방예경六方禮經』에서 주인의 의무를 다음과 같이 가르치
고 있다.

① 때에 맞추어 음식과 의복을 제공하고

② 병이 나면 의사의 치료를 받게 하며

③ 망령되이 매질하지 말고

④ 사유물을 빼앗지 말고

⑤ 물건을 나누어 줄 때는 공평하게 하라.[58]

비록 주인과 노예 간의 관계에 대한 윤리이지만 이미 그러한 관계를
넘고 있다. 평등한 인간관계로서 자비와 봉사의 실천이 그 의무로
규정되고 있는 것이다.

그러면 피고용자는 어떤 의무를 지는가?

① 일찍 일어나고

② 스스로 자기 할 일을 알아서 하고

③ 주인의 물건을 아끼고

---

57 增谷文雄, 앞의 책, p.338.

58 『大正藏』 1, p.251中~下.

④주인이 드나들 때 맞이하고 보내드리며

⑤주인의 선행을 칭찬할 것.[59]

피고용자의 주인에 대한 의무는 신뢰와 성실성으로 집약되고 있다. 이러한『육방예경』의 가르침은 사회 전반에 대한 실천윤리이지만 고용관계, 즉 직업을 매개로 한 사회적 관계를 규명하고 있다는 데 더욱 큰 의미를 찾을 수 있을 것이다. 오늘날의 노사문제를 생각할 때, 주인과 피고용자 관계에서의 상호의무에 대한 불타의 가르침은, 단지 한 시대의 일로만 한정될 수 없음을 시사하는 것이다.

불교경전은 평등사상을 기초로 하여, 직업에는 귀천이 없다는 것을 강조하고 있다. 그러나 석존은 올바른 직업과 그릇된 직업을 엄격히 구분하여, 바른 직업에 따라 삶을 영위하고 이락利樂을 얻을 것을 가르친다. 바른 직업의 판단기준은 종교적 목표와 사회적 도덕성에 있으며, 바른 직업을 통하여 사회봉사와 '해탈을 위한 수도'라는 종교적 목표를 달성할 수 있다는 것이 직업에 관한 경전의 기본적인 견해라 할 수 있다.

5. 소비지출론과 사분법

1) 올바른 소비

소비란 경제활동을 하는 데 있어 재화나 서비스의 처분행위를 말하는 것으로서 모든 경제행위는 결국 소비와 관련된다.[60] 소비를 자본의

---

59 『大正藏』1, p.251下.

60 趙淳,『經濟學原論』, 法文社, 1987, p.111.

재생산 과정에 따라 분류하면 생산적 소비와 개인적 소비로 나눌 수 있다. 생산적 소비는 생산수단을 소비하여 새로운 생산물을 생산하는 것이며 개인적 소비란 소득을 생산자료에 이용함으로써 이루어지는 소비를 말한다.

『잡아함경』이 설한 재가자의 재산운영에 관한 사분법四分法은 소비의 측면에서 보면 모두 재財의 합리적 소비에 대한 규정이라고 할 수도 있다. 즉 사분법 중 1/4에 해당하는 생계비는 개인적 소비이고, 생업을 경영하는 데 사용하는 2/4는 생산적 소비이며, 빈핍에 대비하여 저축하는 나머지 1/4은 장래에 대한 소비라 할 수 있다. 사분법은 저축과 재생산의 투자를 확대시킴으로써 소비에서 낭비의 요소를 줄이고 검소와 절약의 생활로 인도되도록 구성된, 건전한 윤리를 기초로 한 합리적 소비패턴임을 쉽게 알 수 있다.

소비생활이란 재화에 대한 인간의 무한한 욕구를 충족시키는 과정이라고 정의할 수 있다. 그러나 재화는 한정되어 있기 때문에 재화와 욕구는 긴장관계에 있게 된다. 『숫따니빠따』는 이러한 긴장관계를 유발하는 원인인 욕구에 대해 다음과 같이 설한다.

욕망을 이루고자 하는 사람이 생각대로 잘되면, 그는 인간이 갖고 자 하는 것을 얻었기 때문에 기뻐한다.(766)

욕망을 이루고자 탐욕이 생긴 사람이 만일 욕망을 이루지 못하게 되면, 그는 화살에 맞은 사람처럼 괴로워하고 번민한다.(767)

204

뱀의 머리를 밟지 않으려고 조심하는 것처럼, 모든 욕망을 피하는 사람은 바른 생각을 하고, 이 세상의 애착을 넘어선다.(768)

농토·집터·황금·마소(馬牛)·노비·고용인·부녀자·친척 그 밖의 여러 가지를 탐내는 사람이 있다면(769)

온갖 번뇌가 그를 이기고 위험과 재난이 그를 짓밟는다. 그러므로 괴로움이 그를 따른다. 마치 파손된 배에 물이 새어 들듯이.(770)

그래서 사람은 항상 바른 생각을 지키고 모든 욕망을 회피해야 한다. 배에 스며든 물을 퍼내듯이, 그와 같은 욕망을 버리고 강을 건너 피안에 도달한 사람이 되라.(771)[61]

이 내용은 불교의 매우 중요한 교설로서, 인간이 욕망의 그물에서 벗어날 때 진정한 평온과 해탈에 이르게 된다는 것을 잘 말해 주고 있다. 그러나 욕망을 멀리하는 것, 그것은 욕망과 관련된 인간의 모든 활동에 대한 거부를 의미하는 것은 결코 아니다. 인간의 삶을 긍정하는 한 완전한 무욕의 상태는 불가능할지도 모른다. 그리하여 불타는 욕심을 적게 하고 만족할 줄 알라(少欲知足)고 가르친다.

이 소욕지족의 가르침을 소비와 관련지어 생각해 본다면, 이것은 최소한의 소비로써 인간의 만족을 극대화하고자 하는 입장이라고 할 수 있다. 소욕으로 만족할 줄 알 때 인간관계는 긴장과 갈등이

---

61 *Sn.* 766~771.

제거되고 우호적인 삶으로 바뀌어 갈 것이다. 우리는 이러한 소욕지족의 실제적인 예를 승가의 생활에서 찾아볼 수 있다. 승가는 걸식과 보시로 생활하는 완전한 소비 공동체 조직이었다. 그들의 소비생활은 놀랄 만큼 간소하여 하루 한 번 정해진 시간의 탁발托鉢을 통해 음식을 얻고 남루한 천 조각을 바느질하여 만든 황색 옷을 입는다. 숲속이나 나무 아래서 잠을 자고 한 가지의 상비약만을 지닐 수 있었다. 그러나 어떤 경우에도 감사하면서 소비하고 아끼면서 사용하였다.[62]

가끔 규정 이상의 물자를 갖고 있다든가 규율을 위반하는 승가 구성원에 대해서는 잘못된 사안이나 잉여분의 물자를 네 명 이상의 동료 앞에 꺼내 놓고 참회하는 사타捨墮의 형식을 통해 규제함으로써 합리적 소비양식을 유지하게 하고 사회적 신뢰를 확보해 나갔다. 이러한 간소하고 금욕적인 소비의 정신은 재가자의 생활윤리 속에도 그대로 반영된다. 이것은 올바른 중도적 삶인 바른 생활(正命)의 실천이다. 불타가 경계한 것은 재산 소유 자체가 아니라 제어되지 아니한 욕망, 즉 소유에 대한 끝없는 집착이었다.

사람들은 내 것이라고 물건에 집착함으로써 근심하게 된다. 자기가 소유한 것이 상주常住하지 않기 때문이다. 이 세상은 단지 변멸變滅 하는 것일 뿐이다.[63]

슈마허는 "해탈을 가로막는 것은 부富가 아니라 부에 대한 집착이며,

---

62 大野信三, 앞의 책, pp.76~77 참조.
63 *Dhp*. p.145.

유쾌한 일을 즐기는 것이 아니라 이에 탐닉하여 갈망하는 것이다."[64]라고, 참다운 불교 경제생활의 의미를 해석하고 있다.

　　경제생활에서 재화를 소비하는 것은 재화에 대한 끝없는 욕구를 충족시키려는 데 그 목표가 있다. 그러나 불교경전에서 재화의 소비는 종교적 목표를 실현하는 수단으로서 합리적인 계획에 의해 정당하고 균형 있게 이루어질 것이 권장된다. 소비에서 검소와 절약[65]은 욕망을 절제하라는 불타의 근본 가르침이 경제활동이라는 구체적 생활의 윤리로서 표현된 것이다.

　　오늘날에도 검소와 절약은 생활의 덕목으로 평가되고 있다. 그러나 근대에 이르러 절약, 즉 저축이 미덕인가, 소비가 미덕인가 하는 문제에 대해 서로 상반되는 견해가 제기되었다.

　　아담 스미스(Adam Smith)는 절약을 장려하는 입장으로서, 절약은 국가의 부, 국민소득, 그리고 국민의 생활수준이 향상될 수 있는 중요한 요인이라고 생각했다. 즉 절약에 의해 자본의 축적이 가능하며 그것으로써 장래 국민소득이 증대될 수 있다고 본 것이다.[66] 반대로 케인즈

---

64 E.F. 슈마허 저, 김정우 역, 『佛敎經濟學』, 대원정사, 1988, p.62.

65 검소와 절약에 대한 아난의 태도는 매우 감동적이다. 아난은 이렇게 말한다. "비구들이 입고 있던 낡은 옷으로는 이불덮개를 만들겠습니다; 떨어진 이불덮개로는 베갯잇을 만들겠습니다; 헌 베갯잇으로는 방석을 만들겠습니다; 떨어진 방석은 발수건으로 쓰겠습니다; 낡은 발수건으로는 걸레를 만들겠습니다; 낡은 걸레는 가늘게 썰어 진흙과 섞어서 벽을 바르는 데 쓰겠습니다."(佛敎傳道協會, The Teaching of Buddha, pp.438~440)

66 Adam Smith, The Wealth of Nations, Reproduction in Japan, Tokyo, 1040.

(J.M. Keynes)에 따르면 절약에 의해서 국민소득이 증대되는 것이 아니라 도리어 소득은 감소되고 실업을 발생시킴으로써 사회적 혼란을 가중시킨다[67]고 주장하여 소비를 적극적으로 장려하였다.

물론 이들 이론은 각각 상이한 역사적 배경을 가지고 있고 그에 상응하는 타당성도 지니고 있다. 그러나 오늘날 무절제한 소비는 엄청난 사회문제를 일으켰다. 자원의 무분별한 훼손은 자원의 고갈을 가져왔고 이로써 파생된 공해의 문제는 인류의 생존을 심각하게 위협하기에 이르렀다.[68] 그뿐만 아니라 과소비로 인한 사치와 낭비풍조는 퇴폐와 향락으로 이어지는 도덕적 타락을 가져왔다.

불타 시대의 인도사회는 재산이 축적되고 화폐가 유통됨에 따라 술과 도박을 즐김으로써[69] 낭비와 사치풍조에 젖어 있었던 것으로 판단된다. 불타는 재산을 잃게 되는 낭비의 원인을 다음과 같이 여섯 가지로 나누어 설하고 있다.

---

67 J.M. Keynes, a.a.o.

68 경제성장이라는 지나친 환상으로 인류는 부존자원을 한없이 사용해도 무방한 것처럼 무절제하게 소비했고 이러한 자원의 소진이 너무나 빠른 속도로 진행되고 있어 자원의 문제는 우려할 사태에 이르렀다. 그러나 더욱 심각한 문제는 환경오염으로 인한 생태계의 파괴이다. 화석연료의 지나친 사용으로 발생하는 이산화탄소는 지구의 온실효과를 가져와 가뭄·폭풍 등 기상이변을 일으킴으로써 지구의 생물학적 균형을 파괴하게 된다. 그뿐만 아니라 에어컨, 스프레이나 냉장고에서 발생하는 프레온 가스는 지구의 오존층을 파괴하여 인류의 생존 자체를 위협하고 있다.

69 增谷文雄, 앞의 책, pp.360~361.

장자여, 재산을 탕진하는 여섯 가지는 무엇인가. 술에 탐닉하는
것은 참으로 재산을 탕진하는 문門이며, 때아닌 시간에 거리를
나도는 것은 실로 재산을 탕진하는 문이다. 장자여, 제례祭禮,
가무歌舞 등의 집회에 열중하는 것은 재산을 탕진하는 문이고,
도박에 빠지는 것은 재산을 탕진하는 문이다. 나쁜 친구(惡友)를
사귀는 것은 재산을 탕진하는 문이며, 게으른 습관은 실로 재산을
탕진하는 문이다.

장자여, 술에 탐닉하게 되면 여섯 가지 위험이 따른다. 무엇이
여섯 가지인가. 재산을 낭비하고, 싸움을 자주 일으키며, 질병을
얻고, 훌륭한 인격을 잃게 되며, 외설猥褻을 일으키고, 지혜를
잃게 된다.

장자여, 때아닌 시간에 자주 거리를 나돌게 되면 여러 가지 위험이
따르게 된다.

자신과 처자의 안정이 보장되지 않고, 소유물이 지켜지지 않으며,
억울한 누명을 쓰게 되고, 구설에 오르기도 한다. 그 밖에도 많은
문제가 거리를 나도는 동안 생겨나게 된다.

장자여, 제례, 가무 등 집회에 열중하게 되면 여러 가지 번뇌가
생겨난다. 그는 언제나 다음과 같은 생각으로 가득 차 있다. 춤은
어디서 행해지는가. 어디 가서 노래를 들을 수 있을까. 음악은
어디서 들으며 웅변은 어디 가서 들을까. 심벌은 어디서 연주되며
탐탐의 연주는 어디에서 열리고 있는가.

장자여, 도박에 빠지게 될 때 여러 가지 위험이 따른다. 만일
돈을 따게 되면 그는 미움을 사게 된다. 또 잃게 되면 재산을

낭비한 비탄에 잠기게 된다. 그가 소유하고 있는 것은 모두 소비되어 버린다. 법정에 섰을 때도 그의 말에 위엄이 없어져 자신의 친구들이나 관리들에게 경멸당하게 된다.[70]

재산 낭비의 요인 가운데 나태한 생활태도를 지적한 데 특히 유의할 필요가 있다. 게으름은 생산을 불가능하게 하고 이미 축적된 재화를 낭비하게 하며 도박이나 음주에 탐닉케 하여 개인은 물론 사회에도 커다란 해악을 끼치게 된다. 그러므로 불타는 게으름을 가장 비생산적 형태의 표본으로 간주한 것이다. 그리고 꿀벌이 꿀을 나르듯이 부지런하고 절약하는 정신이 개인에게는 물론 사회를 건강하게 유지하는 기본임을 강조하였다.

또한 음주는 해태懈怠와 함께 재산을 낭비하게 되는 가장 크고 직접적인 원인 중의 하나이다. 음주의 피해는 재산상의 손실뿐만 아니라, 인격을 상실하고 지혜를 잃게 되며 질병을 발생케 하여 결국 인간을 파멸로 이끄는 주요 요인이 된다. 불음주를 오계 중에 포함시킨 것은 당시의 교단이 음주의 폐해를 얼마나 심각하게 인식하였는가를 보여주는 것이다. 또한 도박과 나쁜 친구에 의한 재산상의 피해는 물론 지나친 허례허식에 의한 재산의 낭비도 경계하고 있다.

소비란 결국 욕구와 재화 간의 합리적 선택행위이다. 소비를 결정하는 요인은 여러 가지가 있으나 개인의 도덕적·윤리적 가치관을 빼놓을 수 없다.[71] 불타가 재산 낭비와 관련하여 여섯 가지 요인을 적시한

---

70 D.N. III, p.175.

71 朴東敬, 『家庭經濟學』, 博英社, 1973, pp.86~88 참조.

것은 개인의 도덕적 지표의 제시일 뿐만 아니라 그러한 비도덕적 행위는 재산의 낭비를 가져오고 마침내는 자신을 반사회적 인간으로 떨어뜨리게 한다는 지적이다. 다시 말하면 건전한 재산의 수호와 관리는 사회적 정의 실현을 촉진하는 요소로 평가되고 있는 것이다.

석존은 개인적 선택행위와 관련된 재산낭비 외에 외적인 요인으로 재산을 잃게 되는 여덟 가지의 경우를 들고 있다. 왕난王難·적난賊難·수난水難·화난火難·자연소모自然消耗·저리불환低利不還·원가怨家의 파괴·악자惡子의 낭비 등이 그것이다. 불가항력적인 자연의 재해 말고도 왕의 가혹한 조세나 부당한 정책에 의해 재산을 수탈당하고(王難), 경제적인 여유가 있어도 베풀려 하지 않기 때문에 늘어나는 원성에 의해 가문이 쇠퇴하는 경우도 있다(怨家).[72]

재산의 손실을 주는 팔난八難은 어쩔 수 없는 외부로부터의 재난이지만 이들을 미리 예측하고 현명하게 대처한다면 이들 어려움을 극복할 수 있다는 것이 경전의 시각이다. 경전은 이와 같이 재산을 잘 관리하고 지키는 것이 가장의 의무라고 규정하고 있다.

석존은 검소한 생활태도와 절제된 소비생활로 낭비와 사치를 멀리하도록 권면勸勉하고 있지만 지나친 인색도 올바른 생활태도가 아니라고 경계하였다.

균형 있는 수입과 지출, 이것이 불교가 추구하는 가장 바람직한 경제생활이다.

---

72 大野信三, 앞의 책, p.83 참조.

바라문이여, 무엇이 올바른 생활인가. 여기에 재산의 수입 지출을
검토하고 진지하게 자신의 사업을 행하여 적정선을 유지하고 있는
상인이 있다고 하자. 그는 생각할 것이다. 나의 수입은 이 정도이다.
이만큼 공제한다 해도 유지될 것이다.

바라문이여, 그 상인은 수입과 지출을 잘 염두에 두고 진지하게
자신의 사업을 해 나가면서 너무 심하지도 너무 못하지도 않게
경영을 해 나간다. 수입보다 지출이 초과하지 않도록 하면서 자신
의 사업이 유지되도록 한다. 만일 바라문이여, 상인이 수입은
적으면서 그 생활을 크게 한다면 그는 곧 구설에 오를 것이며
이 사람은 그의 재산을 무화과 열매처럼 먹어치우고 말 것이다.
만일 이 상인이 수입은 많은데 지출을 너무 적게 한다면 사람들은
또 그를 비웃을 것이다. 비렁뱅이 개처럼 죽어가고 있는 것이나
다름없는 것이기 때문이다.[73]

지출이 수입을 넘지 않게 하고 동시에 지나치게 인색하지 않은
것, 이것이 바로 정명正命의 생활이다. 현대에서도 소득과 지출의
균형은 매우 중요한 경제이론 중의 하나다.

소비자들은 제한된 소득으로 재화를 구입함에 있어서 얻을 수 있는
효용을 극대화하게 된다. 소비자의 부단한 노력으로 효용의 극대화가
달성될 때 소비자 행동은 균형에 도달하게 된다는 것이다. 이것이
바로 소비자의 균형이론이다. 수입에 맞는 균형 있는 지출, 그 지출이
소욕少欲을 통한 만족에 이르도록 합리적으로 설계된 소비패턴에 따라

---

73 *A. N.* IV, p.828.

행해져야 한다고 가르치는 불교의 소비관점은 현대의 소비이론을 뛰어넘고 있다고 해도 과언이 아니다. 소득에 맞는 절약과 검소의 생활을 하는 것은 부모에게 효도하고 처자를 거느리며 친척을 도우며 가난한 자에게 아낌없이 베풀고 사문이나 바라문에게 보시하기 위함이다.[74] 이러한 경제행위와 관련된 윤리적 실천이 경전에서는 재財의 효용 극대화, 즉 소득과 소비의 가장 이상적인 균형상태였던 것이다.

나카무라 하지메(中村 元)는 이러한 수지의 균형에 대하여 "세속인에게는 매우 금욕적인 것으로 생각되겠지만, 그렇다고 극단적인 내핍생활을 강요하는 것은 아니고 불교의 중도사상에 따라 수입과 지출의 균형이 이루어진, 당시의 사회상식으로서 적당하다고 생각되는 생활수준의 윤리를 승인하고 있었던 것 같다."[75]고 하여 불교의 경제사상을 중도적 경제사상이라고 규정한 것은 적절한 해석이라 하겠다. 재화의 궁극적 목표는 소비에 있다. 불교의 소비에 대한 입장은 물질적 욕구의 충족이라기보다는 욕망의 제어로 표현되는 검소와 절제의 생활을 통하여 적은 소비로 만족을 얻고 시여施與의 종교적 목표에 도달함으로써 재財의 최대 효용을 달성하는 것이다.

2) 사분법의 내용 검토

(1) 사분법 설명의 불일치

사분법은 일반적으로 크게 두 가지 내용으로 설명된다. 그 하나는, "그대 수입의 1/4은 일상생활 경비로 쓰고, 2/4는 사업과 다른 활동에

---

74 『大正藏』 2, p.24下.

75 中村 元, 앞의 책, p.209.

투자하고, 1/4은 어떤 비상사태에 대비해 저축해 두라."[76]는 내용이다. 다른 하나는, 수입을 4등분하여 1/4은 생계비에 쓰고, 1/4은 전업田業에 사용하며, 1/4은 저축하여 만일의 경우에 대비하고, 나머지 1/4은 경작자나 상인에게 빌려주어 이자를 받도록 한다는 내용이다.[77] 그러나 이 두 가지는 서로 다른 내용이 아니다. 수입의 1/4은 생계비로, 1/4은 저축에 사용한다는 것은 전자나 후자에 공통된 내용이다. 또한 후자의 내용 가운데 '전업田業에 사용하라는 1/4과 빌려주어 이자를 받도록 하라는 1/4'은, 전자의 내용 가운데 '사업과 다른 활동에 투자하는 데 쓰라고 하는 2/4'와 같다. 후자의 내용은 전자의 내용을 다시 두 가지로 세분했다고 볼 수 있다. 이 두 가지 설명은, 뒤에서 다시 언급하겠지만, 경전적 근거에 기초하고 있어서 문헌상으로는 별문제가 없다. 그런데 이 사분법에 관한 설명의 내용이 이것과 다른 경우를 종종 발견하게 된다. 먼저 우리나라에서 출간된 한 불교서적의 내용을 인용해 보기로 한다.

그리고 획득한 이익은 4분해서 그 하나는 의식주의 생활비에 충당하고, 또 하나는 다음의 경제활동을 위한 회전자금으로, 또 하나는 저축과 고용인의 급여로 충당하고, 나머지 하나는 베풀어 주라고 가르치셨습니다.[78]

---

76 스리 담마난다 지음, 이병두 옮김, 『불교이야기』, 미토, 2004, p.209.
77 동국대교양교재편찬위원회 편, 『불교학개론』, 동국대학교출판부, 2000, p.237.
78 대원정사 편집부 엮음, 『100문 100답 불교입문편』, 대원정사, 1995, p.73.

위의 내용을 살펴보면, 돈을 빌려주어 이자를 얻도록 하라는 항목이 빠져 있고, 그 대신 "베풀어 주라."는 항목이 포함되어 있다. 또한 1/4을 "저축과 고용인의 급여로 충당하라."고 한 것처럼 고용인의 급여를 추가하고 있다. 이 책은 전문적인 학술서적이 아니므로 주註 처리를 생략하고 있어서 이 내용의 출처를 확인할 수 없다. 필자도 아직 이와 상응하는 한역경전漢譯經典을 보지 못했다. 이 책은 일반 대중을 위한 교양서적이기에 경전의 원문에 얽매이기보다는 전체적인 내용을 중요시하여 의도적으로 재구성해 놓은 것이 아닌가 하는 추측도 해봄 직하다. 실제로 일본의 오노 신조(大野信三)는 경전의 내용을 인용하면서도, 그 내용과는 조금 다르게, 사분법을 다음과 같이 재정리하고 있다.

가정의 경제를 합리적으로 관리하려면 정당한 직업활동에 의해 얻은 수입을 사분四分해서, 각각 사회적인 지출, 가계비, 가업家業의 운전運轉(운영)자금, 불시不時의 재해에 대비하기 위한 저축으로 쓰지 않으면 안 된다.[79]

그는 여기에서의 '사회적인 지출'의 몇 가지 예로 사교비, 기부금, 세금, 공과금 등을 제시하고 있다.[80]

또한 일본의 이노우에 신이치(井上信一)도 노동에 의해 얻은 부(수입)를,

---

[79] 大野信三, 『佛敎社會經濟學說の硏究』(東京: 有斐閣, 1956), pp.133~137.

[80] 위의 책, pp.137~138.

① 가계비(개인 또는 가정의 소비)

② 사회적 지출(세금 및 보시)

③ 운전자금(가업 등의)

④ 저축(불시의 재해에 대비함)

등으로 사분四分하는 것이 사분법四分法이라고 설명하고 있다.[81] 이것은 아마도 오노 신조의 입장을 계승한 것으로 보인다.

오노 신조는 미노 코쥰(美濃晃順)의 사분법 설명을 소개하고 있는데, 미노는 '4분'의 '분'을 1/10의 의미로 해석하여, 수입의 4/10를 사회적인 목적을 위해, 1/10을 생활비로, 2/10를 영업용 자금으로, 3/10을 불시의 재해에 대비하는 데 사용하는 것이 사분법이라고 설명하고 있다는 것이다.[82] 이것은 분명히 잘못된 해석이라고 생각되는데, 왜 이런 착각이 일어났는지에 대해서는 한문 원문을 살필 뒷부분에서 알아보기로 한다.

그리고 이재창 교수는 저축을, 자기 자신만이 아니라 다른 사람이 어렵고 빈궁할 때를 대비하기 위한 것이라고 함으로써, 새로운 해석의 지평을 열어 놓고 있다.[83]

(2) 경전상의 사분법 내용 검토

앞에서도 이미 언급한 것이지만, 논의를 더 진전시키기 위해 사분법四分法을 설하고 있는 원문의 내용을 살펴보기로 한다. 먼저 『아함경』

81 井上信一, 『地球を救う經濟學』(東京: 鈴木出版株式會社, 1997), p.176.

82 大野信三, 앞의 책, p.137.

83 이재창, 『韓國佛敎寺院經濟研究』, 불교시대사, 1993, p.279.

가운데서도 그 성립이 가장 이른 것으로 추정되는『잡아함경雜阿含經』의 내용을 인용해 본다.[84]

처음에는 공교업(기술)을 배우고, 열심히 노력하여[85] (또는 방편을 써서) 재물을 모으되, 저 재물을 얻은 뒤에는 마땅히 넷으로 나누어라. 1/4은 스스로 먹는 데 쓰고, 2/4는 영생업營生業에 사용하며, 나머지 1/4은 저축하여 간직해 두고서 궁핍할 때를 대비하라.[86]

이에 상응하는『별역잡아함경別譯雜阿含經』의 내용도 다음처럼 거의 동일하다.

먼저 여러 기능을 배우고, 다음으로 많은 재보를 모으라. 모은 재물은 넷으로 나누되 1/4은 옷과 음식을 충당하고, 2/4는 사업을 운영하는 데 쓰며, 1/4은 궁핍할 때를 대비하라.

또한 빨리본 *Dīgha Nikāya* 제31경 *Sigālovāda Suttanta*의 다음 내용도 이와 거의 같다.

---

84 『雜阿含經』권48, 제1283경(『大正藏』2, p.353上中): "始學功巧業 方便集財物 得彼財物已 當應作四分 一分自食用 二分營生業 餘一分藏密 以擬於貧乏."
85 方便이라는 용어는 '노력'의 의미로도 종종 쓰인다.
86 『別譯雜阿含經』권14, 제281경(『大正藏』2, p.471下): "先學衆技能 次集諸財寶 集財爲四分 一分供衣食 二分營作事 一分俟匱乏."

Ekena bhoge bhuñjeyya, dvīhi kammaṃ payojaye, catutthañ
canidhāpeyya, āpadāsu bhavissatiti.[87]

(One portion let him spend and taste the fruit. His business to conduct
let him take two. And portion four let him reserve and hoard; So there'll
be wherewithal in times of need.)[88]

부의 1/4은 스스로 향수享受하게 하고, 2/4는 사업을 운영토록
하라. 그리고 나머지 1/4은 비축을 하도록 하라. 그러면 궁핍할
때 긴요하게 쓰일 것이다.

이러한 원문들을 살펴보면, 1/4씩 책정된 생계비와 저축비는 그
의미가 분명하지만, 수입의 2/4가 책정된 '영생업營生業(營作事, con-
duct business)'의 의미는 조금 모호한 데가 있다. 그러기 때문에 개인에
따라서 그 해석에 약간의 차이점이 나타난다. 앞에서 언급한 것처럼
스리 담마난다 스님은 이것을 '사업과 다른 활동에 투자하는' 것으로
보고 있고, 이재창 교수는 '생업을 경영하거나 자본으로 삼아 이윤을
얻도록 하는' 것으로 설명하고 있다.[89] 하지만 일본의 기무라 다이켄(木
村泰賢)은 '이자를 창출하는 대여'의 개념은 '영생업'에 포함시키지
않고 있다. 다시 말해 수입의 2/4는 순수한 영업비 또는 생산비로만
쓰여야 한다고 보고 있는 것이다.[90] 다행히도 『잡아함경雜阿含經』에서

87 *D.N.* III, p.188.
88 *Dialogues of the Buddha* III(London: P.T.S., 1977), p.180.
89 이재창, 앞의 책, p.279.
90 木村泰賢, 『原始佛敎思想論』(東京: 大法輪閣, 1982), p.268.

는 '영생업'에 대한 개념 규정을 다음과 같이 하고 있다.

　생활을 경영하는 업으로는

　농사를 짓는 일과 장사하는 일

　소나 양을 먹여 번식시키는 것과

　셋집을 놓아 이익을 구하는 것이 있다.

　또 집을 짓는 것과 침구 만드는 일

　이런 것들이 여섯 가지 직업이니[91]

　이로써 보면 '영생업'에는 돈을 빌려주고 이자를 얻는 일은 포함되어 있지 않은 것으로 생각된다. 그러나 『중아함경中阿含經』에서는 '영생업' 대신, 전업田業(경작 등의 생산)에 1/4을 쓰고 이자를 창출하기 위한 대여에 1/4을 쓰라고 세분하고 있어, 넓게 보면 영생업 속에는 이미 대여의 개념이 내포되어 있다고 볼 수도 있을 것이다. 따라서 누가 옳고 누가 그르다고 단정적으로 말하기는 어렵다고 본다. 또한 이 원문의 내용상으로는 '사회적 지출'의 개념은 발견되지 않는다는 점에 유의해야 할 것이다.

　그리고 추측건대 미노는 『잡아함경雜阿含經』의 내용을 잘못 이해하여 엉뚱한 설명을 한 것이 아닌가 한다. 미노는 확실히 '분分'을 1/10로 이해하여 '당응작사분當應作四分'의 사분四分을 4/10로 계산하고, 이것을 문맥상으로는 도저히 납득하기 어려운 '사회적 지출'의 몫으로

---

91 『大正藏』 2, p.353中; "營生之業者 田種行商賈 牧牛羊興息 邸舍以求利 造屋舍床臥 六種資生具."

할당한다. 나아가 '일분자식용一分自食用'의 일분一分은 1/10로 보고
'이분영생업二分營生業'의 이분二分 역시 2/10로 계산한 것 같다. 그렇
다면 나머지 3/10이 모자라게 된다. 따라서 '여일분장밀餘一分藏密'의
여일분餘一分은 1/10로 보지 않고 '나머지 한 부분'이라는 의미로 해석
하여 3/10으로 계산했을 것으로 추정된다. 하지만 미노의 해석은
문맥의 흐름을 무시한, 거의 견강부회牽强附會에 가까운 해석이라고
생각된다. 어쩌면 그는 '사회적 지출'의 항목을 포함시켜야 한다는
강박관념에 사로잡혀 있었을지도 모른다.

　다음으로,『잡아함경』보다는 그 성립이 조금 후대인 것으로 추정되
는『중아함경中阿含經』의 사분법四分法 내용을 인용해 보기로 한다.

　　처음에는 마땅히 기술을 배우고, 이후에 재물을 구하라. 재물을
　　구한 다음에는 이것을 넷으로 나누되, 1/4은 생계(음식)비로 쓰고,
　　1/4은 생산(田業)비로 쓰며, 1/4은 저축해 두어 긴급한 때에 소용이
　　되게 하고, 1/4은 경작인이나 상인에게 빌려주어 이자를 창출하도
　　록 하라.[92]

　위에서 보는 것처럼, 수입의 1/4은 생계비로 쓰고 1/4은 저축하는
데 쓰라는 내용은『잡아함경』과 같다. 하지만 1/4은 빌려주어 이자를
창출하도록 하라는 내용은 새롭게 첨가된 것이고,『잡아함경』에서

---

92 『中阿含經』제135경「善生經」(『大正藏』1, p.642上): "初當學技術 於後求財物
　 後求財物已分別作四分 一分作飮食 一分作田業 一分擧藏置 急時赴所須 耕作商
　 人給 一分出息利."

2/4가 책정된 생산비는 여기서는 1/4로 줄어들었다. 이것은『잡아함경』의 2/4를 1/4씩 둘로 나눈 결과로 보인다. 그러나 주의할 것은 여기서도 역시 '사회적 지출' 또는 '보시'의 항목은 빠져 있다는 사실이다. '불교 경제'는 흔히 보살의 이념을 근본으로 하는 '자리이타自利利他의 경제'로 일컬어진다.[93] 그런데도 이들 경전의 내용에 나타난 지출 항목에는 자리적自利的인 것만 눈에 띄지 이타적利他的인 것은 찾아볼 수 없다.

　우리는 이러한 사분법四分法을 어떻게 이해하고 해석해야 하는 것일까.

3) 사분법의 바른 해석

(1) 바른 해석을 위한 몇 가지 전제

가) 불타 교설의 특징, 대기설법對機說法

불교는 우주와 인생의 궁극적 진리를 깨달은 자(佛陀)가 아직 그 진리를 깨닫지 못한 자(衆生)로 하여금 깨닫도록 이끌고 일깨우는 가르침이다. 진리를 깨닫도록 이끌고 일깨우는 일은 흔히 교화敎化라고 하며 붓다의 교화는 크게 위의교화威儀敎化와 설법교화說法敎化로 나뉜다. 위의교화란 말로써가 아니라 거룩하고 위엄 있는 모습과 몸가짐(威儀) 그 자체로써 사람들을 감화시키는 것이다. 그것은 붓다의 지혜와 자비, 인품과 심덕心德이 체화되어 자연스럽게 우러나오는 무언의 힘으로 말미암은 것이다. 설법교화란 언설言說에 의한 가르침(說法)을 통해서

사람들을 설득하여 감화시키는 방법이다. 붓다의 이러한 설법교화의 가장 특징적인 방법이 이른바 대기설법對機說法이다. 붓다는 사람들에게 일방적으로 절대적인 진리를 설하지 않고, 의사가 환자의 병에 따라 처방을 달리하듯이 상대방의 문제와 이해 능력에 따라 또는 때와 장소에 따라 적절하고 효과적인 가르침을 편다는 것이다. 뗏목의 비유가 말해 주는 것처럼, 붓다의 가르침은 미망과 고통의 바다를 건너 깨달음과 열반의 피안彼岸의 세계로 이끌어 주는 뗏목과도 같은 수단이요 방법인 것이다. 따라서 붓다의 가르침을 절대시하는 것은 금물이다.

사분법四分法도 마찬가지다. 그것이 수입 운영의 절대적인 기준이 될 수는 없다. 같은 초기경전인데도 『중아함경』과 『잡아함경』에서 설하는 사분법의 내용이 다른 것부터가 그것을 잘 말해 준다. 『대승본생심지관경大乘本生心地觀經』에도 '사분법'이라고 할 만한 내용이 나오는데, 그것은 다음처럼 『아함』의 그것과 사뭇 다르다.

이 장자는 자기가 가진 재보 전부를 4분하여 1/4은 항상 식리息利하여 가업을 돕고, 1/4은 일용에 쓰며, 1/4은 고독한 사람에게 혜시하여 당래의 복을 닦고, 1/4은 종친宗親과 왕래하는 빈객을 대접했다.[94]

생산비와 생계비에 1/4씩 할당하라는 것은 같지만, 뒤의 내용은

---

94 『大正藏』 3, p.310上.

『중아함경』과는 많은 차이가 난다.

또한 『담마빠다』의 한 주석서에는 다음과 같은 흥미 있는 이야기가 나온다.

> 사위성 안에 한 은행가의 아들이 살고 있었다. 어느 날 그는 자기 집으로 자주 탁발 나오는 비구에게 이렇게 말했다.
> "스님, 저는 모든 고통으로부터 해탈하기를 원합니다. 어떻게 해야 하는지 가르쳐 주십시오."
> 비구가 대답했다.
> "그렇다면 당신이 가진 재산을 3등분하여, 그중 한 몫은 사업에 쓰고, 다른 한 몫은 당신의 아내와 자녀들의 생계에, 그리고 나머지 한 몫은 부처님의 교단에 시주하십시오."
> 은행가의 아들은 당장에 그대로 실천했다.[95]

물론 이것은 부처님의 제자인 한 비구 스님의 가르침이긴 하지만 사분법이 절대적인 기준이 아님을 보여 주는 좋은 예라 할 것이다. 여기서는 사분법이 아닌 '삼분법三分法'의 형태로 설해지고 있고 그 내용에 불교교단에 대한 시주가 포함되어 있어서 흥미롭다.

이러한 기록들은 불교의 대기설법을 뒷받침해 주는 증거라고도 볼 수 있는 것으로서 우리가 '사분법'을 어떻게 이해하고 수용해야 하는지를 은연중에 시사해 주고 있다 할 것이다.

---

95 거해 스님 편역, 『法句經』①, 고려원, 1996, p.138.

나) 사분법의 전후 관계

해석학의 이론을 끌어들이지 않더라도 본문(text)의 의미는 문맥
(context)에 따라 상당히 달라진다. 따라서 사분법의 정확한 의미를
이끌어내려면 사분법이 이야기되고 있는 전후 관계, 즉 그 문맥을
잘 살펴볼 필요가 있다. 이런 관점에서 경전을 꼼꼼히 읽어 보면
우리는 사분법이 사분법 그 자체가 핵심 주제가 되어 설해지고 있지
않다는 사실을 알게 된다. 먼저 앞에서 언급한『잡아함경』제1283경을
살펴보기로 하자. 이 경은 흔히「기능경技能經」이라고 불리는데, 그
경명을 통해서 보더라도 이 경은 '사분법'이 핵심 주제가 아님을 알
수 있다. 이 경의 서두에 따르면, 한 천자天子가 기수급고독원에 머물고
계시는 부처님을 찾아가 다음과 같은 질문을 던진다.

> 어찌하여 사람이 노력해서 지혜로써 재물을 구할 때, 다 같이
> 재물을 얻지만, 어떤 이는 많고 어떤 이는 적습니까.[96]

이 한 가지 질문에 대한 부처님의 답변이 이 경의 내용 전부를
이루고 있기 때문에, 이 질문 내용에 나타난 것처럼, 이 경의 주제는
'재물을 많이 섭수攝受하는 방법'이라고 할 수 있다. 더욱이 사분법은
그 답변의 내용 중 일부분에 불과하다. 부처님은, 재물을 얻으려면
무엇보다도 먼저 여러 가지 기술과 기능을 배우고 익혀야 한다고
설한다. 농사일을 하든, 장사를 하든, 목축을 하든, 거기에 필요한

---

96 『大正藏』 2, p.353上.

224

기술습득은 많은 결실을 올리려면 불가피한 것이라고 할 것이다. 훌륭한 기술은 반드시 바른 직업과 사업에 활용되어야 한다는 것은 두말할 필요가 없다. 이렇게 해서 상당한 재물을 모았다 하더라도 다시 이 재물을 합리적으로 운용하고 관리하여야 한다. 재물을 지속적으로 섭수하기 위해서는 안정된 기초생활은 물론 영업 또는 재투자가 필요하며, 만일의 경우를 위해서는 저축도 필요할 것이다. 또한 모은 재물을 함부로 쓰면 재물은 곧 흩어져 버릴 것이다. 그렇기 때문에 부처님은 보시하거나 거래를 하더라도 신뢰할 수 없고 노력하지 않으며, 간사하고 교활하고 인색한 사람 등과는 접촉하지 말라고 타이른다. 더 나아가 재물을 지속적으로 얻으려면 신용과 신망도 중요할 것이다. 그 때문에 부처님은 착한 벗이나 귀중한 사람, 좋은 일 닦는 사람을 친형제처럼 잘 거두고 받들어야 한다고 가르친다.[97]

이와 같이 이 경의 전체적인 맥락에서 본다면, 사분법은 보편적이고도 본격적인 지출에 관한 가르침의 성격보다는 재물의 지속적 취득을 위한 재산의 합리적인 운용과 관리에 관한 부분적 가르침의 성격이 더 강하다고 할 수 있다. 그리고 게송의 끝부분에서 부처님은 "친척과 권속들의 필요에 따라 재물을 나눠주고 음식을 보시하라."고 가르친다. 사분법의 내용 속에 빠져 있는 부분을 보완하면서, 자연스럽게 그러한 보시의 공덕으로 죽어서는 천상에 태어날 것이라고 설하고 있는 것이다.[98]

다음으로 『중아함경』 제135경인 「선생경善生經」을 살펴보기로 한

97 『大正藏』 2, p.353中.
98 위의 책.

다.[99] 왕사성에 계시던 부처님은 어느 날 '선생善生'이라는 한 거사居士
의 아들이 동, 남, 서, 북, 하, 상방에 아버지의 유언에 따라 의미
없이 그냥 예배하는 것을 보고, 각 방향에 인간관계의 의미를 생각하면
서 예배하라고 선생善生에게 가르친다. 부모와 자식, 스승과 제자,
남편과 아내, 주인과 종, 친구와 친구, 성직자(사문과 바라문)와 신도
사이의 관계가 그것이다.

이 경은 서두에서 네 가지 나쁜 죄악 등에 대한 경계와 함께, 재물을
모으기 위해서는 도박, 음주 등의 여섯 가지를 반드시 피해야 한다고
강조한다. 이어서 좋은 친구와 나쁜 친구에 대해서 상당히 자세하게
설명한 다음, 앞에서 말한 여섯 방위에 상응하는 올바른 인간관계에
대해 설한다. 그리고 그 가르침의 말미에 '사섭사四攝事(혜시惠施, 애어愛
語, 행리行利, 등리等利)'[100]를 다시 설한다. 우리가 논의 중인 '사분법'은
이러한 내용을 게송으로 아울러 설하는 가운데 삽입되어 있다. 이처럼
사분법은 독립적으로 설해진 것이 아니고, 가장으로서 지켜야 할
보편적인 여러 인간관계의 윤리와 이것을 뒷받침하기 위한 경제적
책무에 대해서 설하는 내용 가운데 극히 부분적으로 추가되어 있는
가르침인 것이다. 사분법의 앞뒤에서, 모든 사람을 두루 이롭게 하고
필요한 것을 보시하라고 줄기차게 가르치고 있는 점을 생각해 본다면
사분법의 가르침의 근본 성격도 자명해질 것으로 본다. 다시 말해서

---

99 이 경의 異本으로 『六方禮經』, 『善生子經』, 장아함의 「善生經」 등이 있다.
100 여기서는 일반적인 四攝事 또는 四攝法의 한 덕목인 同事가 빠져 있고 대신에
   '等利'가 들어 있어 이채롭다. 여기서 '등리'는 '동사同事'로도 해석할 수 있을
   것이다.

보편적인 지출 원칙으로서의 사분법에는 어떤 방식으로든 '사회적 지출' 또는 '보시'의 내용이 포함되어 있다고 보아야 한다는 것이다. 『잡아함경』에서 간단하게 설해진 사분법의 내용에 무언가 부족한 점이 느껴지고 또한 오해의 소지가 있어서, 이것을 『선생경』 속에 편입시킨 것은 아닐까 하는 추정도 가능하다고 본다.

다) 불교 경제윤리의 근본이념

사분법의 의미를 바르게 이해하고 해석하기 위해서, 이제 가장 근본적이고 중요한 문제가 남아 있다고 생각된다. 그것은 바로 '불교 경제윤리의 근본이념'의 문제이다. 사분법에 관한 원문을 꼼꼼히 살피고, 그 전후 관계에서의 사분법의 참 의미를 찾아냈다고 하더라도, 그것이 불교의 근본적인 경제이념과 어긋난다거나 모순된다면, 우리는 그것을 보편적인 지출의 원리로서 받아들이기 어렵기 때문이다.

　필자는 그동안의 선행연구를 통해서 경제문제에 대한 불교적 입장은 출가자의 일방적 입장에서가 아니라 불교교단의 특성을 감안하여 '출가-재가'의 이원구조의 관점에서 규명되어야 한다는 것을 주장해 왔다.[101] 초기불교교단에서 출가자에게 모든 생산활동이 금지되고 '무소유無所有'가 강조될 수 있었던 것은 재가자가 출가자에 대한 경제적 지원을 담당하고 있었기 때문이다. 재가자의 경제적 지원이 전혀 없다면 출가자의 수행도 불가능할 것이다. 따라서 경제문제에 대한 불교의 근본 입장이라는 것이 출가자의 입장에서만 규정되어서는

---

[101] 졸고, 「原始佛敎의 사회경제사상연구」(동국대대학원 박사학위논문, 1992) 등을 참조.

안 되며, 경제활동의 궁극적 가치가 무엇인지 고민하여야 한다.

초기경전에 의하면, 부처님은 재가자와 일반인들에게는 재산의 획득과 증식을 적극적으로 추구할 것을 강조하고 있다. 한마디로 '돈 버는 데 적극적인 관심을 갖고 노력하라'고 설한 것이다. 그러나 그 재화의 획득과 증식은 다른 사람에게 해악을 끼치지 않는 정당한 수단과 방법에 의한 것이어야 한다. 다시 말해서 부처님은 '올바른 방법으로 돈을 벌어야 한다'고 가르치는 것이다.[102] 나아가 스스로 정당하게 번 돈이라 하더라도 그것을 제 마음대로 쓰면 안 된다. 즉 '바르게 번 돈을 바르게 쓰기까지 해야 한다'는 세 번째의 원칙까지를 제시하고 있는 것이다.

연기설緣起說과 사성제四聖諦 등의 근본 교리를 통해서도 알 수 있듯이 불교에서는 무명無明과 탐욕貪慾이 모든 고통의 근본 원인이라고 가르친다. 그러므로 욕망의 무한 추구는 억제되어야 한다. 자신의 이기적 욕망을 끝없이 추구하며 주변을 돌아보지 않는다면 그는 더욱 큰 고통 속으로 빠져들게 된다. 그래서 초기경전의 하나인 『숫따니빠따』는 "엄청난 부와 황금이 있고 먹을 것이 많은 사람이 다만 혼자서 누리고 먹는다면, 이것은 파멸의 문이다."[103]라고 경고한다. 아무리 자신이 애써 힘들게 모은 재물이라 하더라도 그것을 자기 혼자서만 누리면 안 된다는 것이다.

---

102 *A. N.* I, pp.111~112 참조.

103 *Sn.* 102.

라) 이자 수입의 문제

오늘날 우리가 은행에 저축하여 이자 소득을 얻는다거나, 은행이 기업 등에 대출하여 이자 수입을 올리는 것은 일반 상식이 되어 있어서 전혀 이상할 것이 없다.

하지만 중동 지역에서 발생한 여러 종교에서는 일반적으로 이자 수입이 금기시되었다.[104] 한 예로 『성경(*the Bible*)』에는 다음과 같은 구절이 나온다.

> 네가 만일 너와 함께 한 나의 백성 중 가난한 자에게 돈을 꾸이거든 너는 그에게 채주같이 하지 말며 변리를 받지 말 것이며…….[105]

> 네가 형제에게 꾸이거든 이식을 취하지 말지니 곧 돈의 이식, 식물의 이식, 무릇 이식을 낼 만한 것의 이식을 취하지 말 것이라. 타국인에게 네가 꾸이면 이식을 취하여도 가하거니와 너의 형제에게 꾸이거든 이식을 취하지 말라.[106]

그러나 부처님 당시의 인도 사회는 화폐경제에 바탕을 둔 상업이 점진적으로 발달해 가면서 돈을 빌려주고 받는 일이 일반화되어 있었

---

104 이에 대해서는 近澤敏里의 「利子の形而上學」(『佛教經濟研究』 제14호, 1985) 참조.
105 「출애굽기」 22장 25절: "If you lend money to one of my people among you who is needy, do not be like a money-lender; charge him no interest."
106 「신명기」 23장 19~20절: "Do not charge your brother interest, whether on money or food or anything else that may earn interest."

던 것 같다. 초기경전에는 빚에 관한 이야기가 적지 않게 발견된다. 『숫따니빠따』에는,

실제로 빚이 있어 돌려달라고 독촉을 받으면, '당신에게 빚진 일이 없다'고 발뺌을 하는 사람, 그를 천한 사람으로 아시오.(120)

성질이 나쁘고, 빚을 갚지 않고, 밀고를 하고, 재판정에서는 위증하며 ……(중략)…… 이것이 비린 것이지 육식이 비린 것은 아니다.(246)

『중아함경』 제125경인 「빈궁경」에는 다음과 같은 기록이 보인다.

세상에서 욕심이 있는 사람이 남의 재물을 빌리는 것은 큰 고통이며, 세상에서 욕심이 있는 사람이 남의 재물을 빌려 이자가 늘어가는 것은 큰 고통이요, 세상에서 욕심이 있는 사람이 빚 주인의 독촉을 받는 것은 큰 고통이며 ……(중략)…… 빚 주인에게 묶이는 것은 큰 고통이라 하느니라.[107]

이것은 가난한 사람이 빚을 지고 갚지 못하는 고통을 이야기하고 있는데, 그 내용을 잘 살펴보면 몇 가지 흥미로운 사실을 알게 된다. 먼저 남의 재물을 빌리는 것이 고통이라고 한 점이다. 이것은 가난하여 빚을 지는 것 자체가 고통이라는 단순한 의미로 이해할 수도 있겠지만,

---

107 『大正藏』1, p.614中.

이자의 부담은 물론 빚을 얻기가 그리 쉽지 않기 때문에 고통이라고 한 것으로 유추해 볼 수도 있다. 다음으로, 빚을 빨리 갚지 못해 이자가 늘어가는 것(長息)이 고통이라고 한 점이다. 이 내용을 통해서 우리는 부처님 당시에 돈과 재물을 빌릴 때, 상식적으로 볼 때는 당연한 일이겠지만, 이자가 있었다는 사실을 '기록으로서' 확실히 알게 된다.

또한『쟈따까』에는 이채로운 이야기가 전해지고 있다. 불교교단에 지원을 많이 한 급고독장자에게서 많은 상인이 영수증(paṇṇa)을 쓰고 1억 8천만 금의 거액을 빌려 갔다. 그런데 급고독장자는 빌려준 돈을 회수하려 하지 않는다. 하지만 훗날 그가 경제적으로 압박을 받자, 여마신이 채무자들을 위협하여 부채를 갚게 했다는 것이다. 그런데 급고독장자와 여마신의 행위를 경전은 잘한 일이라고 칭찬하고 있다.[108] 이 이야기에 대해 일본의 나카무라 하지메(中村 元)는 다음과 같은 세 가지 해석을 내리고 있다. 첫째, 타인을 돕기 위해 돈을 빌려주는 것은 좋은 일이다. 둘째, 그러나 빚을 갚으라고 스스로 바득바득 독촉하는 것은 바람직하지 않다. 셋째, 타인을 위해 빌린 돈을 받아주는 것은 좋은 일이다.[109]

이러한 내용을 종합해 보면, 부처님 당시의 인도사회에서는 이미 이자를 조건으로 돈과 재물을 빌려주는 일이 일반화되고, 돈을 빌려주는 것이 어려운 사람들에게 도움이 된다는 인식이 보편화되어 있었던 것 같다. 사분법의 내용 중에 부처님이 '경작자나 상인에게 돈을 빌려주어 이자를 얻어라'는 항목을 포함한 것은 당시 인도사회의 경제사정을

---

108 *Jātaka* I, p.227.

109 中村 元,『原始佛教の社會思想』(東京: 春秋社, 1993), p.165.

자연스럽게 수용한 결과라고 생각된다. 또한 나도 이롭고 남도 이롭게 하라는 자리이타의 불교 이념으로 보더라도 큰 문제는 없어 보인다. 그러나 어렵고 힘든 사람들에게까지 이자를 받으라는 말은 아니었을 것이다. 경전에서도 밝힌 것처럼 경작자나 상인 등 어느 정도의 경제적 능력과 기초가 있는 사람들에게, 그들에게도 이롭고 나에게도 이롭다는 전제하에서, 보시한다는 마음으로 돈을 빌려주고 이자를 받도록 하였을 것이다. 빈궁한 사람들은 반드시 도와야 하고 그들을 돕는 공덕은 참으로 지대하다는 부처님의 수많은 가르침에 비추어 보더라도, 가난한 사람들을 상대로 한 이자 수입은 상상할 수 없는 일이다.

그리고 '바르게 벌어서, 바르게 쓰기까지 해야 한다'는 불교 경제윤리의 근본이념에 비추어 볼 때, 적절한 한도 내에서 정당한 방법으로 가급적 많이 벌어 이웃과 세상을 위해 바르게 쓰는 것이 결코 나쁜 일이 아니라고 할 것이다.

(2) 사분법의 바른 해석

경전의 내용을 원문 그대로 이해하는 것과 그 행간의 의미를 찾아내는 것은 별개의 작업이라고 할 수 있다. 특히 초기불교의 지출이론이라고 할 수 있는 '사분법'의 경우에는 더욱 그렇다. 원문을 중시하다 보면 불교적 대의를 잃게 되고 불교적 대의를 중시하다 보면 원전의 내용을 곡해하게 된다. 이것은 하나의 딜레마임에 틀림이 없다.

그렇다 하더라도 앞에서 지적한 것처럼, 수입의 4/10는 사회적 목적을 위해, 1/10은 생활비로, 2/10는 영업용자금으로, 3/10은 저축으로 사용하는 것이 사분법이라고 하는 미노의 주장은 분명히 잘못된 것이다. 원문의 내용을 지나치게 훼손시킨 견강부회라 아니할 수 없다.

이러한 딜레마에서 벗어날 수 있는 하나의 해석 방법이 이재창 교수에 의해 부분적으로 제시되기는 하였다. 수입의 1/4이 책정된 저축 비용을, 자기 자신만이 아니라 다른 사람이 어렵고 빈궁할 때를 대비하기 위한 것이라고 한 해석이다. 한역 경전의 원문상으로 보면 '다른 사람들'이 포함된다고 하기는 어렵지만, '저축'이라는 점을 생각하면 그러한 해석도 불가능한 것은 아니라고 본다. 이러한 해석이 가능하다면 '사회적 지출' 또는 '보시에 쓰일 경비'의 문제는 해결될 수가 있다. 하지만 여기에는 또 다른 문제가 있다. 저축 비용에 나뿐만 아니라 다른 사람들까지 포함한다면, 생활비나 생산비 그리고 대여비에도 다른 사람들을 포함해야 하지 않겠는가 하는 문제가 발생한다. 이렇게 해석할 수만 있다면 어려운 문제는 일거에 다 해결될 것이다. 생활비를 나 혼자만 사용하는 것이 아니라 누군가 또 다른 필요한 사람들도 함께 사용하고, 생산비나 대여비도 나 혼자만 쓰는 것이 아니라 누군가 다른 필요한 사람들도 함께 쓸 수 있는 것이라고 한다면 '사회적 지출'의 항목은 별도로 세우지 않아도 되기 때문이다. 그러나 『잡아함경』에는 생활비 항목과 관련하여 '일분자식용—分自食用(1/4은 자신의 생계비로 씀)'이라고 분명히 기록되어 있다. 이렇게 본인 자신에게 한정하는 것이 문제이다.

그렇다고 사분법을 그 사용자 개인에 한정시킬 수도 없다. 자비와 보시와 자리이타를 강조하는 불교의 근본정신에 비추어 봐도 그렇고, 사분법이 설해지고 있는 전후의 내용을 살펴보아도 그렇다. 그러므로 보시를 포함한 '사회적 지출'의 항목이 빠져서는 안 되는 것이다. 그래서 오노와 이노우에 등은 원전과 다르게 사분법의 내용에 '사회적 지출'의 항목을 새롭게 넣고 대신 '돈을 빌려주어 이자를 얻도록 하라'는 항목을 삭제한 것이다. 『대승본생심지관경大乘本生心地觀經』에서도 바로 이러한 문제점을 극복하기 위하여 사분법의 항목을 ① 생산운영비 ② 생계비 ③ 고독한 자에 대한 보시 ④ 종친과 빈객에 대한 대접 등으로 새롭게 정리하였을 것이다. 그러나 이들 사분법은 서로 일치하지 않고, 더욱이 『아함경』의 사분법이 존재하는 한, 개념적 혼란을 피할 수가 없을 것이다. 따라서 이 문제는 사분법四分法의 '사四'에 얽매여서는 근본적으로 해결될 수가 없다. 사분법은 절대적인 기준이 될 수 없다. 임의적이고 한시적인 방편적 기준일 뿐이다. 더욱이 오늘날은 지출의 항목도 옛날보다 훨씬 복잡하고 다양해졌다. 사분법이 혼란스럽다면 5분법이든 6분법이든 8분법이든, 그 밖의 어떤 것이든 문제가 되지 않는다고 본다. 다만 초기경전의 사분법이 말하고자 하는 '확대 재생산을 지향하는 계획적이고 합리적인 지출'의 원칙과 불교 이념의 정수인 '자비와 보시 그리고 자리이타'의 원칙은 반드시 포함되어야 한다.

6. 불교의 노동관

현재 우리나라 최대의 사회문제 가운데 하나는 실업문제이다. 경제전문가들은 우리나라의 고실업 사태는 쉽사리 사라지지 않을 것이라고 내다본다. 고실업 사태는 우리나라에만 국한된 현상이 아니다. 북미,

유럽, 일본 등 선진국들에서도 대규모의 실업은 심각한 사회문제가
된 지 이미 오래다. 1994년도 '국제노동기구(ILO)'의 한 보도자료를
보면, 전 세계적으로 8억 명 이상이 실업자이거나 잠재적 실업자인데,
이는 1930년대의 대공황 이후 최고 수준의 지구적 실업이라고 한다.[110]
우리는 이러한 세계적 위기를 '노동의 위기'라고 부를 수 있을 것이다.

이 노동의 위기에 대해서는 제레미 리프킨(Jeremy Rifkin)이 그의
저서 『노동의 종말(*The End of Work*)』에서 풍부한 구체적 자료를
제시하면서 매우 광범위하고 심도 있는 분석을 하고 있다. 리프킨은
이 위기에 대해 "세계 곳곳의 사람들은 자신들의 미래에 대해서 불안해
하고 있다. 젊은 층들은 좌절감과 분노를 반사회적 행위 속에 발산하고
있으며, 노년층 노동자들은 과거의 영광과 암울한 미래 사이에서
포기하거나 자신들이 통제할 수 없는 사회적 힘에 사로잡혀 있다는
생각에 빠져 있다. 획기적인 변화가 발생하고 있다는 생각이 전 세계적
으로 만연하고 있다. 이 변화의 규모는 너무나 커서 우리는 그 궁극적인
영향을 측정할 수가 없다."고 진술한다. 그것은 다국적 기업들이 전
세계적으로 하이테크 생산설비를 채용하면서 비용 효율성, 품질관리,
분배속도상 더는 경쟁이 안 되는 수백만의 노동자들을 해고하기 때문
이라는 것이다.[111] 그리하여 이미 자동화된 미래의 확실한 코스에
놓여 있는 우리는 21세기 초반에는 최소한 제조업에 있어서는 거의
무노동의 시대를 맞이할 것이고, 서비스 분야도 비록 자동화가 조금
느리겠지만 21세기 중반에는 거의 자동화된 상태로 근접할 것이라고

---

110 ILO, press release(Washington, D.C.: ILO, March 6, 1994).
111 제레미 리프킨 저, 이영호 역, 『노동의 종말』, 민음사, 1996, p.23.

그는 전망한다.[112] 물론 컴퓨터 혁명 또는 디지털 정보 혁명의 결과로 상상할 수도 없는 신기술과 제품, 그리고 서비스들이 새로운 사업 기회와 수많은 일자리를 제공하게 될 것이라는 낙관적인 주장도 종종 제기되고 있다. 하지만 리프킨은 그 새로운 일자리라는 것이 몇몇 기업가, 과학자, 기술자, 컴퓨터 프로그래머, 전문직, 교육자, 컨설턴 트 등 소수의 엘리트들로 구성된 지식 부문에 한정될 것이며, 정보통신 기술의 발달은 결국 수억의 실업자를 배출할 것이라고 예견한다. 또한 실업자의 증대가 사회적 긴장을 높이리라는 점은 쉽게 추측할 수 있는 바이지만, 실제로 기술 대체로 인한 실업 상승은 범죄와 폭력을 급증시키는 것으로 연구 보고되고 있다.[113]

이러한 상황의 도래는 근본적으로 이윤의 극대화를 추구하고 시장의 법칙을 과신하는 자본의 영원한 속성에 기인한다. 이러한 자본의 본질적 속성은 급기야 '세계화된 경제' 또는 '세계 자본주의'를 낳았으며 거침없이 질주하는 세계 자본주의는 노동의 위기를 초래함은 물론 약소국과 주변국을 끊임없이 괴롭히는 것이다. 최근 국제 금융계의 전설적 인물로 알려진 조지 소로스(George Soros)가 '세계 자본주의의 위기'를 주창하고 나선 것이나, 가톨릭 교황이 자본주의의 착취성에 대해 경고한 것은 바로 이러한 배경에서일 것이다.

그런데 '대규모실업의 위기'라는 의미에서의 '노동의 위기'보다 더욱

---

112 위의 책, p.373.

113 '머바와 파울스의 연구(Merva and Fowles Study)'에서 연구자들은 미국에서 1%의 실업 상승이 6.7%의 살인 및 3.4%의 폭력범죄, 그리고 2.4%의 재산범죄 를 증가시킨다는 사실을 발견한 바 있다(위의 책, p.280).

근본적인 의미에서의 '노동의 위기', 즉 '(일과) 노동에 대한 인식의 위기'에 대해 우리는 주목해야 한다. 일찍이 칼 마르크스는 자본주의 체제하에서는 '노동의 소외'가 불가피하다고 지적한 바 있지만, '노동의 소외' 현상은 더욱 심화되어 가는 추세다. 다시 말해서 오늘날 노동은 인간의 본질 능력을 대상화한다는 원래의 의미를 상실한 채, 교환가치 또는 화폐가치를 지닌 하나의 상품으로서의 임금노동으로 전락해 버렸다. 노동을 단순한 상품으로만 바라보는, 노동에 대한 이러한 왜곡된 인식은 자본가와 노동자 모두에게 일반화되어 가고 있는 것으로 생각된다.

하지만 노동을 하나의 상품가치로만 취급하는 풍토 속에서는 건강한 삶을 기대하기 어렵고, 노사 갈등이나 실업문제도 영원히 해결되지 않을 것이다. 물론 광범위한 사회보장정책으로 실업문제는 어느 정도 완화될 수 있겠지만, 거기에는 분명한 한계가 있을 뿐 아니라 지나친 사회보장제도는 경제 전반을 위축시키고 정치적 갈등을 빚어낼 위험성마저 안고 있다. 따라서 실업문제의 근본적인 해결의 실마리는 노동 또는 노동의 의미에 대한 인식의 전환을 통해서 찾을 수 있을 것으로 생각된다.

이러한 이해를 전제로 이제 우리는 '불교에서는 노동을 어떻게 보고 있으며, 불교적 입장에서 본 노동의 진정한 의미는 무엇인지'에 대해 살펴보고자 한다. 불교의 가르침 속에는 노동에 관한 매우 독특하고 의미 있는 입장이 발견되기 때문이다. 노동에 대한 불교의 독특한 관점이 오늘과 내일의 '노동의 위기' 해결에 적지 않은 이바지를 할 수 있을 것으로 기대한다.

1) 노동의 개념

지구상의 모든 생물은 자연의 산물을 영유하고 이용하면서 나름대로 활동한다. 녹색식물은 엽록체를 통해 빛 에너지를 이용하여, 공기 중의 이산화탄소와 뿌리에서 흡수한 수분으로 탄수화물을 만들어 낸다. 곤충이나 동물들도 둑을 쌓고 둥지를 틀며 굴을 파고 먹이사냥을 한다. 그러나 식물과 동물의 이러한 활동은 자연적이거나 본능적인 것으로, 그 활동은 생명활동의 직접적인 연장선상에 놓여 있고, 자연 안에서의 자연적 영위에 불과한 것이다. 그러나 인간의 노동은 의식적이고 합리적이며 합목적적이다. 마르크스는 이 점에 대해 그의 『자본론』 제1권에서 다음과 같이 말한다.

가장 미숙한 건축가가 가장 뛰어난 벌과 구별되는 점은 실제로 건물을 세우기 이전에 머릿속에서 그 구조를 미리 구상한다는 사실이다. 모든 노동 과정의 마지막에는 노동을 시작할 때 노동자의 상상력 속에 이미 존재하던 결과가 나타난다. 그는 그가 작업하는 원료의 형태를 변환시킬 뿐만 아니라 동시에 그의 목적을 실현하는 것이다. 그는 자신의 운용 양식(modus operandi)에 법칙을 부여하고 자신의 의식을 여기에 종속시킴으로써 목적을 달성한다.[114]

불교적 입장에서도 노동은 의식적이고 합목적적인 성격을 지닌 것으로 분석된다. 그것은, 현재 우리가 쓰는 노동(labor, travail, Arbeit)

---

[114] 헤리 브레이버맨 저, 이한주 外 역, 『노동과 독점자본』, 까치, 1990, pp.47~48에서 재인용.

238

이라는 말과 완전히 일치하지는 않지만, 불교 용어 중에서는 가장 근접한 의미를 지니고 있다고 여겨지는 업業의 개념 속에 잘 드러난다. 업이란 산스크리트어 까르마(Karma, 빨리어는 kamma)에 대한 한역어漢譯語로서 '행위', '행동', '일', '활동', '작업', '가업家業' 등의 의미를 갖는다. 까르마(Karma)는 원래 '√kr'라는 어근에서 파생된 명사인데 '√kr'는 '하다', '만들다', '생산하다', '준비하다', '완수하다' 등의 의미를 지닌 동사이다.

불교의 업설業說에 따르면, 인간의 행위는 행위 그 자체로서 끝나는 것이 아니라 그 행위의 내용에 상응하는 결과, 즉 과보果報가 수반된다. '선인선과善因善果 악인악과惡因惡果'라고 일컬어지는 인과응보의 법칙이 그것이다. 그러나 업이 과보를 초래하기 위해서는 의도와 의지의 개입이 요청된다. 따라서 적극적인 의지작용에 바탕을 둔 선업과 악업에는 반드시 과보가 따르지만, 의지를 필요로 하지 않는 무의식적 행위라 할 수 있는 무기업無記業(선하지도 않고 악하지도 않은 업)에는 과보가 없다고 설하는 것이다.[115] 의지를 중시하는 이러한 입장은 사이업思已業(cetayitva-karman)이라는 말속에도 잘 나타난다. 사업思業(cetana-karman)에 대응되는 말인 사이업은 '생각하고 난 다음의 업'이라는 뜻으로서 신업身業과 구업口業을 지칭한다. 이것은 신업과 구업이 의업意業에 종속되어 있음을 표명하고 있으며, 업의 비중이 의意, 즉 사思에 있음을 증명해 주고 있는 것이다. 이러한 사실들은 결국 불교에서 말하는 업의 본질이 '의식적이고 의도적인 행위'임을

---

115 윤병식, 「佛敎思想에 있어서의 勞動哲學의 意味發見」, 『哲學思想의 諸問題(III)』, 한국정신문화연구원, 1985, pp.298~299.

잘 나타내 주고 있다 할 것이다.

사실 '자유의지에 바탕을 둔 창조적 노력'의 가치를 불교만큼 중시하는 종교도 드물 것이다. 그것은 석존이 삼종외도三種外道를 비판하는 과정에서 극명하게 드러난다. 석존은 당시 인도사회의 복잡다단한 사상을 신의론神意論(尊祐化作因論), 숙명론(宿作因論), 우연론(無因無緣論)으로 크게 삼분하고 이들을 모두 그릇된 사상(邪道)으로 비판하였는데, 이들 사상은 여러 죄악(十惡)에 적절히 대처할 수 없고 '자유의지에 바탕을 둔 창조적 노력'을 무의미하게 만들기 때문이라는 것이 비판의 요지였다.[116]

이러한 점들을 비추어 볼 때, 오늘날 대부분 경제학자가 인간의 노동에서 의도와 합목적성의 특색을 강조하는 것은 불교 업설의 입장과 크게 다르지 않다고 판단된다. 따라서 여기에서는 '노동이란, 인간이 자신의 생활을 유지하고 자신을 실현시키기 위해 의식적이고도 합목적적으로 그의 신체적·정신적 힘을 자연에 작용시켜, 또는 도구나 기계를 매개로 해서, 자연을 인간생활에 적합한 형태로 변화시키는 활동'[117]이라는 일반적 정의를 잠정적으로 수용하고자 한다.

물론 노동을 육체노동과 정신노동, 생산노동과 비생산노동 등으로 구분하는 경우도 있다. 또는 노동과 작업을 구분하여, 노동은 기본적으로 자연적 생명과정에 대응하는 것으로서 생존을 위해 필요한 물질을

116 拙稿, 「佛教業說에서의 동기론과 결과론」, 『佛教學報』 제29집, 동국대학교 불교문화연구원, 1992, pp.529~530.

117 전기호, 『신노동경제학』, 무역경영사, 1995, p.26; 김종호, 『노동과 인간』, 이문출판사, 1990, pp.7~9.

획득하는 활동으로 정의하고, 작업(work, ouvrage, Werk)은 개성을
표현하고 형태화와 지속적 성격을 가지는 작품을 제작하는 활동으로
규정하기도 한다.[118] 하지만 '인간과 세계', '정신과 육체'의 유기적이고
도 역동적인 관계를 중시하는 불교 연기사상의 입장에서 볼 때, 또한
이 글의 성격에 비추어 볼 때, 굳이 노동의 개념을 세분할 필요는
없다고 본다. 따라서 여기에서는 노동의 일반적 개념에 따라서 논의를
전개해 나갈 것이다.

2) 노동에 대한 불교의 기본입장

(1) 일반적 입장

흔히 불교는 노동과 생산을 부정시하는 종교로 잘못 이해되는 경향이
있다. 실제로 석존 당시의 출가자들에게는 땅을 파고 씨앗을 뿌리는
농사일이라든가 물건을 사고파는 장사 등의 노동과 생산 활동이 일절
금지되었다. 그것은 『사분율四分律』 등의 율장律藏뿐만 아니라 『유교
경遺教經』의 다음 가르침을 통해서도 확인할 수 있다.

> 청정한 계율을 지닌 사람은 물건을 사고팔거나 무역을 하지 말고,
> 집이나 논밭을 마련하지 말며. 하인을 부리거나 짐승을 기르지
> 말라. 재물 멀리하기를 불구덩이 피하듯 하고 초목을 베거나 땅을
> 개간하지 말라. 약을 만들거나 사람의 길흉을 점치는 일, 하늘의
> 별로 점치는 일, 수數를 놓아 맞추는 일들을 하지 말라.[119]

---

118 김종호, 앞의 책, pp.9~10.
119 성전편찬회편, 『불교성전』, 동국역경원, 1980, pp.260~261.

그리하여 석존 당시의 출가수행자들은 탁발에 의한 일일일식一日一食의 식생활을 영위하였고 이른바 삼의일발三衣一鉢로 참으로 검소한 생활을 꾸려 나갔다. 그러나 출가자들의 이러한 생활이 결코 노동을 부정하는 것은 아니었다. 이 점에 대해서는 당시 출가자들의 생활이 인도의 오랜 종교적 전통과 문화적 배경, 그리고 사회적 관습에 바탕을 두고 있었다는 점에 유의하여 판단해야 할 것이다.

또한 석존 당시에는 석존과 석존의 제자들은 슈라마나(śramaṇa, 빨리어는 samana, 沙門)라고 불리었는데, 이 슈라마나는 '정려하다, 근로하다'는 의미를 갖는 슈람(√śram)에서 파생된 명사로서 그 어원적인 의미는 '정려자, 근로자'이다. 이것은 당시 사문들의 성격을 추정하는 데 있어 매우 중요한 점을 시사해 준다. 즉 당시의 사문들은 노동을 외면하고 부정하는 사람들이 아니라 정신적인 세계에서 열심히 노력하고 일하는 사람들이었음을 알려 주는 것이다.[120]

이렇게 볼 때 수행정진에 대한 입장은 결국 노동에 대한 입장과 동일한 것으로 보아도 좋을 것으로 생각한다. 그렇다면 수행정진에 대한 석존의 입장은 어떠하였을까. 석존은 한결같이 제자들에게 게으름과 방일을 떨쳐버리고 부지런히 정진할 것을 타이르신다. 몇 가지 예를 들어본다.

비구들아, 이 법은 목적이 뚜렷하고 확고한 사람을 위한 것이지 나태한 사람을 위한 것이 아니다.[121]

120 미야사까 유쇼 저, 여래편집부 역, 『불교에서 본 경제사상』, 여래, 1991, p.59.
121 *A.N.* IV, p.234.

242

진실로 살갗과 힘줄과 뼈만 남고 살과 피가 말라도 좋다. 그러나 노력으로 얻어야 할 것을 얻지 못한다면 (그것을 얻을 때까지) 노력을 멈춰서는 안 될 것이다.[122]

최고의 목적에 도달하기 위해 노력 정진하고, 마음의 안일을 물리치고 수행에 게으르지 말며, 용맹 정진하여 몸의 힘과 지혜의 힘을 갖추고, 무소의 뿔처럼 혼자서 가라.[123]

내가 문자 풀을 입에 물 것 같은가?[124] 이 세상의 생은 달갑지 않다. 나는 패배하고 사는 것보다는 (번뇌와) 싸우다가 죽는 편이 오히려 낫겠다.[125]

더 나아가 석존은 열반에 드시기 전, 제자들에게 행한 마지막 유훈에서도, "비구들이여, 방일하지 말라. 나는 방일하지 않음으로써 스스로 정각을 이루었느니라."고 술회하시며 모든 것이 무상하므로 부지런히 노력하라고 경책하는 것이다. 입멸을 앞두고 설하신 마지막 가르침의 내용이 정진이라는 사실에는 특별한 의미가 있다고 보아도 좋을 것이다.

실제로, 이러한 입장은 일반인들의 일과 노동에 대한 가르침에

122 *M.N.* 70.
123 *Sn.* 68.
124 문자 풀을 입에 문다는 것은 적에게 항복한다는 뜻이다(법정 역, 앞의 책, p.131).
125 *Sn.* 440.

그대로 반영되어 있다. 석존은 일반인과 재가자들에게 일이 아무리 어렵고 힘든 고역苦役일지라도 자신의 일과 직분에 최선을 다해 갈 것을 당부하고 있다.

또한 『장아함경』의 「선생경善生經」에서는 재산을 손실시키는 나쁜 행위로서 ①술에 빠지는 것, ②도박에 빠지는 것, ③방탕한 것, ④기악妓樂에 미혹하는 것, ⑤나쁜 친구를 만나는 것, ⑥게으른 것 등 여섯 가지를 들고 있다. 이 가운데 '게으른 것'은 ①부유하다고 즐기면서 일하기를 좋아하지 않음, ②가난하고 궁핍하다고 하면서 부지런히 일하려 하지 않음, ③추운 때라 하여 부지런히 일하려 하지 않음, ④더운 때라 하여 부지런히 일하려 하지 않음, ⑤때가 아직 이르다 하여 부지런히 일하려 하지 않음 등으로 설명한다.[126] 이러한 게으름은 게으름을 피우는 사람에게 많은 해악을 끼치므로 해악을 막으려면 열심히 일하고 노력해야 한다는 것이다.

이처럼 노력과 정진은 매우 중시되어 여러 법수法數의 실천 덕목에 대부분 포함되게 된다. 예를 들면, ①사여의족四如意足(四神足) 가운데의 '근근여의족(정진여의족)', ②오근五根 가운데의 '정진근精進根', ③오력五力 가운데의 '정진력精進力', ④칠각지七覺支 가운데의 '정진각지精進覺支', ⑤팔정도八正道 가운데의 '정정진正精進', ⑥육바라밀六波羅蜜 가운데의 '정진精進바라밀'이 그것이다. 또한 37조도품助道品을 일곱 항목으로 분류한 칠과도품七科道品 중 사정근四正勤(四正斷)은 정진精進의 다른 표현일 뿐 그 내용은 곧바로 정진과 동일한 것이다.

---

[126] 『大正藏』 1, pp.70~71.

'근근勤' 또는 '정진精進'으로 한역漢譯되는 빨리어 원어原語는 vayama, viriya, padhana(padahana) 등과 같이 다양하지만 그 의미와 내용은 별다른 차이가 없다. 불교에서 말하는 정진은 신체적인 행동을 직접 뜻하지는 않는다. 그것은 심리적으로 분투노력한다는 정신적 의미가 더 강하다.[127] 그렇지만 이러한 정신적 분투노력은 곧바로 외적 행동으로 옮겨진다는 점에서 정진에 대한 강조는 결국 노동에 대한 강조로 연결된다고 할 수 있다.

(2) 근본교리의 관점에서 본 노동

연기법은 근본적으로 '모든 괴로움(老·死·憂·悲·苦·惱)은 연기한 것이다. 그러므로 모든 괴로움은 극복 가능하다'는 의미를 담고 있다. 그래서 연기법은 괴로움이 성립하게 되는 과정을 보여 주는 유전문流轉門과 괴로움이 소멸하는 과정을 보여 주는 환멸문還滅門의 두 가지 방식으로 설해진다. 석존은 이 연기법을 많은 사람이 좀 더 알기 쉽게 체계적으로, 실천 방법까지 덧붙여 다시 설하였는데, 이것이 바로 사성제四聖諦다.

이 사성제는 연기법의 유전문과 환멸문으로 구분해 볼 수 있다. 즉 고제와 집제는 무명無明으로부터 노사우비고뇌의 현실고現實苦가 전개되는 과정을 보여 주는 유전연기에 해당되고, 멸제와 도제는 무명을 제거함으로써 마침내 모든 괴로움이 소멸된 열반에 이르는 과정을 보여 주는 환멸연기에 해당된다. 이 연기법과 사성제의 내용을

---

127 피야닷시 저, 한경수 역, 『붓다의 옛길』, 시공사, 1996, p.197.

잘 살펴보면, 우리가 겪는 모든 괴로움은 운명적이거나 절대적인 것이 아니라, 그럴 만한 조건과 원인에 의해서 일어난다는 것을 알 수 있다. 그 조건과 원인으로서, 사성제에서는 탐애 또는 욕망(taṇhā)을, 12연기에서는 무명(avijjā)을 각각 제시하고 있다. 그러므로 이들 가르침은 우리에게 "모든 고통은 연기한 것으로 절대적이거나 운명적인 것이 아니다. 따라서 그 근본 원인인 무명과 욕망을 제거하여 고통을 벗어나도록 노력하라."[128]는 메시지를 전해 주고 있는 것이다. 한마디로 연기법과 사성제는 '괴로움의 자각을 통한 괴로움의 극복'을 설하고 있으며, 이러한 의의는 노동의 문제에도 적용시켜 논의해 볼 만하다고 생각된다. 왜냐하면 인간의 삶이란 육체적, 사회적, 정신적인 여러 고통의 소용돌이 속에서 그 고통을 극복하기 위한 활동의 과정이며, 그 과정의 한 중심에 노동이 위치하고 있기 때문이다.

우리는 앞에서 이미 노동의 일반적인 개념에 대해서 살펴보았지만, 인생과 세계를 바라보는 불교 특유의 패러다임인 연기법과 사성제의 관점에서 접근해 보면 노동의 새로운 측면에 눈뜨게 된다.

연기법과 사성제의 관점에서 보면, 우리의 삶은 크게 두 부류로 구분된다. 한 부류는 유전문의 흐름에 빠져 있는 사람들이고, 다른 한 부류는 환멸문의 흐름을 타고 있는 사람들이다. 노동이 삶의 필수적인 조건이라고 볼 때 두 부류의 삶은 모두 노동을 떠나서는 생각할 수 없다. 그렇다면 노동 역시 두 가지로 분류될 것이다. 다시 말해 유전문의 노동과 환멸문의 노동으로 이분될 수 있을 것이다.

128 拙稿, 「初期佛敎의 緣起相依說 재검토」, 『韓國佛敎學』 제14집, 한국불교학회, 1989, pp.137~139.

유전문의 노동이란 고통을 끝없이 재생산하는 성질의 노동이고, 환멸문의 노동이란 모든 괴로움이 없는 열반을 지향하는 성질의 노동이다. 유전문 쪽의 노동은 무명과 욕망(탐욕)에 바탕을 둔 노동이고, 환멸문 쪽의 노동은 정견正見, 정사유正思惟, 정어正語, 정업正業, 정명正命, 정정진正精進, 정념正念, 정정正定의 팔정도八正道에 바탕한 노동이다.[129]

연기법과 사성제의 입장에서 바라보면, 노동은 단순히 경제적 의미만을 갖는 것이 아니고, 사회적·윤리적 의미, 나아가 심리적·종교적인 의미까지 갖게 된다. 그리하여 노동은 인간의 다양한 속성과 차원을 반영하는 삶의 총체성이기도 한 것이다. 아무튼 '유전문의 노동'과 '환멸문의 노동'이라는 개념은 불교적 노동관을 정립하는 데 있어 참으로 중요하고도 핵심적인 두 축이 될 것이다. 이러한 '유전문'과 '환멸문'의 틀에 입각해서 불교적 입장에서의 노동의 의미를 살펴보기로 한다.

3) 불교에서 본 노동의 의미

(1) 경제적 의미

인간은 살아가려면 음식물을 섭취해야 하고 의복을 입어야 하며 거주할 공간이 필요하다. 그러나 이러한 생활 수단은 자연 속에서 그냥 저절로 얻을 수 없기 때문에 재화의 창출이 필요해진다. 다시 말해서 의식주 생활을 영위하고 생계유지를 위해서는 재화(또는 財)의 획득이

---

[129] 팔정도 중에서 정업, 정명, 정정진 등이 일반적인 노동의 의미에 가까운 개념이겠지만, 팔정도 각 항목의 유기적이고 역동적인 관계성도 중요시되어야 할 것이다.

필요하다. 토지 및 자본과 함께 생산의 3요소라 일컬어지는 노동은
이러한 재화의 획득과 증식이라고 하는 경제적 의미가 그 기본적
의미이다. 불교경전 가운데에도 이러한 노동의 경제적 의미를 분명하
게 설하고 있는 가르침이 발견되는데, 거기에는 재화의 획득과 증식을
위한 수단으로서의 노동의 의미가 확실하게 밝혀져 있다.[130] 더 나아가
재화의 획득과 증식을 위해서는 단순한 육체적 힘만으로는 만족스러운
결과를 얻을 수 없으므로 먼저 자기가 원하는 직업에 필요한 지식과
기술을 습득할 것을 경전은 설한다.[131]

『쟈따까』의 내용 가운데는 "'스스로 가진 것이 있었기에 나는 기술
(sippa)을 배우지 않았다. 기술을 배우지 않은 사람의 생활이 이렇게
비참하구나' 하며 뒤에 후회한다."[132]는 기록도 보인다. 이처럼 기술을
익힌 후에는 자신의 업무에 힘써야 하는데, 그때에는 꿀벌이 꽃의
꿀을 채취하듯 열심히 노력해야 한다고 한다.
　이처럼 불교에서는 노동의 경제적 의미에 대해서 상당히 긍정적인
평가를 하고 있음이 사실이다.
　그런데 현대 사회에서는 노동의 경제적 의미가 지나치게 부풀려져
있다는 데에 문제가 있다. 노동은 더는 상품가치 이상의 것으로는
취급되지 않고 있다. 힘들고, 위험하고, 더러운, 이른바 3D 업종의
일은 기피 대상이 된 지 오래다. 3D 업종의 일만이 아니다. 노동

---

130 『南傳大藏經』 17, p.188.

131 『大正藏』 1, p.72中.

132 *Jātaka* Ⅳ.

자체가 이제 고역苦役으로밖에 인식되지 않는 것이다. 노동이 이처럼 매력 없고 지겨운 대상이 된 데에는 여러 원인이 있겠지만, '노동하는 사람'에 대한 배려는 폐기한 채, 분업화·기계화·대량생산체제를 통한 생산성 향상만을 추구해 온 것이 가장 큰 원인이다.

이런 생산체제하에서 이제 인간은 한낱 기계의 부품이요 노예에 불과한 존재가 되고 말았다. 채플린의 「모던 타임스」라는 영화는 노동자의 '노동의 소외', 다시 말해서 인간의 자기 소외를 그린 뛰어난 작품으로서 우리에게 실로 많은 것을 생각케 한 바 있다.[133]

노동의 경제적 의의는 아무리 강조해도 지나치지 않겠지만, 이 경제적 의미에만 너무 집착할 때 오히려 인간의 진정한 행복 또는 총체적 행복이 파괴된다. 그것은 연기법과 사성제가 '유전문의 노동'과 '환멸문의 노동'의 개념을 통해 이야기해 주는 진실이기도 하다.

(2) 사회적 의미

화엄華嚴의 연기론緣起論은 불교적 세계관을 대표한다고 볼 수 있다.

---

[133] 「모던 타임스」에 대한 한 평론가의 진술을 소개해 본다: "이 영화는 요사이 유행어를 쓰면 현대에서 인간의 자기 소외를 문제로 하고 있다. 그것은 인간이 기계에 사용된다고 하는 문제이다. 기계가 주인공이 되고 인간이 그 노예이다. 나는 어느 시계공장을 본 적이 있다. 그 제조과정은 정밀하게 나누어져 있다. 여성노동자는 의자에 걸터앉아 벨트를 타고 자기 앞으로 운반되어 오는 부분품에 ……(중략)…… 벨트는 인간의 의지와는 관계없이 일정한 속도로 돌아온다. 인간은 자기의 의지가 아니라 기계의 의지에 따라서 행동하게 된다. 자주적 의지 없는 인간은 인간이 아니다. 진실로 채플린은 인간의 자기 소외를 묘사하고 있다." 『노동의 철학』, 광민사, 1980, p.16.

이 연기론에 따르면, 세계의 모든 사물과 존재는 마치 하나의 거대한 그물망처럼 얽혀 원융무애한 상즉상입相卽相入의 관계 속에 있다. 모든 것은 절대적이고 독자적으로 존재하는 것이 아니라, 유기적이고 도 역동적인 상의상관성의 바탕 위에 존재하는 것이다. 인간 역시 연기적 존재로서 인간의 삶은 본질적으로 사회성에 바탕을 두고 있다. 따라서 우리 인간은 자연과의 관계 또는 다른 인간과의 관계를 적절히 유지하며 살아가기 마련이다. 여기에서 필연적으로 요구되는 것이 노동과 생산이다. 노동은 그 대가로 경제적 급부를 제공받고 그것에 의해 생활이 유지되며 지속적인 사회활동이 이루어진다는 측면에서 직업으로서의 기능을 갖게 되기 때문이다.

이처럼 그 본질이 사회적 노동이라고 할 수 있는 인간의 노동은 개별적, 독립적으로 고립 분산되어 행해지는 것이 아니라, 언제나 사회생활 가운데서 여러 개체적 노동과 유기적인 관련을 갖고 수행된다. 특히 현대사회는 고도로 분업화된 사회로서 어떤 사람도 자신의 생활에 필요한 작은 물건 하나라도 자신의 노동에 의하여 직접 생산할 수 없는 상황이다.[134] 인간의 노동은 항상 분업과 협업으로 이루어진다는 점에서 노동 자체가 이미 사회성을 띠고 있다고 보아야 할 것이다. 노동 과정에서 이루어지는 분업과 협업의 방식은 근본적으로 자연을 더욱 잘 지배하기 위한 것이다. 왜냐하면 혼자서 일하는 것보다 여럿이 협동해서 할 때 그 일의 성과는 훨씬 커지기 때문이다. 그러므로 역사적으로도 분업과 협업의 발전은 사회적 생산력의 발전과 궤를

---

134 전기호, 앞의 책, p.26.

같이하고 있는 것이다.[135]

그럼에도 우리는 노동의 사회성을 망각한 채 노동을 통해 개인적인 이익만 추구하고 있다. 이에 대해 소로스는 다음과 같이 진술한다.

> 그 결과 우리 사회에는 결과만을 강조하는 편의주의가 만연해 있다. 물론 사람들은 여전히 도덕성을 부르짖고 있다. 하지만 그것 역시 일종의 편의주의에 불과하다. 그것을 주장하는 것이 자기 이익에 도움이 되기 때문이다. 이제는 자기 이익이 일종의 사회적 가치가 되어버렸고, 우리 사회를 지배하는 편견이 되어버렸다.[136]

한마디로 시장가치의 확산으로 공동체가 붕괴의 위기에 직면해 있다는 것이 소로스의 지적이다. 하지만 동시에 그는 시장의 기능은 절대 유지되어야 하며, 다만 이제는 개인의 이익만을 우선시하는 잘못된 태도를 버리고 열린사회를 만들어가야 한다고 주장한다.[137] 석존은 일찍이 '자신과 남의 행복을 함께 도모하는 사람'이 이 세상에서 가장 훌륭한 사람이라고 설했다.[138] 엄청나게 많은 재산과 귀금속과 먹을 것이 풍족한 사람이 자기 혼자서만 독식하는 것은 파멸의 문이라고 경계하기도 했다.[139] 그리고 이러한 더불어 함께 살아가려는 불교의

---

136 조지 소로스 저, 형선호 역, 『세계 자본주의의 위기』, 김영사, 1998, p.134.
137 위의 책, p.137.
138 *A.N.* II, p.95.

공동체 의식은 마침내 "고통받는 육도六道의 모든 중생을 해탈케 한 후에야 비로소 나 자신이 불도佛道를 이루겠다."[140]는 지장보살의 대서원으로 이어지고 있다. 또한 『범망경梵網經』에서는 "모든 남자는 다 나의 아버지이고 모든 여자는 다 나의 어머니이니, 내가 태어날 적마다 그들을 의지하여 났을 것이다. 그러므로 육도의 중생들이 다 나의 부모이니라."[141]고까지 설하고 있음을 보게 된다.

그뿐만 아니라, 어느 날 아난阿難존자가 "좋은 벗을 갖고 좋은 친구와 함께 있다는 것은 이미 성스러운 도道의 절반을 성취한 것과 같다."는 자신의 생각을 부처님께 말씀드렸을 때, 부처님은 그 생각이 옳지 않다고 하면서, "우리가 좋은 벗을 갖고 좋은 친구와 함께 있다는 것은 성스러운 도의 절반에 해당되는 것이 아니라 그 전부이다."라고 아난의 말을 정정해 주셨다고 한다.[142] 부처님의 이 말씀 역시 공동체 생활의 중요성과 공동체 의식을 강조하는 가르침으로 이해해도 좋을 것이다. 사실상 우리들의 일상생활도 수많은 사회적 노동의 은덕에 의존하고 있다. 한 장의 종이에는 자연과 인간의 무량한 공덕이 들어 있다. 한 채의 집을 지으려면 목재상, 목수, 미장이, 유리가게, 석공, 전기공사, 기와공사, 하수도공사 등 엄청난 사람들의 협력이 필요하다.[143] 양복 한 벌이 완성되려면, 재단사, 직물업자, 염색업자, 양모수입

139 법정 역, 앞의 책, p.39. "자신의 이익만을 아는 사람은 추하다."는 가르침도 발견된다.(같은 책, p.29)

140 『地藏經』「忉利天宮神通品」제1.

141 『大正藏』24, p.106中.

142 정승석, 『다섯 가지 주제』, 대원정사, 1996, p.39.

업자, 수출업자, 목 축업자와 이 과정에 개입하는 운송, 금융, 보험, 창고, 포장, 중간상인 등 다양한 노동과 급부가 총동원되어야 한다.[144]

불교에서는 우리가 입고 있는 여러 은혜를 흔히 부모은父母恩, 중생은衆生恩, 국왕은國王恩, 삼보은三寶恩 등 사은四恩으로 종합하고 이러한 은혜를 바로 알아(知恩) 은혜에 보답(報恩)할 것을 강조한다. 이러한 관점에서 보면 노동은 우리가 받고 있는 수많은 은혜에 보답하는 행이라고도 할 수 있다.[145] 은혜에 보답하는 행을 통하여 인간 공동체는 더욱 견고해질 것이다. 결국 노동은 공동체 사회를 유지하는 원천이 되는 것이다.

불교에서 그토록 강조하는 보시와 자비의 실천은 사회적인 입장에서 생각해 보면 공동체의 이상사회 실현을 위한 것이라고 할 수 있다. 이 보시와 자비의 실천 또한 구체적인 노동을 통해서 이루어진다고 볼 때, 공동체 사회 실현을 위한 수단으로서의 노동의 의미는 자명해진다.

또한 경전에는 다음과 같은 가르침들이 설해져 있기도 하다.

날 때부터 천한 사람이 되는 것은 아니요, 태어나면서 바라문이 되는 것도 아니요. 그 행위에 의해서 천한 사람도 되고 바라문도 되는 것이오.[146]

---

143 大野信三 저, 박경준 外 역, 『불교사회경제학』, 불교시대사, 1992, p.239.
144 위의 책, p.122.
145 미야사까 유쇼, 앞의 책, p.101.
146 *Sn.* 136.

재가자로서 정진하면 의식이 풍족하고 생업도 잘 되어 멀고 가까운 사람들로부터 칭찬을 들으며, 출가자로서 정진하면 온갖 수행이 성취된다. 37조도품과 모든 선정의 삼매와 불도의 법장을 구족해 얻어서 생사윤회의 흐름을 끊고 열반 언덕에 이르러 무위안락無爲安樂을 얻고자 한다면, 마땅히 부지런히 정진하고 부지런히 수행하는 것을 근본으로 삼아야만 한다.[147]

위의 가르침들을 분석해 보면 노동이 사회적 지위를 향상시키기도 하고 명예를 가져다주기도 하는 등의 사회적 의미를 지니고 있음을 알 수 있다.

결국 불교에서는 노동의 사회적 의미를 두 가지 측면에서 설하고 있다. 하나는 사회 질서의 유지 또는 공동체 사회 건설의 원동력으로서의 의미이고, 다른 하나는 사회적 신분 또는 지위의 향상과 명예를 고양시키는 동인으로서의 의미이다.

(3) 종교적 의미

동물은 건강하고 먹을 것만 충분하면 행복하지만, 인간은 절대 그렇지가 않다.[148] 이것은 인간에게 '생존의 욕구(survival needs)'와 '초생존超生存의 욕구(trans-survival needs)'가 병존[149]해 있기 때문이다. 그리하여

147 『菩薩本行經』(『大正藏』 3, p.108下).

148 Bertrand Russell, *The Conquest of Happiness*(Bantam Books, 1968), p.3.

149 Erich Fromm, *The Revolution of Hope*(New York: Harper & Row, 1968), p.70.

우리는 종교에 귀의하며, 꽃과 향을 가지고 조용한 사원을 찾아 기도하고 명상한다.

하지만 인도의 시성詩聖 타고르는 그의 유명한 시집 『기탄잘리』에서 다음과 같이 노래한다.

이 찬송과 노래와 기도 따윈 그만두시지요! 문들은 모두 닫힌 이 사원의 쓸쓸하고도 어두운 구석에서 당신은 누구를 예배하는 것입니까? 눈을 뜨고 보십시오, 신은 당신 앞에 없다는 것을! 그분은 농부가 팍팍한 땅을 갈고 있는 곳과 길 닦는 이가 돌을 깨고 있는 곳에 계십니다. 볕이 들거나 소나기가 퍼붓거나 그분은 그들과 더불어 계십니다. 그분의 옷은 먼지로 뒤덮여 있습니다. 당신의 신성한 망토를 벗고 그분처럼 당신도 먼지투성이의 저 흙 위로 내려가십시오.

해탈이라고요? 해탈이 어디에 있다는 말입니까? 우리의 주는 창조의 속박을 스스로 기꺼이 떠맡고 계십니다. 그분은 영원히 우리 전체와 맺어져 있습니다.

명상에서 빠져나와 꽃도 향도 내버려 두시지요! 당신의 옷이 더럽혀지고 갈가리 찢긴들 무슨 해로움이 있겠습니까? 당신의 이마의 땀과 노역 속에 그분을 만나서 그분 곁에 서십시오.[150]

이 시는 종교에 대한 기존의 고정관념을 파쇄하고 있다. 종교에서 지고의 가치로 여기는 '궁극적 실재', '진리', '성스러움', '신', '니르바나'

---

[150] R. 타고르 저, 박희진 역, 『기탄잘리』, 홍성사, 1983, p.26.

등에 대한 초월주의적 이해를 거부한다. 그리하여 땀 흘리는 노동의 현장, 우리의 구체적 일상 속에서 거룩한 종교적 이상을 구현해야 한다는 것을 깨우쳐 주고 있다.

하지만 석존은 이보다 훨씬 이전에 이와 같은 진실을 설파하셨다. 석존은 불교의 궁극적 목표로 열반을 제시하였다. 그렇지만 현재열반 現法涅槃(ditthadhamma-nibbana)이라는 말이 시사하듯 불교의 열반은 현재의 이 세상을 떠난 저 먼 피안의 영역에 속해 있지 않고, 현실에 그 기반을 두고 있는 것이다. 그래서 용수龍樹보살은 열반과 세간의 사이에는 털끝만큼의 차별도 없다고 주장한 것이다. 따라서 무명 (avijja)과 탐애(taṇhā)에 뿌리를 둔 윤회의 삶과 그것들을 벗어난 열반 의 삶은, 겉으로 드러난 양태는 동일할지 모르나 그 주관적 내재율은 사뭇 다르다고 보아야 한다. '윤회의 삶'이나 '열반의 삶'이 노동을 필수조건으로 하는 것은 당연한 일일 것이며, 이때에 노동 역시 그 객관적·외적 형식은 동일할지라도 그 윤리적·정신적 내용은 크게 다를 것이다. 우리가 앞에서 노동을 '유전문流轉門의 노동'과 '환멸문還 滅門의 노동'으로 구분한 것도 바로 이러한 이유 때문이다.

그럼에도 땀 흘리는 노동과 모든 고통이 사라진 열반 사이에 큰 거리가 느껴지는 것은 노동에 대한 오래된 선입견 때문이다. 이 고정관 념을 깨뜨리기 위해 다음과 같은 가정을 해 보기로 하자.

만약에 이 세상의 모든 사람이 한 사람도 빠짐없이 열반을 성취하기 위하여 세속적 욕망을 버리고 출가하여 수행한다고 하면 어떨까? 수행자도 먹지 않고 살 수 없다. 그러므로 수행자 중 일부는 농사를 지어야 할 것이다. 수행자도 입지 않고 살 수 없다. 그러므로 그들

중 일부는 옷 만드는 일을 해야 할 것이다. 수행자도 기거할 공간이 필요할 것이므로 그중 일부는 집 짓는 일을 해야 한다. 또 생활에 필요한 자원이 모든 지역에 다 골고루 갖춰져 있지는 않을 것이므로 운송·무역의 일과 거기에 필요한 수단이나 도구를 만드는 일을 해야 할 수행자도 필요하게 될 것이다. 그렇다면 이제 출가자들은 ①수행과 노동을 모두가 번갈아가면서 하든지, ②수행과 노동을 적절하게 배분하여 병행하든지, ③아니면 수행승과 노동승으로 역할 구분을 확실히 하든지, 셋 중의 한 가지 방식을 택할 수밖에 없을 것이다. 그러나 어떠한 경우든 노동의 개념은 이제 근본적으로 바뀌게 된다. 이들은 열반의 성취를 위하여 출가한 사람들이므로 더 이상 재화의 획득 그 자체가 노동의 동기가 될 수 없기 때문이다. 노동은 이제 출가공동체의 건전한 운영과 유지, 그리고 종교적 목표의 성취를 위한 수단으로서의 의미만 갖게 된다. 아니 이들 모두가 아직 순수하고 진지한 구도자라면 노동 그 자체가 곧 수행이라고 보아야 할 것이다.

이러한 가정을 통해 우리는 상당히 흥미로운 사실을 추정해 볼 수 있다. 첫째는 석존께서 당시 출가자들에게 일체의 노동을 금하신 것은, 물론 문화적 배경의 영향이 큰 원인이었겠지만, 앞의 세 번째 방식을 택하신 결과가 아니었겠는가 하는 점이다. 이것은 초기 불교교단이 출가자와 재가자의 이원구조를 바탕으로 유지되었던 사실을 생각해 보면 쉽게 이해될 것이다. 둘째, 대승불교에서는 초기교단의 이원구조에서 파생된 문제점을 극복하기 위해 수행과 노동의 역할 구분을 없애고 대신 첫 번째 또는 두 번째 방식을 취하지 않았겠는가 하는 점이다. 수행과 노동의 벽이 사라진 것은, 예를 들어 『법화경』의

「법사공덕품法師功德品」에 나타난 '직업을 갖고 살아나가는 것 그리고 그 모든 직업과 산업이 곧 불법이다(資生産業卽是佛法)'라는 사상이라든가 『화엄경』 「정행품淨行品」의 다음과 같은 가르침에서 잘 드러난다.

옷을 입을 때는 모든 공덕을 입는다 생각하고 항상 참회해야 합니다. 양치질을 할 때는 마음에 진리를 얻어 저절로 깨끗하게 되도록 원해야 합니다. 길을 갈 때는 청정한 법계를 딛고 마음속의 번뇌에서 벗어나야 합니다. 높은 산을 보면 최고의 깨달음을 목표로 부처님 법의 정상에 오르고자 합니다. 다리를 보면 부처님 법의 다리를 놓아 많은 사람이 머뭇거림 없이 건너게 해야 합니다.

『화엄경』은, 노동은 말할 것도 없고, 심지어 일상적인 생활이나 활동 속에서도 수행(자리와 이타행을 포함)의 정신과 자세를 견지해야 한다고 하는 더욱 철저한 입장을 취하고 있다.

이러한 대승의 정신은 '하루 일하지 않으면 하루 먹지 않는다(一日不作 一日不食)'[151]는 백장百丈의 청규淸規라든가 백용성白龍城 스님의 '선농일치禪農一致' 운동으로 이어지고 있다고 볼 수 있다.

이와 같은 노동은 욕망에 근거하지 않은 노동, 즉 환멸문의 노동이라고 할 수 있다. 환멸문의 노동은 근본적으로 '욕망의 질적 전환'에 바탕한 노동이다.

---

151 『景德傳燈錄』 「禪門規式」(『大正藏』 51, p.250上).

따라서 '환멸문의 노동'은 더 이상 이기적 욕망을 좇지 않고 불교의 궁극적 이상인 열반을 지향한다. 그리하여 아무리 그 노동이 힘들고 괴로울지라도 그것을 회피하지 않고 하나의 수행 과정으로 받아들인다. 적천寂天(Śāntideva)보살이 『입보리행론入菩提行論』에서, "성자聖者는 괴로움을 당하여도 맑은 마음이 흔들려서는 안 된다. 그는 지금 번뇌와 싸우고 있는 까닭에"[152]라고 토로하고 있는 것은 바로 그러한 의미이다. 또한 '환멸문의 노동'은 그 노동 및 노동의 결실을 모든 중생에게 회향하고자 한다. "허공계가 영원히 계속하는 한, 또는 세계 인류가 영원히 계속하는 한 나는 세계 인류의 괴로움을 멸하는 사람으로 영원히 살고자 하나이다."[153]라는 서원 속에서도 그러한 이상은 발견된다.

결국 불교적 입장에서 본 노동의 종교적 의미는 첫째, 노동이 '종교적 수행을 위한 수단'으로서의 기본적인 성격을 갖고 있으며, 둘째, 노동 그 자체가 수행의 과정이며, 셋째, 노동과 노동의 결과가 고통받는 중생에게 회향된다는 의미로 정리될 수 있다.

(4) 미래지향적 노동의 방향

오늘날 우리의 물질적 번영과 경제성장은 정신적·사회적 빈곤, 심리적 불안정과 문화적 생명력의 상실 등을 대가로 한 것이다.[154] 인간은

---

152 산티데바 저, 홍정식 역, 『보살의 길』, 보련각, 1982, p.70.
153 위의 책, p.198.
154 헬레나 노르베리-호지 저, 김종철 外 역, 『오래된 미래』, 녹색평론사, 1998, p.186.

이제 자기 자신이 삶의 중심이 되는 위치를 잃었고 경제적 목적을 위한 도구가 되었으며, 동료 인간과 자연으로부터 떨어져 나가 의미 있고 보람 있는 생활을 할 수 없게 되었다. 인간은 깊은 무력감 속에서 수동적으로 되고, 시장정향적市場定向的이며 비생산적으로 변하였으며 자아의식을 상실하고 남이 인정해 주는 데 의존하게 되었다.[155]

이러한 상황이 초래된 데에는 여러 원인이 있겠지만 '노동의 소외'가 가장 중요한 원인의 하나라고 생각된다. 이제 앞에서 살핀 불교적 노동관에 입각하여 이러한 상황의 극복을 위한 몇 가지 방향을 제시해 보고자 한다.

첫째, '노동상황' 및 '노동방식'이 개선되어야 한다. 노동은 단순한 상품가치가 아니라 인간을 가장 인간답게 하는 참으로 존엄한 것이다. 그러므로 노동환경이나 노동방식도 인간적인 환경과 인간적인 방식으로 바뀌어야 한다. 다시 말해서 노동현장에서 따뜻한 인간관계가 회복되어야 하고, 친밀감, 동료의식, 형제애적 연대, 봉사정신이 되살아나야 한다.[156] 그래야 기술적인 측면에서의 노동은 몰라도 적어도 사회적인 면에서의 노동은 인간적이고 즐거운 것이 된다.[157]

노동의 방식도 인간의 존엄성이 보장되고 창의력이 발휘될 수 있도

---

[155] 에릭 프롬 저, 문상득 外 역, 『건전한 사회』, 박영사, 1978, p.294.

[156] 제레미 리프킨, 앞의 책, p.374.

[157] 에릭 프롬은 이에 관한 흥미 있는 예를 들고 있다. 그것은 가정을 돌보고 음식을 만드는 가정주부와 똑같은 일을 하며 봉급을 받는 가정부에게 있어 노동의 의미는 사뭇 다를 것인데, 가정주부는 남편과 아이들과의 행복한 관계가 있고 가정부는 감정적 애착이 적거나 없기 때문이라는 요지의 이야기이다(에릭 프롬, 앞의 책, p.325).

260

록, 과감히 바꾸어야 한다. 이와 관련하여, 슈마허는 현재의 대량생산
체제를 범죄행위이고 악덕행위이며 인간생활의 가장 원시적인 측면에
탐착하는 영혼의 파괴행위라고 비판한다. 왜냐하면 대량생산체제는
노동자의 입장에서 볼 때 무의미하고, 지루하고, 어리석고, 신경을
건드리기만 하는 형태로 노동을 조직하고, 인간보다도 오히려 재화에
더욱 관심을 나타내기 때문이라고 한다. 또한 그는 본질적으로 난폭하
고 자기 파괴적이며 생태계를 해치고 인간을 바보로 만들며 대량
실업을 유발하는 '대량생산 기술' 대신에 '인간의 얼굴을 한 기술' 즉
'중간 기술'을 주창하였다.[158] 중간 기술은 비현실적이라고 그냥 외면하
기보다는 우리가 검토해 볼 만한 의미 있는 대안이라고 생각된다.

요즈음 우리나라에서도 '소규모 다품종 생산'을 권장하고 있지만,
이 중간 기술의 문제는 단순히 생산체제 또는 경제체제의 문제가
아니라 문명의 문제이다.[159]

둘째, 자본가와 국가의 노동자에 대한 접근이 달라져야 한다. 자본가
는 노동자의 노동을 상품으로 보면 안 되며 노동은 곧 인격이라고
보아야 한다. 경영상의 문제를 인원감축 등의 방법으로 해결하려는
것은 비인간적이고 근시안적인 발상이다. 부득이한 경우에라도 가급
적 정리해고와 같은 방식보다는 회사원들이 고통을 분담하는 방식을
택하는 쪽이 좋다. 또한 국가도 새로운 노동 및 시간 절약 기술의
도입으로 발생하는 생산성 향상을 수백만의 노동자와 함께 나누어야
한다. 기술 진보의 열매를 공정히 나누어 먹으려면 생산성의 극적인

158 김세열, 『기독교경제학』, 무실, 1993, p.222.
159 송희식, 『자본주의와 사회주의의 지양』, 비봉출판사, 1992, p.163.

향상이 근로 시간의 감소와 임금의 지속적인 인상 그리고 노동환경의 개선 등으로 연결되어야 한다.[160]

셋째, 노동에 대한 노동자들의 인식도 달라져야 한다. 노동은 단순히 돈을 벌기 위한 수단이 아니라는 점을 항상 명심해야 한다. 피동적이고 의무적으로 일해서는 안 되며 적극적이고 창조적으로 일에 임해야 하며, '나는 그 누구의 고용인도 아니다'[161]라고 한 부처님의 말씀처럼 회사에서는 주인의식을 갖고 자발적으로 회사일에 참여해야 한다. 그러려면 직업을 택할 때 임금을 기준으로 해서는 안 되며 자기 적성에 맞고 하고 싶어 하는 일을 기준으로 하여 선택해야 한다. 그것이 장기적으로는 부의 축적에도 도움이 되며,[162] 자기 발전과 자기실현을 이루는 데도 효과적일 것이다. 또한 자신이 하는 일이 기술적인 면에서 재미없고 힘들다 할지라도 인간 생활에 반드시 필요하고, 사회적으로도 유익한 것이라면, 긍지와 사명감을 갖고 즐거운 마음으로 기꺼이 임해야 한다. 더 나아가서는 자신의 노동을 종교적 차원으로까지 끌어올려 '환멸문의 노동'이 될 수 있도록 노력해야 한다.

오늘의 고실업 사태는 머지않아 '노동의 종말' 시대를 맞이할 위기에

---

160 제레미 리프킨, 앞의 책, p.291.

161 *Sn.* 25.

162 미국의 한 연구소에서 부를 축적하는 방법을 연구하기 위해 1천5백 명을 두 그룹으로 나눠 20년간 관찰했는데 A그룹은 당장 돈 때문에 직업을 택한 사람(83%)이었고, B그룹은 하고 싶은 일을 우선시한 사람(17%)이었다. 그러나 20년 후 그들 중에서 101명이 성공했는데 그 가운데 100명이 B그룹에서 나왔다고 한다(『좋은 생각』, 1998년 4월호, p.77).

직면해 있는 바, 이것은 근본적으로 노동 및 노동의 의미에 대한 그릇된 인식에서 비롯되었다. 따라서 노동과 그 의미에 대한 올바른 인식은 이러한 위기상황의 극복을 위해 반드시 필요한 전제조건이 될 것이다. 그리하여 우리는 올바른 노동관의 모델을 불교사상 속에서 모색해 보고자 하여, 이상에서 불교의 노동관에 대해 살펴보았다. 그 결과 우리는 다음과 같은 몇 가지 결론을 이끌어 낼 수 있었다.

첫째, 불교는 업설業說 등을 통해서 알 수 있듯이, 창조적 자유의지와 의도성을 인간행위의 주요한 특징으로 파악하고 있는 바, 이것은 의도와 합목적성의 특성을 강조하는, 오늘날 경제학에서 말하는 일반적인 노동개념과 흡사함을 알 수 있다.

둘째, 불교에서는 노동을 매우 중시한다. 초기교단에서는 출가자들의 노동과 생산 활동이 일절 금지되었지만, 그것은 노동 자체를 부정시한 것이 아니라 '수행'하는 출가자의 본분을 강조하기 위한 것이었다. 그것은 재가자와 일반인들에게는 일과 노동을 적극적으로 권장하고 있음을 통해서도 알 수 있다. 또한 그것은 (결국 노동의 개념과 상통하는) 정진精進이 출가자와 재가자 모두에게 참으로 강조되고 있는 점에서도 잘 나타난다.

셋째, 불교의 근본교리라 할 수 있는 연기법과 사성제의 관점에서 볼 때, 노동은 무명과 탐욕에 바탕을 둔, 끝없는 고통을 재생산하는 유전문(윤회문)에 속한 노동과 괴로움의 소멸, 즉 열반을 지향하는 환멸문(해탈문)에 속한 노동으로 구분되며 불교의 노동관에 있어 매우 특별하고 중요한 의미를 갖는다.

넷째, 불교에서는 노동의 다양한 의미가 언급되고 있는데, 가장 중요한 것으로는 경제적 의미, 사회적 의미, 종교적 의미 등이다. 경제적 의미란 재화의 획득 및 증식을 위한 수단으로서의 노동의 의미이다. 사회적 의미란 노동이 개인의 사회적 지위를 향상시킴은 물론 공동체 사회를 유지시키는 데 필수적임을 말한다. 종교적 의미란 노동이 '종교적 수행'을 위한 수단이고, 노동 자체가 거룩한 수행의 과정이며, 노동의 결과가 고통받는 중생에게 회향됨을 말한다. 이러한 의미들은 결국 노동이 단순한 노동력 상품으로서의 가치만이 아니라 인격적이고도 신성한 가치를 지니고 있다고 본다.

다섯째, 이러한 불교의 노동관에 입각해서 볼 때, 노동 상황과 노동 환경의 개선이 필요하고, 노동의 소외를 극복하고 고용기회를 늘리기 위해서 노동 방식도 슈마허가 주창한 '중간 기술' 등에 의한 더 인간적인 방식으로 바뀌어야 한다. 인격적 주체로서 그리고 사회공동체로서의 노동자에 대한 인식이 확립되어야 하고, 국가는 기술 진보의 결과를 수많은 노동자에게도 배분해야 한다. 또한 노동자들은 노동을 자아실현을 위한 신성한 활동으로 생각하여, 진정으로 하고 싶은 일을 기준으로 직업을 택해 자발적이고도 창조적으로 일해야 한다.

끝으로, "불교는 우리에게 세계 전체에 걸쳐 고통을 낳고 영속화시키는 경제구조에 도전할 수 있는 논리와 도구를 제공하고 있다."는 스웨덴 출신의 여성 녹색운동가, 노르베리-호지의 말을 깊이 음미해 보아야 한다.

7. 불교교단경제 약사

1) 인도의 교단경제

앞에서 언급한 것처럼, 불교에 입문한 출가수행자들은 일체의 생산활동을 하지 않았기 때문에, 수행상의 이유뿐만이 아니라 도의적으로나 현실적으로나 검소하고 간결하게 생활할 수밖에 없었다. 출가생활의 기본 원칙이라 할 수 있는 '사의지四依止(四依)'는 수행자의 간결한 생활 방식을 극명하게 보여 준다. 사의지란 출가자가 평생 지켜야 하는 바, 음식 섭취는 걸식乞食으로, 옷은 분소의糞掃衣(버려진 더러운 천이나 옷을 깨끗이 빨아 기워 만든 옷)로, 거주居住는 나무 밑에서, 약은 진기약陳棄藥(부뇨약이라고도 함. 소 오줌에 하리다키 열매를 넣어 이것을 흙속에 묻어 발효시킨 것)으로 해결하는 생활 방식이다. 물론 이것은 절대적인 것은 아니었으며 예외적인 경우도 있었다.

그리고 수행자들은 '삼의일발三衣一鉢' 또는 '육물六物'에 의해 생활해야 했는데 그것은 거의 무소유에 가까운 생활이었다. 삼의일발이란 옷 세 벌에 발우 하나라는 의미이고, 육물이란 세 벌의 옷〔안타회(下衣)·울다라승(上衣)·승가리(大衣)〕과 발우, 깔고 앉는 방석과 물을 걸러 먹는 주머니(漉水囊)를 가리킨다. 시간이 흐르면서 기본생활에 필요한 물품이 약간 더 허용되지만, 규정 이외의 또는 규정 이상의 물품을 갖고 있는 자가 발각될 경우, 그 사람은 그것들을 4명 이상의 도반들 앞에 내놓고 참회해야 했다(捨墮). 이러한 규칙은 출가자들로 하여금 수행에 전념케 하고, 출가자들 사이에 일어날 수 있는 소유의 불평등을 제거함으로써 승가의 화합을 도모케 하고, 일반인들의 신뢰를 이끌어 내며, 재가신도가 지나친 보시로 부담을 느끼거나 재시의 원천이 고갈되는 일을 미연에 방지하는 효과를 가져왔다.[163]

또한 교단에 대한 재가자들의 보시는 일반적으로 대중 전체에 대해 이루어졌다. 이 보시물 가운데 옷가지라든가 일상적인 소비재는 승가 대중에게 최대한 공평하게 분배되었다. 하지만 시물施物 가운데 토지, 가람, 주방住房, 침구, 기타 모든 기물과 도구 같은 더욱 중요한 내구적 소비재는 개인들에게 분배되지 않고, 사방에서 모여드는 유행자들을 포함한 승가 대중 전체가 공동 사용토록 하여 특별한 관리자로 하여금 관리케 하였다. 이것이 이른바 '사방승물四方僧物' 또는 '승물'인데, 이러한 공동의 소유물은 팔거나 대여하거나 사유화할 수가 없었다.[164] 지극히 사적이고 일상적인 생활용품(私物)을 제외한 모든 것은 사방승 가四方僧伽의 공동소유(僧物)였다고 보면 좋을 것이다. 그렇기 때문에 불교 승가는 생산은 않고 소비만 하는 공동체라는 의미에서 '소비 공동체'라고도 지칭하는 것이다.

그러나 시간이 흐르고 승가에도 새로운 변화가 나타난다. 불멸佛滅 후 약 100년경, 웨살리(Vesāli)에 사는 밧지족 출신의 비구들이 재가자 들로부터 돈을 받은 것이다. 그들은 물이 담긴 구리 단지(항아리)를 수도원 입구에 놓아두고, 승가에 여러 가지 물품들이 필요하니 그것들 을 구입할 돈을 보시하라고 신도들에게 거의 구걸하다시피 했다.[165]

---

163 大野信三 저, 박경준·이영근 역, 『불교사회경제학』, 불교시대사, 1992, pp.75 ~76.

164 위의 책, p.75.

165 Mohan Wijayaratna 저, Claude Grangier 외 역, *Buddhist Monastic Life*(Cam-

이러한 광경을 목격한 야사(Yasa) 스님이 문제를 제기함으로써 결국 불교교단은 보수적인 상좌부上座部와 진보적인 대중부大衆部 두 부파로 분열하게 된다. 이러한 '근본분열' 이후에도 '지말분열'이 계속되어 교단은 수많은 부파로 분열되면서 부파불교시대를 낳는다.

이러한 불교사 변천의 이면에서는 불탑신앙이 태동하고 있었다. 불멸후 건립된 탑 속에는 부처님의 사리나 유품이 봉안되어 있어서, 부처님에 대한 숭배의 종교적 감정은 자연스럽게 불탑을 향하게 되고 불교도들은 불탑 앞에 많은 공양물과 재물을 바치게 되었다. 부파불교의 부정적인 면이 확산되면서 불탑신앙은 더욱 고조되고 그에 의거하여 대승불교가 흥기하게 된다. 그런데 상좌부 가운데는 불탑에 바쳐진 공양물이나 돈, 기타 재물 등(塔物, 佛物)이 부처님의 것이기 때문에 제자들은 이것을 이용하면 안 된다고 주장한 부파도 있었다. 그러나 일부 대중부와 설일체유부, 불탑신앙의 핵심세력은 비록 탑물일지라도 제자들이 이용할 수 있다고 보고, 탑물을 재가자나 일반인들의 사업에 투자하여 이윤을 얻거나 때로는 저당을 잡고 대부해 주어 이자를 받아 원본의 증식을 꾀했다. 이러한 탑물 및 제도는 흔히 '무진물無盡物' 또는 '탑물무진塔物無盡'이라고 불린다. 무진물 제도는 대승불교가 발전하면서 더욱 활성화되었고, 인도사회에서 일종의 금융기관으로 자리매김했다. 무진물로 얻은 이익과 이자는 탑에 대한 헌공비, 승원의 유지운영비에 충당되었다. 나아가 사회적 빈곤의 구제 등에도 사용되어 대승불교 이념을 민중 속에 실현하는 촉매가 되기도

bridge University Press, 1990), p.85.

하였다.[166]

2) 중국의 교단경제

불교가 인도로부터 서역을 거쳐 중국에 공식적으로 전래된 것은 후한後漢 명제明帝 때(C.E. 67년)의 일로 알려져 있다.[167] 전래 초기에는 출가자들이 비교적 출가자 본연의 생활에 충실했으나, 시간이 흐르면서 교단에는 많은 변화가 나타난다. 먼저 사탑寺塔이 점점 많아지고 교단이 정비되자, 왕공귀족王公貴族과 부호들의 시주가 늘어나고 그 규모도 커진다. 이렇게 해서 사찰의 큰 재산이 형성되면서 승려들은 걸식을 중지하고 사찰 내에서 정해진 규칙에 따라 의식주 생활을 영위하게 되었다. 사찰의 재산 중에서 가장 큰 비중을 차지하는 것은 사전寺田이었다. 사전은 원래 사탑을 건립할 때 신도들이 사원의 경제적 기초를 위해서 자신들의 전답을 보시함으로써 발생하였다. 여기에 현세구복적인 신앙이 일반화되면서 보시는 더욱 많아지고, 나아가 재원을 확보한 사찰은 권력을 배경으로 하층민 계급의 토지를 사들이기도 하고 개간에 투자하기도 하고 저당 등에 의한 토지 병탈을 자행함으로써 땅을 넓혀갔다. 이제 사전은 귀족이나 부호들이 소유하고 있는 장원과 다를 바 없었다. 사전을 사장寺莊이라고 부르는 것은 이러한 연유에서다.[168]

---

166 이재창, 『한국불교사원경제연구』, 불교시대사, 1993, p.287.

167 물론 불교의 중국 전래시기에 관해서는 수많은 전설과 학설이 제기되고 있어서 이것이 확정적인 것은 아니다.

168 道端良秀, 『中國佛教社會經濟史の研究』(京都: 平樂寺書店, 1983), pp.30~33 참조.

268

불교사원은 여기에 만족하지 않고 사찰재산 일부를 사람들에게 빌려주어 이자 소득까지 올렸다. 또한 귀족이나 부호들 사이에서는, 집안 분묘에 공덕원功德院이라는 절을 짓고 거기에 전답을 기증하여 사원이 누리는 면세의 특권을 악용하여 자신들의 장원을 보호하려고 하는 자들이 속출하였다. 당대唐代에는 자본을 투자하여 수력을 이용한 방앗간(碾磑)을 세우거나, 점포 내지 창고(邸店)를 건립하거나 수레를 대여하는 사업(車坊)을 운영하는 절들도 있었다.

물론 승단 내부에서는 사찰의 공유재산과 승려들의 사유재산은 엄격히 구분되었다. 그래서 공유재산을 사적인 용도로 전용하면 엄중한 처벌을 하도록 하는 규정도 생겨났다. 그럼에도 사원경제의 비대화는 계속되었고 이러한 시대 흐름에 편승하여 면세나 면역을 목적으로 위장 출가하는 사람의 수가 점점 늘어났다. 그들에게 출가는 속임수일 뿐으로 그들은 농민이나 상인들과 다름없이 재산을 늘리는 데 여념이 없었다. 그들 중에는 길흉을 점치는 일에 종사하는 자도 있었고 사재를 축적하여 고리대금업을 운영하는 자도 있었다.[169]

그러나 불교의 자비이념과 복전福田사상을 구현하기 위한 사회구제 사업의 큰 흐름도 중국불교교단경제에서 간과할 수 없다. 단위 사찰이나 승려 개인이 추진했던 사회사업도 있었지만, 제도화된 사회사업도 적지 않았다.

먼저 승기호僧祇戶 제도는 북위 때 사문도통沙門都統인 담요曇曜의 건의에 의해 설립된 것으로 국고國庫에 납세하는 지방의 곡물을 승조

169 道端良秀, 앞의 책, pp.84~96; 大野信三, 앞의 책, pp.170~172.

僧曹에 납부케 하고 승조에서는 이것을 관리하여 빈궁자에게 대여하였다. 불도호佛圖戶는 죄인이나 노비를 불교사찰의 관리 하에 두고, 절의 건립이나 청소, 사전寺田의 경작, 기타 잡역에 종사시키면서 그들을 불교로 교화하면서 동시에 불사佛事를 위한 노동력으로도 활용한 제도이다. 담요가 계획하고 관리한 이 제도는 흉년의 구휼, 서민금융, 농업노동력의 정착, 범죄자의 보호와 교화 등을 위한 다목적 사업으로서 시대상황에 부응하였기에 단기간에 북위 전체에 확산되었다.[170]

다음으로 무진장無盡藏은 원래 양무제梁武帝에 의해 방생과 보시를 목적으로 설립되었는데, 여기에 전당포(質庫)를 병설하여 서민들에게 금융 편의를 제공한 사찰도 있었다. 이 무진장원無盡藏院은 당대唐代에 이르러 크게 번성하였는데, 신행信行이 창시한 삼계교三階敎 소속의 화도사化度寺 무진장원이 특히 유명하다. 이것은 원래 스님들의 생활비, 사찰건물의 수선비修繕費, 불사법회佛事法會 비용 등을 충당하기 위한 것이었으나, 흉년에는 빈궁자에게 무이자로 대여하기도 하고 때로는 방출하기도 하여 빈민구제기관으로서의 성격도 농후하였다. 삼계교단의 무진장원과 성격이 거의 비슷한 기관으로 일반 사찰에는 '사고寺庫'가 있었다. 하지만 이러한 기관들은 훗날 그 근본 취지를 망각하고 여러 가지 폐해를 낳게 되어 당 현종玄宗에 의해 폐쇄되는 운명을 맞는다. 당대의 무진장원과 사고는 송대宋代에 들어서는 장생고長生庫에 의해 계승되었는데, 사회구제사업은 외면한 채 영리사업에

170 교양교재편찬위원회 편, 『불교문화사』, 동국대학교출판부, 2001, p.118; 大野信三, 앞의 책, p.173.

치중하게 된다.

중국불교교단은 이와 같이 빈민과 기아자를 구제하는 데 재정의 상당 부분을 할당했을 뿐만 아니라, 교량을 건설하고 수로를 만들며 나무를 심어 홍수에 대비하는 일에도 적극적이었다. 그뿐만 아니라 사찰은 일부 시설을 여행자나 수험생을 위한 숙박시설로 제공하였고, 어려운 사람들을 위해 장례를 대신 치러 주기도 하였다.[171]

3) 한국의 교단경제

중국불교와 마찬가지로 한국불교는 사상과 신앙의 측면에서뿐만 아니라 교단경제적 측면에서도 인도불교와는 사뭇 다른 양상을 보여 준다. 그것은 어쩌면 자연환경과 생활양식, 문화환경과 역사적 배경의 차이 때문에 나타나는 필연적인 현상일지도 모른다.

우리나라에 전래된 불교는 국가권력과 긴밀한 유대관계를 갖게 되는데, 그것은 국가가 불교를 통해 강력한 중앙집권체제를 구축하고 국가적으로 흥국이민興國利民을 도모하려 했기 때문이다.

그리하여 삼국시대와 통일신라시대, 그리고 고려시대에 이르기까지 사원 건립은 대부분 국가나 왕실의 지원으로 이루어졌고 사원경제의 토대가 되는 전지田地 역시 대개가 국가나 왕의 사급賜給에 의해 마련되었다. 그리고 『삼국유사』에 의하면 신라 법흥왕 대에 사원노비가 있었다고 하지만 극소수에 불과했고, 그들은 일반노비와 달리 왕족과 귀족 출신들이었다.[172]

---

171 위의 책(『불교문화사』), pp.119~120; 앞의 책(『불교사회경제학』), p.174.
172 이재창, 앞의 책, p.19.

고려시대의 불교는 국가권력과 깊이 결탁하여 큰 세력을 행사하였고, 대중화된 신라불교의 영향으로 국민의 절대적 지지와 숭앙을 얻어 가위 황금시대를 맞이한다.

사원은 조정으로부터의 사급, 권세가들의 경쟁적인 시납施納, 가렴주구를 피해 차라리 소작인이 되고자 스스로 결행한 투탁投託, 매입과 탈점奪占 등에 의해 늘어만 가는 사원령으로 경제적 비만증에 걸렸다. 또한 사원은 불교의 자비와 평등의 이념과도 배치되는 노비들로 넘쳐났다.

이것만으로는 아직 부족했는지 스님들은 계율도 무시하고 술을 만들어 팔고, 파와 마늘을 팔며, 옷감, 유리기와, 청자 등의 공예품을 생산 판매하는가 하면 염전에도 손을 뻗쳤다. 불사의 비용조달과 사회구제사업의 자금을 마련하기 위한 각종 보寶를 운영하면서도 높은 이자를 받아 국민의 비난을 샀다. 사원을 건립하면서도 그 규모가 너무 크고 호화로웠으며, 끊임없이 계속되는 창건 불사와 각종 법회로 국고는 탕진되고 백성은 노역에 시달렸다.

이러한 폐단의 근본원인은 사원이 탐욕과 집착을 여의라는 불교의 가르침을 외면한 채, 축적된 부를 사회에 환원하지 못하고 오히려 그 부에 얽매인 데 있었다. 갖가지 폐해가 드러나자 고려 말엽에 이미 승려들의 행동을 제한하는 금령禁令이 나타나기 시작하고 급기야는 배불론까지 고개를 들었다. 고려시대 사원경제의 지나친 팽창은 숭유억불의 조선조에 불교계가 겪게 되는 고난과 시련을 자초했다고 볼 수 있다.[173]

조선조 태종太宗 대에 접어들면서 불교 배척은 본격적으로 진행되었다. 태종은 사원의 수를 줄이고 승려를 환속시키는 한편, 사원 소유의 토지를 약 60% 정도 몰수하고 사원노비를 거두어 군정軍丁에 충당하였다. 세종은 비록 만년에는 불교를 받들었지만, 초년에는 내불당을 폐하고 승려의 도성 출입을 억제하는 등, 태종의 정책을 계승하여 더욱 가혹한 척불을 단행하였다. 세종 중엽 이후 세조世祖 대에는 세조의 불교 외호로 사원의 재건과 증축이 도처에서 이루어졌으며 사원전도 제법 늘어났다. 특히 상원사·낙산사의 경우는 '면세'의 특혜를 받아가며 사원농장을 운영하였다. 과전법의 붕괴로 승려들의 개인적인 전지田地 소유가 가능해지고[174] 승려들의 풍부한 노동력으로 말미암아 사원전은 늘어갔다. 그러나 연산군과 현종의 치세 중에는 전국의 사원전과 노비가 다시 몰수됨으로써 사원경제의 기반이 무너지고 만다. 숙종, 경종, 영조, 정조 대에는 이미 천민으로 추락한 승려들에 대한 사대부들의 가렴주구가 실로 극심하였다. 스님들은 인조 이후 도성 출입금지라는 차별을 감내하면서도 남·북한산성을 쌓고 수비를 담당하였으며, 산성 수비에 필요한 경비까지 자체적으로 부담해야 하였다. 스님들의 생활은 날로 비참해져 환속하는 스님들이 속출하는가 하면 아예 산속 깊이 은둔해 버리는 스님들도 있었다.

하지만 그런 와중에서도 스님들은 사원 운영을 위한 재정 확보를 위해 피나는 노력을 기울였다. 스님들은 탁발을 하고 전지를 개간하였으며, 짚신과 미투리, 종이와 누룩 등을 만들기도 하고 심지어는 품팔이를 하여 재산을 모았다. 조선 후기에는 갑계甲契 , 도종계, 어산계,

---

173 이재창, 앞의 책, pp.138~140 참조.

174 이 경우에는 물론 '自耕有稅'를 지불해야 했다.

미타계, 관음계 등의 각종 계를 조직하여 공동의 자구책을 마련하기도 하였다. 오늘날 한국불교 소유의 재산은 바로 조선시대 스님들의 이러한 눈물겨운 노력의 결실이라 할 것이다.[175]

---

175 김갑주, 『조선시대 사원경제사 연구』, 경인문화사, 2007, pp.107~113; 이재창, 앞의 책, pp.184~204 참조.

제5장 현대 이데올로기에 대한 불교적 조명

칼 마르크스(Karl Marx) 이래 거의 모든 지구인의 깊은 관심사였던 이른바 이데올로기 논쟁은 구소련과 동유럽의 붕괴 이후 차츰 수그러들고 있다. 하지만 자유와 평등의 실현은 인류의 영원한 양대 이상으로 길이 존속될 것이다. 따라서 자유와 평등이 균형과 조화를 이루지 못할 때는, 언제라도 이데올로기 문제는 인류 역사의 쟁점으로 또다시 부상할 것이다. 사실 지금도 이데올로기의 대립은 계속되고 있다. 자본주의(또는 자유민주주의) 국가에서도 사회주의(또는 공산주의)를 표방하는 정당이 엄존하고 있고 구소련과 동유럽에서도 공산당의 활동이 자취를 감춘 것은 아니다. 그리고 무엇보다도 우리 한반도는, 적어도 명분상으로는, 바로 이 이데올로기 문제로 분단의 벽을 허물지 못하고 있다.

일반적으로 불교는 자유민주주의의 입장에 서 있는 것으로 이해되고 있다. 하지만 만해萬海 한용운韓龍雲은 '불교 사회주의'를 주장한 바 있고,[1] 일본에서는 1931년에 결성된 '신흥불교청년동맹新興佛敎靑年同

盟'을 중심으로 불교 사회주의 운동을 본격적으로 전개하여 일본 불교
계와 사회에 적지 않은 영향을 끼치기도 하였다.[2] 또한 미얀마에서도
1950년을 전후하여 불법사회주의佛法社會主義 운동이 추진된 바 있다.
그리고 최근 1980년대에 들어서는 우리나라에서도 불교는 자본주의사
상이 아니라는 주장이 대두되기도 하였다. 이러한 상황에서 여기에서
는 먼저 이데올로기의 개념과 그 역사적 전개에 대해 알아보고, 다음으
로 이데올로기 문제에 대한 불교의 기본 입장을 살펴보기로 한다.

1. 이데올로기의 개념과 그 역사적 전개

이데올로기(Ideologie)라는 용어는 본래 이데아(Idea, Idées)로부터 연
유한 것인데, 이 용어는 프랑스의 계몽주의 철학의 선구자 트라시
(Antaine Louis Claude Destutt de Tracy)에 의해 처음으로 사용되었다.
그에 의하면 이데올로기는 '관념觀念의 학學(Science des idées)'으로서
①규범적인 이념들의 체계, ②절대적인 규범들의 표상에 대한 비판을
의미하는 양가성兩價性을 지닌 것이었다. 다시 말해서 이데올로기는
개인적 인간의 행동을 위한 규범들과 집단적 사회의 방향과 이상을
함께 포괄하는 체계이며, 동시에 경화硬化된 규범들과 그 폐쇄적 체계
에 대한 비판이기도 한 것이다. 트라시가 그 당시 주창한 구체적인
이데올로기는 프랑스 혁명의 이념으로서의 자유주의였다. 그의 자유
주의에 의하면, 자연적인 것이 곧 사회적인 것이며 인간의 자연으로서

---

1 『(증보)韓龍雲全集』2, p.292.

2 日本佛敎學會編, 『佛敎と社會の諸問題』(京都: 平樂寺書店, 1970), p.326.

의 본성이 바르게 계발되고 바르게 이해되면 사회도 조화 있는 질서에 도달할 수 있다. 또한 인간의 본성으로서 주어진 이성이 질서와 자유의 보장이며, 자연이 진리와 행복과 도덕을 연결시킨다고 한다. 그러나 오늘날의 심층심리학과 지식사회학은 인간에게 자율적인 이성이 자연적인 본성으로서 주어져 있는 것이 아니라는 것을 가르쳐 주고 있다. 트라시가 말한 그러한 자유주의 이데올로기가 그 정신적 기반을 잃게 된 것은 그 때문이다.[3]

이 '관념의 학(Ideologie)'에 대해 최초로 비판을 가한 사람은 보나파르트 나폴레옹(B. Napoléon)이었다. 나폴레옹의 비판 요지는, 이데올로기 주장자들이 순전히 현실과는 동떨어진 철학적 이론을 정치적 권력으로 만들려 한다는 것이었다. 나폴레옹의 입장에서 보면 그들은 '순전히 이성적인 근거에서', 즉 현실과 유리된 사변에 근거하여 좀 더 바람직한 사회질서를 제공할 수 있다고 믿는 공상가에 불과하다. 그리하여 나폴레옹은 이 '관념의 학자'들을 '형이상학자' 또는 '광신자(Fanatitiker)'로 매도한다.[4]

그러나 현대의 사회과학에서 통용되는 이데올로기의 개념은 마르크스(K. Marx)로부터 비롯된다고 할 수 있다. 마르크스는 '독일 이데올로기(Deutsche Ideologie)'에서 이데올로기를 인간 두뇌의 산물로서의 이념들로 이해하고 이러한 인간 두뇌의 산물이 이제 오히려 인간을 구속하고 지배한다고 생각했다.[5]

---

3 韓國社會科學硏究所 편,『現代이데올로기의 諸問題』, 民音社, 1978, pp.279~280.
4 위의 책, p.16.
5 K. Marx, F. Engels, *The German Ideology, MECW* Vol.5, pp.35~37.

그래서 마르크스는 인간을 구속하는 이념들인 이데올로기로부터 인간을 해방시키는 것을 그의 사명으로 삼았다. 마르크스에 있어서 이데올로기는 사회의 경제적 현실에 대한 잘못된 의식이다. 허위의식이란 물질적·경제적 토대에 기초한 현실을 철학·정치·법률·예술·종교 등의 관념적 형태로만 묘사하려는 시도에서 발생한다. 그리고 이 관념적 현실이해의 은폐된 목적은 다름 아닌 지배계급의 자기합리화에 있다. 마르크스는 한 사회의 은폐된 본질을 드러내고자 한 이데올로기 비판자였다. 그러나 사회의 갈등요소로 이해된 이데올로기 비판은 '계급투쟁'이라는 실질적인 개념으로 바뀌었고, 유물사관이라는 또 다른 이데올로기의 정립으로 변모되었다. 그리고 마르크스의 추종자들은 이를 더욱 교조화의 길로 몰고 갔다.[6]

그 후 레닌(Lenin)은 이데올로기의 개념을 한 사회적 계급과 집단이 그들의 이익을 옹호하기 위해 내세우는 이념 및 세계관이라고 확정지었다. 그리하여 프롤레타리아의 이데올로기는 역사의 필연적인 발전의 방향에 부합되는 과학적인 것이고, 부르주아의 이데올로기는 반동적인 것으로 그릇된 이데올로기라 하였다. 여기서는 이데올로기의 개념이 진리로서의 이데올로기와 허위로서의 이데올로기로 구별되고 있다. 따라서 이데올로기 그 자체가 전적으로 비과학적이고 허위의식이라는 말이 아니고, 그들의 이데올로기는 과학적이고 진리인 데 반해, 이와 대립되는 이데올로기는 비과학적이고 허위라는 것이다.[7]

그러나 어쨌든 17세기 이래 흥륭興隆한 부르주아 계급의 자유주의와

---

6 都聖達 외, 『共産主義 이데올로기의 虛와 實』, 한국정신문화연구원, 1992, p.4.
7 韓國社會科學研究所 편, 앞의 책, p.281.

19세기에 들어와 성립한 프롤레타리아 계급의 자기해방을 표방하는 사회주의는 서구의 정치사를 꾸며 온 양대 이데올로기임에 틀림이 없다.

자유주의는, 비록 그 반대자들에 의해 허위의식이라는 비판을 받았지만, 부르주아 계급의 실질적인 세계관으로서 그들의 사고와 행동을 뒷받침하는 역할을 해 왔다. 그리하여 자유주의는 왕권으로부터 평민(개인)의 권리와 자유를 이끌어 냄으로써, 인간해방을 향한 세계사의 초석을 다져 놓았다. 그것은 또한 자유시장이라는 자본주의 경제를 발전시켰고, 과학과 기술의 발달을 촉진시켜 인간의 자기실현을 돕는 물질적 기반을 마련해 주기도 하였다. 하지만 자유주의는 소수 자본가에로의 부의 편중, 부익부 빈익빈, 계층 간의 갈등 등 많은 부정적 결과를 초래하기도 하였다.[8]

그러나 이러한 경제적 불평등이 자유경쟁의 불가피한 결과라고 판단한 사회주의자들, 즉 평등의 주창자들은 자유시장 그 자체가 인류의 복지를 가로막는 최대의 장애물로 간주했다. 자유주의자들이 인간의 자아실현을 가로막는 주요 장애물을 정치적 문제, 즉 법적 불평등(legal inequality)으로 본 데 반해, 사회주의자들은 그것을 주로 경제적 불평등(economic inequality)으로 보았고,[9] 이 불평등의 원인인 시장경제를 없애자는 것이 사회주의 운동의 핵심적인 목표가 되었다. 이러한 사회주의 운동은 유럽에 국한되지 않고 20세기 초반을 넘어서

---

8 車仁錫, 「現代이데올로기와 宗敎」(『人類文明과 圓佛敎思想』 上, 1991), p.898.

9 Frederik M. Watkins, *The Age of Ideology-Political Thought, 1750 to the present*(Englewood Cliffs, New Jersey: Prentice Hall Inc., 1964), pp.47~48.

면서 세계적인 정치 현상으로 확대된다. 그리고 마침내 제2차 세계대전 후에는 세계를 이데올로기적 양극으로 분열시켰다. 그리하여 동서양 진영은 서로의 이데올로기적 우월성 내지 자기 신념의 정당성을 과시하기 위해 세계 도처에서 치열한 각축전을 전개하였다. 그 과정에서 사람들은 크고 작은 불행과 비극을 겪어야 했으며, 불안과 긴장이 줄곧 세계를 감싸고 있었던 것이다.[10]

그러는 가운데 미국의 사회학자 벨(Daniel Bell)은 1960년 그의 『이데올로기의 종언(The End of Ideology)』에서 자유주의, 마르크시즘, 아나키즘 등 모든 이데올로기가 인간의 생활을 적극적으로 통제하는 시대는 이미 지나갔다고 선언하였다. 그것은 구미의 선진 자본주의 국가에서는 복지국가화와 대중사회화의 진전과 함께 현실의 변혁을 바라는 사람들의 지향이나 이데올로기가 대부분의 국가기구나 정부의 정책 속에 흡수되고 있으며, 사회주의 국가에서는 이상과 현실의 괴리로 말미암아 이데올로기에 대한 신뢰감이 차츰 사라지고 있기 때문이라는 것이다. 따라서 전체적이고도 구조적인 개혁을 과격하게 요구하는 공상적인 이데올로기의 시대는 지나가고 실증적이고 전문적인 과학과 기술의 혁신을 보다 중요하게 생각하는 시대로 접어들게 되었다는 것이다.[11]

그러나 이러한 '이데올로기 종말론'에 대한 비판이 혁신자유주의革新自由主義(Reform Liberalism)와 신좌파新左派(New Left) 사상을 중심으로 곧바로 제기되었다. 이에 의하면, '역사는 궁극적으로 정태적靜態的

10 불교신문사 편, 『현대의 제 문제 그 불교적 해답』, 밀알, 1989, pp.36~37
11 金大煥, 앞의 책, pp.286~287.

균형을 향해 진행한다'는 것을 전제로 하는 '이데올로기 종말론'은
사람들로 하여금 주어진 상황에 만족하게 하고 또한 이 상태의 지속을
바라게 하는 또 하나의 이데올로기, 즉 '현상유지의 이데올로기'라는
것이다.[12]

　1960년대 중엽부터 일어난 혁신자유주의와 신좌파 사상은 사회적
갈등에서 생기는 대립의 이념체계가 아니라, 오히려 대립을 제거해
준 풍요사회의 구조를 비판하는 제3의 이데올로기라고 할 수 있다.
그것은 과학과 기술을 바탕으로 고도로 발달한 산업사회에서의 '자유
의 종말'에 대한 항거이기도 하다. 그들은 다 같이 빈곤, 인종차별,
자연환경의 파괴 등에 깊은 관심이 있으며, 기존의 이데올로기는
이들 문제를 해결하는 데 있어서 무기력하다고 주장한다.

　혁신자유주의자들은 사회적 난제에 대해 자본주의·자유주의 체제
가 상투적이고 안일한 태도를 보이는 것에 매우 비판적이며, 그것들이
가진 본래적 기본가치의 재활성화再活性化와 민주적인 정치과정의
재개를 촉구한다.

　반면 신좌파는 혁신자유주의로는 사회악의 원인을 근본적으로 제거
할 수 없다고 보며, 자본주의 체제의 전적인 부정을 내걸고 투쟁하였다.
그들은 철저한 사회주의자가 아니면서도 자본주의가 인간 생활에
부과하는 시장가치에 반대하였다. 또한 그들은 사회변혁의 능력이
없는 기존의 정치제도 안에서의 개혁을 믿지 않았고, '체제 내에서의
효과'를 거부하는 혁명적 목적과 수단을 내세우게 되었다. 그들은

---

12 Robert A. Haber, *The End of Ideology, Reader in Political Sociology*, ed.
　 by Frank Linden-Yeld(New York: Funk & Wagnalls, 1968), pp.556~557.

볼셰비키처럼 어떤 혁명의 방법을 고안했던 것은 아니지만, 대중에 기반을 둔 정치운동을 전개함으로써 사회변혁을 기도했던 것이다. 하지만 1970년대에 이르러 기존체제 내에서 자발적으로 개혁을 촉구하는 강력한 진보세력이 출현함으로써 신좌파의 혁명적 과격성은 누그러지기 시작한다.[13]

거의 때를 같이하여 냉전 체제의 세계정세는 데탕트(detente) 체제로 전환하게 되었고, 그에 따라 세계는 이데올로기적 양극 체제에서 국익 추구의 다극 체제로 바뀐다. 1990년을 전후해서는 급기야 구소련과 동유럽이 붕괴되고 독일이 통일되는, 세계사적 변화가 일어난다. 그렇다고 하여 이데올로기 문제가 완전히 종식되었다고 볼 수는 없을 것이다. 그 변화는 인류사회의 최대 이상인 인간의 본질적 자유와 평등이 통합적으로 실현된 결과로서 나타난 현상이 아니기 때문이다. 게다가 지금은 다양한 형태의 민족주의라는 이데올로기가 다시 고개를 드는 상황이기도 하다.

2. 이데올로기 문제의 불교적 조명

이상에서 살펴본 바와 같이 이데올로기는 때로는 부정적 의미로, 때로는 긍정적 의미로 쓰일 뿐만 아니라, 그 내용이 실로 다양하여 한마디로 개념 정의하기가 어렵다. 그렇지만 여기에서는 현실과 유리된, 관념적인 '허위의식虛僞意識'이라는 입장에서, 즉 부정적 의미의

13 韓國社會科學研究所 편, 앞의 책, pp.105~106.

이데올로기 개념을 전제로 해서 논의해 보고자 한다.

　한마디로 말해서 불교는 허위의식을 매우 경계하고 있다. 불타(Buddha)라는 말의 어원적 의미를 생각해 보더라도 불교는 '깨달음'의 종교임이 틀림없다. 해탈과 열반의 삶을 누리려면 모든 사물과 존재의 있는 그대로의 참모습(諸法實相)을 바르게 깨달아야 한다. 이 깨달음은 허위의식이 극복될 때 가능하다고 할 수 있다. 이것은 불교 교설의 핵심이라 할 수 있는 십이연기설十二緣起說의 내용을 살펴보면 더욱 분명해진다. 십이연기설에 의하면, 우리가 겪는 모든 괴로움(老死憂悲苦惱)은 근본적으로 무명無明(avijja: avidya)에 연유한다. 이 무명은 범부중생의 가장 근원적인 허위의식이라 할 수 있다.

　또한『중아함경』의「분별성제경分別聖諦經」에서 사성제四聖諦를 설하는 중에 "어떤 것이 고성제苦聖諦인가? 그것은 생生·노老·병病·사死·원증회怨憎會·애별리愛別離·구부득求不得의 괴로움이며 한마디로 말해서 오취온五取蘊은 고苦다."[14]라는 내용이 나오는데, 이는 우리의 모든 괴로움이 근본적으로 색色·수受·상想·행行·식識을 아我로 취착取著하는 허위의식으로부터 비롯되고 있음을 말해 준다. 이러한 불교의 기본 입장은 중관학파中觀學派에 의해 더욱 충실히 계승되고 있다고 볼 수 있다. 무르티(Murti)는 중관학파의 입장을 다음과 같이 말한다.

　중관학파 속에서 우리는 지성적 직관(般若)과 자유(涅槃) 및 바라밀

14 『大正藏』1, p.467中下.

(Perfection) 간의 가장 밀접한 유사성을 발견한다. 허망분별虛妄分別(Vikalpa: conceptual construction)의 해체로서의 반야는 자유이다. 왜냐하면 구속과 고통의 근본원인은 허망분별이기 때문이다. 그리고 절대로서의 반야는 여래如來(Tathagata)와 일치한다.[15]

이러한 입장은 비단 중관학파뿐만 아니라, 유식·천태·화엄·선사상 등 거의 모든 불교사상을 관류貫流하고 있음은 두말할 필요가 없다. 다시 말해서 불교는 그 어떤 종교, 철학, 사상보다도 더욱 철저하게 고정관념, 편견, 선입견, 아집, 망념, 도그마(dogma) 등 일체의 허위의식을 배격하고 있으며, 참으로 집요하게 실체적 진실을 추구하고 있다. 그리고 사실상 불타는 실체적 진실에서 살아간 성인이다.

그러나 인간(衆生)은 정치적 현실을 떠나서는 살 수 없는 존재다. 정치적 현실에는 정치권력이 존재하고, 정치권력은 어떤 형태로든 정치 이데올로기를 취하지 않을 수 없다. 이데올로기의 도움 없이는 한 사회의 통합(Integration)이나 단결(Solidarity)이 어려워지며 그 사회, 특히 국가체제의 정체(Identity)를 분명하게 드러낼 수도 없기 때문이다. 따라서 불교는 비록 근본적으로 반이데올로기적인 사상이지만, 중생의 현실 정치를 인정하는 한, 이데올로기를 무시할 수는 없을 것이다. 그렇다면 불교적 입장에서 볼 때 어떠한 형태의 이데올로기가 오늘의 세계에 있어 최선의, 아니면 차선의 이데올로기일 수 있는 것일까?

15 T.R.V. Murti, *The Central Philosophy of Buddhism*(London: George Allen & Unwin Ltd., 1974), p.301.

논의의 편의상, 아직도 이데올로기 대립의 두 축을 이루는 자유주의 (자본주의)와 사회주의에 대하여, 자유와 평등이라는 이념과 관련시켜 살펴보고자 한다.

자본주의가 뿌리내려 가는 가운데 노동자들의 비참한 모습을 보면서 인류사회에 평등의 이상을 실현코자 한 사람은 누구보다도 마르크스였 다. 마르크스에 의하면, 현실적 기초가 되는 경제적 구조는 사회의 '생산관계의 총체總體'에 의해서 형성되는 것으로서, 이 위에 하나의 법률적·정치적 상부구조가 성립되며, 물질적 생활의 생산양식은 사회 적·정치적·정신적 생활과정 일반을 제약(bedingt)한다. 인간의 의식 이 그들의 존재를 규정(bestimmt)하는 것이 아니라 오히려 그들의 사회적 존재가 그들의 의식을 규정한다.[16] 따라서 인간의 본질은 단독 적인 개개인의 선천적 추상이 아니라 현실에서의 생산력, 자본구성, 그리고 이러한 것들을 결합하는 사회적 형태의 총체이다.[17]

이러한 이론을 바탕으로 하여 마르크스는 『공산당선언(*The Commu-nist Manifesto*)』에서 인간의 역사는 생산력을 둘러싼 계급투쟁(class struggles)의 역사임을 천명한 바 있다. 즉 고대에는 주인과 노예, 중세 에는 귀족과 농노, 현대에는 자본가(bourgeoise)와 무산자(proletariat), 한마디로 지배자와 피지배자(oppressor and oppressed)의 계급투쟁이 역사의 실상이라는 것이다. 그리하여 그는 인류역사의 발전단계를

---

16 Sidney Hook 저, 梁好民 역, 『맑스와 맑스주의자들』, 文明社, 1972, pp.214~ 215: Es ist nicht das Bewuβtsein der Menschen, daβ ihr Sein, sondern umgekehrt ihr gesellschaftliches Sein, daβ ihr Bewuβtsein bestimmt.

17 A.M. Scott 저, 정태섭 역, 『共産主義』, 思想界社出版部, 1961, p.9.

①원시공산제 사회, ②노예제 사회, ③봉건제 사회, ④자본주의 사회, ⑤공산주의 사회로 구분하고, 공산주의 사회에 이르러 모든 계급이 소멸되고 재산은 공유되어 역사가 완성된다고 주장한다.

석존의 가르침 속에도 평등의 이념이 짙게 깔려 있음을 알 수 있다. 우선 대표적인 몇몇 경설을 살펴보기로 한다.

바라문만이 존귀한 종성種姓이고 다른 종성은 하열下劣하다고 하는 것은 말(所詮名目, ghosa)뿐이지 사실은 아니다. 예컨대 이것을 경제적 측면에서 말한다면, 사성四姓의 누구도 금은재보를 소유한 자는 다른 삼성三姓을 사용하고 명령할 수가 있다. 다시 이것을 도덕적 측면에서 말한다면, 사성의 누구도 십악업도十惡業道를 행하면 악취惡趣에 떨어지고 십선업도十善業道를 행하면 천상天上에 태어난다고 하는 점에서는 다를 바가 없다. 또한 이것을 법률적으로 말하더라도, 바라문이든 수다라首陀羅든, 절도하고 살인하면 똑같이 절도자·살인자인 것으로 그 사이에는 아무런 구별이 있을 수가 없다. 더 나아가 그들이 출가하여 사문의 신분이 된다고 하자. 바라문이든 수다라든 똑같이 사문인 점에서 어떤 구별이 있겠는가. 그러므로 바라문만이 특별히 존귀한 종성이고 다른 종성을 하열하다고 하는 것은 다만 명목에 불과한 것이다.[18]

여기에서는 사성의 구별이 결코 본질적인 것이 아니고 부차적인 것임을 말해 주고 있다 하겠다. 다음으로, 불교교단에 들어오면 누구나

---

18 *M. N.* III, pp.84~89.

다 평등하다는 것을 바다의 비유를 들어 다음과 같이 설한다.

> 마치 갠지스 강, 야수나 강, 아찌라바띠 강, 사라부 강, 마히 강과
> 같은 대하가 바다에 모여들면 이전의 이름을 잃고 단지 바다라는
> 이름을 얻는 것과 같이, 사성四姓도 여래가 가르친 법法과 율律을
> 따라 출가하면 이전의 종성을 버리고 똑같이 석자釋子라 불린다.[19]

그리고 석존은 사람의 능력과 신분을 결정짓는 것은 그 태생이
아니라 행위임을 강조한다. 이러한 불교적 평등의 이념은 한낱 가르침
으로만 끝나지 않고 철저히 행동으로 옮겨졌다. 붓다는 제자 중 어느
특정인을 그 출신이나 재산 때문에 차별대우하지 않았고, 그들의
지혜와 수행 정도에 따라 평가하고 출가의 순서와 연장자의 순으로
좌석과 차례를 정했을 뿐이다.[20]

또한 불타는 남녀노소 빈부귀천을 가리지 않고 누구에게나 법을
설하였다. 특히 여성의 출가를 허용한 것은 고대 인도사회에서 여성의
지위를 생각할 때, 가히 혁명적인 일이라 할 만하며, 오노 신조(大野信
三)가 '불교의 혁명적 평등주의'[21]라고 표현한 것도 아마 이러한 이유에
서일 것이다. 더구나 사유재산을 버리고 가족을 떠난 수행자들로
구성된 불교 승가는 이러한 평등의 이념에 기초하여 거의 완전한
소비 공동체 조직을 이루고 있었다. 이렇게 본다면 불교는 사회주의

---

19 *A. N.* IV, p.202.

20 『四分律』50「房舍犍度」(『大正藏』22, p.940上).

21 大野信三, 앞의 책, p.112.

288

성향을 띤 것으로 보일 수도 있다. 다음과 같은 주장은 아마도 이러한 배경에서 이루어졌다고 본다.

> 이러한 무아無我사상에 입각한 경전의 비유에서 볼 때 불교는 경제적 소유개념에서 생겨난 어떠한 계급적 차별에 대해서도 적대적이지 않을 수 없다. 따라서 경제적 소유관계를 극대화시키는 자본주의적 이데올로기나 윤리에 대해서 불교는 결코 찬성할 수가 없다. 그것은 사유재산, 소유 및 소유권 같은 개념들이 자본주의의 바탕을 이루고 있기 때문이다. 자본주의가 최고의 가치로 여기는 재산권과 소유욕이 불교가 없애고자 노력하고 있는 무명(無知)을 오히려 심화시키고 영속화시키는 한, 불교는 자본주의와 입장을 달리할 수밖에 없다.[22]

이 내용은 승가 공동체의 경제구조, 무아사상 등에 근거하여 불교는 사유재산제도를 배척하고 있다는 것을 분명히 밝히고 있다. 하지만 무아사상에 의거하여 불교가 일반인들의 사유재산제도를 부정한다고 보는 것은 너무 단순하고 성급한 판단이라고 생각된다. 그렇다면 승가 공동체의 경제구조를 근거로 해서 '불교는 사유재산제도를 부정하는 종교'라고 단정 짓는 것은 어떨까?

승가 공동체(佛教教團)에서는 개인적 소유가 허용되지 않고, 개인적인 소모품 이외의 재산은 전부 교단의 소유로 되어 있으며, 보시물의 분배는 철저하게 균등화되어 있고, 교단의 행정적 지도자에게는 단지

---

22 『實踐佛敎』 第四輯, 일월서각, 1987, p.91.

관리권만 부여되어 있으며, 재산의 처분에 관해서도 구성원의 거의 만장일치적 동의가 없으면 처분할 수 없는 등의 이상적인 제도를 갖추고 있다. 그리고 그것은 석존이 구상해 낸 것이다.[23] 결국 이 주장에 따르면, 그러한 승가 공동체의 모델에 비추어 볼 때, 우리 사회도 사유재산제도가 없는 공동체 사회가 되어야 한다는 것이다. 그러나 승가 공동체의 경제구조가 과연 가장 이상적인 것일까? 분배라는 측면에서는 이상적일 수 있겠으나 생산력과 생산성의 측면에서도 역시 가장 이상적일 수 있을까? 더구나 승가 공동체는 출가 승려들로 구성된 특수집단이다. 그러한 생산성을 문제 삼지 않아도 되는 특수집단은 생산성을 문제로 삼지 않을 수 없는 보편(일반)집단이 있기에 그 존립이 가능하다. 특수와 보편의 문제를 너무 단순화시킨다든가 동일시해서는 안 된다. 그리고 석존이 일반인에게까지 재산의 사유를 금한 적이 있는가? 오히려 적극적으로 현세적인 재물을 존중하라고 가르치며 저축을 권장하고 있지 않은가?[24] 또한 승가 공동체의 모델이 반드시 일반사회에도 적용되어야 한다면, 일반인들도 모두 독신으로 살며 출가생활을 해야 한다는 결론이 도출될 수 있을 것이다. 과연 그러한 일이 석존이 바라던 일이라고 할 수 있을까? 승가 공동체가 갖는 상징적인 의미와 현실적 의미는 반드시 구분되어야 한다. 다시 말해서 승가 공동체의 경제구조에 입각하여 불교가 일반인들의 사유재산제도까지 부정한다고 보는 것은 적당하지 못하다.

또한 평등의 이데올로기에 집착한 나머지 인도주의人道主義의 문제

---

23 위의 책, pp.91~92.

24 中村 元, 『原始佛敎』(東京: 日本放送出版協會, 1974), p.207.

는 아예 고려치 않는, 다음과 같은 주장이 제기되기도 하였다.

자선사업·복지사업 같은 것은 사회의 구조적 모순 속에서 생겨나
는 사회의 낙오자들을 거두어들임으로써 오히려 현존하는 모순적
사회체제를 간접적으로 옹호하는 것이 되며, 체제의 변혁을 무기
연기시키는 것에 소극적으로 협력하는 것이 된다. 사회의 변혁이란
자선사업의 대상이 되는 낙오자가 발생하지 않도록 하는 도움이나
동정 없이도 살아갈 수 있는 빈곤 발생의 원인을 제거하는 일이다.[25]

한마디로 인간의 주체성과 개인적 선善의 가치, 그리고 개인과
사회의 역동적인 관계를 완전히 부정하는 듯한 느낌이 들게 하는
주장이다. 불교에서는 인간을 ①힘찬 의지적 존재, ②괴로움에 제약
된 존재, ③스스로 구원해야 할 존재로 파악하고 있다. 그리고 괴로움
에 제약된 존재라고 하더라도 그러한 괴로움이 외부로부터 주어진
것이 아니라 인간 스스로의 무지에서 발생한 것이라고 보며, 이런
견지에서 괴로움의 근본적인 극복 또한 인간 스스로의 노력에 의할
수밖에 없다는 입장을 분명히 밝히고 있다. 다시 말해서 인간을 뚜렷한
주체성을 지닌 존재로서 파악하고 있는 것이다.[26] 또한『중아함경』
권3「도경度經」[27]에서는 존우화작인론尊祐化作因論, 숙작인론宿作因
論, 무인무연론無因無緣論 등 이른바 '삼종외도三種外道'[28]에 대한 비판

25 『實踐佛敎』, 앞의 책, p.54.
26 高翊晋, 『현대한국불교의 방향』, 경서원, 1984, pp.171~175.
27 『大正藏』1, pp.435上~436上.

이 설해지고 있는데 그러한 잘못된 견해들은 인간의 자유의지를 부정하고 죄악의 문제를 해결해 줄 수가 없기 때문에 결국 그릇된 사상이라고 보아야 한다는 요지의 내용이다. 예를 들어 어떤 사람이 살인했을 때 그 원인이 신이나 운명이나 우연에 있다고 한다면, 살인한 사람에게는 아무런 책임도 없다고 해야 한다. 또한 그렇게 되면 선에의 의지라든가 어떤 일이나 행동은 해야 하고 어떤 것은 해서는 안 된다는 도덕적 당위성이 무의미해지고, 창조적 노력을 일으켜야 할 필요성도 자연히 사라지고 말 것이다. 이와 마찬가지로 만일 어떤 사람의 살인행위의 원인이 전적으로 사회(의 구조적 모순)에 있다고 한다면 똑같은 문제가 발생한다. 그리하여 석존이 오늘날 생존한다면 그러한 주장 역시 외도로서 비판하여, 굳이 이름하자면 이른바 '사회인론社會因論'을 첨가하여 사종외도四種外道를 설할 것임이 틀림없다. 그렇기 때문에 인간의 주체성과 개인적 선의 가치 및 인간의 자유의지를 문제 삼지 않는 사상은 근본적으로 불교와는 무관하다.

불교는 본질적으로 자유의 종교이다. 불교의 최고선은 바로 해탈解脫이요 열반涅槃이기 때문이다. 더욱이 일반적(이데올로기적: 虛僞意識的)인 의미의 자유가 소극적으로는 외적 구속이 없는 상태이고, 적극적으로는 스스로의 의지와 본성에 따라 활동할 수 있는 상태인 데 반해, 해탈과 열반(실체적 진실: 깨달음)으로서의 불교적 자유는 한층 더 깊고 넓은 의미를 갖는 자유이다. 불교는 개개인의 자유와 그 주체적 인격을 무엇보다도 중요시한다. 그것은 불타의 유훈으로 잘 알려진 '자귀의自

28 삼종외도란 인간의 모든 행위가 ①신(尊祐), ②숙명, ③우연(無因無緣)으로 말미암아 일어난다고 하는 세 가지의 邪道를 가리킨다.

歸依 법귀의法歸依, 자등명自燈明 법등명法燈明'의 가르침을 통해서도
알 수 있다. 그뿐만 아니라 적어도 원시경전에서만큼은 제자들에게
설법할 때에 '나만 믿고 따라오너라'는 식의 가르침은 찾아볼 수가
없다. 늘 '자세히 듣고 잘 생각(諦聽善思)하고 오로지 정밀하게 사유(專
精思惟)할 것'을 강조하면서 제자들 스스로 깨달음을 성취할 수 있도록
독려하는 것이다. 또한 『중아함경』의 「아이나경阿夷那經」에서 불타는
"착하고 착하다. 내 제자 중에는 눈도 있고 지혜도 있고 이치도 있구나.
무슨 까닭인가? 스승은 제자를 위하여 그 뜻을 간략히 말하고 널리
분별하지(자세하게 설명하지) 않았는데 그 제자는 이런 글귀와 이런
글로써 그것을 자세하게 설명하였기 때문이다."[29]라고 하면서 아난阿
難이 자신의 간략한 가르침에 자세한 설명을 덧붙인 것을 칭찬한다.
한 걸음 더 나아가 "나의 제자들은 심지어는 여래까지도 잘 관찰하여,
여래가 참으로 완전한 자각을 성취했는지, 성취하지 못했는지 살펴보
아야 한다."[30]는 붓다의 가르침은 감동적이기까지 하다. 이와 같은
모든 가르침은 붓다가 제자들의 자유와 인격을 얼마만큼 존중했었나
하는 것을 잘 말해 주고 있다. 석존의 위의威儀에서 민주적인 모습만이
보일 뿐 권위주의나 교조주의의 흔적을 찾아볼 수 없는 것은 근본적으
로 개개인의 인격과 자유를 존중하는 이러한 석존의 입장에 연유한다.
　『중아함경』의 「가치나경伽絺那經」에는 다음과 같은 내용이 보인다.

29 『大正藏』 1, p.735中.

30 "Monks, an inquiring monk, learning the range of another's mind, should
make a study of the Tathāgata so as to distinguish whether he is a fully
self-awakened One or not."(*Middle Length Sayings* I, p.379).

"아난아, 너는 무슨 일로 손에 열쇠를 들고, 이 방 저 방 두루
돌아다니는가."

"세존이시여, 저는 지금 비구들에게 부탁하여 아나율타阿那律陀
존자를 위해 옷을 짓게 하고 있나이다."

"아난아, 그런데 왜 너는 나에게는 아나율타를 위해 옷 짓기를
청하지 않는가."[31]

자신에게 아나율타의 옷을 같이 짓자고 청하지 않은 아난을 꾸중하
는 석존의 모습, 그리고는 8백 비구와 함께 아나율타의 옷을 손수
짓는 석존의 모습에서 우리는 세존의 민주적 태도를 물씬 느낄 수
있다. 또한 석존은 어느 해 여름 안거를 마치고 자자회自恣會(Pavāra
-ṇāceremony)를 하는 법석에서 여러 제자 앞에 자리를 펴고 앉아 제자
들을 향해 "그대들은 그동안 나의 행동이나 말이나 생각 중에서 혹시
꾸짖을 만한(잘못된) 점을 발견하지 못했는가?" 하고 솔선수범하여
묻기도 한다.[32]

한편 『기세인본경起世因本經』 등에 의거해서 "사유재산이 생기면서
절도, 사기, 비난, 폭력이라는 사회악이 발생하게 되었고 인간의 타락
이 시작된다. 이어 계급이 발생하고 마침내 국가가 출현한 것이다.
……(중략)…… 사유재산제가 생기지 않고 계급이 없었을 때 국가는
필요하지 않았다. 계급국가는 바로 계급지배의 한 수단인 것이다."[33]라

31 『大正藏』 1, p.552上.
32 『雜阿含經』 권45(『大正藏』 2, p.330上).
33 『實踐佛敎』, 앞의 책, p.115.

294

는 주장이 제기되기도 하였는데, 경전의 내용을 잘 살펴보면 사회악의 근원이 사유재산에 있는 것이 아니라 탐심과 자아 관념(자기 집착)에 있음을 알 수 있다. 탐심으로 말미암아 재산(구체적으로 말하면, 쌀이 나는 땅)의 분배와 소유가 있게 되고 농경생활이 시작된다고 경전은 설하고 있다. 따라서 사유재산은 중간 과정으로 등장하고 있을 뿐 문제의 핵심은 탐심에 있는 것이다. 설혹 사유재산제도를 폐지하는 훌륭한 새로운 제도가 나타난다 할지라도 탐심이라는 뿌리를 뽑아내지 않는다면 사유재산제의 싹이 다시 돋아나게 된다는 것이 오히려 경전이 의도하는 바 본래의 뜻이라고 생각된다. 그럼에도 문제의 핵심이 사유재산에 있는 것으로 해석하는 것은 경전의 취지를 왜곡시키는 것이다. 국가를 계급지배의 한 수단으로 단정 짓는 것도 경전의 입장과는 상당히 다르다. 오히려 정의로운 왕의 정치에 의한 법치국가의 개념이 경전에는 나타나고 있기 때문이다.[34]

사유재산제도만 없어지면 능력에 따라 생산하고 필요에 따라 분배받는[35] 이상향이 금방 실현될 것이라고 보는 것은 너무 단순한 생각이다. 1974년, 미르달(K.G. Myrdal)과 함께 제4회 노벨경제학상을 공동 수상한 하이예크(F.A. Hayek)의 다음 이야기는, 사유재산제도만 사라지면 모든 문제가 다 해결될 것이라는 허위의식에 사로잡힌 사람들에게 시사해 주는 바가 많다.

우리 세대가 망각하고 있던 것은, 사유재산제도가 재산을 소유한

---

34 元義範, 「佛敎와 人間學」, 『불교와 제과학』, 동국대출판부, 1987, p.245.
35 韓國哲學會, 『哲學』 第三十三輯, pp.62~75 참조.

사람들에 대해서뿐만 아니라 이에 거의 못지않게 재산을 소유하고 있지 않은 사람에 대해서도 자유의 가장 중요한 보증수단이라는 점이다. ……(중략)…… 만약 모든 생산수단이 한 사람의 수중에 주어진다면, 그것이 명목상 전체로서의 "사회"의 수중이건 한 사람 독재자의 수중이건 간에, 이 통제권을 행사하는 사람이면 누구든지 우리에 대하여 철저한 지배권을 가지게 된다.

……(중략)…… 나의 이웃 사람이며 나의 고용주가 될 수도 있는 대부호가 나에 대하여 가지는 권력은, 한 사람의 최하급 관리 (functionaire)가 국가의 강제력을 휘두르며 내가 살거나 일하고 또 내가 어떻게 살고 어떻게 일하는가가 그의 재량에 달렸을 때 그 관리가 가지는 권력보다 훨씬 작을 것이라고 하는 점을 누가 의심할 것인가?[36]

우리는 이미 불교는 어떠한 관념적 전제(我執妄見)도 인정하지 않는, 근본적으로 반이데올로기적 성향의 종교임을 살펴보았다. 불교는 자유와 평등의 이념을 똑같이 중요시하지만, 불교적 자유는 단순히 시장에서 돈을 모으는 자유가 아니고, 불교적 평등은 단순한 외적 소유의 평등이 아니다. 자본주의적 자유가 이기적 욕망만을 추구하는 일차원적 자유에서 이타적 자비를 동반하는 이차원적 자유로 전환하지 않을 때 반드시 평등의 도전을 받게 되고, 공산주의적 평등이 타율적·형식적 평등에서 자율적·본질적 평등으로 바뀌지 않을 때 반드시 자유의 도전을 받게 될 것이다.

---

36 F.A. Hayek 지음, 김영청 옮김, 『노예의 길』, 동국대학교 출판부, 1993, p.129.

　불교는 자유주의와 사회주의에 대한 양자택일적 사고방식에 머무를 수 없다. 불교는 자유주의와 사회주의를 비롯한 여러 가지 제도원리 사이의 이론적 차이에 국집하지 않으며, 오히려 그들 제도원리의 합목적적 종합을 도모하는 사상이다. 그러한 종합은 마르크스·레닌주의 부류의 국가집산주의國家集産主義 체제와 같은 것이 아니라, 국가의 계획적인 조정이나 통제 하에 개인의 자유와 공동사회의 이상이 적절히 조화되도록 고려된 혼합경제(mixed economy)와 같은 체제를 중심으로 이루어져야 한다. 그러나 불교적 입장에서 볼 때 이 경우에도 개인의 자유는 우선으로 보장되어야 한다고 생각된다. 그것은 불교가 개인의 자유의지와 인격적 존엄성을 그 무엇보다도 소중하게 여기며, 개인의 자각과 자기 수양을 통한 독립된 인격의 완성을 궁극의 가치로 보는 종교사상인 이상, 전체주의적 사상과는 근본적으로 다를 수밖에 없기 때문이다. 굳이 말하자면 불교는 동기론적 자유주의요 결과론적 사회주의라 할 수 있을 것이다.

　오늘날 세계 각국의 경제정책은 다행스럽게도 혼합경제 체제로 수렴되어 가고 있지만, 반면에 오늘의 세계경제에는 구조적으로 해결해야 할 참으로 중요한 과제가 남아 있다. 그것은 다름 아닌 소비지향적 사회구조의 문제이다. 과학과 기술의 발전에 힘입어 고도로 발달한 산업사회는 그 높은 생산력(공급능력)을 통해서 더 많은 새로운 수요를 창출하고, 이러한 새로운 수요들을 광고와 매스컴 등 모든 선전 수단을 동원하여 생활을 위한 불가결의 것으로 각인·세뇌시켜 소비를 부추긴다. 그뿐만 아니라 사회구조와 생활조건을 변화시켜서 그러한 수요들을 필수적인 것으로 만들어 인간으로 하여금 그것들을 지향하지 않을 수 없게 한다. 이러한 환경에서는 불교가 추구하는 진정한 자유를 실현하기 어렵다.

이러한 이유에서 오늘의 우리는 슈마허(Schumacher)의 다음 물음을 재음미해 보아야 한다. "서구 물질주의(팽창주의)의 배경이 포기되고 그 자리에 불교의 가르침이 들어선다면, 어떠한 경제법칙이 나타나며 '경제적' 또는 '비경제적'이라는 개념의 정의가 어떤 모습을 띠게 될 것인가?"[37]

이 물음에 대한 불교의 대답을 대변하는 것으로서 "경제활동에 관한 한, 지금 자기가 놓여 있는 상황 속에서 자기 자신을 위해 1원이라도 더 얻기를 원하는 개인은, 사회를 위해서도 더 한층 경제성장을 바라고 있을 것으로 추정할 수는 없다. 부의 분배 그 자체에 대해서는 눈을 감고, 오직 자기 자신은 1원이라도 더 얻기를 원하는 이기적인 욕망은, 오히려 사회 전체의 성장률은 '제로'이거나 차라리 '마이너스'가 되기를 기대하는 것으로 나타난다."[38]는 볼딩(Boulding)의 주장을 제시할 수 있을 것이다.

이제 본능적·이기적 욕망에 입각한 이윤 추구라는 생산의 동기 부여를 근본적으로 바꾸어야 할 때가 왔다. 그것은 '욕망의 역설'에서 밝힌 바와 같이 욕망의 질적 전환을 통해서 가능하다. 석존은 분명하게 『십종행욕경十種行欲經』에서 다음과 같이 설하고 있다.

---

37 E.F. Schumacher 저, 김정우 역, 『불교경제학(*Small is Beautiful*)』, 대원정사, 1988, p.57.

38 K.E. Boulding 저, 朴東淳 역, 『제로成長社會(*The No-Growth Society*)』, 三星美術文化財團, 1989, p.65.

만일 법답지 않게(非法) 재물을 구하고

또 법답거나 법답지 않게 구하며

이바지도 않고(不供) 자기도 쓰지 않고

또한 널리 베풀어 복도 짓지 않으면

이 둘은 다 악惡이 있나니

욕심부리는(行欲) 가운데 최하最下이니라.

만일 법다이 재물을 구하여

자기 스스로 수고로이 얻은 것을

남에게도 대어 주고 자기도 쓰며

또한 널리 베풀어 복도 지으면

이 둘은 다 덕이 있나니

욕심부리는 가운데 최상最上이니라.

만일 번뇌에서 벗어나는 슬기를 얻어

욕심을 부리며 집에 살면서

재환災患을 보고 족한 줄 알아

절약하고 검소하게 재물을 쓰면

그는 욕심 뛰어나는 슬기를 얻나니

욕심부리는 가운데 최상이니라.[39]

요컨대 돈 버는 일에 적극적인 관심과 노력을 기울여야 하고, 돈은 정법에 의해 벌어야 하며, 비록 돈을 정법에 의하여 벌었더라도 올바르게 써야 한다. 한마디로 바르게 벌어 바르게 쓰기까지 해야 한다는

---

[39] 『中阿含經』 권30(『大正藏』 1, pp.615下~616上); 『南傳大藏經』 22(권下), p.86.

것이다. 이것은 재가경제의 금언율이고 동시에 불교 자유경제윤리의 근본이념이다. 바르게 벌 뿐만 아니라 바르게 쓰기까지 하는 경제윤리의 확립은 불교가 지향하는 목표이며 보살경제 또는 자리이타경제의 대전제라 할 것이다. 이러한 불교 경제의 이념은 무명無明에 바탕을 둔 이기적 탐욕이 질적인 변화를 통해 대승적 이타의 원력을 이룰 때 가능해질 것이다.

제6장 불교의 사회참여 사상

1. 공업설로 본 사회참여

'불교인으로서 어떻게 살 것인가' 하는 문제는 불교인이 풀어야 할
영원한 과제다. 불교적 삶은 흔히 수행 또는 신행이라는 말로 특징지어
진다. '해탈과 열반'이라는 불교의 궁극적 목표를 성취하기 위해서
수행은 필수적이다. 불교적 수행방법에는 대체로 참선, 간경, 염불,
주력, 지계, 기도, 절(拜) 등이 있다. 이 수행방법의 내용을 살펴보면,
거의 모두가 개인적인 차원에서 이루어지는 것들이다. 사회의식에
바탕을 둔 사회적 실천에 관련된 내용은 찾아보기 어렵다. 불교의
비사회적 이미지는 이런 사실에 기인하는지도 모른다.

　또한 불교적 세계관에 의하면 인간의 행과 불행, 고통과 안락(한마디
로 인간의 운명)은 신의 뜻이나 숙명 또는 우연의 산물이 아니다. 인간
스스로의 업의 산물이다. 불교의 업설은 인과응보의 교의로서 자신의
운명은 '자신이 뿌린 대로 거둔다'는 자업자득自業自得을 그 핵심 내용

으로 한다. 이러한 불교의 업설은 대개 개인적인 차원에서 이해되고 수용되며 불교인들은 대부분 개인적으로 선업을 행하고 선근공덕善根功德을 쌓는 일에 노력한다.

하지만 불교의 업설은 개인적 차원의 업인 불공업(不共業 또는 別業)뿐만 아니라 사회적 차원의 공동의 업, 즉 공업共業까지도 포함한다. 이 공업설에는 우리가 주의하지 않으면 안 될 매우 중요한 점이 포함되어 있다. 단적으로 말해 '개인의 운명은 개인적인 업(不共業)만으로 결정되는 것이 아니라 공동의 업(共業)에 의해서도 영향을 받는다'는 개념이다. 따라서 개인의 행복은 개인의 선업뿐만 아니라 공동의 사회적 선업이 뒷받침될 때 비로소 성취 가능한 것이다. 그럼에도 불교인들은 개인적인 선업을 쌓는 데만 전념해 왔다. 특히 삼세윤회설 또는 업보윤회설은 사회적인 문제까지도 개인적인 것으로 왜곡함으로써 사회적 실천 또는 공동의 노력을 소홀히 해왔다.

이러한 불교적 태도는 이제 근본적으로 바뀌어야 한다. 불교의 공업사상은 업설 이해에 새로운 관점을 제공하고, 불교인의 사회적 실천을 위한 이론적 토대가 될 수 있으리라 본다.

1) 업설의 통속적 이해와 그 문제점

(1) 업설의 통속적 이해

윤회사상은 불교 특유의 사상이라고 할 수는 없다. 그것은 고대 그리스를 비롯한 동서고금의 인류사회에 다양한 방식으로 나타나고 있다. 특히 우빠니샤드 이래 일부 유물론자를 제외한 인도의 거의 모든 종교·철학은 업설에 입각한 윤회설을 수용하면서 윤회로부터의 해탈을 최상의 목표로 삼고 있다.[1] 그러나 삼세三世에 걸쳐 삼계육도三界六道의 세계에 윤회한다고 하는 삼세업보윤회설三世業報輪廻說은 불교에서 더욱 구체적으로 체계화된다.

불교의 업보윤회설에 따르면, 의도적인 선과 악의 행위에는 반드시 그에 상응하는 결과나 세력이 남게 된다. 선악의 행위가 남긴 이러한 세력(業力 또는 業)은 잠재적인 에너지로 존재 속에 머물러 있다가, 때가 되면 거기에 상응하는 결과를 가져온다. 인간으로 태어날 업을 지었으면 다음 생에 인간으로 태어나고, 축생의 업을 지었으면 축생으로 태어나게 된다. 한 존재가 현재 지니고 있는 육체적 조건과 성격 및 수명 등은 그 존재가 과거에 지은 업의 결과이다. 또한 현재 짓는 업은 그 존재의 미래를 결정하는 원인이 된다.[2]

다시 말해 사람의 수명이 길거나 짧은 것, 질병이 적거나 많은 것, 외모가 단정하거나 그렇지 못한 것, 존귀하거나 비천한 종족에 태어나는 것, 재물이 많거나 없는 것 등의 차별은 모두 과거 생에 지은 선업과 악업으로 말미암은 것이다.[3] 나아가 『분별업보약경分別業報略經』의 설명에 따르면, 벙어리와 소경의 장애는 전생에 성자聖者를 보고도 기뻐하지 않은 악업의 과보요, 가난한 사람의 빈궁은 전생에 재물이 있으면서도 베풀지 않은 악업의 과보이다.[4]

---

1 木村泰賢, 『印度哲學宗教史』(東京: 大法輪閣, 1981), pp.220~221.

2 동국대 불교문화대학 불교교재편찬위원회 편, 『불교사상의 이해』, 불지사, 1997, p.115.

3 『大正藏』 1, p.706中.

4 『大正藏』 17, pp.446~450 참조.

이와 같은 업설에는 분명히 '도덕적 보상과 징벌'이라는 개념이 반영되어 있으며, 도덕적 상벌은 동일한 인격을 전제로 하지 않으면 그 의미가 없어진다. 그래서일까? 『장아함경』의 「폐숙경弊宿經」에서는 동일한 인격으로서의 영혼과 같은 존재가 인정되고 있다. 그것은 다른 세상의 존재와 업보 윤회를 부정하는 어떤 바라문의 질문에 대한 동녀가섭童女迦葉의 다음과 같은 답변 내용에 잘 드러나 있다.

첫째, (문) 악업을 많이 쌓은 자에게, 지옥에 떨어지게 되면 그전 세상이 있다는 것을 알려달라고 했는데도 아무런 응답이 없는데, 왜 그런가. (답) 지옥 귀신은 한번 잡은 것은 놓치지 않기 때문에, 지옥에 떨어진 자는 돌아올 수가 없어서다.

둘째, (문) 선업을 많이 쌓은 자에게 천상에 태어나면 알려달라고 했지만 역시 응답이 없다. (답) 한번 천상에 태어난 자도 지상에 돌아올 수가 없기 때문이다.

셋째, (문) 도리천에 태어난 자는 어떤가. (답) 도리천의 하루는 지상의 1백 년에 해당하는데, 도리천에 태어난 지 2~3일 후에 지상에 보고하러 오더라도 그대를 만날 수 없다.

넷째, (문) 도리천이라는 것이 있고 그곳에서의 하루가 지상의 1백 년이라고 하는 등의 얘기를 누구에게서 들었는가. (답) 장님이 색色이 없다고 해도 색은 있는 것처럼, 도리천은 있다.

다섯째, (문) 도적을 큰 솥에서 익혀 죽이고, 영혼이 나오는 것을 보려고 하였지만 보이지 않았다. 그러므로 다른 세상은 없는 것 아니냐. (답) 그대가 낮잠을 자며 야산으로 놀러가는 꿈을 꿀

때, 그대의 시녀가 그대의 영혼이 출입하는 것을 볼 수 있을까?
눈앞의 현상만 가지고 중생을 보지 말고 천안력天眼力을 가지고
보아야 한다. 중생은 여기서 죽어, 저기에서 태어나고, 그곳에서
죽어 여기에 태어나는 것이다.[5]

이 문답은 흥미롭기는 하지만 불교의 무아無我 사상에 비추어 보았을
때 동녀가섭의 답변 내용을 그대로 받아들이기 어려운 점이 있는
것도 사실이다. 이 문답 내용을 잘 살펴보면, 꿈을 영혼의 표유漂遊라고
보는 것과 같이 소박한 영혼의 신앙이 윤회사상과 결합되어 있는
것을 볼 수 있다.[6]

이것은 『중아함경』의 「앵무경鸚鵡經」에 나오는 흰 개(白狗)의 이야
기 속에서 더욱 구체적으로 확인할 수 있다. 앵무마납鸚鵡摩納의 아버
지인 도제都提는 지나친 교만심 때문에 죽어서 흰 개로 태어나 자기
아들 집에서 살게 된다. 이 사실을 부처님으로부터 전해들은 마납은
집에 돌아와 시험해 본다. 백구는 마납의 말을 알아듣고 마납이 시키는
대로, 마루 위에 오르기도 하고 보물이 숨겨진 장소를 입과 발로
가르쳐 주기도 한다.[7] 이 이야기는 영혼 신앙이 윤회사상과 결합되지
않고서는 나올 수 없는 이야기다.

이러한 소박한 영혼을 상정하는 윤회사상은 후세에까지 큰 영향력을

---

5 『大正藏』1, pp.42下~44上.

6 和辻哲郎 저, 안승준 역, 『원시불교의 실천철학』, 불교시대사, 1993, pp.278~279
참조.

7 『大正藏』1, p.704中下.

행사한 설일체유부說一切有部의 사상적 입장과 맞물리면서 확고하게 뿌리를 내린다. 설일체유부는 12연기설을 삼세양중인과三世兩重因果의 분위연기分位緣起로 해석하면서 이른바 태생학적 연기설을 주도하였다.[8]

(2) 통속적 업설 해석의 문제점

이와 같은 업보윤회사상의 해석은 교리적으로 한두 가지 딜레마에 부딪히게 된다. 그 하나는 앞에서도 언급한 무아 사상과의 마찰이고, 다른 하나는 식識에 대한 붓다의 가르침과의 마찰이다. 부처님은 '식이 있어 변함없이 유전하고 윤회한다'고 잘못 생각하는 다제嗏帝 비구를 꾸짖으며, 식은 연緣을 따라 생멸할 뿐, 실재하여 윤회하는 것이 아니라고 설한 바 있다.[9]

그리고 또 하나의 큰 문제점은 이러한 업 해석은 개인의 운명을 결정짓는 요인으로서의 전생의 업을 지나치게 부각시킴으로써 업설을 일종의 숙명론으로 잘못 이해하게 하는 빌미를 제공한다는 점이다. 불교 업설은 개인의 운명을 결정짓는 것은, 신도 아니고 숙명도 아니고 우연도 아닌, 스스로의 업이라는 것을 역설한다. 그러나 업의 범위를 개인에 한정시키고 그 제한된 업을 강조하다 보니 언제부턴가 창조적 삶을 가르치는 불교의 업설은 일종의 숙명론으로 비쳐지게 된다.

불교의 업설을 숙명론으로 오해한 대표적인 사람은 막스 베버라고 생각된다. 서구 지식인 사회에 지대한 영향을 끼친 막스 베버는 그의

---

8 『大正藏』 29, p.48下.

9 「嗏帝經」(『大正藏』 1, p.767上中).

저서 『인도의 종교』에서, 불교의 업설은 영원히 사회에 대한 비판정신을 불러일으키지 못할 것이고 인권 사상의 발전에 방해되며, 인간의 공동의 권리라든가 공동의 의무를 전혀 문제 삼지 않으며 국가라든가 시민과 같은 개념을 발생시키지도 못한다고 진술하고 있다.[10] 그리하여 불교는 어떠한 사회적 운동과도 하등 관계가 없으며, 어떠한 사회적·정치적 목표도 내세우지 않는다고 주장한다.[11]

사람들의 행복과 불행이 오직 전생의 업에 의해 결정된다고 생각한다면 법과 제도, 사회 구조 등의 문제에 대해서는 관심을 둘 필요가 없을 것이다. 개인의 권리에 대한 주장도 그 이론적 근거를 상실하고말 것이다. 따라서 불교의 업설을 숙명론으로 본 베버가 업설을 이렇게 곡해한 것은 어떤 면에서는 당연할지도 모른다.

인도에서 불교 개종운동을 이끌었던 암베드까르(Ambedkar)도 불교의 업설을 숙명론 정도로 이해한 것 같다. 그는 자기 저서 『붓다와 그의 가르침(Buddha and His Dhamma)』을 통해 출가생활, 선정과 깨달음, 업과 윤회 등에 대해 부정적이고 비판적인 입장을 밝히고 있다. 심지어 불교에는 원래 사성제四聖諦의 교리가 없으며 사성제는 경전 결집 과정에서 제자들이 잘못 삽입한 것이라고 주장한다.[12] 그는 개인의 고통을 개인 스스로의 탓으로 돌리는 전통적인 사성제의 교설이 사람들의 학대와 매정한 사회 제도 때문에 고통받는 사람들에게는

---

10 Max Weber, *The Religion of India*(New York: The Free Press, 1958), pp.133~145.
11 위의 책, p.226.
12 이 주장은 암베드까르의 오류이다. 사성제는 붓다의 가장 근본적인 가르침임에 틀림없다.

거부감을 느끼게 한다고 보았으며, 업과 윤회의 교설은 현재 고통받는 사람들은 전생에 악업을 행했기 때문에 고통을 받는다고 하여 사회의 구조적 모순과 억압적 현실사회에 면죄부를 준다고 생각하였기 때문에 이러한 주장들을 하게 되었다.[13] 암베드까르로 하여금 불교의 업설을 숙명론으로 곡해하게 한 것도 근본적으로 업과 윤회의 통속적 해석에 연유함은 두말할 나위가 없다.

2) 공업사상의 대두

(1) 불교 업설의 본질

불교의 업설을 바르게 이해하기 위해서는 무엇보다도 업설 자체의 개념과 논리 구조를 명확하게 이해해야 한다. 하지만 업설의 내용과 성격을 유추할 수 있는 간접적인 방법도 있을 수 있다. 요컨대 그릇된 외도사상外道思想에 견주어 불교 업설의 본질과 특성을 파악하는 것이다. 이런 방식으로 유추해 보면 업설은 적어도 숙명론이 아니다. 왜냐하면 부처님은 숙명론을 외도, 즉 사도邪道로 비판하고 있기 때문이다.

석존은 『중아함경』의 「도경度經」에서 존우화작인론(神意論), 숙작인론(宿命論), 무인무연론(偶然論)의 이른바 삼종외도三種外道를 비판한다. 그 비판의 구체적인 내용은 다음과 같다.

---

13 Christopher S. Queen and Sallie B. King, ed., *Engaged Buddhism: Buddhist Liberation Movements in Asia*(Albany: State University of New York Press, 1996), p.47.

만일 어떤 사문이나 바라문이 '사람이 하는 바는 일체가 다 숙명으로 지음에 말미암는다'고 하여, 그렇게 보고 그렇게 말한다면 나는 곧 그에게 가서 '여러분, 진실로 사람이 하는 바는 일체가 다 숙명으로 말미암는다고 그렇게 보고 그렇게 말하는가'라고 물으리라. 그들이 '그렇다'고 대답한다면, 나는 다시 그들에게 말하리라. '만일 그렇다면 너희는 다 산 목숨을 죽이는 사람이다. 왜냐하면 일체는 다 숙명으로 말미암기 때문이다. 마찬가지로 여러분은 다 주지 않는 것을 취하며 사음하며 내지 사견邪見을 가진 사람이다. 왜냐하면 일체는 다 숙명으로 말미암기 때문이다. 여러분이 만일 참으로 일체는 다 숙명으로 말미암는다고 본다면 스스로(內因內) 해야 할 일과 하지 말아야 할 일에 대해서 도무지 의욕(欲)도 없고 방편(vāyāma : 노력)도 없을 것이다'라고.[14]

위의 내용과 같이, 석존은 숙명론의 문제점을 크게 두 가지로 설명한다. 하나는 십악업十惡業, 즉 죄악의 문제다. 모든 것이 숙명으로 말미암는 것이라면 살생하거나 도둑질하는 등의 죄악을 저질렀을 때 그 죄인을 벌하기 어려울 것이다. 그 죄악은 결국 그 죄인의 잘못이 아니라 숙명의 탓이기 때문이다. 그렇다면 세상에는 죄악이 더 횡행하게 될 것이라는 설명이다. 다른 하나는 창조적 노력의 문제다. 인간의 삶과 문화는 창조적 노력을 통해 발전하는데, 모든 것이 숙명에 연유하는 것이라면, 굳이 어떤 일을 하려고 의욕을 일으킬 필요도 없고 애써 노력할 필요도 없게 된다. 그리하여 인간이 창조적 노력을 게을리

---

14 『大正藏』 1, p.435中.

310

하게 된다면 인간의 삶은 황폐화하고 말 것이다. 이러한 이유로 석존은 숙명론을 궁극적 진리로 인정할 수 없다고 한 것이다. 신의론神意論[15]과 우연론偶然論도 같은 이유로 비판함은 물론이다. 따라서 불교의 업설을 숙명론으로 이해하는 것은 잘못이라고 하지 않을 수 없다.

또한 업보윤회설을 일종의 통속적 영혼설로 이해하는 것도 바른 태도가 아니다. 근본적으로 불교의 무아설은 죽어도 죽지 않는 영혼과 같은 실체로서의 나를 인정하지 않는다. 그럼에도 업보 윤회의 주체를 영혼 또는 영혼과 같은 존재로 이해한다면, 이것은 불교의 가르침에 어긋난다고 하지 않을 수 없다. 이와 같은 입장은 『잡아함』의 한 가르침에서도 확인할 수 있다.

이 경에 의하면, 어느 날 한 바라문이 석존에게 찾아와 다음과 같이 질문한다.

고타마여, 스스로(甲)가 행하고 스스로(甲)가 (그 과보를) 맛본다고 해야 하는가……? 다른 사람(甲)이 행하고 다른 사람(乙)이 (그 과보를) 맛본다고 해야 하는가?

이에 대하여 석존은 다음과 같이 답한다.

---

15 불교에서는 위와 같은 이유로 唯一神과 創造神의 존재를 부정한다. 최근에 神은 인간의 관념이 만들어낸 虛像으로, 실재하지 않는다는 흥미로운 책[Richard Dawkins, 이한음 옮김, 『만들어진 신(*The God Delusion*)』]이 출간되어 많은 관심을 끌고 있다.

갑甲이 행하고 갑이 과보를 받는다는 것은 상견常見의 극단에 떨어
지는 것이요, 갑이 행하고 을乙이 과보를 받는다는 것은 단견斷見의
극단에 떨어지는 것이다. 여래는 이 양변兩邊을 떠나 중도에 의해
법을 설한다.[16]

이러한 입장은 『유마경維摩經』에서 "나도 없고 짓는 자도 없고 받는
자도 없지만, 선악의 업 또한 없어지지 않는다."[17]는 가르침으로 표현된
다. 이러한 가르침을 통해 우리는 적어도 불교의 업보윤회설이 업을
짓고 과보를 받는 동일한 인격적 주체로서의 통속적인 영혼을 인정하
지 않는다는 것을 재확인할 수 있다. 이 점은 불교 업설의 매우 중요한
특징으로 주의하여야 한다.

(2) 공업사상의 대두

불교의 업설은 인간의 운명이 인간 스스로의 업에 의한 것임을 가르친
다. 사람들 개개인의 다양하고 상이한 행위가 각각의 운명을 결정한다
는 것을 분명하게 천명한다. 하지만 인류 전체의 공동 운명, 또는
국가나 사회 집단의 공동 운명은 어떻게 결정되는 것일까? 예를 들어
홍수와 가뭄, 지진과 해일 같은 자연 재난은 무엇으로 말미암아 나타나
는 것일까. 나아가 지구와 태양과 우주는 어떻게 해서 이루어진 것일까.
불교의 근본 가르침에 의하면 그러한 현상과 존재의 배후에 어떤
절대적인 존재가 있어서 그것을 조종하거나 창조했다고 볼 수 없다.

---

16 『大正藏』 2, p.85下.

17 『維摩經』「佛國品」: "無我無造無受者 善惡之業亦不亡."

그렇다고 그것을 숙명이나 우연의 산물로 볼 수도 없다. 그러므로 불교적 입장에서 엄격하게 말한다면, '스스로 그러한' '저절로 그렇게 된'이라는 의미의 '자연自然'은 인정하기 어렵다. 그것은 근본적으로 '우연'과 동일한 또는 유사한 개념이기 때문이다. 불교에서도 '법이자연法爾自然'과 같이 자연이라는 용어를 사용하기는 하지만, 그것은 어디까지나 '콩 심은 데 콩 나고 팥 심은 데 팥 나는 것'과 같이 '자연스럽고 여법如法하다'라는 의미이지, '저절로 그러한'의 의미는 아니다.

이처럼 어떠한 제일원인이나 절대자 또는 형이상학을 인정하지 않았던 석존은 중생의 업을 모든 변화의 유일한 동력으로 삼았다. 따라서 불교는 인간의 자유의지에 바탕을 둔 창조적 노력을 그 무엇보다도 중시한다. 그러므로 불교적 세계관에 의하면, 인간의 삶뿐만 아니라 자연과 세계의 변화도 인간의 '의지' 또는 '의지적 행위'와 무관할 수가 없다. 자연환경을 공업의 산물로 규정한 것은 바로 이 이유에서다. 『장아함경』의 「세기경世記經」이나 「소연경小緣經」, 그리고 『디가 니까야』의 「악간냐 숫따」 등에서는 이와 관련된 내용이 발견된다.[18]

이들 경전에 따르면, 인간의 도덕적 타락은 환경을 열악하게 만드는 원인이 된다. 『앙굿따라 니까야』에도 한 나라의 왕과 백성이 악업을 행하면 가뭄과 흉작, 그리고 수명이 짧아지는 등의 과보를 받게 된다는 내용이 나온다.[19] 또 다른 문헌(Visuddhimaggatthākatha)에 따르면, 인간의 욕구가 한계를 넘어서면 홍수가 일어나고, 인간의 분노와 증오가 잘못 분출되면 대화재가 발생하며, 인간의 무지가 지나치면 파괴적인

---

18 헬레나 노르베르-호지 외, 『지식기반사회와 불교생태학』, 아카넷, 2006, p.511.
19 A. N. II, pp.74~76.

폭풍이 일어난다.[20] 『보살본생만론菩薩本生鬘論』에서는 여러 재난이
공업으로 말미암아 초래된 것임을 다음과 같이 분명히 밝히고 있다.

그때의 인민들은 비법非法을 멋대로 행하고 죄악을 습관적으로
저질러 복력福力이 쇠퇴했다. 선신善神들이 버리고 떠나자 갖가지
재난이 다투어 일어났으니, 그것은 모두 공업共業으로 말미암은
바이다. 또한 그로 말미암아 하늘은 크게 가물고 여러 해 동안
단비가 내리지 않았다. 초목은 말라 타들어가고 샘은 말라버렸다.

이와 비슷한 이야기들은 이 밖에도 불전의 여기저기에서 찾아볼
수 있지만, 더 이상의 인용은 생략하기로 한다. 어쨌든 우리는 이러한
전거들을 통해 불교에서는 사람들이 공동으로 겪는 여러 가지 자연현
상도 사람들의 공동의 업으로 말미암은 것으로 인식하고 있음을 확인
할 수가 있다.

공업은 산스크리트어 Sādhāraṇa-karma의 한역漢譯이다. 'Sādhā-
raṇa'의 사전적 의미는 '동일한 지주支柱나 기초를 갖거나 의지하는',
'많은 또는 모든 사람에게 속하거나 적용되는', '모두에게 공통되는'
등이다.[21] 공업은 대개 'collective karma' 또는 'shared karma'로 영역되
며, 말 그대로 '집단적인 업'이요 '공동의 업'이다. 이 공업에 상대되는
말로는 개별적인 업이라는 뜻의 '별업別業' 또는 공통되지 않는 업이라

20 청정국토만들기운동본부 편, 『불교와 환경보존』, 아름다운 세상, 1998, p.103.
21 Monier-Williams, *Sanskrit-English Dictionary*(Oxford: The Clarendon Press,
1899), p.1202 참조.

는 의미의 '불공업不共業'이 주로 쓰인다. 물론 별업과 불공업은 같은 의미의 용어다. '공업'이라는 용어는 대체로 초기경전에서는 발견되지 않으며, 부파불교시대에 들어와서 비로소 사용되기 시작한 것으로 보인다. 이 용어는 아마도 2세기 무렵 『아비달마대비바사론阿毘達磨大毘婆沙論』[22]에서 처음 사용된 것으로 생각된다. 이 논서에는 다음과 같은 내용이 보인다.

> 유정수有情數는 각각의 별업에 의해 생기고 비유정수非有情數는 공업에 의해 생긴다. 자재천自在天 등의 삿된 원인에 의해 생기는 것이 아니다.[23]

여기서 말하는 '유정수'는 '유정의 무리 또는 범주'라는 뜻으로 유정세간(중생세간)을 의미하며, '비유정수'는 '비유정의 무리 또는 범주'의 뜻으로 유정세간이 아닌 기세간器世間을 의미한다. 기세간이란 유정(중생)을 담는 그릇이라는 의미로, 일반적으로 우리가 의지해 사는 지구 및 산하대지 등의 자연환경을 일컫는다. 요컨대 이 세계는 업의 산물로, 중생은 중생 각각의 별업(불공업)에 의해, 세계는 중생들의 공통된 공업에 의해 생겨난 것이라는 말이다.

『대비바사론』권134에서는 이 세계의 성립과 파괴에 대한 좀 더

---

22 이 문헌의 성립은 『대당서역기』 등에 의하면 카니시카 왕 재위 때라고 되어 있지만, 그 내용을 분석해 보면 카니시카 왕 이후에서 나가르쥬나 이전의 시기에 성립된 것으로 보인다. 정승석 편, 『불전해설사전』, 민족사, 1989, p.74 참조.
23 『大正藏』27, p.41中.

구체적인 설명이 발견된다.

(문) 무슨 이유로 일체 세계가 함께 파괴되지도, 함께 성립되지도
않습니까? (답) 여러 유정의 업이 같지 않기 때문이다. 유정들이
이곳에서 공업이 증가하면 세계가 곧 성립되고, 공업이 소진되면
곧 파괴된다. 또한 유정들이 저곳에서 정업淨業이 증가하면 이
세계가 곧 무너지고, 정업이 감소하면 이 세계가 곧 이루어진다.[24]

이 내용은 결국 세계의 생성과 파괴는 근본적으로 공업의 영향력
및 함수관계에 의해 좌우된다는 것을 말해 주고 있다.

이 밖에도 『대승아비달마집론大乘阿毘達磨集論』에서는 공업을 '여
러 기세간의 갖가지 차별을 초래하는 업'으로 규정하고 있고,[25] 『아비담
심론경阿毘曇心論經』에서는 '불공업이란 중생 개개인의 업이 쌓여(增
上) 이루어진 업이고, 공업이란 일체중생의 업이 쌓여 이루어진 업'이
라고 정의하고 있다.[26]

이러한 설명들을 종합해 볼 때, 한마디로 공업이란 일체중생의
공동의 (집단적) 업으로서 자연환경의 성립과 파괴, 그리고 상태를
규정하는 업이라고 정의할 수 있다.

---

24 『大正藏』 27, p.692下.

25 『大正藏』 31, p.679中.

26 『大正藏』 28, p.839下.

3) 공업사상과 사회적 실천

(1) 사회적 실천의 당위성

불교의 업설은 이 세계의 변화의 제일원인 또는 원동력을 중생의 업으로 본다. 그렇지만 '선인선과 악인악과'의 인과 업보의 법칙은 종종 현실에 들어맞지 않을 때가 있다. 착하게 열심히 노력하는 사람은 못사는 반면, 빈둥빈둥 놀면서 나쁜 짓만 하는 사람은 잘사는 경우가 있기 때문이다. 이러한 모순은 삼세윤회설로 해결할 수가 있다. 즉 착하게 사는 사람이 못사는 것은 과거 생의 악업 때문이거나 혹은 미래 생에 좋은 과보를 받을 것이기 때문이요, 나쁜 짓 하는 사람이 잘사는 것은 과거 생의 선업 때문이거나 혹은 미래 생에 나쁜 과보를 받을 것이기 때문이라고 생각하는 것이다.

또한 여자 혹은 남자로 태어나거나, 얼굴이 잘생긴 사람도 있고 못생긴 사람도 있는 등, 여러 차별적인 현상도 그것이 과거 생의 개인적인 업인業因으로 인한 것이라고 이해하면 별문제가 없어진다.

그러나 과연 도덕적 인과 법칙인 삼세윤회설로써 이 세상의 모든 현상을 설명할 수 있는 것일까. 모든 현상이 과연 선악의 행동과 필연적인 관련이 있는 것일까. 예컨대 어떤 사람이 우연히 벼락에 맞아 갑작스럽게 죽게 되었다면, 그 사람은 과거나 현재의 악업 때문에 그런 변을 당한 것일까? 혹은 어떤 사람이 길을 가다가 돌담이 무너지는 바람에 돌에 깔려 죽었다면 그것도 그 사람의 나쁜 행위와 연관이 있는 것일까. 버스나 비행기 사고로 많은 사람이 동시에 죽게 되었다면, 그것은 그 사람들이 전생에 똑같은 악행惡行을 저질렀기 때문에 그 과보를 함께 받은 것일까. 만약에 그 사람들이 버스나 비행기에 함께 타지 않았다면 어떻게 되었을까. 조선시대의 여인들이 현대 한국의 여성들보다 불행하게 산 것은 조선시대 여성들의 죄업 때문일까. 인도의 하층민들이나 그보다 더 차별받는 불가촉천민들의 불행은 역시 그들의 공동의 죄업 때문일까.

이와 같은 의문과 문제점을 옛 불교인들도 인식하고 있었다고 생각된다. 그리하여 사람들이 겪는 일들이 도덕적 인과 업보가 아닌 또 다른 원인에 의해 나타날 수도 있다고 생각하였던 것 같다. 우리는 그 대표적인 사례를 대승경전인 『대반열반경大般涅槃經』의 「교진여품」의 다음 가르침에서 찾아볼 수가 있다.

일체중생이 현재에 4대四大와 시절時節과 토지土地와 인민人民들로 인하여 고통과 안락을 받는다. 이런 이유로 나는 일체중생이 모두 과거의 본업本業만을 인하여 고통과 안락을 받는 것이 아니라고 설하느니라.[27]

이 내용 속에는 업설에 대한 발상의 일대 전환이 나타나 있다. 사람들이 불행하거나 행복한 것은 자신들이 과거에 지은 근본적인 업(本業) 때문만이 아니고 또 다른 원인들 때문이기도 하다는 것이다. 그 또 다른 주요 원인으로 『열반경』은 위에서 보는 것처럼 4대四大, 시절時節, 토지土地, 인민人民의 네 가지를 들고 있다. 이것은 참으로 열린 사고가 가져온 의미 있는 성찰이라고 생각된다.

---

27 『(南本)大般涅槃經』권36(『大正藏』12, p.851中): "一切衆生現在因於四大時節土地人民受苦受樂 是故我說一切衆生不必盡因過去本業受苦受樂也."

그런데 『대승열반경』에서 이러한 인식의 전환이 이루어지게 된 배경과 이유는 무엇일까. 그 첫 번째 이유로서 생각해 볼 수 있는 것은, 도덕적 인과율을 자연현상 등에까지 확대 적용하는 것이 이론적으로 불합리하고 실제적으로도 경험하기 어렵기 때문이라는 점이다. 두 번째 배경으로서 생각해 볼 점은, 『열반경』이 성립할 무렵의 인도 사회는 전쟁 등으로 예측 불허의 돌발사태가 잦고 혼란스러우며 참담한 사회였다. 불교교단 내부적으로도 무사안일주의가 팽배하고 소승과 대승의 갈등과 대립이 극심했다.

이처럼 어지럽고 불안정한 상황에서 전통적인 업보 윤회 사상만으로는 현실을 합리적으로 해석하기 어렵고 위기의 시대상황을 능동적으로 극복해 가기가 어려웠다. 그리하여 먼저 업설에 대한 새로운 접근을 시도했을 것이다.

그러면 이제 『열반경』이 사람들의 고락(苦·樂)에 영향을 미치는 새로운 변수로 제시한 네 가지 사항에 대해 좀 더 구체적으로 살펴보기로 하자.

첫째는 4대이다. 4대는 이 세계를 구성하는 네 가지 큰 요소로서 지수화풍(地·水·火·風)을 가리킨다. 땅·물·불·바람은 각각 독자적으로 우리의 삶에 영향을 미치기도 하지만 그것들이 어우러져 나타나는 기후 풍토 등의 자연환경은 우리에게 지대한 영향을 미친다. 지진, 홍수, 화재, 태풍 등은 말할 것도 없고 아열대 기후라든가 온대 기후라든가 다양한 기후 조건에 따라 우리의 삶이 얼마나 크게 달라지는가를 생각해 보자. 『열반경』은 이러한 자연현상을 도덕적 인과법칙의 범주와 구분하고자 한 것이다.

둘째는 시절이다. 통일신라시대 신라인의 삶과 조선시대 조선인의 삶, 그리고 21세기 한국인의 삶을 생각해 보자. 전쟁 시기의 삶과 평화 시기의 삶을 비교해 보자. 시대에 따라 삶의 방식이 우리의 운명에 엄청난 영향을 미칠 것임은 말할 필요가 없다. 이러한 시대상황을 무시하고 개인적인 인과응보의 진리만을 집착한다면 그것은 결코 온당하지 못할 것이다.

셋째는 토지이다. 여기서 토지는 두 가지 의미를 갖는다고 본다. 하나는 지역 또는 국토의 의미이고 다른 하나는 곡식을 창출해 내는 토지이다. 한대지방과 열대지방의 차이는 크고, 같은 지역이라도 척박한 땅과 비옥한 땅의 차이는 클 수밖에 없다. 척박한 땅에서는 아무리 노력하여 농사를 짓더라도 많은 수확을 올릴 수 없는 반면, 비옥한 땅에서는 조금만 노력해도 많은 수확을 올릴 수 있다. 이것을 도덕적 선악의 행위 법칙만으로는 설명할 수 없을 것이다.

넷째는 인민이다. 여기서 인민은 단순히 사람들 개개인을 가리키는 것이 아니라 인민 집단으로서의 사회요 문화라고 할 수 있다.[28] 동시에 그것은 법, 도덕, 관습이며 제도요 체제다. 법과 관습과 제도에 따라 선악의 개념이 달라지기도 한다. 예컨대 어떤 사회에서는 아이를 많이 낳는 사람이 좋은 사람이고, 어떤 사회에서는 많이 낳는 사람이 나쁜 사람이다. 잘못된 법과 제도, 관습과 체제에 의해 사람들은 뜻하지 않은 피해를 당하고 고통을 당할 수도 있다. 이러한 변수들에 지혜롭게

---

28 여기서 인민을 (유정세간으로서의) 사람들 개개인으로 보는 것은 잘못이다. 왜냐하면 개개인의 관계에서 나타나는 일들은 과거 本業의 영향을 받겠지만, 여기서는 인민을 본업과 무관한 것으로 전제하고 있기 때문이다.

대처해 나가려면 개인적인 선행만으로는 안 된다. 공동의 노력(공업)
이 필요하다. 그 대표적인 예로 우리는 환경 문제를 들 수 있다. 모두가
함께 노력하지 않으면 환경오염의 피해에서 벗어날 사람은 거의 없다.

그런데 『대승열반경』이 제시하고 있는 4대, 시절, 토지, 인민은
모두 기세간器世間의 범주에 포함시킬 수 있는 것이어서 흥미롭다.
4대와 토지는 자연환경이라 할 수 있고, 시절과 인민은 사회환경이라
할 수 있다.[29] 일반적으로 기세간은 자연환경의 의미로 이해되지만,
사회환경도 기세간에 포함시킬 수 있다고 본다. 자연이 인간을 담는
그릇이라면 사회(또는 문화) 역시 인간을 담는 그릇이기에 사회도
기세간의 조건을 충족시키고 있기 때문이다. 따라서 자연환경과 사회
환경은 모두 기세간으로서 공업의 규정을 받는다.

(2) 공업사상의 실천윤리

그렇다면 불교에서 공업을 설하는 이유는 무엇일까. 그리고 우리는
무엇을 어떻게 해야 할까. 불교의 업설은 원래 이 세상의 모든 현상을
설명하기 위한 가르침이 아니다. 인간 스스로의 자유의지에 바탕을
둔 주체적 자유를 실현하도록 하기 위한 가르침이다. 동시에 그것은
자유에 따르는 책임, 권리에 따르는 의무를 강조하기 위한 가르침이기
도 하다. 그러한 업의 이념이 마침내 사회환경 및 자연환경까지도
공업의 산물이라고 규정하게 된 것이다. 그렇게 해야 인간과 무관해
보이는 자연현상에 인간이 관계를 맺을 수 있기 때문이다. 따라서

---

[29] 엄밀하게 말하면 시절은 역사적 상황이라고 할 수 있겠지만, 거시적으로 보아
사회환경에 포함해도 무방하다고 생각된다.

자연현상이 공업의 산물이라고 하는 것은 우리가 자연현상에 오로지 순응하고 복종해야 한다는 의미가 아니다. 자연을 인정하고 존중하면서도 우리가 자연현상에 부분적으로 관여하고 참여할 수 있으며 참여해야 한다는 의미다. 예를 들자면 벼락에 맞아 죽는 사람이 많이 생기는데도 그것은 어쩔 수 없는 일이라고 내버려두기보다는, 벼락이 떨어지는 원리를 연구하여 그 원리에 바탕을 둔 피뢰침을 개발하여 설치하면 어느 정도 벼락의 피해를 줄일 수 있는 것과 같다. 앞으로 인공 강우가 현실화되면 가뭄의 피해도 많이 줄일 수 있을 것이다. 이것은 우리 인류가 공동으로 노력해 나가야 함은 물론이다.

더욱이 사회환경의 개선에 대해서는 우리가 공동체 의식을 가지고 적극적인 관심과 능동적인 참여 의식을 가져야 한다. 왜 그래야 하는 것일까. 한 가지 예를 들어보기로 하자.

사람들이 많이 이용하는 지하철 전동차가 어느 날 마주 오던 전동차와 충돌하여 수많은 사람이 죽거나 다쳤다고 하자. 우리는 이 사건을 어떻게 이해해야 하고 어떻게 대처해야 할까.

이에 대해 어떤 사람들은, 아무 죄도 없는 사람들이 함께 사고를 당해 죽게 된 것은 필시 과거 생에 그들이 함께 악업을 행한 과보의 결과라고 생각할 수도 있다. 하지만 공업사상에 비추어 볼 때 그러한 태도는 결코 바람직하지 못하다. 공업설이 가르치는 바는 이러한 체념적·달관적 태도와는 오히려 반대의 입장이다. 공업설은 지하철 전동차의 안전성을 깊이 생각해 보지 않고 사람들을 따라 타성적으로 전동차를 이용한 안이하고 어리석은 승객들 각자에게 책임을 돌리고 있는 것은 아닐까. 접촉사고를 미연에 방지하려면 시민 스스로 교통행정 시스템, 신호체계, 기관사들의 노동환경, 전동차 정비 시스템, 선로 사정 등을 일일이 점검해 보아야 한다. 하지만 이런 일은 한 개인이 할 수 있는 일이 아니다. 이것은 시민 모두가 연대의식을 갖고 함께 실천해야 할 일이다. 시민사회운동의 필요성과 당위성은 바로 이러한 이유에서 비롯된다. 불교의 공업설은 결국 우리에게 성숙한 시민의식을 갖고 모두의 안전을 위한 시민사회운동에 적극적으로 참여할 것을 가르치고 있다고 해석할 수도 있다.

우리는 대개 불교의 인과응보를 조금은 신비하게 생각하는 경향이 있다. 하지만 『대승열반경』에는 지극히 현실적인 인과응보가 설해져 있어 이채롭다. 그 내용을 간략히 살펴보기로 한다.[30]

어느 날 한 외도가 석존을 찾아와 '어떤 사람은 살생을 좋아하여도 장수하고, 어떤 사람은 자비심으로 살생하지 않아도 단명한다'는 등의 부조리한 현실을 열거하면서, 그렇기 때문에 자신은 '모든 중생이 고통의 과보 또는 안락의 과보를 받는 것은 다 과거의 본업인연本業因緣이다'라고 설한다고 얘기한다. 하지만 석존은 그 외도의 주장을 부인하면서, "당신은 참으로 과거의 업을 보았는가? 과거의 본업을 알지 못하면서 어떻게 현재의 고행苦行으로 과거의 업이 없어진다는 것을 아는가?"라고 힐책한다. 그러자 그 외도는 "고타마의 경전에서도, 만일 어떤 사람이 호화롭게 잘살고 있다면, 이 사람은 지난 세상에서 보시하기를 좋아한 줄을 알라고 하였으니, 이런 것이 곧 과거의 업을 인정한 것 아닙니까?"라고 반문한다. 그러자 석존은 '나의 불법 가운데

30 『大正藏』 12, pp.850下~851中 참조.

는 과거의 업도 있고 현재의 업도 있거니와, 그대는 그렇지 아니하여 오직 과거의 업뿐이요 현재의 업은 없다'고 분명하게 말한다. 그러면서 석존은, 고통과 안락의 현실(果報)이 단지 과거의 악업과 선업(業因)에 연유하는 것이 아니라 현재의 업으로부터도 연유한다는 점을 밝힌다. 석존은 이것을 다음의 비유를 통해 증명한다.

> 어떤 사람이 왕을 위하여 원수를 제거하고, 그 인연으로 재물을 많이 받았다면, 이 재물로 말미암아 현재의 즐거움을 받나니, 이 사람은 곧 현재에 즐거움의 인因을 짓고 현재에 즐거움의 과보를 받는 것이니라. 또 어떤 사람이 왕의 아들을 죽이고 그 인연으로 목숨을 잃게 된다면, 이 사람은 현재에 괴로움의 인을 짓고 현재에 괴로움의 과보를 받는 것이니라.[31]

현생現生의 업의 과보를 현생에 받는다고 하는 가르침은 이미 『중아 함경』의 「사경思經」에 설해져 있다. 즉 '만일 (현세에) 일부러 짓는 업이 있으면 반드시 그 과보를 받되, 혹은 현세에 혹은 후세에 받는다고 나는 설한다'는 가르침이 그것이다. 아비달마에서는 '순현법수업順現 法受業'이라는 용어를 통해 현세의 업을 현세에 받기도 한다는 것을 알려 주고 있다.

그러나 『열반경』의 가르침 속에는 우리가 깊이 음미해 보아야 할 특별한 메시지가 담겨 있다. 앞에 인용한 두 비유의 내용을 잘 살펴보

---

31 『大正藏』 12, 851中.

면, 거기에는 업의 과보가 사적私的이고 신비스러운 방식으로 나타나지 않고, 사회적 '법과 제도'를 통해서 공개적이고 합리적으로 나타남을 알 수 있다. 원수를 제거하여 재물을 받거나 왕자를 죽이고 자신의 목숨을 잃는다는 것은 아무래도 '상벌제도'에 의한 것이라고 생각되기 때문이다. 이것은 과거세에서 현세로 이어지는 신비적 업설이 아니라 현세에서 바로 확인할 수 있는, 법과 제도를 통해 구현되는 업보라고 할 수 있다.[32]

이 가르침은 확실히 업설에 대한 우리의 편견을 깨뜨리고 있다. 인과응보가 법과 제도를 통해서도 드러나는 것이라면, 좋은 과보를 얻기 위해 우리가 해야 할 일은 우선 개인적으로 선근공덕을 쌓아야 할 것이고, 다음에는 모두가 함께 힘을 모아 올바른 법과 제도를 확립하고 그것이 정당하게 집행되도록 해야 한다. 바르지 못한 법과 제도는 오히려 인과 업보의 질서를 헝클어뜨릴 것이기 때문이다. 또한 올바른 법과 제도를 확립한다는 것은 다시 말하면 사회 정의를 실현한다는 의미다. 따라서 사회 정의를 실현하기 위한 사회구성원 공동의 사회적 실천과 행동은 지극히 불교적인 정언명령定言命令이다. 불교인의 사회적 실천이 불교 본연의 가르침에 위배된다거나 불교적 수행과는 무관하다는 주장은 이치에도 맞지 않고 경전적 근거도 없다.

(3) 사회 정의 실현과 자율적 윤리

우리의 삶이 사회제도라든가 경제정책으로부터 많은 영향을 받는다는

---

32 朴京俊, 「大乘涅槃經の業說について」, 『印度學佛教學研究』 51, pp.417~419 참조.

인식은 초기경전에서도 발견된다. 그 대표적인 가르침이 『구라단두경 (*Kūṭadanta-sutta*)』에 설해져 있다. 이 가르침에 의하면 죄악의 문제가 매우 거시적이고 근본적으로 다루어지고 있음을 알 수 있다. 범죄자를 아무리 강력하게 처벌하더라도 가난하고 배고픈 사람들이 있는 한 범죄는 근절되지 않을 것이기에 국가적 차원의 경제정책이 시행되어 분배의 정의가 이루어질 때, 국가는 안녕과 평화를 유지할 수 있다는 것이다. 빈곤을 사회악의 근본원인으로 보면서, 개인적 선에 호소하기 보다는 사회적 선, 사회 정의에 호소하고 있다. 이러한 내용을 통해 보더라도 사회적 선을 무시하거나 경시하는 것은 불교의 입장이 아님을 알 수 있다. 개인적으로 선업을 쌓는 것도 중요하지만, 사회 전체적인 경제 정의가 이루어지지 않는다면 개인의 선도 빛이 바랜다. 따라서 국가의 경제 정책에 관심을 갖고 경제 제도를 개선해 나아가기 위한 불교의 사회적 실천 또한 절실히 요청되는 것이다.

그동안 불교의 윤리적 분석들은 개인의 업, 그리고 고통의 원인으로서의 개인의 무지에만 초점을 맞춰 왔다. 하지만 이제 리타그로스의 말처럼,[33] 불교도들이 사회적 문제의 관점에서 더 많이 생각하고, 인간이 만든 제도들이 고통을 야기시키는 방식들에 대해 생각하고, 고통을 줄이기 위해 그 제도들을 변화시키는 집단적 방식에 대해 생각할 필요가 있다. 이러한 집단적 방식의 노력이 곧 공업이라고 할 수 있을 것이므로, 리타그로스는, 직접 공업이라는 표현을 쓰지는 않았지만, 공업의 윤리를 역설하고 있다고 생각된다. 또한 그녀는

---

33 리타그로스, 「실타래 풀기―불교와 에코페미니즘」, 헬레나 노르베르-호지 외, 앞의 책, p.306.

"추상적인 수준에서는 그렇게 훌륭한 전범典範이 되는 가르침을 가진 종교가 어떻게 일상생활과 실제의 사회 조직에서는 그렇게 잘못될 수 있는지 이해하기 어렵다."고 비판한다.[34] 우리도 이 비판에 귀 기울이며, 젠더, 인종, 계급, 민족, 환경 문제들에서 모든 '억압'과 '사회적 불의'를 극복하고 정의를 실현하도록 공동의 노력을 기울여 가야 한다.

불교적으로 볼 때 사회적 실천은 국가의 정책을 무조건 따르고 수용하는 방식으로 이루어질 필요는 없다. 초기경전인 『악간냐 숫따(Aggañña-Sutta)』에 따르면, 우리는 국가·사회와 계약 관계에 있다. 그것은 국왕을 가리켜 '위대한 선출된 자(Mahāsammata)'라고 부르는 것을 통해서도 알 수 있다.[35] 그렇기 때문에 '계약' 또는 '사회적 합의'가 파기되었을 때는 책임을 물을 수도 있고, 국가권력이 기본적 인권을 침해할 때는 저항권을 행사할 수도 있다.[36]

그리고 사회정의를 구현하기 위한 사회적 실천은 '자율적인 윤리의식'에서 행해져야 한다. 결코 기복적이고 반대급부적인 동기에서 행해지면 안 된다. 자율적인 윤리의식이란 '우리의 윤리적 행위가 그 결과의 좋고 나쁨에 관계없이 행위 그 자체로서 의의가 있다'는 관념이다. 예컨대 좋은 과보를 얻기 위해 선행에 힘쓰는 것도 아니고 나쁜 과보를 피하기 위해 악행을 금하는 것도 아니다.[37] 대승불교에서 강조하는

---

34 리타그로스, 「실타래 풀기-불교와 에코페미니즘」, 헬레나 노르베르-호지 외, 앞의 책, p.306.

35 D.N. III, pp.77~94 참조.

36 저항권을 인정하고 있는 내용은 『增一阿含經』 권31의 앙굴리말라 전생에 관한 이야기 가운데 나온다.(『大正藏』 2, pp.721下~722下).

이른바 '무주상보시無住相布施'는 바로 이 자율적인 윤리를 대변해 준다. 무주상보시는 색성향미촉법(色·聲·香·味·觸·法)의 6경六境에 주착住着함이 없이 행하는 보시이다. 또한 대상에 관계없이 행하는 보시요, 보시한다는 생각도 없이 행하는 보시다. 따라서 이것은 보시 의 대가를 바라지 않고 행하는 보시이기도 하다. 하지만 역설적으로 『금강경金剛經』의 「묘행무주분妙行無住分」은 무주상보시의 공덕[38]이 야말로 사량思量할 수 없을 정도로 뛰어나다(不可思量)고 설한다. 천상 세계에 태어나고자 한다든가, 부귀를 얻고자 한다든가 하는 등의, 어떠한 반대급부를 바라고 행하는 선은 다만 청정심으로 진리에 수순 隨順하며 행하는 순수한 선에[39] 비해 그 순도가 낮을 수밖에 없다. 순도가 낮은 선보다는 순도가 높은 선의 공덕이 더 수승할 것임은 당연한 이치가 아니겠는가. 그 순수선을 행할 때야말로 우리의 마음은 기쁨과 보람으로 충만해질 것이고 상대방도 부담감에서 벗어날 수 있을 것이다.

이제 불교인의 사회적 실천은 이른바 정언명령定言命令이 되어가고 있다. 따라서 앞으로는 불교적 바른 삶을 위해 개인적 수행과 공동의 사회적 실천을 조화시켜 나가야 한다. 불교의 공업사상은 그 실천윤리

---

37 이소노가미 겐이찌로 저, 박희준 역, 『윤회와 전생』, 고려원, 1990, pp.213~214.
38 공덕의 개념에 대한 잘못된 선입견이 있는 것 같다. 공덕은 나를 위한 공덕이 아니다. 나와 남의 이익을 충족시키는 것이야말로 진정한 공덕이다. 반대급부적 이고 목적지향적인 선은 아무래도 이기적 성향이 짙다. 하지만 순수선은 이 세상 모두를 이롭게 하기 때문에 그 공덕은 더욱 큰 것이다.
39 『대승의장大乘義章』에서는 "진리에 수순함을 선이라 하고 이理에 위배됨을 악이라 한다(順理名善 違理名惡)."라고 설한다.

의 이론적 토대로서 크게 자리매김할 것이다.

불교 승가는 본래 세속으로부터의 은신처라기보다는 일종의 대안 사회였다.[40] 그러므로 불교 승가의 구성원들은 개인적 목표의 성취(上求菩提)와 더불어 중생교화 및 사회적 이상 실현(下化衆生, 佛國淨土建設)을 위해 정진한다. 이러한 승가 본연의 사회적 기능을 우리는 공업 사상의 실천윤리를 통해 오늘에 되살려야 한다. 나아가 평화와 행복의 삶을 억압하는 그릇된 세계관과 자연의 재앙, 그리고 제도적 모순과 시대적 질곡을 극복하기 위해 사회적·국제적 차원의 공동 노력이 이루어져야 한다.[41]

2. 대승불교사상과 '깨달음의 사회화'

종교는 흔히 '산 종교'와 '죽은 종교'로 이분된다. 박물관 안에 박제화되어 있거나 경전 속에 갇혀 있는 종교가 죽은 종교라면, 동시대와 함께 호흡하며 사람들과 소통하고 문화를 창조하며 새로운 역사를 이끌어 가는 종교는 산 종교이다. 불교는 오랜 역사 속에서 산 종교로서의 역할을 충실히 수행해 왔고 지금도 수행하고 있다. 하지만 그렇지 못한 경우도 있었다. 그 대표적인 예가 부파불교시대의 불교라 할

---

40 조애너 메이시 저, 이중표 역, 『불교와 일반시스템 이론』, 불교시대사, 2004, p.310; Walpola Rahula, *What the Buddha Taught*(London: Gordon Fraser, 1978), pp.77~78 참조.

41 박경준, 「불교 공업설의 사회학적 함의」, 『불교학보』 제52집, 2009, pp.151~168 참조.

수 있다. 부파불교시대는 아함의 체계화가 이루어져 불교 교리가 심화되는 계기가 되었지만, 반면에 당시의 불교는 대중과 원활한 소통을 하지 못하고 타성과 안일에 빠지면서 산 종교의 기능을 상실했다. 대승불교는 이를 극복하기 위해 출현한 것이다.

　최근 불교계 일각에서는 '신대승新大乘' 운동의 필요성을 역설하고 있다. 그것은 오늘의 한국불교가 사찰 안에 혹은 불교 안에 갇혀서 산 종교로서의 역할을 제대로 하지 못하고 있다는 판단에 기초한다. 우리 인류는 참으로 심각한 위협에 직면해 있다. 얼마 전 세계를 휩쓴 신종 플루를 비롯한 암, 에이즈 등의 각종 질병, 갈수록 심화되어 가는 국가 및 개인 간의 빈부격차, 탐욕을 바탕으로 하는 카지노 자본주의로 말미암은 경제적 불안, 테러리즘, 대량살상무기, 기후변화와 생태계 파괴 등, 그 위협의 범위는 넓기만 하다. 이러한 위기의 극복에 불교의 적극적인 참여를 이끌어 내기 위해 대승불교사상의 입장에서 '깨달음의 사회화' 또는 '불교의 사회화' 문제에 대해 살펴보기로 한다.

1) 깨달음의 사회화

깨달음이란 일반적으로 한자어 '보리菩提(Bodhi)'에 대한 우리말인데 보리는 본래 아뇩다라삼먁삼보리阿耨多羅三藐三菩提(Anuttarā samyak-sambodhi)의 약어로서 그 의미는 '무상정등정각(舊譯은 無上正徧智)'이다. 무상정등정각無上正等正覺이란 글자 그대로 '최상의 바르고 평등한 깨달음'이라는 의미로서, 다시 말하자면 '완전한 깨달음' 또는 '궁극적 인식의 완성'이다. 따라서 불교에서 말하는 '깨달음'은 일반적 의미의

깨달음이 아닌 궁극적인 의미에서의 깨달음이다. 용수(Nāgārjuna)에
의하면 오직 불타 한 사람의 지혜만을 '아뇩다라삼먁삼보리'라고 할
수 있으며 성문聲聞과 연각緣覺 같은 사람들의 지혜를 깨달음이라고
일컬을 수는 없다고 한다.[42] 이러한 용수의 입장은 불교적 깨달음의
핵심인 12연기에 대한 석존의 입장과 맞닿아 있다고 생각된다. 석존은
한때 제자 아난阿難으로부터 "여래와 여러 비구가 연기법이 매우 깊다
고 하지만 제가 보기에는 연기법에는 그렇게 깊은 뜻이 없는 것 같습니
다."라는 말을 듣고, "아난아, 그런 생각을 하지 말라. 12연기는 그
의미가 매우 깊어서 일반인들이 명확하게 알 수가 없느니라."라고
가르친다.[43] 또한 『장아함』의 「대연방편경大緣方便經」에서도 석존은
"아난아, 이 12연기는 보기 어렵고 이해하기 어렵다. 연기법을 깨닫지
못한 사람들이 그 뜻을 사량하고 관찰하고 분별하려 하면 모두가
곧 황미荒迷해져버릴 것이다."라고 설하고 있다.[44] 그러므로 '깨달음'은
언어를 통한 정의가 불가능할지도 모른다. 이러한 이유로 훗날 선가禪
家에서는 '불립문자 교외별전 직지인심 견성성불(不立文字 教外別傳
直指人心 見性成佛)'을 주장하게 되었을 것이다. 전통적으로 석존과
용수에 있어서의 깨달음은 한마디로 불과佛果 또는 보리과菩提果의
의미이다. 따라서 '깨달음의 사회화'는 말 그대로 풀이한다면 '보리과
또는 불과, 다시 말해 깨달음 그 자체를 사회화한다'는 의미가 될

---

42 龍樹, 『大智度論』(『大正藏』 25, 656中): "二無學人 不得一切智正遍知諸法故 不得
　　名阿耨多羅三藐三菩提 唯佛一人智慧 名阿耨多羅三藐三菩提."

43 『大正藏』 2, 797下.

44 『大正藏』 1, 60中.

것이다. 하지만 깨달음 그 자체를 사회화한다는 것은 아무래도 그 의미가 모호한 면이 있다.

그렇다고 '깨달음의 사회화'란 말이 학술적으로 무의미하다는 것은 아니다. 예컨대 '신(God)은 곧 사회(society)'라고 주장하는, 그리하여 종교를 사회의 부산물 정도로 생각하는 일부 사회학자들에게 '깨달음의 사회화'는 흥미 있는 주제가 될 수 있다. 그들은 깨달음을 사회의 종속변수로 보고 '사회화 현상으로서의 깨달음'에 대해 분석할 수도 있을 것이기 때문이다. '깨달음의 사회화'는 다음 세 가지 의미로 이해할 수 있을 것이다.

첫째, '개인의 깨달음을 개인에 한정시키지 말고 사회구성원 전체가 공유하도록 함'의 의미이다. 이것은 일반적으로 말하는 하화중생下化衆生, 각타覺他, 전법교화, 포교와 같은 개념이라고 할 수 있다. 둘째, 깨달음을 개인적 차원에서 추구하는 것이 아니라 사회적 차원에서 타인과 더불어 추구하는 것이다.[45] 여기에서는 개인적 깨달음과 중생교화를 시간적 선후관계로 구분하는 것은 별 의미가 없게 된다. 셋째, '깨달음을 사회에 적용함'의 의미이다. 다시 말해 수많은 사회적 고통과 그것을 발생시키는 사회적 무명(구조적 모순이나 불합리한 제도 따위)을 깨달아 밝히고 그것을 극복해 가는 실천이다. 이것은 정의사회와 복지사회 구현을 지향하는 '불교의 사회참여 또는 사회적 실천'이다. 불교의 요익중생, 성취중생, 중생회향 등의 용어 속에는 이러한 세 가지 의미가 모두 함축되어 있다고 볼 수 있다. 여기에서는 주로

---

45 정승석, 「대승불교의 실천 이념」, 조준호 외, 『실천불교의 이념과 역사』, 행원, 2002, p.77.

이러한 세 가지 의미에 유념하면서 특히 두 번째와 세 번째 의미에 초점을 맞추어 논의를 진행해 가고자 한다.

2) 대승불교의 기본 성격

(1) 대승불교의 흥기 배경

불교사에 일대 획을 그은 대승불교 운동이 일어나게 된 데는 외부적 요인과 내부적 요인이 있었다고 본다. 먼저 외적 요인에 대해 간략히 살펴보기로 한다.

강력한 중앙집권적 관료국가인 마우리아(Maurya, 孔雀) 왕조가 멸망하자 인도는 여러 작은 국가들로 사분오열되면서 전쟁이 그칠 날이 없었다. 더욱이 서북쪽으로부터는 그리스인, 스키타이인(Turki, Śaka), 파르티아인 등의 이민족이 끊임없이 침입해 들어왔다. 그리하여 중인도 국가들은 약화되고 결국은 북방의 쿠샤나(Kuṣāna, 月支 또는 月氏)족의 침공을 받아 북반인도를 내주어야 했다. 또한 한때는 남방의 안드라(Andhra, 案達羅) 왕조의 지배를 받기도 하였던 바, 이러한 정치적 상황 속에서 인도인들은 정신적으로 불안하고 물질적으로도 궁핍했을 것으로 생각된다. 새로운 종교에 대한 대중적 갈망은 바로 이러한 시대 상황 속에서 축적되었다.[46]

이렇게 혼란한 상황에서 불교 승가는 분열을 거듭하여 18부파 내지 20부파로 갈라졌으며, 이런 과정에서 승가는 여러 가지 부정적인 면들을 드러내고 있었다. 이것을 대승의 『대반열반경大般涅槃經』은

---

46 中村 元, 「大乘佛教興起時代のインドの社會構成」, 『印度學佛教學研究』 통권 제7호, pp.97~107 참조.

다음과 같이 기록하고 있다.

> 내가 열반한 뒤 혼탁하고 악한 세상에, 국토는 황란荒亂하고 서로
> 침략하여 사람들이 기아에 허덕일 때에 많은 사람이 굶주림을
> 해결하기 위해 출가하리라. 이런 무리는 계행을 지키고 위의를
> 갖춘 청정한 비구들이 법을 수호하는 것을 보면 쫓아내고 해치거나
> 죽이거나 하리라.[47]

이 기록은 당시 출가자들 사이에 사이비 승려들이 많았음을 생생하
게 전해 준다. 사이비승들은 경전을 배우지 않고 맛있는 음식을 즐기며
호화롭게 살았다. 입은 옷은 단정하지 못하고 소와 양을 기르며 탐욕과
질투가 가득하고 '여래께서 우리가 고기 먹는 것을 허락하였다'고
거짓말하면서 서로 다투기를 일삼았다.[48] 이런 가운데 불교 승가는
이른바 '정법 쇠멸'의 위기에 직면해 있었던 것이다.

그러나 당시의 출가자 모두가 가명승假名僧이나 파계승은 아니었다.
쿠샤나 왕조의 카니시카 왕의 불교보호 정책에 힘입어 진지하게 수행
과 연구에 전념한 출가자들도 적지 않았다. 그리하여 그들은 45년간에
걸쳐 대기설법의 방식으로 설해진 붓다의 방대한 교법에 대해 설명과
해석을 가하고, 그것을 체계화하고 조직화하여 불교의 학문적 발전에
이바지하였다. 이른바 아비달마 불교는 그들의 성실한 학문적 노력의
산물이었으며 이로 인해 삼장三藏의 성립도 가능하게 된다. 하지만

---

47 『大正藏』 12, 624上.
48 위의 책, 626中.

당시 부파불교인들은 일반 대중과의 관계를 소홀히 하고 너무 번쇄한 이론 작업에만 매달렸다. 그리하여 일부는 권위주의에 빠져 불교를 사원과 출가자의 전유물로 만들어가고 있었으며, 일부는 경전 언어의 참다운 정신을 잃어버리고 타율적 형식주의와 현학적 아비달마에 빠져 자기완성과 세간 구제의 책무를 저버리고 있었다. 한마디로 부파불교(아비달마 불교)는 종교적 생명력을 상실하고 있었다. 대승불교운동은 이러한 배경에서 출범하였다.[49]

(2) 대승의 기본 성격

대승(Mahā-yāna: great vehicle)은 말 그대로 '큰 운송수단'이다. 다시 말해 그것은 '큰 수레' 또는 '큰 배'의 의미로서, 자신만이 아니라 여러 사람을 고통과 죽음의 차안此岸에서 안락과 생명의 피안彼岸으로 함께 실어 나르는 큰 가르침(교리, 사상, 이념)이다. 소승(Hīna-yāna, 작은 운송수단)이 개인적인 깨달음을 위한 자기 수행에 주력하는 반면, 대승은 나와 남을 구별하지 않으면서도 남을 구제하는 데 더 주력한다. 그러므로 대승은 '자리이타自利利他' 또는 '상구보리 하화중생'을 강조한다. 이것은 먼저 깨달음을 얻은 다음에 중생을 교화한다는 의미가 아니다. 깨달음을 구하는 일과 중생을 교화하는 일을 동시에 함께 병행한다는 의미다. 이 두 가지를 동전의 양면처럼 간주하여 조금도 차별하지 않으며, 더 나아가 '나를 제도하지 않더라도 남을 먼저 제도한다(自未得度 先度他)'는 이상을 실현하는 데에 이른바 대승의 대승다운

---

49 박경준, 「대승경전관 정립을 위한 시론」, 『한국불교학』 제21집, 한국불교학회, 1996, p.172.

소이가 있다.

이러한 대승의 이념을 구현하기 위해 오랜 시간에 걸쳐 반야부, 법화부, 화엄부, 열반부, 밀교부 등의 수많은 대승경전이 성립되고, 대중적 종교심리에 부응하기 위해 다양한 불보살(佛·菩薩)과 경전 숭배, 다라니, 불상佛像과 불탑佛塔신앙 등이 일반화된다.

이러한 대승불교의 특징은 다음 여섯 가지로 정리될 수 있다고 본다. 약간은 도식적인 면이 있지만, 소승불교와 대비되는 대승불교의 특징을 드러내기 위해 일반적인 내용을 정리해 본다.

첫째, 대승은 보살승菩薩乘이다. 일반적으로 소승은 성문승聲聞乘이 며 아라한을 궁극적 목표로 하지만, 아라한은 출가 승려에게만 제한적 으로 가능한 목표이다. 그러나 보살승은 성불成佛을 궁극적 목표로 하며 이 목표는 출가자와 재가자 모두에게 열려 있다.

둘째, 대승은 자율적 원행願行사상이다. 소승이 업보 윤회의 고통에 서 벗어나고자 하는 소극적인 타율적 해탈사상이라 한다면 대승은 성불과 중생구제를 위해 스스로 악취惡趣에 나아가는 적극적인 자율적 원행사상이다.

셋째, 대승은 이타주의利他主義이다. 소승이 자신만의 완성을 위해 수양하고 노력하는 자리주의라면 대승은 일체중생을 제도하여 사회 전체를 정화하고 향상시키고자 하는 이타주의이다.

넷째, 대승은 공空사상을 기초로 한다. 소승이 '삼세실유 법체항유 (三世實有 法體恒有)' 등의 사상을 통해 알 수 있듯이, 경전의 연구에 갇혀 사물에 집착하는 유有의 태도를 보이는 데 반해, 대승은 반야바라 밀의 공무소득행空無所得行을 지향하는 공의 태도를 견지한다.

다섯째, 대승은 실천지향적이다. 소승이 이론적이고 학문적인 경향이 많고 실천과 무관한 현학적 사변으로 흐르는 경향이 짙은 데 반해 대승은 실천 신앙을 중시한다. 이론은 반드시 실천의 기초가 되어야 하며 공리空理를 배격한다.

여섯째, 대승은 일반적 재가 불교라 할 수 있다. 소승이 전문적 출가 불교임에도 소승적·세속적 입장을 취함에 반해 대승은 대중적·재가적임에도 그 경지는 제일의적第一義的이다.[50]

3) '깨달음의 사회화'의 대승사상적 근거

(1) 진속불이: 생사즉열반

대승불교의 '깨달음의 사회화' 또는 '사회적 실천'의 사상적 근거가 될 수 있는 것은 무엇보다도 '진속불이眞俗不二'의 사상, 특히 '생사즉열반生死卽涅槃'의 사상이라 할 수 있다.

우리의 현실세계는 불교적으로 말하면 삼계(欲界)이며, 육도(人間)이다. 삼계와 육도는 윤회의 세계, 생사의 세계이며 한마디로 생사윤회의 세계이다. 불교에서는 이 생사윤회의 세계를 고통의 세계로 보아 그로부터 벗어나기(해탈)를 가르친다.

그런데 왜 생사의 세계는 고통의 세계일까. 우리는 누군가가 이 세상에 태어난 것을 축하한다. 하지만 깊이 생각해 보면 그것은 꼭 축하할 일만도 아니다. 왜냐하면 (탄)생이 있으면 반드시 죽음이 있기 때문이다. 다시 말해 생은 이미 사를 포함하고 있기 때문이다.

50 木村泰賢, 『大乘佛教思想論』(東京: 大法輪閣, 1982), pp.86~91.

실존주의 철학에서 '죽음이 이미 삶 속에 침투해 있다'고 말하는 것도 이런 의미일 것이다. 따라서 불교에서는 불생不生을 지향한다. 하지만 엄격하게 말하자면 '불사不死'를 지향한다고 해야 한다. '불생'은 '불사'의 조건일 뿐이기 때문이다. 초기경전에서 종종 발견되는 '나의 생은 이미 다했다', '나는 다시 후유後有를 받지 않는다'라는 말[51]은 이런 관점에서 이해해야 한다. 그러나 어쨌든 결과적으로 영원한 생(不死)을 위해 유한한 생을 부정해야(不生) 한다는 것은 역설적으로 들리며, 바로 이 점 때문에 불교는 허무주의 또는 염세주의로 곡해되기도 한다.

그렇다면 생사를 초월해 있는 열반은 어떤 세계일까. 우리는 흔히 '열반에 든다(入涅槃)'는 표현 때문에 열반을 공간 개념의 세계로 이해하기 쉽다. 하지만 '들어감'이 있으면 '나옴'이 있게 마련이다. 다시 말해 열반의 세계에 태어난다면 열반의 세계에서 죽어야 한다. 이렇게 되면 열반은 또 하나의 천상(六道의 하나)세계가 되어 생사에 떨어지고 만다. 그러나 생사가 있으면 이미 열반이 아니다. 따라서 열반은 공간 개념의 세계로 보면 안 된다. 그렇다고 열반은 죽음도 아니고 절대무絶對無도 아니다. 초기경전에서는 열반이 오분법신五分法身의 힘에 의해 뒷받침되고 있다고 설하며, 대승경전에서는 열반에 상락아정常樂我淨의 네 가지 공덕(四德)이 있다고 설한다. 열반을 죽음이나 무無의 이미지로 이해하는 것은 아마도 무여열반無餘涅槃의 개념[52] 때문이

---

51 『長阿含經』권22(『大正藏』1, 149下).

52 무여열반은 흔히 灰身滅智라고 정의되듯이 몸도 사라지고 정신작용도 사라진 완전한 열반이다.

아닌가 추측된다. 법상종法相宗에서는 이러한 오해를 피하기 위해 열반을 네 가지[53]로 정리하면서 '무주처열반無住處涅槃'의 개념을 도입했다고 생각된다. 무주처란 생사에도 열반에도 머무르지 않는다는 의미이다. 이것은 결국 열반은 생사를 떠나 있지 않다는 것, 나아가 열반은 바로 생사의 현장에서 실현되어야 한다는 것을 의미한다.

요컨대 대승불교에서는 생사와 열반을 별개의 세계로 보지 않는다. 생사와 열반은 원융무애한 것으로 인식한다. 그러므로 용수(Nāgārjuna)는, "열반과 세간(윤회) 사이에는 털끝만큼의 차별도 없다."[54]고 설하며 '생사즉열반'을 주장한다. 또한 의상義湘은 「법성게法性偈」에서 '생사와 열반은 서로 공화한다(生死涅槃相共和)'라고 주장한다. 따라서 생사를 좋아하지도 않고 열반을 좋아하지도 않는 것이 대승의 정신이다. 대비大悲로 인해 열반에 머무르지 않고 생사의 중생을 교화하며, 대지大智에 의거해 생사에 머무르지 않고 미계迷界를 여읜다.

문제는 분별과 집착이다. 대승불교를 이끈 『반야경』이 공의 기치를 내건 것은 무엇보다도 초월적 열반에 대한 집착을 끊기 위한 것이었다. 초월적 열반에 대한 집착이 있는 한 생사의 현실에 대해서는 소극적이고 부정적일 수밖에 없기 때문이다. 그러기 때문에 역설적으로 공의 실천자라고 할 수 있는 보살은 현실에서 6바라밀 등을 능동적으로 실천하는 적극적인 삶의 모범을 우리에게 보여 준다. 『화엄경』의 선재동자는 심지어 창녀까지도 선지식으로 존경하며 구법의 길을 걷는다. 틱낫한 스님은 "정토는 바로 지금이 아니면 영원히 얻을 수

---

53 四種涅槃: 本來自性淸淨涅槃, 有餘依涅槃, 無餘依涅槃, 無住處涅槃.

54 『大正藏』30, 36上.

없다(The Pure Land is now or never).".고 역설한다.

현실의 사회는 버리고 떠나야 할 세계가 아니다. 그저 팔짱을 끼고 바라보기만 하면 되는, 나와 무관한 세계가 아니다. 다니엘 디포의 『로빈슨 크루소』에서 볼 수 있는 것처럼, 우리가 설사 이곳을 버리고 떠나 다른 어떤 곳에 이른다 하여도 그곳의 삶 역시 사회이기는 마찬가지다. 우리의 삶은 이미 사회(역사)적으로 규정되어 있다. 따라서 근본적으로 사회 완성이 이루어지지 않으면 개인 완성도 이루어지기 어렵다.[55] 여기서 말하는 개인 완성은 깨달음의 완성만을 의미하지 않는다. 그것은 궁극적으로 삶의 완성을 의미한다. 적어도 대승은 깨달음의 완성이 아닌 삶의 완성을 궁극적 목표로 삼는다. 석가세존도 35세에 대각大覺을 성취하고 곧바로 열반에 들지 않았다. 붓다로서 45년 동안의 전법도생의 삶을 통해 80세에 삶의 완성을 이룩하셨던 것이다.

한마디로 대승의 사회참여는 이처럼 생사와 열반을 분별하지 않고 진제眞諦와 속제俗諦를 원융하게 보아, 현실 세계를 인정하고 받아들이며 '나와 남' 그리고 '개인과 사회'를 구별하지 않는 데서부터 출발한다.

(2) 화현

대승불교의 '사회참여'를 담보해 낼 수 있는 두 번째 사상적 근거는 화현化現사상이라 할 수 있다. 화현(incarnation)은 응화應化 또는 응현應現이라고도 하며, 불·보살이 중생을 교화하고 구제하기 위하여 여러

---

55 Nandasena Ratnapala, *Buddhist Sociology*(Delhi: Sri Satguru Publications, 1993), p.34. 라트나팔라는 '사회화의 궁극적 목표는 열반'이라고 주장한다.

가지 모양으로 변화하여 이 세상에 나타나는 것을 의미한다. 이 화현사상은 근본적으로 법신의 개념으로부터 비롯된다.

석존은 시공을 초월한 영원한 보편적 진리, 즉 법(dharma)을 깨달음으로써 불타가 되었다. 그러므로 법이 없다면 붓다도 없으며, 따라서 붓다의 본질은 '법(진리) 그 자체'라고 할 수 있다. 석존이 제자들에게 남긴 "내가 설한 법과 율이야말로 내가 입멸한 후, 그대들의 스승이다." 라는 가르침도 이러한 맥락에서 이해해야 할 줄 안다. 이 '영원불멸의 보편적 법 그 자체'는 실재하는 몸이라는 생각에서 '법신(dharma-kāya)' 이라는 관념이 생기고, 반면에 80평생을 살다간 역사적인 석존은 '색신(rūpa-kāya)' 또는 '생신生身'이라고 불리었다. 이러한 2신설二身說의 불타관은 훗날 법보화(法·報·化) 3신설의 불신관으로 발전한다.[56]

이러한 법신사상에 의거하여 『팔천송반야경八千頌般若經』은 "(법을 밝힌: 필자 첨언) 반야바라밀이야말로 부처의 본질이며 마치 어머니와 같이 과거·현재·미래의 부처를 낳는다. 따라서 반야바라밀이야말로 불탑이나 불사리보다 더욱 존숭되지 않으면 안 된다."고 설하며 마침내 "반야바라밀은 바로 여래의 법신이다."라고 가르친다. 『법화경』에서는 이러한 법신의 관념이 조금은 인격적 성격을 띠면서 '구원실성久遠實成'의 부처님, 즉 '구원불久遠佛'의 불타관으로 전개된다. 이 구원불은 『여래수량품如來壽量品』에서 설하고 있는 바와 같이, 아주 먼 옛날부터 성불해 있는 부처이다. 그리고 법신불 사상은 『화엄경』에서 '비로자나불' 사상으로 정립된다.[57]

---

56 平川 彰 외 편, 『講座·大乘佛教』 1(東京: 春秋社, 1981), p.160.

57 위의 책, pp.162~164 참조.

그런데 『법화경』에 바로 화현사상이 나타난다.

사리불아, 여래가 말하는 법은 그 뜻을 이해하기 어렵다. 왜냐하면 여래는 무수한 방편과 갖가지 인연과 비유와 이야기로 법을 설하기 때문이다. 이 법은 생각이나 분별로는 이해할 수 없고 여래끼리만 알 수 있다. 그 까닭은 모든 여래는 오직 한 가지 큰 인연으로 세상에 출현하기 때문이다.

……(중략)…… 모든 여래는 중생으로 하여금 불지견佛知見을 열어 (開) 청정케 하려고 세상에 출현하며, 중생에게 불지견을 보여 주려고(示) 출현하며, 중생으로 하여금 불지견을 깨닫게 하려고 (悟) 출현하며, 중생으로 하여금 불지견도에 들어가게 하려고(入) 세상에 출현하기 때문이다.[58]

여래는 구원겁 전에 이미 성불하였지만, 오직 중생들에게 불지견을 개시오입하게 하려는 일대사인연一大事因緣으로 이 세상에 화현하였 다는 것이다. 따라서 석존이 보리수나무 아래서 무상정각을 이루는 것은 중생을 교화하기 위한 방편일 뿐이다. 석존은 구원겁 전에 이미 깨달은 존재이므로 새삼스럽게 다시 깨달을 필요가 없기 때문이다. 이 화현사상을 통해 볼 때 석존에게 있어 깨달음을 향한 개인적 수행은 곧 중생구제의 실천과 마찬가지다. 중생구제의 실천은 결국 '사회참여' 와 연결된다는 관점에서 필자는 화현사상을 대승불교 사회참여의 사상적 근거로 해석한 것이다.

---

58 『華嚴經』 「方便品」(『大正藏』 9, 7上).

　이 화현사상을 대표하는 것은 역시 33신(응신) 또는 32응(응신)사상이다. 『법화경』의 「관세음보살보문품」에 따르면 관세음보살은 중생을 제도하기 위해 불신佛身, 장자신長者身, 비구신, 부녀신, 동녀신童女身 등 33가지 몸(應化身)으로 화현하며, 『수능엄경首楞嚴經』 권6에 따르면 관세음보살은 중생을 제도하기 위해 32가지 몸으로 화현한다는 것이다. 33신과 32응의 내용은 대부분이 일치한다. 이 관세음보살의 화현사상은 자리自利보다는 이타利他에 훨씬 더 큰 비중을 두고 있음을 알 수 있다. 이러한 이타의 이념은 자기완성보다는 세계 완성을 더 강조하고 있으며 이 역시 결국 사회참여와 연관된다. 이러한 이유로 화현사상은 '깨달음의 사회화' 또는 '사회참여' 또는 '사회적 실천'의 대승불교 사상적 근거가 된다고 할 수 있다.

(3) 『열반경』의 업설과 사회윤리

사회적 실천 또는 사회참여에서 '사회윤리'라는 개념은 매우 중요한 의미를 갖는다. 개인윤리와 달리 사회윤리는 사회문제의 원인과 처방을 개인의 양심과 의식에서 찾지 않고 사회구조나 제도 및 정책에서 찾으려 하며, 사회구조나 질서·체계의 도덕성을 따진다. 그런데 앞에서 살핀 것처럼 『대승열반경』의 가르침 가운데는 '사회윤리'사상과 상통하는 가르침이 발견되어 매우 흥미롭다.

　불교의 가르침에 의하면 인간의 '행과 불행(운명)'은 인간 스스로의 업의 산물이다. 따라서 인간의 운명을 행복한 쪽으로 바꿔가려면 '개인적인 노력'이 필요하다. 하지만 부파불교시대의 공업사상 등을 통해 생각해 보면 불교는 '공동의 노력'도 중요시한다. '미래불인 미륵

불은 개인으로서가 아니라 공동체를 통해 올 것'이라는 틱낫한 스님의
가르침 역시 공동의 노력 또는 사회적 차원의 실천을 강조한 것으로
볼 수 있다. 어쩔 수 없는 것으로 생각되는 일도 공동의 노력을 기울이면
해결책을 찾을 수도 있다. 우리가 함께 노력하여 피뢰침을 개발함으로
써 벼락의 피해를 줄일 수 있었던 것처럼, 인류가 함께 노력하면
가뭄, 홍수, 지진 등의 피해를 최소화할 수도 있을 것이다. 또한 '사회윤
리'에 바탕을 둔 우리 공동의 노력을 통해, 그 해결이 어렵게만 생각되는
전쟁, 범죄 등을 비롯한 갖가지 사회문제도 극복해 갈 수 있을 것이고
언젠가는 사회정의를 실현할 수도 있을 것이다. 대승『열반경』은
바로 '사회윤리'를 바탕으로 한 이러한 '사회참여'와 '사회적 실천'이
필요하다는 메시지를 앞서 살핀「교진여품」중의 한 가르침을 통해
우리에게 전해 주는 것이다.

4) 대승 보살의 사회참여

(1) 보살의 길

보시, 지계, 인욕, 정진, 선정, 지혜의 6바라밀은 보살의 기본적인
실천 덕목이다. 8정도에서는 정견正見이 맨 앞에 위치하는 데 반해
6바라밀에서는 보시가 맨 앞에 위치한다는 점은 시사하는 바가 크다.
나아가 대승불교의 적극적·구체적 실천의 정신은 여러 불보살佛菩薩
의 서원에 어김없이 나타난다. 그중에서도 아미타불의 48원,[59] 약사여
래의 12대원,[60] 보현보살의 10대원,[61] 승만부인의 10대 서원[62] 등이

---

59 『佛說大阿彌陀經』권1(『大正藏』12, 328下~330中).

60 『藥師琉璃光如來本願功德經』권1(『大正藏』14, 405上中).

344

유명하다. 이러한 발원에 따라 보살은 하화중생과 요익중생을 위해 끝없이 노력한다. 보살의 길인 자리이타는, 상구보리上求菩提 하화중생下化衆生이 암시하듯, 원래 자각각타自覺覺他의 의미라고 할 수 있지만, 그 내용이 확장된다. 보살은 미혹한 중생을 깨달음으로 이끄는 것이 본래의 사명이다. 하지만 중생의 현실적 아픔과 괴로움도 위무하고 해결해 주려고 노력한다. 이를테면 승만부인의 열 가지 서원 가운데 여섯째는 "저 자신을 위해서는 재산을 모으지 않고 가난하고 외로운 중생들을 구제하기 위해서만 모으겠습니다."라는 내용이고, 여덟째는 "외로워 의지할 데가 없거나 구금을 당했거나 병을 앓거나 여러 가지 고난을 만난 중생들을 보게 되면, 그들을 도와 편안하게 하고 고통에서 벗어나게 한 다음에야 떠나겠습니다."라는 내용이다. 또한 약사여래의 12대원 중에는 신체장애자를 돕겠다는 '제근구족원諸根具足願', 배고픈 사람들을 배부르게 하겠다는 '포식안락원飽食安樂願', 춥고 가난한 사람들에게 좋은 옷을 제공하겠다는 '미의만족원美衣滿足願' 등의 내용도 포함되어 있다. 이러한 구체적인 보살행은 역사 속 불교인들의 행적 속에서도 종종 찾아볼 수 있다. 예컨대『고승전高僧傳』권12의「석담칭전釋曇稱傳」에서는 다음과 같은 이야기가 눈에 띈다.

담칭은 하북河北 사람이었다. 어릴 적부터 성품이 어질고 자애로워 곤충에게까지 은혜를 베풀었다. 진晉나라 말엽에 팽성彭城에 이르렀을 때, 80세의 노부부가 궁핍하고 초췌한 것을 보았다. 담칭은 곧 계율을 버리고 그 노부부의 노복이 되어 그들을 위해 여러 해를 일하였다.

61 『大方廣佛華嚴經』권40 「入不思議解脫境界普賢行原品」(『大正藏』 10, 844中).
62 『勝鬘師子吼一乘大方便方廣經』권1(『大正藏』 12, 217中~218上).

하지만 안으로는 도덕을 닦는 데 소홀히 한 적이 없었다. 이를 지켜본 마을 사람들이 감탄하였다. 어느 해 두 노인이 죽자, 담칭은 품을 팔아 얻은 삯을 모두 두 노인의 복을 짓는 데 썼다. 그것으로 스스로 속죄하고자 하였다. 장례를 마친 뒤, 다시 도문道門에 들어가고자 하였다.[63]

같은 문헌에 의하면, 담칭은 팽성의 한 마을에서 사람들이 호랑이에게 잡혀 죽어나가는 것을 보고 스스로 자진하여 희생양이 되었다. 마을 사람들이 그의 장례를 치르고 탑을 세웠는데, 그 후로는 놀랍게도 호랑이에게 피해를 본 사람이 없었다고 한다.[64] 구족계具足戒를 파해가면서까지 곤궁에 처한 노부부를 위해 일하고, 다른 사람들을 구하고자 스스로 호랑이 먹이가 된 담칭의 행위는 보살행의 한 전형으로 삼아도 좋을 듯하다.

톨스토이의 작품 『두 노인』 속에 이와 비슷한 이야기가 나온다. 신앙심 깊은 두 노인, 예핌과 예리세이는 어느 날 성지순례의 길을 떠난다. 도중에 어느 마을에서 묵게 되었는데, 그 마을 사람들은 극심한 기아와 질병과 추위로 고통받고 있었다. 예리세이는 차마 그들을 외면할 수 없어서, 예핌에게 먼저 떠나라고 하고는, 자신은 자신의 노자路資를 털어 마을 사람들을 돌보았다. 마을 사람들은 많이 나아졌지만 예리세이는 이제 노자가 없어 할 수 없이 고향으로 되돌아갔다. 예핌은 성지순례를 마치고 돌아오는 길에 다시 그 마을에 들르게 되었는데, 건강해진 마을 사람들이 예리세이의 얘기를 하면서 그를

63 『高僧傳』 권12(『大正藏』 50, 404上).
64 같은 책.

성인처럼 생각하는 것을 보고, '나는 껍데기가 성지를 다녀왔고 예리세이는 알맹이가 다녀왔다'고 탄식한다.

구족계를 포기하고 곤궁한 노부부를 위해 일한 담칭과 성지순례를 포기하고 고통받는 사람들을 도운 예리세이는 확실히 닮은꼴이다. 예리세이의 행동 역시 불교적으로 보면 자비로운 보살행에 다름 아니다.

이러한 보살의 거룩한 자비행은 인간과 세계에 대한 대승 특유의 시각과 사유방식, 그리고 결연한 의지와 서원이 있기에 가능한 것이다. 예를 들어『범망경梵網經』에서는 모든 중생이 다 부모로 간주된다: "모든 남자는 다 나의 아버지이고 모든 여자는 다 나의 어머니이니, 내가 태어날 적마다 그들을 의지하여 났을 것이기 때문이다. 그러므로 6도六道의 중생들이 다 나의 부모이니라."『유마경維摩經』에서는 이른바 '동체대비同體大悲'의 사상이 발견된다: "내 병은 무명無明으로부터 애착이 일어 생겼고, 일체중생이 앓으므로 나도 앓고 있습니다. 만약 중생의 병이 없어지면 나의 병도 곧 사라질 것입니다." 그리고『지장경地藏經』에서는 지장보살의 굳건한 서원과 만나게 된다: "제가 미래제가 다하도록 헤아릴 수 없는 겁에 저 6도의 죄고중생罪苦衆生을 위하여서 널리 방편을 베풀어 다 해탈하게 한 후에야 제가 비로소 불도佛道를 이루오리다." 다시 말해서 지장보살은 지옥 중생까지도 모두 구제한 후에라야 스스로 성불하겠노라고 서원한다.

또한 대승불교에서는 진속불이眞俗不二 사상에 기초하여 수도생활과 일상생활을 크게 구분하지 않는다. 예를 들어『법화경』은 농사를 짓거나 장사를 하거나 공무를 보는 것 등등의 모든 일이 불도佛道를 닦는 것과 다름없다고 설한다.[65] 그야말로 대승적大乘的인 사유방식이다. 이러한 입장은 『유마경維摩經』에서 더욱 철저하고 극적으로 나타난다. 유마거사는 오늘날로 말하면 대자본가 또는 대재벌과 같은 대부호다. 유마의 집에는 네 개의 큰 창고(大藏)가 있는데 거기에는 갖가지 보배가 가득 쌓여 있다고 한다.[66] 따라서 어떻게 보면 유마는 욕망과 가깝고 도와는 거리가 먼, 가장 세속적인 인물의 상징이라고 할 수 있다. 그런데도 유마는 부처님의 뛰어난 제자들보다도 오히려 법력이 높다. 제자들이 모두 문병 가기를 꺼려할 정도다. 이 역설은 우리에게 무엇을 말해 주는 것일까. 그것은 결국 불교는 현실을 떠나지 않고 오히려 현실의 한복판에서 그 이상과 목적을 실현해야 한다는 것을 말해 주고 있다. 달리 표현한다면 적극적인 사회적 실천이나 사회참여를 강조하고 있다고 할 수 있다. 그 바탕에는 중생을 구제하려는 대자비가 자리하고 있음은 말할 나위가 없다.

더욱이 용수(Nāgārjuna)는 『보행왕정론寶行王正論(Ratnāvalī)』을 지어 세속의 왕이 진정한 보살행을 통해 현실세계에서 이상 국가를 실현해 나갈 정도政道를 밝히고 있어 이채롭다. 그는 여기에서 치안과 사법 정책, 공공복지와 재해 구호 정책, 교육과 종교 정책 등에 관한 체계적이고 합리적인 방향을 제시하고 있다.[67] 대승불교의 대사상가이고 이론가인 용수가 이러한 세속적 '정치론'을 저술했다는 사실 자체가

---

65 『法華經』「法師功德品」(『大正藏』 9, 50上): "資生業等皆順正法."

66 『維摩經』「觀衆生品」(『大正藏』 14, 548中).

67 이현옥, 「용수의 정치이념과 그 실제−『보행왕정론』을 중심으로−」, 『한국불교학』 제24집, pp.253~254.

348

바로 진속眞俗이 불이不二임을 웅변해 주고 있다 할 것이다.
　이러한 보살의 이념은『화엄경』의 다음 가르침에 농축되어 있다.

　병든 이에게는 의사가 되어 주고, 길 잃은 이에게는 바른 길을
가리켜 주며, 어두운 밤에는 등불이 되고, 가난한 이에게는 재물을
얻게 합니다. ……(중략)…… 모두 다 회향한다는 것은 어떤 것입니
까? 처음 예배 공양함으로부터 중생의 뜻에 수순하기까지, 그
모든 공덕을 온 법계 허공계에 있는 일체중생에게 돌려보내, 중생
들로 하여금 항상 편안하고 즐겁고 병고가 없게 합니다. 나쁜
짓은 하나도 이루어지지 않고 착한 일은 모두 이루어지며, 온갖
나쁜 길의 문은 닫아버리고 열반에 이르는 바른 길은 활짝 열어
보입니다. 중생들이 쌓아 온 나쁜 업으로 말미암아 받게 되는
무거운 고통의 여러 가지 과보를 내가 대신 받으며, 그 중생들이
모두 다 해탈을 얻고 마침내는 더없이 훌륭한 보리를 성취하도록
힘씁니다. 보살은 이같이 회향합니다. 허공계가 다하고 중생계가
다하고 중생의 업이 다하고 중생의 번뇌가 다할지라도 나의 이
회향은 다하지 않을 것입니다. 순간순간 계속하여 끊임없어도
몸과 말과 생각에는 조금도 지치거나 싫어함이 없습니다.[68]

　대승불교는 이렇게 불교 본연의 종교적 생명력을 회복하여 사회대중
과 소통하며, 그들을 고통과 미혹에서 구제하려는 적극적 실천불교
또는 참여불교의 성격을 띠고 있다.

『華嚴經』「普賢行願品」(『大正藏』10, 44中).

(2) 오늘의 위기와 사회참여

대승불교는 이와 같이 근본적으로 실천 지향적이고 참여 지향적이다. 따라서 우리는 대승불교의 이상적인 인간상인 보살을 경전 밖으로 이끌어 내어 현실 가운데서 숨 쉬게 해야 한다. 다시 말해 오늘의 세계에서 영적으로 성숙한 불교인은 단지 거기에 멈추지 말고, 투철한 사회의식을 갖고 사회적 책임을 자각해야 한다.[69] 오늘의 세계에서 인류를 가장 심각하게 위협하는 두 가지를 꼽는다면 첫째는 양극화 또는 빈부격차의 문제요, 둘째는 생태환경 파괴 또는 기후변화의 문제일 것이다.

유엔개발계획(UNDP)의 '인간개발 보고서'에 따르면 오늘날 지구촌의 양극화 현상은 더욱 심화되고 있다. 이 보고서는 세계 약 60억 인구 가운데 절반인 약 30억 명은 겨우 생존할 정도로 근근이 살아가며, 그중 10억 정도는 잔인하고 비참할 정도로 가난하며 수명도 짧다고 밝힌다. 나머지 반인 30억 인구 중 20억 정도도 연간 5천 달러 이하의 수입으로 재산을 늘려가지도 못하고 저축도 못하며 살아간다. 나머지 10억은 대충 살 만큼의 생활 임금을 벌면서 그런대로 살아가는데, 그래도 그들은 소수가 누리는 수준의 안락한 삶을 꿈꿀 수는 있다. 그러나 최상위에 있는 350명의 부와 수입은 놀랍기만 하다. 그들의 수입 총액은 세계 인구의 45%의 부를 합한 것보다 많기 때문이다. 또한 세계에서 가장 부자인 3명이 보유한 재산은 48개의 가난한 나라들의 총생산량보다 많을 정도라고 한다.[70]

---

69 Ken Jones, *The New Social Face of Buddhism* (Boston: Wisdom Publications, 2003), p.X.

　몇 년 전 유엔무역개발회의(UNCTAD)는 최저개발국에 대한 조사를 벌여 '빈곤의 덫으로부터의 탈출'이라는 제목의 보고서를 발표했다. 이에 따르면 세계 49개 최저개발국 국민의 80% 이상이 하루 2달러 미만의 수입으로 생활하며, 특히 아프리카 최저개발국에서는 국민의 65%가 하루 1달러 미만으로 연명하고 있는 것으로 나타났다. 더욱 우려되는 사실은 이들 나라에서 하루 1달러 미만의 수입으로 연명하는 사람의 숫자가 지난 30년 동안 1억 3,800만 명에서 3억 700만 명으로 늘어났다는 점이다. 2015년에는 4억 2천만 명에 이를 것이라는 예상도 나왔다.

　또한 생태 환경의 위기도 심각하다. 환경오염과 생태계 파괴는 특정 지역이나 국가 차원의 문제가 아니라 전 지구적 차원의 문제이며 지구 위에 사는 생명체들의 생존과도 직결된 심각한 문제이다. 지난 2000년, 한 팀의 미국과학자들은 광활한 그린란드(Greenland) 빙하가 녹고 있음을 발견하였다. 그들에 따르면, 1년에 약 510억km^3가 물로 녹고 있는데, 이는 나일 강의 연간 유량에 육박하며, 관찰된 연간 해수면 상승의 7%에 해당된다. 『사이언스(Science)』지의 한 논문은 만약 그린란드 빙하 전체가 녹는다면, 해수면이 7m 정도 상승할 것이라고 보고한다. 또한 히말라야 빙하로부터 남극에 이르기까지 지구상 거의 모든 곳에서 얼음이 녹아 없어지고 있다. 이것은 말할 것도 없이 매년 수십억 톤의 화석연료 연소로 말미암은 지구온도 상승에 의한 것이다. 만약 화석연료의 연소가 21세기 내내 지금의 수준 또는

70 위의 책, p.166.

더 높은 수준으로 지속된다면, 실제로 모든 생태계는 해수면 상승, 극심한 폭풍우, 극도의 가뭄으로 인해 큰 위험에 처할 것이다.[71]

또한 자연 생태계의 파괴로 수십억 년간의 지구적 진화의 산물인 생명체들이 사라져 가고 있다. 지구상의 생물종은 현재까지 약 175만 종이 발견되었고, 밝혀지지 않은 것들까지 포함하면 1,300만 종에 이를 것으로 추산된다. 현재 생물종은 정상적인 속도에 비해 50~100배 정도 빠르게 사라지고 있으며 현재 34,000여 식물종과 5,200여 동물종 그리고 전 세계 조류의 1/8이 멸종 위기에 처해 있다. 더욱이 생물종의 보고인 지구 원시림의 45%와 산호초의 10%가 파괴되고 있다고 한다.[72]

이 외에도 우리나라는 아직 분단의 고통과 슬픔을 겪고 있으며, 최근에는 주로 동남아 지역의 여성들이 우리나라의 농촌 총각들과 결혼하면서 다문화 가정 문제가 심각한 사회문제로 부상하고 있다.

이러한 지구적이고 사회적인 문제들에 대해 여기서는 깊이 있게 논의할 여유가 없다. 하지만 이러한 문제들에 대해서는 우리 개개인의 노력도 중요하지만 사회적·국가적 차원의 집단적 노력이 필요하다는 점만은 지적해 두고 싶다. 국제적 연대도 필요함은 두말할 나위가 없다. 우리 불교계에도 불교환경연대라든지 지구촌공생회, 로터스월드 등의 단체가 있다. 하지만 전반적인 불교인들의 사회의식은 아직 저조하고 조직화도 되어 있지 않다. 기복 불교에 젖어 있는 사람들도

---

71 레스터 브라운 外 저, 오수길 外 역, 『지구환경보고서-2001』, 도요새, 2001, p.17.

72 김종욱, 『불교생태철학』, 동국대출판부, 2004, pp.12~13.

352

많다. 하지만 지난 2008년 8월 27일 시청 앞 광장에서 열린 범불교도대회는 불교인들에게 사회참여를 위한 학습의 기회가 되었다고 본다. 이를 계기로 양극화 문제나 생태환경 문제 등에 대한 보다 체계적이고 조직적인 접근이 필요하다고 생각된다. 어쨌든 대승의 참다운 보살은 고통의 현실을 외면하지 않고 동체대비同體大悲의 마음으로 그것을 해결하려는 적극적인 관심과 노력을 기울인다는 것을 잊지 말아야 할 것이다.

이상에서 살펴본 바와 같이 대승불교는 불교 본연의 종교적 생명력을 회복하여 사회대중과 소통하며, 그들을 고통과 미혹에서 구제하려는 적극적 실천불교 내지 참여불교의 성격을 지닌다. 대승불교는 무엇보다도 생사와 열반을 분별하지 않고 진제와 속제를 원융하게 보아, 현실세계를 인정하고 따뜻하게 포용한다. 또한 대승불교의 화현化現(incarnation) 사상에 따르면, 여러 붓다와 보살들은 이미 깨달았지만, 중생을 구제하기 위하여 여러 가지 모양으로 변화하여 이 세상에 화현한다. 따라서 이 화현사상을 통해 볼 때 불보살에게 있어 깨달음을 향한 개인적 수행은 곧 중생구제의 실현과 마찬가지다. 이러한 진속불이眞俗不二와 화현사상은 대승불교의 사회참여나 사회적 실천의 사상적 근거가 된다. 또한『대승열반경』은 우리에게 공동의 행위와 노력을 통해 사회적·자연적 고통과 재난을 극복해 가야 한다는 것을 말해 준다.

이제 불교는 이러한 대승정신으로 절망과 고통에 내몰리고 소외된 이웃들에게 따뜻한 관심을 가져야 한다. 고통과 갈등을 확대 재생산하는 현대 정치·사회·경제의 여러 구조적 모순을 변화시켜 가기 위한 실천적 지혜를 탐색하고 공동의 노력을 기울여야 한다.

3. 현대 아시아의 참여불교운동

근래에 아시아 불교계에는 새로운 흐름이 형성되고 있다. 스리랑카에
서는 수많은 스님이 마을 개량 사업을 위해 주민들과 함께 길을 내거나
화장실을 짓고 학교를 세우며 일한다. 인도에서는 불가촉천민 수백만
이 불교로 개종했는데, 그것은 불교가 사회 개혁에 실질적인 영향력을
행사하면서 카스트 제도로 인한 고통의 종식을 하층민들에게 약속하고
있기 때문이다. 1963년 사이공 거리에서 틱쾅둑(Thich Quang Duc)
스님이 분신한 것은 현대아시아불교의 적극적 행동주의의 특징을
가장 극명하게 보여 주고 있으며, 1980년대 반독재민주화 투쟁의
기치를 내건 우리나라의 민중불교운동도 그 영향과 의의가 적지 않다.
또한 국제적으로 보더라도 사회정의 실현을 위한 비폭력운동을 개념화
하고 현실화한 불교인들의 기여는 매우 커서, 최근 노벨 평화상은
두 번이나 불교 지도자들에게 돌아갔으니, 티베트의 달라이 라마와
미얀마의 아웅산 수치가 바로 그들이다.[73]

우리는 이제 참여불교(Engaged Buddhism)·불교해방운동(Buddhist
Liberation Movements)·실천불교·민중불교 등으로도 불리는 이러한

---

[73] Christopher S. Queen, "Dr. Ambedkar and the Hermeneutics of Buddhist
Liberation," in Christoper S. Queen and Sallie B. King, ed. *Engaged Buddhism:
Buddhist Liberation Movements in Asia*(Albany: State University of New York
Press, 1996), p.ix.

일련의 '불교 사회개혁운동'에 대해 살펴보고자 한다. 최근에는 유럽에
서도 이러한 사회 참여적 불교운동의 새로운 흐름이 나타나고 있는
것으로 알려졌지만,[74] 여기에서는 논의의 범위를 스리랑카, 인도,
태국, 베트남, 티베트, 일본 등의 아시아 불교에 한정시키기로 한다.

1) 참여불교운동의 역사적 배경

근대 서구 사회에서는 성장의 신화에 기초한 자본주의 이데올로기와
혁명의 신화에 기초한 사회주의 이데올로기의 보급과 함께 이른바
'진보'의 이념이 더욱 일반화되었다. 특히 자본주의를 축으로 하는
진보에 관한 담론은 인간의 자연에 대한 정복과 인간의 다른 인간에
대한 착취와 함께 진행되어 왔다. 그리하여 이 시기의 '진보'라는 말은
비서구 지역에 대한 서구의 제국주의적 팽창과 분리시켜 이해하기
어렵다. 서구인들의 이러한 진보의 이념은 유럽중심주의의 반영임과
동시에 물신주의와 경제성장에 광분하던 자본주의적 이성의 횡포라
할 것이다.[75]

　20세기를 전후로 하는 약 1세기 동안에, 서구인들의 동양에 대한
인식은 다음과 같은 세 가지 가설에 의거하고 있었다. 첫째, 동양은
정체적이며 진보가 없는 사회라는 가설, 둘째, 동양은 외부적 힘의
충격에 의해서만 변화할 수 있다는 가설, 셋째, 오직 근대 서구만이

---

74 이에 대해서는 Christoper S. Queen 편, *Engaged Buddhism in the West*(Massa-
　chusetts: Wisdom Publications, 2000)를 참고할 것.
75 이승환, 「유교의 관점에서 본 문화의 진보」, 『문화의 진보에 대한 철학적 성찰』(한
　국철학회 편, 철학과 현실사, 1998), pp.50~53.

그러한 힘을 가할 수 있으며 충격과 더불어 동양은 서구적 모습으로 바뀔 것이라는 가설이 그것이다.[76] 서구인들은 이러한 가설을 불변의 진리로 알고 '문명의 진보'라는 미명하에 제국주의적 침략을 계속하였다. 이 시기의 유럽은 아프리카 대륙을 분할 점령하고, 특히 프랑스는 자기 나라의 20배에 이르는 땅을 차지하였으며, 제1차 세계대전 말까지 유럽의 지배하에 놓인 식민지는 지구 면적의 약 85%까지 확대되었고, 그 영향이 가장 두드러진 두 대륙 가운데의 하나가 바로 아시아였다.[77] 일반적으로 서세동점의 이러한 세계사의 흐름이 아시아 불교 전통에 새로운 변화를 가져온 일차적 계기가 되었다고 할 수 있다.

주지하다시피 불교는 아시아 민중들의 생활문화의 원천이었으며 사회통합을 이끌어 온 정체성의 기반이었다. 아시아에서 불교는 종교와 철학의 토대일 뿐만 아니라, 민족주의이며 이데올로기이고 동시에 아시아인의 가치관을 형성시킨 궁극적 원천이다.[78] 이러한 불교적 전통과 역사를 간직한 아시아 전역에 유럽의 식민주의가 도래하고 서구적 가치관과 문물제도가 침투하자, 아시아의 불교계에는 바야흐로 긴장과 변화의 기운이 고조되었다. 이러한 긴장과 변화의 기운은 근대화를 촉구하는 압력으로 작용하였으며 불교 승가로 하여금 비판적인 자기반성과 개혁을 시도할 것을 새롭게 요구하게 되었다.[79]

---

76 Paul A. Cohen, *Discovering History in China*, 장의식 외 옮김, 『미국의 중국근대사 연구』, 고려원, 1995, p.118.

77 이승환, 앞의 논문, p.53 참조.

78 Jerold Schecter, *The New Face of Buddha*(New York: Coward-McCann, inc., 1967), p.xi.

356

이러한 상황이 한동안 지속되다가, 아시아 불교계에 적극적인 사회
개혁운동을 촉발시킨 결정적 계기는, 나라마다 약간의 시간적 차이는
있겠지만, 제2차 세계대전이 폐막을 고한 후 서구의 식민주의가 붕괴되
면서 마련되었다고 볼 수 있다. 서구 식민주의가 붕괴되면서 아시아의
여러 나라는 ①패권주의 나라들의 정치·경제적인 예속에서 진정한
해방을 성취하는 문제, ②자유와 평등의 이념을 실현하기 위한 자국
내의 민주화 문제, ③산업화를 통한 성장과 번영의 문제, ④평화와
안전의 문제 등을 떠안게 되었고, 이러한 문제의식을 바탕으로 다양한
불교의 사회참여운동이 태동하게 된다.[80] 이러한 아시아 불교의 새로운
흐름에 대해 간략히 알아본다.

2) 아시아 참여불교운동의 제 양상[81]

(1) 인도에서의 불교개종운동과 TBMSG 담마혁명

인도에서의 불교 사회개혁운동으로는 암베드까르(Ambedkar)가 주도
한, 계급차별에 대한 정치적 저항운동으로서의 불교개종운동과 상가
락시타(Sangharakshita)에 의해 창설된 범세계불교교단우의회(TBMSG:
the Trailokya Bauddha Mahasangha Sahayaka Gana)의 담마혁명을 들

79 Perter A. Pardue, 「아시아의 불교적 사회정치관」, 『불교의 사회사상』(여익구
    편, 민족사, 1981), p.15.
80 여익구, 『민중불교입문』, 풀빛, 1985, pp.267~268.
81 이하 내용은 주로 참여불교에 관한 선구적·독보적 연구 성과라 할 수 있는
    크리스토퍼 퀸과 샐리 킹이 공편한 *Engaged Buddhism: Buddhist Liberation
    Movements in Asia*(Albany: State University of New York Press, 1996)를 참고하
    여 요약·정리한 것임을 밝힌다.

수 있다.

먼저, 암베드까르의 불교개종운동에 대해 살펴본다.

빔라오 암베드까르는 불가촉천민 신분으로 어렸을 때부터 끝없는 계급적 차별과 학대에 시달렸다.[82] 말년에 불가촉천민 인권운동을 한 아버지의 영향과 인근 바로다 주州 토후의 경제적 지원을 받아 암베드까르는 뉴욕 컬럼비아 대학에서 석·박사 학위를, 런던 대학에서는 이학 석·박사 학위를 받았으며 독일의 본 대학에서 연구를 계속하였다. 그는 후일 정부각료·신문사 편집장·대학교수·법과대학원장 등을 지냈지만, 주택 소유에 제한을 받거나 구타를 당하고 생명의 위협을 받는 등, 계급적 폭력에 끊임없이 시달려야 했다.[83] 그는 기회가 있을 때마다 인도를 망치고 있는 것은 영국이 아니라 카스트 제도라고 주장하고, 사원과 공공시설에 대한 평등한 출입을 주장하는 연좌데모와 집회를 이끌며, 힌두교도와 협상을 하기도 하고 불가촉천민의 권리에 관한 소송을 법정에 제기하기도 하였다. 그러나 그 결과가 여의치 않자 암베드까르는 계급차별의 상징인 『마누법전』 한 권을 불태우며 힌두교를 포기하고 새로운 종교를 찾겠다고 선언한다. 또한 그는 한 회의에서 1,000여 명의 피억압계급 지도자들에게, "자존심을 얻고 싶다면 개종하시오. 힘과 평등과 독립을 원한다면 개종하시오.

---

[82] 초등학교 때, 그와 그의 형은 교실 맨 뒤쪽에 자리 한 장을 펴놓고 조용히 앉아 있어야 했고, 공책을 선생님께 건넬 수도 없었으며, 물을 마실 때에는 신체적 접촉을 피하기 위해 다른 사람들이 위에서 입에다 부어 주었으며, 그 지역 이발사는 그들의 이발을 거부할 정도였다.

[83] Christoper S. Queen, op. cit., p.49.

행복하게 살 수 있는 세상을 만들고 싶다면 개종하시오."라고 하면서 종교는 운명적인 것이 아니라 선택적인 것임을 설파하였다. 그리고 싯다르타 대학과 밀린다 대학을 설립하여 사람들의 교육에도 힘썼다.

그는 불교의 담마가 인간의 자유와 평등을 가르치는 뛰어난 종교라고 보았으며, 붓다의 관심이 내세來世에서의 구원이 아니라 현세에서 사람들을 구제하는 데 있다는 점을 들어 붓다야말로 가장 위대한 종교지도자라고 생각하였다. 그리하여 1950년 실론에서 열린 '세계불교도우의회(WFB)'에 참석하고 돌아온 후, 여생을 불교의 부흥과 확산에 바치겠다고 선언하였다. 1951년 공직에서 물러난 그는 이러한 목적을 위해 연설을 하고 글을 쓰며 '인도불교인협회'를 창설하는 등 줄기차게 노력하였다.[84] 드디어 1956년 10월 자신을 따르는 약 50만 명의 추종자들과 함께 인도 최고령의 챤드라마니 장로의 지도로 불교로 개종하였다. 6주 후에 암베드까르는, 힌두교도로서는 죽지 않겠다고 한 21년 전의 맹세를 지키고 타계하였다.[85]

다음으로, 영국 출신의 불교개종자인 상가락시타 스님의 TBMSG 담마혁명에 대해 살펴보기로 한다.

TBMSG는 인도의 새로운 불교도(암베드까르 불교도 그룹)의 종교적·사회적 요구에 대한 응답으로서 1979년에 상가락시타에 의해 출범하였으며, 그것은 상가락시타가 이미 1960년대 말에 설립한 '서구불교종단(WBO)'과 '서구불교종단우의회(FWBO)'의 인도 지부라는 성격을 띠고 있다. 하지만 TBMSG는 엄밀하게 말해서 암베드까르와 상가락시

84 Ibid., pp.50~54.
85 Peter A. Pardue, op. cit., p.19.

타의 새로운 불교 이념이 결합한 혼합적인 운동으로, 암베드까르 박사의 비전이 주는 감화와 상가락시타 스님의 담마에 대한 청사진, 그리고 로카미트라 법사의 조직력을 통해 주로 '이전의 불가촉천민(ex-Untouchables)' 사이에서 큰 호응을 얻고 있다.

TBMSG는 크게 세 개의 내부 조직으로 이루어지는데, 그것은 ①출가자와 재가자를 구분 없이 포용하는 근대적 불교교단인 '범세계불교교단(TBM)', ②법적으로 구성된 종교조직인협의인 TBMSG, ③바후잔 히타이(Bahujan Hitay: '만인의 이익을 위해'라는 뜻)라고 불리는 사회활동 분과의 셋이다.

'새로운 불교인의 새로운 종단'이라고 할 수 있는 TBM은 '실제적인 삼귀의'를 중시하는, 엄격한 출가자와 진지한 재가자가 함께하는 교단이다. 이 교단의 구성원들은 우바새와 비구라고 하는 전통적인 이분법을 피하기 위해 '다르마를 행하는 사람'이라는 뜻의 '법사(dharmachari, 여성은 dharmacharini)'라는 이름으로 불린다. TBM의 구성원들은 대부분이 '이전의 불가촉천민'으로서 다른 암베드까르 단체에서 활동하던 사람들이다. 이들 가운데는 교사, 기술자, 정부 관리 등의 지위를 버린 사람들도 있다.[86]

다음으로, TBMSG는 본래 이 운동의 담마사업을 지원하기 위해 조직된 법적인 행정상의 기구이다. 그 구성은 교단의 구성원(TBM)과 담마미트라(Dhammamitra: 담마의 우호자) 및 담마사하약(Dhamma-sahayak: 담마의 후원자)으로 이루어져 있다. TBMSG는 개종식을 기획하

---

[86] Alan Sponberg, "TBMSG: A Dhamma Revolution in Contemporary India," *in Engaged Buddhism*, op. cit., p.93.

기보다는 이미 불교로 개종한 사람들을 돕는 데 역점을 둔다. 이 운동은 이전의 불가촉천민 불교인들이 ①담마의 실천을 통해 자신을 개혁시키고 ②다른 이들과 함께 사회를 개혁시킬 방법을 배우게 하는 데 목적을 둔 담마혁명이라고 할 수 있다. TBMSG는 이러한 목적을 달성하기 위해 ①담마 교육과정과 강연을 위한 대중 센터, ②더욱 집중적인 불교 수행을 위한 수련원, ③구성원들과 동료가 서로 의지하며 여법하게 살아갈 수 있도록 하기 위한 주거공동체 등을 설립하는 데 힘쓰고 있다.

또한 정신적인 고통뿐만 아니라 물질적인 고통으로부터 자유로워지는 것이 진정한 불교적 해방이라고 한 암베드까르의 주장은 TBMSG 담마운동의 사회적 차원인 '바후잔 히타이'로 계승되고 있다. '바후잔 히타이'의 주요계획에는 1992년 말 현재 1,200명 이상의 어린이를 수용할 42개의 유치원, 600여 명의 초중고생을 수용할 15개의 합숙학교의 설립이 포함되어 있다. 또한 280명을 수용하는 비합숙용 학습반과 190명을 수용하는 여성을 위한 글자교실, 125명을 수용하는 직업교실, 그리고 도움이 필요한 7,000명의 빈민지역거주자들을 위한 건강상담출장소 프로그램이 운영되고 있다. 또한 여러 지방에서 다양한 스포츠·문화 프로그램과 이동도서관을 운영하고 있다. 최근에는 경제적 자립을 도모하는 직업 프로그램과 조합 사업 등이 기획되고 있기도 하다. 이 운동에 소요되는 경비 일부는 영국의 FWBO 후원자들이 결성한 '인도 원조회(AFI)'에서 지원하였으며, 이 AFI는 1987년 '카루나 트러스트(Karuna Trust)'로 확대 개편되어 여전히 TBMSG와 '바후잔 히타이'의 사업을 우선으로 지원하고 있다.[87]

(2) 스리랑카의 사르보다야 슈라마다나 운동

모두의 행복을 위한 봉사캠프 운동을 뜻하는 스리랑카의 '사르보다야 슈라마다나 운동(Sarvodaya Shramanada Movement)'은 가장 오래되고 유명한, 불교계의 대표적 사회개혁운동이다. 1958년 재가자 아리야라트네(A.T. Ariyaratne) 박사가 창설한 사르보다야는 19세기 말엽에 시작하여 20세기와 '식민지 이후' 시기까지 지속된 불교부흥의 한 표상이었다.

일찍이 스리랑카는 11세기와 13세기에 힌두교 세력인 인도 남단의 촐라(Chola)족의 침공을 받았고, 14세기에는 회교도의 침공을 받았다. 16세기에는 포르투갈로부터 가톨릭을 강요당했고, 17세기에는 네덜란드로부터, 18세기에는 영국으로부터 개신교를 강요당했다.[88] 1873년, 스리랑카에서는 '파나두라(Panadura)의 논쟁'이라고 하는 유명한 종교논쟁이 있었는데, 이때 구나난다(Gunananda) 스님이 기독교도를 논파함으로써 큰 반향을 불러일으켰다.[89] 이러한 상황에서 담마빨라(Dhammapāla)는 1891년 콜롬보에 '부다가야 대보리회大菩提會'를 창설하여 불교부흥운동을 전개하는데,[90] 아리야라트네의 사르보다야 운동은 이러한 스리랑카 불교 부흥의 연장선상에 위치하는 것이다.

사르보다야는 1958년 콜롬보 날란다(Nalanda) 대학 학생들의 일련

---

87 Alan Sponberg, op. cit., pp.98~103.

88 龍山章眞, 『南方佛敎の樣態』(東京: 弘文堂書房, 1942), p.47.

89 藤吉慈海, 「現代インドの佛敎復興運動」, 『東方學報』 Vol.33(京都: 京都大學人文大學硏究所, 1963), p.226.

90 藤吉慈海, 앞의 책, pp.219~241 참조.

의 봉사캠프에서 연원한다. 당시 이 대학 교수로 있던 아리야라트네는 학생들과 함께한 가난한 마을에서 건물에 칠을 하고, 화장실을 만들며, 나무를 심고, 건강관리에 대해 강연을 하는 봉사활동을 펼쳤다. 이것을 시작으로 그와 그 친구들은 스리랑카 전역의 궁핍한 촌락에 많은 봉사캠프를 계속해서 조직함으로써 이 운동이 출범하게 되자, 전국 각지에서 모인 청년과 성인들이 동참하였다. 이 봉사캠프는 '슈라마다나(노동력의 보시)'로 불리게 되며, 1958년에서 1966년 사이에는 이러한 슈라마다나 수백 개가 개설되어 30만 이상의 자원봉사자가 참여하였다. 사르보다야는 1961년 아누라다푸라에서 캠프를 열고 '불교적 가치와 원리에 따라 스리랑카의 정신적·경제적 재건을 위한 봉사를 운동의 목적'으로 한다는 결의문을 채택하였다. 1967년, 촌락의 깨달음을 성취시키겠다는 '100개 촌락 개발 계획안'을 발표하고 그것을 성공적으로 실천하였다. 사르보다야는 1971년까지 400개의 촌락에서 슈라마다나를 운영하면서 촌락의 깨달음을 이끌었고, 10년 후에는 2천 개의 촌락으로 확산되었다. 1972년 아리야라트네는 교수직을 물러나 이 운동의 지도에 헌신하며, 그 결과 '레이먼 막사이사이상'을 비롯한 여러 상을 받게 된다.[91]

　사르보다야는 규모가 커지자 학생 위주의 봉사캠프에서 한 걸음 더 나아가 비정부 기구(NGO)로 발전한다. 또한 국제적인 후원 단체의 도움으로 교육센터, 도서관, 미디어센터, 회의장, 행정 부서를 갖춘 대규모 개발교육 종합시설을 모라투와에 건립하였다.

---

91 George D. Bond, "A.T. Ariyaratne and the Sarvodaya Shramanada Movement in Sri Lanka," in *Engaged Buddhism*, op. cit., p.135.

이를 계기로 사르보다야는 점점 거대한 운동으로 발전해가며, 1980년대에는 NOVIB(네덜란드), FNS(서독), NORAD(노르웨이), Helvetas(스위스) 등을 비롯한 20개 이상의 단체들로부터 지원을 받았다. 이들의 지원으로 사르보다야는 직업훈련학교, 공동농장, 유치원, 슈라마다나 캠프 및 수천 명에게 강한 영향을 줄 수 있는 프로그램을 추진했으며, 그 결과 때로는 정부와 비교될 만큼의 강력한 국가적 실체가 되기도 하여 정부의 견제를 받기도 하였다. 1985년 사르보다야가 활동하는 촌락의 수는 스리랑카 전 촌락의 1/3에 해당하는 약 8,000에 달하였다.

마하트마 간디와 아나가리카 다르마팔라의 사상적 영향을 받은 사르보다야의 지도부는 이 운동을 위해 불교의 수행과 목적을 재해석하였다. 즉 자기 욕심을 버리고 세계에 봉사하는 것이 수행이 되었으며, 불교의 이상을 구체화하고 개인과 사회의 이중二重의 해방과정을 쉽게 이룩할 수 있는 새로운 사회 구조를 개발하는 것이 그 목적이 되었다.

아리야라트네는 사회적 관심을 결여한 채 내세적인 목적만을 갖는 불교에 대해 매우 비판적이다. 그는 사회와 세계에 봉사하는 수행과 실천의 근거를 빨리 경전에서 직접 이끌어낸다. 경제적 활동에 대한 지침을 설하는 『구라단두경(*Kūṭadanta Sutta*)』, 타인에 대한 의무와 사회윤리를 담고 있는 『육방예경(*Siṅgālovāda Sutta*)』, 현세에서의 행복한 삶을 위한 38가지 요소를 설명하는 『대길상경(*Mahāmaṅgala Sutta*)』, 좌절과 실패로 이끄는 행위를 설하는 『패망경(*Parābhava Sutta*)』, 봉사만이 궁극적 목적을 성취할 수 있게 하는 가장 확실한 수단임을 강조하는 『본생담(*Jātaka*)』 등이 그러한 경전들이다. 아울러 아리야라트네는

364

사성제와 사무량심(또는 四梵住)과 같은 불교 근본교리의 실천적인 재해석을 시도한다.[92]

특히 사르보다야에 있어 수행의 목적은 개인과 사회의 깨달음을 통한 이중적 해방을 지향한다. 아리야라트네는 이러한 이중적 과정을 "다른 사람이 깨닫도록 돕지 못한다면 나 자신도 깨달을 수 없다. 내가 깨닫지 못한다면 남들도 깨달을 수 없다."라고 설명한다. 사르보다야에서는 개인의 깨달음을 '인격적 깨달음' 또는 '인격적 발달'이라고 부른다. 그리고 최고의 초세간적인 차원의 진리를 깨달을 수 있기 전에 자신을 둘러싼 사회 속에 존재하는 세속적 차원의 진리를 깨달아야 한다고 가르친다.

정신적 가치를 바탕으로 한 통합적인 개발이라는 사르보다야의 이념은 식민지 시대 이후의 스리랑카에서 두드러진, 물질주의적이고 자본주의적인 개발모델을 비판하며, '인간중심적'인 개발모델의 기본 목표를 '인간의 완성'에 둔다. 그리하여 사르보다야는 '빈곤도 없고 풍부함도 없는' 경제 질서를 사회적 이상으로 추구한다.[93]

(3) 태국불교의 사회개혁운동

근대화 과정에서 태국의 불교 종단 내부에는 뚜렷한 변화가 나타난다. 승려 중심의 전통이 점차 재가자에게 개방되고, 선정禪定에 대한 재가자들의 관심이 높아졌으며, 과거에는 주로 남성들이 하던 종교적 역할에 여성들이 참여하고 있다. 이러한 변화 속에서, 한편으로는

---
92 George D. Bond, op. cit., p.1295.
93 Ibid., pp.129~134.

보수주의(또는 근본주의)의 흐름이, 다른 한편으로는 자유주의(또는 혁신주의)의 흐름이 형성된다. 혁신주의자들은 전통적인 신앙과 실천을 창조적으로 해석하는 데 힘쓰면서 현시대의 긴장과 혼란 및 죄악에 대해서 정면으로 맞서나가려 한다. 붓다다사(Buddhadasa) 비구, 담마 피타카, 프라웨트와시, 그리고 술락 시바락사(Sulak Sivaraksa) 등이 교리의 새로운 해석과 종단의 개혁을 주장하는 혁신주의의 대표주자들이다. 이 가운데 태국사회와 불교계에 많은 영향을 끼친 붓다다사와 술락의 개혁운동에 대해서 살펴보기로 한다.

붓다다사는 현대화와 경제성장이라는 사회적 분위기 속에서 최근 수십 년 동안 '붓다 담마(불교)'를 현대적 상황에 알맞게 적용하는 데 선구자적 역할을 하였고, 현대 사회구조의 부도덕성과 이기주의에 대해 직설적인 비판을 해왔다. 그는 '수안 모크(Suan Mokkh: 자유의 뜰)'를 설립하고, 이를 통해 태국의 불교를 개혁하여 붓다의 가르침을 원래의 상태로 회복시키고자 하였다. 그의 개혁은 궁극적으로, 그가 '이기적이지 않은 자연종교'라고 부른 그 어떤 것, 즉 경전이나 붓다 자체보다도 오히려 근원적인 불교의 진정한 원천으로 돌아가고자 하였다. 붓다다사 비구는 사성제, 무아, 공, 연기 등 불교의 핵심적인 가르침을 현실에 적용시키고자 노력하였다. 그 결과, 일상의 삶에 융해된 종교적 차원에 대한 현재적 재발견, 분열되어 있던 승려와 재가자 사이의 가교 역할, 과학과의 적합성, 지적인 엄격함, 담마의 세계관에 근거한 정치·경제적 논쟁의 해소 등을 성취할 수 있었다.[94]

94 Santikaro Bhikkhu, "Buddhadasa Bhikkhu: Life and Society through the Natural Eyes of Voidness," in *Engaged Buddhism*, op. cit., pp.147~148.

그의 활동은 사상, 의미, 가치, 전망의 영역 속에서 다양한 매개 수단, 즉 강연·저작·잡지·시·시청각자료·'수안 모크'와 그 시설들을 통해 이루어졌다. 그는 직접적인 정치적 활동이나 불교단체에 참여하지 않았다.[95] 하지만 그가 불교 단체와 진보 단체, 기독교, 그리고 사회 인사들에게 끼친 영향은 실로 지대한 것이었다.

붓다다사의 주장 가운데서 우리의 주목을 끄는 것은 그의 '담마적 사회주의'이다. 그는 민주주의, 특히 서구 정부나 사업가와 선교사들에 의해 이식된 자본주의적 자유민주주의는 그 의미가 매우 애매모호하고 기만적이라고 생각했다. 민주주의 자유는 오염된 번뇌에 의해 이기적으로 사용될 수 있다는 것이 커다란 위험 요소이다. 붓다다사는 점증하는 빈곤, 범죄, 군비증강, 환경파괴, 자살, 마약 남용 등 우리 시대의 심각한 사회문제들은 민주주의가 이기적으로 운용되고 있다는 증거라고 보았다. 다시 말해 민주주의 또는 자본주의는 이기적이고, 비윤리적이며, 폭력의 원인이고, 평화의 걸림돌이라고 생각한다. 그래서 사회주의를 주장한 것이다. 그가 말하는 사회주의란 공공 이익이 우선시되고 개인보다는 사회가 더 근본적인 것이며, 전체로서의 사회에 대한 관심과 필요가 개인적인 것보다 우선시되는 관점이자 태도를 의미한다.[96] 그러나 오늘날의 사회주의가 노동자들의 복수나 유물론으로 잘못 이해되고 있기 때문에 붓다다사는 '담마적 사회주의'라는 표현을 쓴 것이다. 우리는 붓다다사의 이 주장 앞에서, 자유민주주의를 신봉하는 우리가 추구하는 '자유'의 이념이 감각과 물질을 좇는 이기적 욕망의

---

95 Santikaro Bhikkhu, op. cit., p.156.

96 Ibid., p.166.

자유와 동의어는 아닌지 진지하게 자문해 보지 않을 수가 없다.

태국에서 가장 유명한 재가 불교지식인이자 사회비평가인 술락 시바락사는 방콕에서 출생했으며 웨일스와 영국에서 대학을 마친 후 귀국하여, 작가·출판인·강사·다양한 국제회의 참가자·평화인권 운동가·NGO 창립자·불교인사회비평가·지성적인 도덕주의자로서 왕성한 활동을 전개하였다. 그는 '태평양 아쉬라마'의 회원이자 '미래 문화 관계 동남아시아 연구회'의 초대회장을 지냈다. '코몰 킴통 재단' 을 설립하였고, '개발에 관한 아시아문화포럼(ACFOD)'의 워크숍 진행 자로 선임되었으며 그 회지인 『아시아의 활동』의 발행인이 되었다. 1989년, 평화와 비폭력·인권·환경·대안 경제학·가족 간의 유대·여 성문제 등의 다양한 활동 주제를 논의하기 위해 '국제참여불교인조직 망(INEB)' 회의를 처음으로 소집하였다. 그는 이 외에도 참으로 다양한 활동을 하였다.

술락은 많은 저술활동을 하였지만, 원칙적으로 행동주의자다. 그는 꼼꼼하고 이성적인 논증보다는 개인과 사회의 변혁을 소중히 여기는 자신의 일관된 입장에서 연설하고 글을 쓴다. 사실 그는 더욱 뛰어난 인간존재의 발전과 관련성이 결여되어 보이는, 이기적인 지식의 추구 를 강하게 비판해 왔다. 그래서 그는 학자나 철학자보다는 주창자나 예언자로 이해되기도 한다.[97]

술락의 개혁적 불교사상은 그의 이른바 「소문자 'b'의 불교」 주장에 잘 나타나 있다. 그가 말하는 소문자 'b'의 불교에는 '실존주의', '본질주

---

97 Donald K. Swearer, "Sulak Sivaraksa's Buddhist Vision for Renewing Society," in *Engaged Buddhism*, op. cit., p.212.

368

의', '보편주의'라는 세 가지 기본적인 특징이 담겨 있다.

먼저 실존주의적 특성이란 불교가 개인적이고 사회적인 변화와 관련되어 있음을 뜻한다. 불교는 현재의 문제들을 해석할 수 있는 실천적 적응성을 지니고 있을 뿐만 아니라 혼돈과 위험 속에 사는 개인의 삶에 의미를 부여할 수 있는 힘을 가지고 있다. 술락의 생애와 활동을 음미해 보면 소문자 'b'의 불교의 실존주의적 특징을 잘 이해할 수 있다.

다음으로, 본질주의란 일반적인 형이상학적 의미를 말하는 것이 아니라 불교의 본질적인 핵심을 나타내는 것으로, 이때의 불교(또는 교리)는 술락이 비본질적인 것이라고 생각하는 것이 제거된 순수한 본래의 불교를 가리킨다. 반면에 대문자 'B'의 불교는 변용된 불교로서 진부화된 의식불교이자 국가종교로 형식화된 불교이며, 태국의 쇼비니즘과 군사적이고 침략적인 가치와 결탁한 그런 불교를 가리킨다. 그는 소문자 'b'의 불교의 본질적인 핵심을 '무아無我'의 가르침으로 해석하며, "여러분은 (특별한) 신앙을 …… 믿을 필요가 없으며, 붓다를 예배할 필요도 없고, 어떠한 의례에 참석하지 않아도 좋다. 중요한 것은 잊지 않고 늘 자각하고 있는 것이다. …… 여러분의 의식을 개조하여 더욱 무아가 되도록 하는 것이며……"라고 말한다.[98] 술락에게 무아의 도덕적 등가물은 '비착취'인데, 그는 보시를 '착취하지 않는 훈련'으로, 지계를 '착취적인 행위의 결과를 이해하는 것'으로, 선정을 '우리가 착취적인지를 알 수 있는 비판적 자각'으로 해석한다. 또한

---

[98] Donald K. Swearer, op. cit., p.216.

그는 불살생不殺生에 대해, 단순히 사람을 죽이지 않는 행동에서 그치지 않고 (대량살상) 무기의 생산과 사용을 포기하는 것에까지 확장되어야 한다고 주장한다. 그에 따르면, 사람들에게서 충분히 살아갈 수 있는 생활수단을 빼앗는 것도 일종의 살인이다. 화학비료나 제초제를 사용함으로써 미생물이 풍부한 토양을 황폐화시키는 것도 살생이며, 많은 동물의 감소를 가져온다는 점에서 숲을 파괴하는 것도 마찬가지다. 또한 다른 사람들이 굶어 죽고 있는데 낭비와 사치로 살고 있다면 이 역시 불살생계를 어기는 것이다.

끝으로, 소문자 'b' 불교의 보편주의적인 특징에 대해 살펴보자. 술락의 보편주의적이고 초교파적인 통찰에 있어서는 물론, 기독교와의 대화에서도 무아는 그 중심을 차지한다. 술락에 따르면, 기독교와 불교가 여러 가지 점에서 차이가 나지만 무아라는 궁극적 가치를 핵심으로 한다는 점에서 공통점이 있다. 다시 말해서 기독교인은 신에 대한 사랑 때문에 자신을 버리고 모든 존재에 대한 연민을 갖게 된다. 이것은 불교의 무아와 다를 것이 없다는 것이다.[99]

술락과 붓다다사의 주장에는 종교적인 것과 도덕성이 본질적으로 하나가 되는 세계관이 나타나 있다. 사회부흥을 위한 술락의 통찰이 혁신주의적이라고 할 수도 있겠지만 분명한 것은 불교적이라는 사실이다. 그것은 근본적으로 붓다다사 비구에게서 영향을 받은 통찰이다.

99 Donald K. Swearer, op. cit., p.221.

(4) 베트남과 틱낫한의 참여불교

베트남 불교인들은 20세기 최대 비극의 하나인 베트남 전쟁을 통해 사회적 사건이 종교적 삶에 깊은 영향을 끼칠 수 있다는 사실을 깨달았다. 베트남 사회개혁운동의 가장 중요한 이론가로 지목되는 틱낫한(Thích Nhất Hạnh)은 스님이자 시인으로서 불교 사회개혁운동의 중요한 실천 원리를 제공하며 제도적 폭력에 맞서 저항했다. 그로 인해 1966년 미국을 방문한 이래 오랜 기간 망명자의 신분으로 살면서도 스님은 프랑스에서 플럼빌리지를 중심으로 국제 참여불교운동의 지도자로서 많은 활동을 펼쳤다.

베트남의 불교 사회개혁운동은 1963년 남베트남 디엠(Diem) 정권의 종교적 탄압에 대한 저항을 계기로 국제적인 주목을 받기 시작했다. 당시 디엠 정권은 그해 불탄일에 게양된 불교기들을 훼손함으로써 불교계와 국민을 자극했다. 불교도가 전 국민의 80% 이상을 차지하는 베트남에서 이 사건은 대규모 군중 시위를 촉발시켰다. 하지만 디엠 정권은 경고도 없이 그들을 향해 발포했다. 게다가 군의 발포에 항의하는 많은 승려와 활동가들을 체포하면서 사태를 더욱 악화시켰다.

그 무렵 전 세계가 경악할 만한 일이 발생했다. 6월 11일, 틱쾅둑(Thich Quang Duc) 스님이 정부에 항의하며 사이공 거리에서 분신한 것이다. 다음날 불길 속에서 좌선을 한 채로 죽어가는 그의 사진이 미국 언론의 1면을 장식했다. 이를 계기로 불교인들의 분신이 잇따랐고, 점점 더 많은 시민이 시위 대열에 합류했다. 사원이 모든 반정부 활동의 중심이 되자, 디엠 정권은 사이공과 후에를 비롯한 여러 지역의 사원에 군인들을 투입했다. 당시 미국에 체류 중이던 틱낫한은 디엠 정권의 인권침해 사실을 UN에 알렸고, 곧 진상조사단이 파견되었다. 그러나 조사단이 활동하는 가운데 또 다른 승려가 분신했다. 그리고 11월 1일 쿠데타가 일어나면서 디엠 정권은 종말을 맞이했다.

이후 두옹 반 민(Duong Van Minh) 장군이 이끄는 새 정권은 불교계와 우호적인 관계를 맺기 위해 많은 승려들을 포함한 정치범들을 석방했다. 그리고 불교계에서는 상좌부 불교와 대승불교를 통일한 '베트남 통일불교회(Unified Buddhist Church of Vietnam)'가 조직되었다. 당시의 경험을 통해 이들은 현실에서 불교 교리를 실천하고, 주변 사람들에게 이러한 원리를 알리는 것이 불교인의 당연한 의무라고 생각하였다.

당시 미국은, 불교인들이 정치적 목표와 종교적 목적을 하나로 보고 있기 때문에 이 조건에 부합한다고 생각되면 언제든 공산주의자들과 연합할 수 있다고 보았다. 그러나 불교계는 남이나 북, 또는 공산주의나 자본주의 어느 쪽도 지지하지 않았다. 그들의 가장 큰 목적은 바로 힘없는 사람들의 고통을 없애 주자는 데 있었다. 불교계 지도부는 반전 정서를 모아 선거에 대한 요구로 집중시켰지만, 사이공 정부는 여론의 압력을 무시했고 1966년 5월에 대대적인 군사적 탄압이 가해졌다. 이로써 불교계는 대중들의 폭넓은 지지 속에서 성공적인 평화운동을 전개해 왔음에도 사이공 정부로부터 무참히 짓밟혔다. 실제로 UBC(Unified Buddhist Church)가 1968년에 입수한 자료를 보면, 사이공의 한 교도소 일지에는 1,870명의 수감자 중 1,665명이 '불교인'으로, 50명이 '공산주의자'로 기록되어 있다.[100]

---

[100] Sallie B. King, "Thich Nhat Hanh and the Unified Buddhist Church of Vietnam: Nondualism in Action," in *Engaged Buddhism*, op. cit. p.334.

베트남 불교계의 사회개혁운동을 살펴볼 때 가장 극단적이고 상징적인 저항은 바로 승려들과 신자들의 잇따른 분신이다. 그것은 어떠한 운동단체에 의해서도 계획되지 않은, 순수한 동기에서 출발한 개인적 결단이었다. 그런 점에서 그들의 분신은 다른 사람의 고통을 참을 수 없다는 명백한 표현이며, 다른 이들의 가슴에 감동을 주는 강력한 행위였다.[101] 당시 틱낫한은 이들의 소신공양燒身供養이 모두를 일깨우고자 행해진 것이며, 따라서 "그들의 행동은 죽음이 아니라 삶이었다."[102]라고 말했다.

베트남에서 전개된 사회개혁운동의 포괄적인 행동 원칙은 틱낫한의 사상을 통해서 이해될 수 있다. 그것은 첫째, 가능한 한 빨리 모든 참혹한 고통을 중지시키고, 그럴 수 없다면 고통을 줄이는 것이다. 그들에게 있어 무엇보다 중요한 것은 베트남 국민의 생존이었다. 둘째는 분쟁에 연루된 모든 것에서 떨어져 있지 말라는 것이다. 불교 사회개혁운동이 중도中道와 대승적 차원에서의 불이不二를 표방한 것은, 분쟁의 두 당사자는 대립하는 것이 아니라 똑같은 상황의 양면일 뿐이라는 점을 인식했기 때문이다. 따라서 그들이 반대한 것은 압제자나 미군 병사가 아니라 베트남 국민에게 고통을 주는 더욱 근본적인 원인이었다. 그런 점에서 고통의 근원은 바로 제도적 폭력이었다.

베트남 사회개혁운동의 중심에 섰던 UBCV는 예언자적 소수 집단이 아닌 주요한 종교단체였다는 점을 주목해야 한다. 또한 카리스마를 가진 한 사람의 뛰어난 지도자가 이끌어간 운동이 아니었다는 점에서

---

[101] Ibid., p.336.
[102] Ibid.

도 중요하다. 이들의 사회개혁운동은 사원에 갇힌 불교를 현실사회로 끌어내 일상적 삶의 모든 면에 참여하고 봉사하도록 이바지하였다. 그리고 그들의 중도적인 행동은 불교적 의미 이상으로 사회개혁운동의 국제적인 논의에 중요한 이바지를 했다.

전쟁이 끝날 무렵 불교 운동가들은 새로운 정권과 협조하여 전체 국민에 봉사할 수 있으리라는 낙관적인 기대를 했다. 그러나 불교계가 '대중적인 정치력'을 가지고 있다고 생각한 정권은 또다시 승려들을 투옥하고 불교를 탄압했다. UBCV는 1981년 불법不法 종교단체로 규정되어 국내 활동이 전면 금지되었고, 감옥에는 여전히 불교인들을 포함한 양심수들이 수감되어 있었다. 베트남의 사회개혁운동을 위해 불교인들은 이 모든 상황에서도 희망을 잃지 않고 틱낫한과 함께 조화와 치유를 위해 일하면서 베트남 사람들에게 봉사할 날을 기대하고 있었다.

(5) 티베트 해방 운동과 달라이 라마

오늘날 티베트의 비극은 1949년 중국 인민해방군이 티베트를 무력 침략하면서부터 초래되었다. 이후 달라이 라마의 안전을 위협하는 일련의 사건들이 발생하자 1959년 수도 라사(Lhasa)의 주민들이 봉기를 일으켰다. 그러나 중무장한 중국군에 의해 티베트 정부가 전복되면서 달라이 라마는 10만 티베트인들과 함께 인도로 망명하였다. 중국에 정복된 이후 티베트는 수많은 불교 사원과 문화유산들의 약탈 또는 파괴를 경험했다. 또한 문화혁명 때까지 중국에 의한 직·간접적인 폭력으로 100만 이상의 티베트인들이 목숨을 잃었고, 티베트인들에게는 여전히 기본적인 인권마저 허용되지 않고 있다. 중국은 티베트인들을 자국의 소수민족으로 만들기 위해 한족漢族을 티베트로 집단 이주시키고 티베트의 문화적 정체성을 조직적으로 파괴하면서 티베트 문화에 중대한 위협을 가하고 있다.

'지혜의 바다'를 뜻하는 달라이 라마는 티베트에서 관세음보살의 화신으로 여겨지며 17세기 제5대 달라이 라마 이래로 티베트인들의 종교적·세속적 지도자가 되었다. 현재의 제14대 달라이 라마인 텐진 가초(Tenzin Gyatso)는 제13대 달라이 라마의 환생으로 밝혀져 1940년에 라사에서 등극했다. 달라이 라마는 티베트 난민들의 정신적 지도자로서 인도 북부의 다람살라에 망명정부를 수립하고 세계 곳곳에 티베트의 독립을 호소하고 있다. 그는 티베트 독립을 위한 수단으로서 폭력을 단호히 거부하며 중국 측에 이른바 '평화5조안平和五條案'을 요구하였다. 그 내용은, "첫째, 모든 티베트 국민을 평화지역으로 이주시킬 것, 둘째, 중국민의 이주정책을 포기할 것, 셋째, 티베트 국민의 인권과 자유를 존중할 것, 넷째, 티베트의 자연환경을 보전하며 핵무기 생산과 처리 등에 티베트를 이용하지 말 것, 다섯째, 티베트의 장래는 물론 티베트 국민과 중국민의 관계에 대해 성실히 협상할 것"이라는 다섯 개의 조항으로 되어 있다. 1989년 달라이 라마는 티베트 독립을 위하여 평화와 비폭력 투쟁에 헌신한 공로로 노벨 평화상을 받았다.

달라이 라마는 진정한 평화의 근원은 바로 내면의 정신적 발전에 있고, 자신의 마음가짐을 개선하려는 개인의 정신적 변혁만이 진정한 평화를 가져올 수 있다고 강조한다. 평화로운 세계를 위한 내면의 개혁이 반드시 불교적이어야 하는가?라는 문제를 놓고 볼 때 무엇보다 "필요한 것은 형제애나 자매애, 연민, 혹은 모든 인류가 하나라는 참된 인식"[103]이다. 그런 점에서 달라이 라마가 제안한 '평화5조안'은 상호의존성의 원리, 즉 불교의 연기緣起에 입각해 있다.

달라이 라마는 티베트를 점령한 중국에 대항하여 분노와 폭력으로 맞서는 것은 절대로 문제를 해결하는 수단이 될 수 없다고 하였다. 사회개혁을 위한 달라이 라마의 사상에서 중심이 되는 것은 전 인류적 책임감(universal responsibility)과 연민이다. 고통받는 이들에 대한 연민과 상호의존성에 입각한 전 인류적 책임감은 곧 '보리심(bodhicitta : mind directed to enlightenment)'이라는 불교적 의미로 연결된다. 그러나 보리심이라는 개념은 달라이 라마의 사회개혁 철학에서 보편적인 원리로 소개되지는 않았다. 보리심이라는 사상은 그가 주장하는, '세계 어느 곳에나 적용할 수 있는 보편적인 것'에서 벗어나 특별한 불교적 의미를 담고 있기 때문이다. 그리하여 달라이 라마는 보리심이라는 불교적 이념을 어느 정도 중화中和시키고 퇴색시켜 전 세계 모든 사람이 받아들일 수 있는 보편적인 원리로 승화시켜 나간다.

일부에서는 달라이 라마의 '평화'와 '비폭력'이라는 사회개혁 철학에 대해 다분히 이상주의적이고 비현실적이라는 반응을 보이기도 한다. 이에 대해 달라이 라마는 자신의 입장을 변론할 필요성을 인식하고 다음과 같이 밝혔다.

---

103 José Cabezón, H.H. The Dalai Lama, *The Bodhgaya Interviews*(New York: Snow Lion, 1988), p.47.

내면의 변화가 어려운 일일지라도 노력해 볼 만한 가치는 분명히 존재한다. 이것이 나의 확고한 믿음이다. 중요한 것은 우리가 최선을 다하는 일이다. 성공하느냐 못 하느냐는 별개의 문제이다. 얻고자 하는 것을 금생에서 이루지 못한다고 해도 상관없다. 적어도 우리는 이기심이 아닌 사랑으로, 그것도 진정한 사랑을 바탕으로 더 나은 인간사회를 만들기 위한 노력이라도 한 셈이 될 테니까.[104]

달라이 라마의 사회개혁운동은 이제 더 이상 티베트가 처해 있는 특별한 역사적 위기를 이해시키고 그 해결책을 마련하는 데만 목적을 두지 않고, 폭넓은 전 세계의 청중을 목표로 하고 있다. 그래서 티베트 불교의 사회개혁운동은 외부를 향한 공격적 성향을 띠기보다 내부로 향해 있으며, 전통적인 불교의 사유 범위를 보다 확대시키고 있다. 현실에 대한 참여는 현대 불교인들에게 있어 피해갈 수 없는 현실이지만, 그것만으로 개인이나 세계를 위한 진정한 평화를 일구어 내지는 못한다. 티베트의 사회개혁운동은 불교의 근본 원리를 '평화'와 '비폭력'이라는 인류의 보편적인 메시지로 승화시켰다는 점에서, 독립을 염원하는 티베트인들에게는 물론, 전 세계 인류에게도 중요한 의미를 지니고 있다.[105]

---

104 José Ignacio Cabezón, "Buddhist Principles in the Tibetan Liberation Movement," in *Engaged Buddhism*, op. cit., p.309.

105 Ibid., pp.309~310.

(6) 일본의 창가학회

근대 일본에서 창가학회創價學會만큼 불교적 이념에 기초하여 광범위한 사회·정치·문화 운동을 전개해 온 종교단체는 없다. 창가학회는 일본 불교에서 유일하게 자생적인 종파를 만든 니치렌(日蓮)의 교리를 따르는 순수한 종교운동으로 출발했다. 니치렌은 일본 역사상 가장 격동기라 할 수 있는 가마쿠라(鎌倉) 시대(1185~1333)의 인물이다. 그는 당시의 혼란상을 말법未法 시대의 도래로 간주하고 오로지 『법화경法華經』의 가르침만이 궁극적인 문제를 해결해 줄 수 있다고 주장했다. 누구든 단지 '나무묘호렝게쿄(南無妙法蓮華經)'라는 『법화경』의 제목을 외우는 것만으로도 공덕을 쌓을 수 있고 궁극적으로는 구원을 얻을 수 있다는 것이다.

창가학회는 마키구치 츠네사부로(牧口常三郎)와 그의 제자 도다 조세이(戶田城聖)가 1930년에 조직한 '창가교육학회'로부터 시작되었다. 교육 철학자로서 평생을 바친 마키구치는 인간이 가치를 만들어낼(創價) 수 있을 때에만 비로소 행복할 수 있다고 보았다. 그러나 마키구치는 자신의 교육 철학이 대중적인 호응을 얻지 못하자, 1928년 일련정종日蓮正宗에 귀의하면서 종교에 의지하게 되었다. 활동의 중심을 니치렌 불교의 가르침을 널리 알리는 방향으로 재조정하면서 1930년대 후반에는 다양한 계층의 회원을 확보할 수 있었다.

제2차 세계대전이 발발하자 마키구치는 전쟁을 반대하고 신사참배를 거부한 혐의로 체포되어 옥중에서 사망했고, 도다 조세이도 함께 체포되었다가 1945년에 풀려나 '창가학회'로 명칭을 바꾸고 학회 재건에 나섰다. 도다는 좌절에 빠진 전후의 일본인들에게 행복과 삶의 의미, 그리고 안정을 약속하였다. 그리하여 창가학회는 상당수의 젊은 이로 이루어진 핵심 추종자들을 확보할 수 있었고, 1958년 도다가 사망했을 당시 일본의 많은 지식인이 그의 장례식에 참석함으로써 그는 국가적인 저명인사가 되었다.

도다에 이어 창가학회의 지도자가 된 이케다 다이사쿠(池田大作)는 현재까지 창가학회를 이끌어 오며 도다가 세운 확고한 기반을 이어받아 창가학회를 전국적이고 국제적인 사회개혁운동으로 만드는 데 주도적인 역할을 하였다. 일본 내에서 창가학회의 회원은 1천만 정도로 추정되는데, 이들은 대체로 도시 지역에 기반을 두고 있다. 창가학회가 오늘날과 같은 거대 조직으로 발전할 수 있었던 것은 그들의 가르침이 담고 있는 힘과 호소력뿐만 아니라 철저한 조직화와 회원들의 열정적인 포교, 제2차 세계대전이라는 재앙으로 신뢰를 잃은 신토(神道), 그리고 불교국가의 국민에게 현대적인 불교를 제공했다는 것 때문으로 볼 수 있다.[106]

창가학회는 깊고 폭넓은 사회개혁운동을 펼친다는 점에서 일본의 신흥 종교 가운데 전례가 없다. 이들은 공명당公明黨을 발판으로 하여 정치권에까지 진출하였고, 창가 대학을 비롯한 각급 학교를 건립하는 등 자체적인 교육제도도 갖추고 있다.

창가학회가 지향하는 목표는 전반적인 사회 제도를 급진적으로 바꾸는 것이 아니라, 그것을 개선 또는 정화함으로써 인류에게서 탐진치의 삼독三毒을 제거하는 것이다.[107] 종교는 도덕적으로 정의로운

---

106 Daniel A. Metraux, "The Soka Gakkai: Buddhism and the Creation of a Harmonious and Peaceful Society," in *Engaged Buddhism*, op. cit., pp.372~373.

사회를 위한 기초로서 역할을 해야 한다는 믿음 아래 종교적 이상주의
와 현실적인 사회 활동 프로그램을 근본적으로 혼합시키는 데 활동의
중점을 두었다.

참된 세계 평화의 실현을 위해 창가학회는 오랫동안 반전활동을
펼쳐 왔다. 초대 회장 마키구치는 반전을 주장하다 옥중에서 사망했고,
제2대 지도자 도다는 1957년 인류의 생존을 위협하는 '원자폭탄과
수소폭탄 금지선언'을 발표했다. 평화 교육은 창가학회가 펼치는 반전
운동의 핵심인데, 이들은 전후 세대들에게 2차 대전 당시 일본이
저지른 역사적 과오에 대해 알려 줌으로써 반전 의식을 고취시키고
있다.

국제적인 활동에 있어서 창가학회는 UN을 지원하고, 국제 지부라고
할 수 있는 '국제창가학회(Soka Gakkai International)'는 비정부기구
(NGO) 대표부로 활동하고 있다. 특히 SGI는 현재 156개국의 회원국을
거느리고 전 세계에서 평화, 문화, 교육운동을 펼치며 타문화 간 인력과
사상의 교류에 중점을 두고 있다.

창가학회가 펼치는 일련의 사회개혁운동에 대해 일본 대중과 언론
의 시각은 그다지 호의적이지 않고, 기존 불교계의 비판도 만만치
않았다. 특히 니치렌의 가르침을 계승했다는 점에서 일련정종과의
마찰이 두드러진다. 재가자 집단에 불과한 창가학회가 본사本寺의
권위를 공격하고 있다는 일련정종의 주장에 맞서, 창가학회는 자신들
은 니치렌에게서 직접 소임을 받은 완전 별개의 단체라고 주장한다.

---

107 Ibid., p.375.

일련정종과의 분쟁의 불씨는 여전히 남겠지만, 중요한 것은 창가학회
가 실질적으로 니치렌 불교의 또 하나의 종파로서 성장해 나가고
있다는 사실이다.

3) 참여불교운동의 특징과 문제점

(1) 특징

이상에서 살펴본 근대 아시아 불교계 사회개혁운동의 특징을 한마디로
규명하기란 결코 쉬운 일이 아니다. 그러한 개혁운동이 발생하게
된 역사적·문화적 배경이 서로 다르고, 개혁운동을 주도한 불교지도자
들의 불교관과 개인적 성향이 동일하지 않기 때문이다. 그러나 대체적
으로 우선 다음과 같은 세 가지 특징을 제시해 볼 수 있다.

첫째, 혁신주의적 특징이다.[108] 위에서 살펴본 인물 중에는 신전통주
의적인 특성을 어느 정도 드러내고 있는 사람도 있지만, 그들의 근본적
인 관심사가 '사회변혁'이라는 점에서 그들은 모두 혁신주의자라고
할 수 있다. 사르보다야 운동, 암베드까르, TBMSG, 술락 시바락사는
특히 자신들이 사는 사회를 혁신시키는 데 관심이 많았으며, 이에
부응하는 형태의 불교를 만들고 있다.[109]

---

108 Robert N. Bellah는 『근대 아시아의 종교와 발전』이라는 책에서 혁신주의를
 "사회혁신과 국가재건을 주장하며 …… 대부분의 중간에 끼어든 전통에 대한
 거부, 그리고 근본 가르침에 대한 해석"으로 규정하며, 신전통주의는 "변혁을
 최소화하고 가능한 한 현 상태를 유지하려는 이념"이라고 설명한다. Robert
 Bellah, ed., *Religion and Progress in Modern Asia*(New York: Free Press,
 1965), pp.210~213.

109 Sallie B. King, "Conclusion: Buddhist Social Activism," in *Engaged Buddhism*,

둘째, 균형 있는 삶의 추구이다. 아리야라트네는 불교를 정신적인 가르침으로 한정시키는 것은 "불교를 다음 세계로 한정시켜 버리는" 잘못된 결과를 낳는다고 주장한다. 그리하여 만족스러운 삶을 위한 열 가지 조건[110]에 관심을 집중시켰다. 또한 암베드까르가 우리의 삶에서 정치·사회적인 차원을 가장 강조하였지만, 그의 견해에 의하면 정신적인 차원 역시 필수적인 요소이다. 반면, 정신적인 차원을 상대적으로 가장 강조한 사람은 달라이 라마와 붓다다사이지만, 사회적 차원 또한 필수적인 것으로 생각하였다.[111]

셋째, 출가와 재가의 융화이다. 불교개혁운동의 주인공 중에는 출가자도 있고 재가자도 있다. 그러나 대개 이들은 출가와 재가를 고집하지 않는다. 출가자와 재가자를 구분하지 않고 포용하며, 그 구성원들을 모두 법사(dharmachari)라는 이름으로 부르는 TBMSG의 '범세계불교교단(TBM)'은 이 점에서 특히 진보적이고 포용적인 입장을 취하고 있다.

(2) 문제점

앞에서 살펴본 불교 사회개혁운동은 이론적인 면이나 실천방법의 면에서 논의의 여지가 있는 문제점들이 적지 않게 발견되지만, 여기서

---

op. cit., p.402.

110 깨끗하고 아름다운 환경·안전한 물의 적절한 공급·의류·균형 잡힌 음식·소박한 집·기본적인 건강관리·통신시설·연료·실생활과 관련된 교육·문화시설과 종교시설에의 자유로운 접근.

111 Sallie B. King, op. cit., p.414.

는 세 가지 문제점에 대해서만 간단히 언급하기로 한다.

첫째, 승가의 사회적 역할에 관한 문제이다. "불교는 다른 사람에 대한 봉사를 기본으로 한다." 이것은 스리랑카 싱할라족의 학자·승려·운동가인 라훌라 스님이 1946년에 한 말이다. 싱할라족의 독립을 앞둔 당시, 공공의 문제에 승려가 개입하는 것에 대해 수상과 각종의 언론이 비난하고, 전통승단의 종정이 공식적인 경고를 하는 등 비판이 거셌는데, 라훌라는 이에 대한 응답으로 사회·정치적인 참여는 '비구의 유산'이며 불교의 핵심이라는 역사적 입장을 밝히는 중요한 진술을 하였다. 라훌라에 따르면 승려는 전통적으로 '세간에 봉사하려고 윤회에서 벗어나지 않기로 결심한' 사람들이며, 붓다와 그 가르침을 따라 언제나 '이 마을 저 마을로 다니며 사람들의 이익과 행복을 위해 설법하기로'[112] 서원한 사람들이다. 또한 유럽 식민주의를 배경으로 기독교 선교사들이 스리랑카에 들어오면서 불교 승가의 전통적인 역할의 대부분(특히 사회복지활동)이 그들에게 침식당했다. 그리하여 비구들에게 남은 것은 경전암송과 설법, 그리고 사원 안에서 세상을 등지고 게으르게 사는 삶이었다.[113]

『비구의 유산』에 대한 사람들의 반응은 다양했는데, TBMSG를 창설한 영국의 승려 상가락시타의 반응이 매우 부정적이었다는 것이 이채롭다. 상가락시타는 『비구의 유산』에 대해 "진정한 불교인이라는 것이 물질적 행복을 진작시키는 일에만 관심이 있는 사람이라는 느낌

---

112 Walpola Rahula, *The Heritage of the Bhikkhu*(New York: Grove Press, 1974), p.3.

113 Ibid., p.91.

을 지울 수 없다. …… 그는 테라와다의 목표인 열반이라고 하는
'초월적' 상태나 대승불교의 이상인 '초월적인' 보살행의 진정한 의미에
대해 전혀 알지 못하는 것 같다."[114]고 비판했다. 곰브리치(Richard
Gombrich)나 키타가와(Joseph M. Kitagawa) 등도 붓다를 결코 사회개혁
가로 보아서는 안 된다고 주장한다. 하지만 사회봉사의 내용과 방법의
문제는 차치하더라도, '사회봉사'를 승가의 주요한 사회적 역할로 보는
라훌라의 입장만큼은 부정해서는 안 될 것이다. 불교교단은 '출가-재
가'라는 이원구조를 통해 이루어져 있는 만큼 출가자와 재가자의 유기
적 관계를 무시하고 불교의 목적과 의미를 말하는 것은 위험한 일이다.
또한 우리의 삶은 적어도 생물학적 차원·사회역사적 차원·정신(종교)
적 차원이 유기적이고도 역동적으로 상호작용하고 있는 바, 이러한
총체적 삶의 지혜를 가르치는 불교가 삶의 사회적 차원이나 생물학적
차원을 소홀히 생각하거나 부정할 수 없으리라는 것을 유념해야 한다.

둘째, 사성제에 대한 해석의 문제이다. 암베드까르가 사성제는
붓다의 가르침이 아니고 제자들이 잘못 포함시킨 것이라고 한 주장은
결코 수용될 수 없다. 그는 아마도 사성제가 고통을 개인의 탓으로
돌리는 가르침이라는 편견과 고정관념에서 벗어나지 못한 것 같다.
그러나 사성제는, 비록 형식은 다르지만, 불교의 가장 근본적이고도
핵심적 진리인 연기법의 내용과 다를 바가 없다. 연기법과 사성제는
똑같이 '괴로움의 자각을 통한 괴로움의 극복'을 설하는 희망의 가르
침으로서 개인적·실존적·심리적인 내용과 의미만을 갖는 것은 아니

---

114 Sangharakshita, "Religio-Nationalism in Srilanka," *Alternative Traditions*(Glasgow: Windhorse, 1986), pp.70~71.

384

다. 경전을 보면, 연기법과 사성제의 가르침에는 이미 우憂·비悲·고苦·뇌惱라든가 애별리고愛別離苦·원증회고怨憎會苦·구부득고求不得苦와 같은 사회적 성격이 강한 괴로움이 포함되어 있다. 따라서 그 괴로움의 원인은 개인적인 무명과 탐욕만이 아니라 사회적 무명과 사회적 탐욕으로 볼 수도 있다. 또한 개인적인 무명과 탐욕이라 하더라도 그것을 꼭 개인만의 것으로 보는 것은 경직되고 편협한 이해이다. 아리야라트네나 술락 시바락사와 같은 관점에서 사성제를 해석해도 무방할 텐데,[115] 암베드까르는 너무 주관적이고도 극단적인 이해에 빠져 큰 오류를 범하고 있는 것이다.

셋째, 폭력과 이데올로기의 문제이다. 틱꽝둑 스님의 분신은 당시 세계인들에게 어떤 의미에서건 큰 충격이었다. 이에 대해서는 『법화경』「약왕보살본사품」의 소신공양에 비견되는 거룩한 종교적 행위로 보는 시각도 있고, 자신에 대한 일종의 폭력으로 보는 시각도 있다. 불교는 타살과 자살은 물론 일체의 무력과 폭력을 원칙적으로 배격한다.[116] 또한 자신도 이롭게 하고 남도 이롭게 하는 행위를 가장 훌륭한

115 아리야라트네는, 苦諦를 '퇴락한 마을'과 같은 우리 주변의 구체적인 빈곤, 질병, 억압, 불화로 본다. 集諦는 그러한 괴로움의 원인으로서 이기주의, 경쟁, 탐욕, 질시 등이다. 滅諦는 고통이 제거될 수 있다는 희망으로 보고, 道諦는 그러한 고통과 문제의 해결 방법으로서의 八正道라고 해석한다. George D. Bond, op. cit., pp.129~139.
116 『中阿含經』권6에는, 어떤 사람이 자신을 위해서가 아니라, 자신의 부모나 처자를 위하고자 하여 惡行을 저질렀다 하더라도 그 악행은 정당화될 수 없다는, 즉 '목적과 수단이 모두 정당해야 한다'는 요지의 가르침이 설해져 있다. 『大正藏』1, pp.456下~457上 참조.

행위로 간주한다.[117] 이러한 입장에서 보면 스님의 분신에는 분명히 문제가 있다. 그러나 그것이 크나큰 자비를 실천하기 위한—그보다 더 지혜로운 방편이 없고 그보다 더 효과적인 수단이 없는—최선의 선택이었다고 한다면, 더욱이 그 선택이 자기파괴가 아니라 오히려 자기실현이요 삶의 가치를 극대화시키는 최선의 창조적 '삶'이었다면, 다시 말해 그것이 '지혜와 자비 실현의 필요충분조건'을 충족시키는 행위였다면, 스님의 분신은 거룩한 소신공양이라고 해야 할 것이다.

다음으로, 이데올로기 문제에 대하여 붓다다사 스님은 '담마적 사회주의', 그것도 '독재적인 담마적 사회주의(Dictatorial Dhammic Socialism)'를 주장하였다.[118] 스님은 이 용어를 상당히 독특한 의미로 사용하고 있지만, 어쨌든 사회주의적 경향의 이상사회를 지향하고 있는 것만큼은 분명한 것 같다.

그러나 앞에서도 살핀 것처럼 불교는 자유주의와 사회주의에 대한 양자택일적 입장을 취하지 않는다. 불교는 자유와 평등의 이념을 똑같이 중요시하지만, 불교적 자유는 단순히 시장에서 돈을 모으는 자유가 아니고, 불교적 평등은 단순한 외적 소유의 평등이 아니기 때문이다.[119] 굳이 말하자면 불교는 '열린 민주주의'를 지향하는 '동기론

---

117 『中阿含經』(『大正藏』 1, p.422上).

118 Santikaro Bhikkhu, "Buddhadasa Bhikkhu: Life and Society through the Natural Eyes of Voidness", in *Engaged Buddhism*, op. cit., pp.173~179. 붓다다사는 '독재적인'이라는 말에 대해, "이 말은 확실하고 단호하게 무엇을 하는 것을 의미한다. 이 '확실한'이라는 말은 올바른 것임이 틀림없다. 담마가 있다면, 그것은 확실하고 올바른 것으로 이끌어 줄 것이다."라고 해명한다.

119 박경준, 「원시불교의 사회·경제사상 연구」, 동국대학교 박사학위청구논문,

적 자유주의'임과 동시에 '결과론적 사회주의'라고 말할 수 있다.

    이상에서 '아시아 현대불교의 사회개혁운동'에 대해 개괄적으로 살펴보았다. 그러다 보니 미얀마·대만·중국의 비구니와 비구니 교단, 아직은 완전한 비구니라고 할 수 없는 여성 불교인, 이를테면 스리랑카의 '다사 실 마타보(Dasa Sil Matavo)'·태국의 '마에 지(Mae Ji)'·미얀마의 '틸라신(Thilasin)'·티베트의 '아니(Ani)' 등의 새로운 움직임과 위상에 대해서도 살펴보지 못했다. 그리고 현장 답사 등을 통한 직접적인 체험이 없이, 문헌을 통하여 간접적으로 고찰할 수밖에 없었던 점도 큰 아쉬움으로 남는다.

    끝으로, 아시아의 현대불교 사회개혁운동은 대체로 그 태생적 배경 때문에[120] 다소 민족주의적인 성향이 있고, 이론과 지도력을 갖춘 몇몇 인물에 너무 의존하는 경향이 있다. 그러므로 그것은 보편성을 획득하지 못하고 일과성으로 끝날 위험성이 있는 것이다. 따라서 우리는 이러한 참여불교의 보편적 이념과 이론을 더욱 체계화시키고, 그 이념에 따라 제도와 조직을 강화시켜 가야 할 것이다.

    1992, p.189.

[120] Jerold Schecter, op. cit., p.38 : "아시아에 있어서 불교의 중흥은 순수한 종교적 동기부여만이 아니라, 제국주의 이전의 정통성으로의 회귀이며 민족적 주체성을 높이고 식민지 기억의 모멸감을 환치하고자 하는 수단이기도 하다."

4. 한국 민중불교운동의 평가

지나간 역사는 그 자체로서도 충분한 가치를 지닌다. 하지만 오늘을 살아가는 우리에게 역사는 항상 '과거와 현재의 대화'로서, 오늘과 내일의 존재양식 일반을 밝게 비춰 주는 거울의 의미를 갖게 된다.

한국불교의 지나간 역사에 대한 바른 이해는 한국불교의 오늘과 내일을 올곧게 펴나가는 데 필수적인 조건이다. 특히 오늘과 근접해 있는 근·현대사의 이해는 미래의 방향을 가늠하고 제시하는 데 더욱 중요하다. 그럼에도 우리는 그동안 한국불교 근현대사에 대한 연구를 여러 가지 이유로 등한시해 온 것이 사실이다. 하지만 최근 들어 한국불교 근현대사에 대한 조명 작업이 활기를 띠어가는 것 같아 늦은 감이 있지만, 다행스럽게 생각한다.

1980년대 한국의 민중불교운동은 비록 그 명칭은 다를지라도 일과성 운동으로 끝난 것이 아니라 다양하게 분화하고 변화하여 오늘의 불교 속에 그대로 살아 움직이고 있다. 민중불교의 이념을 거의 공유하고 있는 실천불교 또는 참여불교의 움직임은 아시아의 전통적 불교국가만이 아니라 서양의 국가들에서도 활발하게 나타나고 있다. 환경문제를 비롯한 많은 문제로 지구촌의 위기가 심화되고 있는 상황에서 이러한 추세는 당분간 계속될 전망이다.

21세기 한국 사회에서 불교가 그 종교적 역할을 충실히 수행하려면, 불교의 대사회적 실천이 확대되어야 하고 그 방법 또한 적절한 것이어야 한다.

이러한 인식을 전제로, 여기에서는 먼저, 민중불교운동이 어떤 시대적 배경에서 등장하게 되고, 어떤 과정을 거쳐 전개되는지 살펴볼 것이다. 또한 그러한 민중불교의 이념과 사상은 어떤 특징을 띠고 있는지 객관적으로 정리해 보고 그 문제점은 무엇인지, 비판적으로 살피고자 한다. 나아가 민중불교운동의 의의는 무엇인지, 미래지향적인 입장에서 볼 때 반성해야 할 점은 무엇인지에 대해서도 논의해 보고자 한다.

1) 민중불교운동의 흥기 배경

(1) 사회적 배경

민중불교운동은 결코 진공 상태에서 출발한 것이 아니라, 구체적인 시대상황을 배경으로 출현한다. 민중불교운동가들은 민중불교가 정치적으로 억압받고, 경제적으로 착취당하며, 사회문화적으로 소외당하는 민중을 구제하기 위한 운동임을 천명하며 민중의 고통을 다음과 같이 진술한다.

> 이 땅의 민중들은 자본주의라는 커다란 사회구조 속에서 세계패권을 둘러싼 강대국 냉전체제의 희생물인 국토분단과 민족분열의 비극 속에서 살고 있다. 정치적으로 독재의 악순환과 권력을 등에 업은 지배집단의 구조적인 부정부패가 만연하고, 경제적으로 선진 자본주의 국가에 의한 자본과 기술의 종속상태가 심화될 뿐만 아니라 독점재벌을 위한 특혜정책과 500억 달러를 넘는 막중한 외채 부담으로 경제는 파탄지경에 이르렀다. 지역·산업·계층 간의 불균형 심화와 저임금·저곡가로 말미암은 끊임없는 민중의 생존

권 위협은 이미 한계에 와 있는 실정이다. 또한 식민잔재와 냉전 이데올로기 속에서 반민족적인 교육이 행해지고 서구 추종적인 사대주의 문화와 퇴폐향락적인 상업주의 문화의 병폐는 우리 민중들을 정신적으로 퇴폐하게 만들고 있다.[121]

그리하여 민중불교연합은 초종단적인 사부대중의 힘의 결집체로서 관제불교·산중불교·귀족불교를 배격하고 불교의 민중화를 이룩하며, 부처님을 생생한 삶의 현장으로, 거리로, 낮은 곳으로 모시는 운동, 민중의 삶에 동참하는 운동을 전개할 것임을 선언한다.[122]

민중불교는 바로 민중을 이러한 고통 속으로 몰아간 1960년대 이후 한국의 사회·정치적 상황과 이를 극복하고자 하는 범국민적인 사회민주화운동의 영향 속에서 태동한다.

1961년 군사 쿠데타에 의해 제3공화국을 출범시킨 박정희 정권은 이른바 '조국근대화'를 강력하게 추진하여 국가경제를 어느 정도 수준까지 끌어올리는 데 성공했지만, 군사독재의 폐해를 막지는 못했다. 경제성장에 따른 이익분배를 정부와 유착관계에 있는 수출기업이 독점함으로써 생산의 주체인 근로자는 상대적 빈곤에 시달려야 했고 장기집권으로 말미암은 권력의 부패가 더해가면서 민심은 이반하였다. 박정희 정권이 1969년 삼선개헌을 단행하자 국민적 저항이 시작되었고, 1970년 전태일의 분신사건이 터지자 저항은 더욱 확산되었다. 1970년대에는 종교계의 반정부활동이 거세어졌고, 1971년 4월 19일

---

121 민중불교운동연합, 『민중법당』 창간호, 1985, pp.16~17.
122 위의 책, p.53.

에는 '민주수호국민협의회'가 결성되어, 이후 '재야' 세력의 모태가되었다. 1972년의 10월 유신, 1973년 8월의 김대중 납치사건, 1974년1월의 긴급조치 1호, 1974년 4월의 긴급조치 4호, 1975년 5월의 긴급조치 9호가 선포되면서, 그리고 1974년 민청학련의 '민족·민주·민중'선언이 발표되면서, 민중에 대한 관심이 높아졌고 민중사관이 우세했으며, 종교인들의 양심적인 민주화운동이 잇따랐다.[123] 특히 1960년대후반부터 산업선교와 도시빈민선교를 통하여 노동자와 도시빈민 문제에 조직적으로 참여하기 시작한 기독교는 이후 정치권력의 탄압에도불구하고 민중의 편에 섬으로써 종교적 양심세력으로서의 사명을다하였다.[124]

유신체제에 대한 사회 각계각층의 불만은 1978년 12월 국회의원총선에서 당시 야당인 신민당에게 실질적인 승리를 안겨주었고, 신민당은 YH 사건 이후인 1978년 9월에는 '정권타도선언'을 하게 된다.이러한 보수야당의 투쟁선언은 기층민중의 생존권 요구 투쟁 및 재야의 민주화 투쟁과 결합하여 광범위한 반독재 민주연합을 형성케하였다.[125]

궁정동에서의 총격으로 유신체제가 막을 내리면서 민주화의 봄이오는 듯했으나, 1980년 5월 17일 신군부는 광주를 중심으로 비상계엄령을 선포한 직후 정치인과 재야인사를 체포하였고 전국의 대학에

---

123 동국대석림동문회 편, 『한국불교현대사』, 시공사, 1997, p.435.
124 한국기독교사회문제연구원 편, 『70년대 민주화운동과 기독교』, 1983, pp.43~44.
125 한국산업사회연구회, 『80년대 한국사회의 지배구조 변화』, p.52.

무기한 휴교령을 선포하였다. 광주민중항쟁 당시 대불련 전남지부장 김동수는 공수부대의 진압에 맞서 싸우다 희생되었으며, 증심사의 한 스님은 도청 앞에서 희생자들을 후송하던 중 공수부대가 난사한 총알에 중상을 입고 하반신 불구가 되기도 하였다.[126]

민중불교는 이처럼 20년이 넘게 군사독재 정권하에서 겪은 한국 민중의 고통스러운 사회적 경험에 대한 불교적 성찰의 산물이며, 집권자들에 의해서 박탈된 민중의 권리를 옹호하고 불의에 항거해 싸우는 적극적인 사회적 실천운동인 것이다.[127]

또한 민중불교운동은 어느 정도 해방신학과 민중신학, 그리고 동남아시아의 불교해방운동 등에서 영향을 받은 측면도 있다[128]고 추정된다.

(2) 교단적 배경

불기 2530년(1986) 6월 5일에 '불교정토구현전국승가회'에서 발표한 '이 땅의 불국 정토 구현을 위하여'라는 제목의 성명서에는 '불교자주화운동' 및 '불교개혁운동'으로서의 민중불교가 태동하게 된 교단적 배경이 다음과 같이 언급되고 있다.

---

126 동국대석림동문회 편, 앞의 책, p.437.
127 길희성, 「민중불교, 禪, 그리고 사회윤리적 관심」, 『종교연구』 4, 한국종교학회, 1988, p.27.
128 1963년 사이공 거리에서 Thich Quang Duc 스님이 분신한 것은 대표적인 예이다.

제도화된 불교는 중세 지배 이데올로기의 도구로 전락하여 그 반역사적이고 반민중적인 보수성과 반동의 죄업을 지었던 것은 부정의 여지가 없는 사실이다. 특히 이조 500여 년의 억불정책으로 인하여 종교로서의 기능마저 상실하고 은둔·산중·기복·치마불교로 그 성격을 굳힌 채 근대의 역사적 격랑 속으로 편입됨으로써 불교는 그 자성적 회복의 가능성을 박탈당했던 것이다. 그것은 그대로 일제에 의한 불교의 민족적, 민중적 특성 제거의 책략으로 나타났으며, 해방 후 또 다른 외세를 업은 이승만 정권, 박정희 정권의 불교 탄압 및 어용화의 책략으로 이어졌다. 더구나 70년대 말부터 일기 시작한 불교 내의 자율화와 혁신의 몸부림이 1980년 10월 27일 무장군인들에 의해 무참히 유린당한 10·27 법난은 한국불교사의 일대 치욕으로서 아직도 모든 불자의 가슴에 지울 수 없는 상처로 남아 있다.[129]

불교가 인도에서 중국으로 전래될 때와 마찬가지로 우리나라 삼국시대부터 불교는 노예제 사회를 지속시키는 하나의 국가 이데올로기로 도입되어 지배층의 지배논리로 활용되고 왜곡되어 왔다.[130] 그리하여 지배자들은 허위 의식화된 불교를 민중에게 보급함으로써 피지배자들을 우민화한다. 그렇게 해서 대중들은 숙명론적 업사상, 윤회사상, 체제 순응적인 사상으로 길들여지며, 비불교적인 사상들이 대중을 장악함으로써 대중 자신이 허위의 삶, 소외된 삶을 반복 재생산하는

129 「민중불교관계자료집」, 『실천불교』 제4집, 일월서각, 1987, p.317.
130 임동주, 「민중불교」, 『불교사상』 제26집(1986), p.81.

것이다.[131] 더욱이 조선조 불교는 왕권과 양반 귀족세력에 의한 수난과 처절한 압박 속에서 구세救世를 위한 어떠한 방향 설정도 이루지 못한 채 왕의 성수만세聖壽萬歲만을 비는 굴욕의 역사를 이루어 왔다. 한국 불교는 이러한 역사적 모순을 해결하지 못한 채, 한편으로는 '세속적 타락'과 또 한편으로는 '종교적 신비에의 도피'라는 인간의 자유를 가로막는 두 개의 걸림돌 사이에서 배회하고 있다. 그래서 법성法性은 "오늘의 현실 속에서 뜻있는 사문들과 불교도는 종교적 자율과 주체를 되찾아야 하며, 중생이라는 포괄적인 추상의 개념이 한갓 관념이 아니라 역사와 민중으로서 현존하는 구체적인 활물活物임을 살펴야 한다. 그리하여 진정한 자유의 길이 무엇인가, 그 길을 찾아서 나가야 한다."고 우리에게 주문한다.[132]

이처럼 권력에의 예속성과 봉건성 속에 갇혀 있는 불교교단을 자극하는 사건이 발생했다. 1980년 10월 27일 새벽, 당시 비상계엄 합동수사본부는 "분규만을 일삼는 조계종단은 더 이상 자체정화의 능력이 없으므로 부득이 타력으로나마 정화하지 않을 수 없다."는 구실을 내걸고 조계종단의 주요간부를 강제 연행하였다. 그 후 18명의 스님이 구속되었고 32명의 스님이 승적을 박탈당하였다.[133]

이와 같은 교단적 배경 속에서 '불교자주화운동' 또는 '불교개혁운동'으로서의 민중불교가 일어나게 된 것이다.

---

131 法性, 『물러섬과 나아감』, 한길사, 1991, pp.209~210.
132 法性, 「한국승가의 반성적 고찰」, 『현대한국불교론』, 여래, 1983, pp.114~115.
133 동국대석림동문회 편, 앞의 책, p.438.

2) 민중불교운동의 전개

1980년대 민중불교운동의 전개과정에 대해서는 그동안 수차례의 연구 및 정리 작업이 있었기 때문에[134] 여기서는 주로 홍사성의 연구에 의거해서 시기별로 3분하여 중요한 사항들만을 간략하게 재정리하기로 한다.

(1) 태동기

'민중불교'라는 용어가 처음 사용된 것은 1976년 전주 송광사에서 열린 한국대학생불교연합회(대불련)의 '민중불교 실천을 위한 전진대회'라는 이름으로 개최된 화랑대회(82년부터는 '한국불교 1600년 대회'로 바뀜)에서였다. 여기서 전서암瑞岩은 보살정신의 사회적 실천을 주장하는 「민중불교론」을 발표하였다.[135] 이 글은 중생 일반과 민중을 구분하고, 억압당하는 민중의 해방을 위해 노력하는 것이 참다운 보살행임을 강조했다. 젊은 불교인들의 이러한 움직임은 1975년 긴급조치 9호와 정보기관의 사찰로 제동이 걸리고 만다.

---

134 최연은 「불교운동의 전개과정」(『숲과 나무』 창간호)에서 ①불교운동의 태동기 ②靑佛聯결성~비상종단 해체 ③민불련 창립 ④87년 개헌 투쟁과 6월 항쟁 ⑤대통령선거로 세분하였고, 홍사성은 「민중불교운동의 평가와 전망」(『민중불교의 탐구』, 민족사)에서 ①실천공간 확보기(81~83년) ②반독재민주화투쟁기(84~87년) ③운동권의 재편과 통일운동기로, 김종찬은 「민중불교운동의 전개과정」(『민중불교의 탐구』)에서 ①민중불교운동의 태동 ②소장승려에 의한 민중불교운동 ③재가와 출가의 만남 ④비상종단과 분파 ⑤최근의 민중불교운동으로 나누어 논의한 바 있다.
135 이 글은 1977년 10월 『월간대화』 종간호에 「민중불교론」이라는 제목으로 실림.

1980년 10월 4일에는 칠보사 대학생회 창립법회에서 '사원화 운동'
이 초대 회장 이희선에 의해 공식적으로 제창된다.[136] 1981년 10월
17일 불입종佛入宗 묘각사妙覺寺에서는 사원화 운동의 정립을 위한
제1회 '청년불교운동에 대한 심포지엄'이 열렸는데, 여기서 법우法雨는
'사원화 운동(또는 여래사 운동)'을 "우리 시대, 우리 사회의 민중의
고苦와 고의 원인에 대응해서 나타난, 승가정신과 민중의식의 불이적
不二的 내면화內面化를 이룬 청년 불자들이 사원을 중심으로 민중운동
에의 동사섭으로써 세간의 사원화(승가화)를 성취하려는 불교운동"으
로 정의한다.[137] 이 운동은 원시불교의 승가 공동체를 이상사회의
모델로 삼고 기존의 사찰이나 포교당이 지역사회의 사원화를 구체적으
로 담당해야 한다면서 우선하여 야학운동을 전개했다. 그리하여 묘각
사의 '여래사 야학', 보현사의 '선우 야학', 부산의 '연붕 야학', 전주의
'한바다 야학' 등이 개설되었다. 이 운동을 이끈 사람들은 '문화총림
여래사'를 만들어 여래사 불교연구회의 근거지로 삼고 계간논총 『청년
여래』를 발간하였으며 재정적 수익사업에도 관여하였다. 이 운동은
'불교 사회주의운동'이라는 이유로 당국에 의해 제지당하였으며, 관련
자 150명이 연행되어 조사를 받았다. 이 가운데 법우, 최연, 신상진
등 핵심인물 3명이 국가보안법 위반으로 실형을 선고받는다.

이 운동은 민중불교 이념을 구현하려고 했던 최초의 선구적 현장
운동이라고 할 수 있다.[138] 대불련은 이 운동의 영향으로, 소장승려들을

---

136 『6월 항쟁을 기록하다』 2권, 민주화운동기념사업회, 2007, pp.285~286.

137 석법우, 「새로운 불교운동으로서의 사원화 운동」, 『제1회 청년불교운동에 대한
심포지엄』 1981, p.40.

중심으로 한 '(대불런)전국지도법사단'을 출범시키고 사회개혁과 불교개혁에 앞장설 것을 천명한다. 이들은 여익구가 편역하고 민족사가 펴낸 『불교의 사회사상』을 통해 민중불교 이념을 배우고 확산시켰다. 민중불교운동은 특히 중앙승가대의 소장학승들 사이에 넓은 공감대가 형성되었으며, 스님들은 정토사회의 실현을 위해서는 무엇보다도 교단의 개혁이 절실하다고 보았다. 이 스님들이 주도한 '청년승가육화대회靑年僧伽六和大會(1981년 7월, 서울 개운사)'와 '전국청년불교도연합대회(1983년 7월, 부산 범어사)' 등은 모두 교단의 보수성을 비판하고 사회적 참여와 개혁을 주창한 대회였다. 1983년 8월 신흥사 승려 살인사건을 계기로 이 스님들은 서울 조계사에서 승려대회를 열고 종단개혁을 위한 비상종단을 출범시켰으나 중진·보수 그룹의 반대로 1984년 8월 닻을 내리고 말았다.[139]

(2) 투쟁기

민중불교운동은 1985년 5월 14일 '민중불교운동연합(民佛聯)'의 창립으로 새로운 전기를 맞게 된다. 민불련은 출가와 재가를 포함한 180명의 불교인이 발기하여 이루어졌는데, 당국에 의해 불순단체로 지목되어 출범 당시 창립총회에 참석했던 105명이 연행되는 수난을 겪기도 하였다.

자주적이고 민주적인 불교의 건설, 주체적인 민족문화의 창달, 부의 공평분배와 조국의 자주평화적인 통일 성취를 목표로 내건 민불

---

138 木偶, 「민중불교 운동의 이념과 전개」, 『실천불교』 제4집, 1987, p.42.
139 홍사성 外, 『민중불교의 탐구』, pp.101~102.

련은 『민중법당』을 발간하여 이론 작업에 힘쓰는 한편, 실천면에서도 매우 적극적이었고 투쟁적이었다. 창립 직후인 6월에는 성도섬유 여성근로자 해고에 항의하는 가두시위를 하였다. 이들은 반민중적·반민족적 신군부를 타도하기 위한 여러 시위와 집회 및 농성에 적극적으로 참여하였다. 1985년 구로공단의 대우어패럴 파업으로 인한 동맹파업 당시 파업 현장에 대한 지원과 농성을 아끼지 않았고, 1986년부터 민통련을 중심으로 전개되던 민주제 개헌 요구 투쟁에도 적극적으로 가담하였다. 또한 엄청난 규모의 가두시위였던 '5·3 인천사태'를 중심적으로 이끌었으며, 이로 말미암아 지도부가 구속되거나 수배되어 조직활동에 큰 위기를 맞게 된다. 이것은 두 가지 상반된 결과를 가져왔다고 할 수 있다. 한편으로는 과격한 투쟁이나 폭력으로 인하여 민불련에 대한 기성불교권의 시각이 부정적으로 바뀌게 되었고, 또 한편으로는 정부의 탄압이 불교계의 결집을 촉진시켜 조직을 재정비하게 하여 1987년 민주화 항쟁에 큰 공을 세우게 하였다.[140]

민불련이 소강상태로 접어들자, 1986년 6월 5일에는 전국 221명의 스님이 '정토구현전국승가회(정토승가)'를 창립하여 새로운 민중불교 운동을 열어 간다. 민불련 이후, 불교계의 민주·민중운동의 주도적 역할을 담당하게 된 정토승가는 원래 1986년 초 14명의 소장승려가 개헌서명에 동참하고 부처님 오신 날에 즈음하여 152명의 스님이 민주화를 촉구하는 시국선언문을 발표한 것을 계기로 결성되었다. 정토승가의 출범을 통해 볼 때 그동안 민중불교운동의 중심세력은

---

140 동국대석림동문회 편, 앞의 책, pp.441~442.

재가중在家衆(1980년 이전)에서 재가출가연합(민불련)을 거쳐 출가중出家衆(정토승가)으로 바뀌고 있음을 알 수 있다. 이들은 1988년 6월까지 40여 차례의 성명을 발표하면서 사회문제에 대한 불교적 입장을 천명하였다.[141]

다음, 1986년 9월 7일 해인사에서는 획기적으로 2천여 명의 스님들이 모여 '불교의 자주화'와 '사회의 민주화'를 천명한 '해인사승려대회'가 열렸다. 이 대회는 10·27 법난 진상 규명, 불교관계 악법 철폐, 부천서 성고문사건 진상 규명을 요구하는 등, 적극적인 현실비판을 시도함으로써 많은 사람에게 새로운 불교교단의 이미지를 심어 주었다. 해인사대회는 일반 사회에 "불교계가 이제야 잠을 깼다."는 여론을 불러일으켰고, 여러 불교단체는 지지성명을 다투어 발표했다. 이에 힘입어 소장승려 그룹은 10월 27일 봉은사에서 법난규탄대회를 열고 과격한 현장투쟁을 벌여 나갔다. 1987년 5월 18일, 광주 원각사에서는 '5·18 광주 희생 민주 영령 추모법회'가 있었는데 경찰이 최루탄을 쏘며 법당에 난입하여 무차별 구타·연행하는 사건이 발생하였다. 이 사건이 있은 직후 전국 곳곳에서는 대규모의 규탄성명과 단식농성 그리고 항의시위가 잇달았다. 이 사건은 불교인들을 결속시키는 계기가 되어 1987년 '6월 항쟁'을 이끌어 낸 '민주헌법쟁취 불교운동본부'를 결성하여 공동투쟁을 가능하게 했다. 이 기구는 서울, 부산, 광주, 대전 등 전국에 지부를 두어 한국불교 역사상 최초의 전국적인 불교 사회운동본부라는 기록을 남기게 되었다.[142]

---

141 홍사성, 앞의 책, p.105: 정토승가의 핵심에는 知訥 스님(지도위원), 靑和 스님(의장), 木偶·眞寬(부의장) 스님 등이 포함되어 있다.

(3) 재편기

1987년 12월의 대통령 선거 이후 민중불교운동권은 소강상태로 접어
든다. 이것은 야당 후보의 단일화 실패로 '군정종식'이 물거품이 된
데다, 특정 후보 지지를 둘러싼 운동단체 사이의 갈등으로 말미암은
것이었다. 이를 계기로 민중불교운동단체들은 새롭게 재편되는 상황
을 맞는다.

먼저 정토승가회와 정치적 입장을 달리하는 스님들이 주축이 되어
창립한 '대승불교승가회(1988년 3월 25일)'를 들 수 있을 것이다. 대승불
교승가회는 산중불교와 민중불교를 통합·지양하는 '민족불교'를 표방
하였으며 기존의 '민족불교연구소'와 『월간 법회』를 인수하여 활동하
였다. 이 단체는 1993년 '실천불교승가회'로 통합된다. 3월 5일, '불교
사회교육원'은 최석호 법사가 성열 스님 등과 함께 민족불교학당,
민족여성학교, 두레문화교실 등을 주요 사업으로 개원하였다. 4월
9일 문을 연 '불교사회연구소'는 대불련 출신 등이 주축이 되어 노동·인
권·통일 등의 문제를 불교적 입장에서 조사·연구한 단체이다.

이러한 재편 구도는 1988년 6월 12일, '민주 헌법쟁취 불교운동본부'
를 계승한 '민족화합 공동올림픽쟁취 불교본부(불교본부)'의 발족으로
일단 마무리된다고 볼 수 있으며, 이 불교본부는 12월 4일 '민족자주·통
일 불교운동협의회(통불협)'의 창립으로 이어진다.[143]

---

142 동국대석림동문회 편, 앞의 책, pp.444~445.

143 동국대석림동문회 편, 앞의 책.

3) 민중불교의 이념과 문제점

길희성은『실천불교』제4권과 여익구의『민중불교입문』그리고 김종
찬의「80년대의 민중불교운동」(新東亞, 1987년 6월) 등의 자료에 따라
민중불교의 특징을 다음과 같이 정리한 바 있다.

첫째, 민중의 고통이 본질적으로 사회정치적인 것임을 강조한다.
그리고 주관적 마음의 태도에 고통의 원인을 돌리는 문제의 "관념적
해결"을 거부한다.

둘째, 한국불교의 국가 지향적 성격, 즉 정치권력에 무비판적으로
합법성을 부여하고 지지를 보내는 소위 '호국불교'를 강력히 비판한다.

셋째, 한국의 전통불교가 소홀히 해 왔으며, 그래서 결여돼 있다고
여겨지는 역사의식 및 사회의식을 강조한다.

넷째, 이런 점에서, 한국전통불교의 주류인 선禪이 개인의 주관적
마음의 태도에 지나친 관심을 갖는 데 대하여 비판적 경향을 띤다.

다섯째, 소승불교에 대해서, 대승불교적 전통이 지금껏 보여 온
평가보다 훨씬 긍정적으로 평가한다. 특히 이상적 사회 공동체로서
승가僧伽의 역할을 강조한다.

여섯째, 자본주의의 해악을 강조하고 불교적 이상사회로서 특히
미륵불의 불국정토佛國淨土를 제시한다.[144]

길희성은 이러한 민중불교의 기본 이념이 한국불교계의 다수 구성원
을 설득하기에는 아직 해결해야 할 많은 과제를 안고 있다고 본다.
이 중에서도 특히 "한국불교전통의 핵을 이루는 선의 깨달음이 적극적

---

144 길희성, 앞의 논문, p.28.

인 사회윤리적 실천과 양립할 수 있는가?" 하는 문제는 민중불교가 사회적 실천을 강조하는 새로운 불교해석을 시도함에 있어서 반드시 해결하고 가야 할 문제라고 주장한다.[145]

필자는 이 질문과 유사한 문제의식을 느끼고 꽤 오래전부터 불교의 핵심 교리를 중심으로 한 연구를 시도해 오고 있다. 「초기불교의 연기상의설緣起相依說 재검토; 불교의 사회화를 위한 한 이론적 정초定礎」,[146] 「열반과 '욕망의 역설'문제」,[147] 「불교사상으로 본 사회적 실천」,[148] 「민중불교 이념의 비판적 고찰」 등의 논문은 그러한 연구의 작은 결과물이다. 그리고 그러한 연구를 통해, 불교와 사회윤리적 실천이 양립할 수 있다는 나름대로의 결론을 얻을 수 있었다.

여기서는 이 문제들을 깊이 있게 다룰 수 없어, 다만 「민중불교 이념의 비판적 고찰」[149]에서 논의했던 내용을 중심으로 1980년대 '민중불교의 이념과 문제점'에 대해 재정리해 보기로 한다.

우리가 말하는 1980년대 민중불교의 체계적이고도 공식적인 이념 텍스트는 없다고 해도 좋다. 민중불교 관련 제 자료에는 서로 상반되는 내용도 발견된다. 하지만 대표적인 이념서적은 역시 여익구의『민중불교 철학』, 그리고 법성法性의『앎의 해방, 삶의 해방』이라 할 것이다. 이 밖에도『민중불교입문』,『민중불교세미나(I)』,『물러섬과 나아감』

---

145 위의 논문, pp.28~29.
146『한국불교학』제14집, 1989.
147『伽山 이지관 스님 화갑기념논집』, 1992.
148『한국불교학』제28집, 2001.
149『민중불교의 탐구』, 민족사, 1989.

등의 단행본, 『실천불교』, 『청년 여래』, 『민중법당』, 『불교와 사회』 등의 잡지, 그리고 대불련의 수련대회 자료집들, 민중불교운동연합의 규약이라든가 창립선언문, 기타 여러 성명서 등을 통해서 우리는 민중불교의 이념과 만날 수 있다. 필자는 이러한 자료들에 근거해서 민중불교의 기본방향과 이념을 다음과 같이 요약한 바 있다.

첫째, 민중불교는 민중사관의 입장에서 민중의, 민중에 의한, 민중을 위한 불교를 지향한다.

둘째, 민중불교는 정치권력의 억압과 횡포 그리고 일체의 제도적 속박에서 벗어난 자율적이고도 민주적인 교단의 확립, 즉 불교의 자주화를 강조하며, 승속일치僧俗一致 운동 또는 사원화 운동 등을 추진한다.

셋째, 민중불교는 개인 완성과 사회 완성(정토 건설)을 기본목표로 하면서도 사회 완성을 우위에 두려는 입장을 견지한다.

넷째, 민중불교는 조국 현실의 모순의 악순환이 근본적으로 외세에 의한 분단 상황에 기인한다는 인식하에 반외세민족해방운동과 민족통일운동에 앞장선다.

다섯째, 민중불교는 부의 평등분배, 반독재민주화, 그리고 주체적인 민족문화 창달에 힘쓰며, 인권·반공해·반핵·반전운동을 전개한다.

여섯째, 민중불교는 이데올로기를 거부하지 않고 자본주의를 고집하지 않으며, 목적 달성을 위한 방법으로서 혁명과 폭력을 배제하지 않는다.

일곱째, 민중불교는 불교교리의 재해석과 사회현실의 분석을 사회과학적 방법론을 통하여 시도한다.

여덟째, 민중불교운동은 불타의 근본 교설과 초기대승사상에 이념적 기초를 둔 하나의 독자적(주체적) 운동이지만, 민중해방을 지향하는 전체사회운동의 입장에서 볼 때에는 하나의 부분운동적 성격도 지닌다.[150]

여기서는 이들 내용 전반에 대해 하나하나 논의할 수 있는 입장이 아니므로 문제점이 있다고 생각되는 내용을 중심으로 논의해 보기로 한다.

우선, 민중불교 관련 자료들을 살피다 보면 불교교리에 대한 재해석 작업과 자주 만나게 된다. '열반과 정토'에 대한 다음의 해석을 예로 들어보자.

사제법이 보여 주는 해방은 고통의 소멸이자 소외가 없는 새로운 현실의 혁명적 창출이다. 해방을 고통의 소멸이라고 정의할 때 불교는 그것을 열반(Nirvana: 止滅)이라 말하며 해방을 새로운 현실의 창출이라고 표시할 때 불교는 그것을 정토(淨土)라고 말한다. 열반은 소외된 현실이 갖는 부정성의 전면 폐기이며 정토는 억압이 없는 새로운 세계질서의 전면 긍정이다. 다시 열반이 해방의 인격적 실현이라면 정토는 해방의 사회적 구현이다. 그러므로 열반일 때 정토이며 정토일 때 열반이다. 열반이 정토라고 말하는 것은 개인의 자유는 다만 내면의 자유가 아니라 건전한 사회의 건설 속에서 그 진정한 자유가 완수되며 건전한 사회의 건설은 자유로워

150 박경준 外, 『민중불교의 탐구』, 민족사, 1989, pp.133~134.

진 개인의 구체적 일상으로만 표시될 수 있기 때문이다. 사제법을 통해서 보면 고통의 극복은 고통의 현실을 떠난 다른 어떤 곳에서 이루어지는 것이 아니라 고통이 출발하는 그곳, 소외가 빚어지는 현장에서 고통을 야기시키는 원인과 조건을 타파함으로써 이루어진다.[151]

이것은 사성제에 근거하여 열반과 정토가 초월적 영역에 속한 것이 아니라 '지금-여기'의 현실세계에서 이루어질 수 있다는 내용으로서, 불교의 사회적 실천에 이론적 근거를 마련해 주는 신선한 해석이라고 할 수 있다. 법성法性은 일련의 저술을 통해 민중불교 이념의 탄탄한 기반을 제공해 주고 있다고 생각된다.

그러나 많은 문헌에서는 지나친 목표지향 때문일지는 몰라도, 불교의 정체성을 뒤흔드는, 무리하고 위험한 해석이 종종 눈에 띄어 문제점으로 여겨진다. 그것은 무엇보다도 '깨달음'에 대한 다음의 해석에 잘 나타나 있다.

객관적 세계는 무한하고 무수한 측면이 무수히 상호연관 속에 있으며 끊임없이 변화하고 발전하고 있다. 따라서 객관적 세계에 대한 인간의 인식, 즉 객관적 진리의 파악도 또한 무한한 과정이다. 이것으로 모든 것을 인식했다고 말하는 것은 자만스러운 독단이다. 불교의 깨달음도 마찬가지다. 무엇을 깨달았다고 해서 곧바로 부처가 되는 것이 아니라 깨달음 역시 완성을 향해 가는 단계적·변

151 법성, 『앎의 해방, 삶의 해방』, 한마당, 1989, p.251.

증법적 과정인 것이다. 따라서 깨달음이란 하나의 진리에 대한 결과이자 무수한 진리에 대한 과정인 것이다.[152]

이 해석에 따르면, 깨달음은 변증법적 개념으로 설명될 수 있는 것으로, 역사적 객관세계의 과정상의 한 단계적이고 상대적인 진리에 지나지 않는다. 붓다의 깨달음도 '인식의 완성'이 아니라 완성을 향해 나아가는 한 과정일 뿐이다. 그러나 과연 고타마 붓다의 깨달음을, 또는 불교적 깨달음을 단순히 역사적 객관세계에 대한 바른 인식이라고 규정할 수 있는 것일까. 만약 이것이 참이라면 깨달음은 불교적 수행을 통해서보다는 사회과학적 지식을 통해서 더 쉽게 얻어질 수 있을 것이다. 불교에서 말하는 깨달음이란 원래 '아뇩다라삼먁삼보리'를 지칭한다. 이것은 간략하게 보리菩提(Bodhi)라고 부르며, '무상정등정각無上正等正覺' 또는 '무상정변지無上正偏知'라는 의미이다. 즉 '최상의 바르고 평등한 깨달음'이고 '완전한 깨달음'인 것이다. 달리 표현한다면 '궁극적 인식의 완성'이다. 이것은 결코 일상적 의미의 깨달음이 아닌, 종교적이고 궁극적인 의미에서의 깨달음이다. 그렇기 때문에 용수(Nagarjuna)는 그의 『대지도론』에서, "오직 부처님 한 사람의 지혜를 아뇩다라삼먁삼보리, 곧 깨달음이라고 할 수 있으며, 다른 사람들의 지혜를 깨달음이라고 이름할 수는 없다."[153]라고 해설하고 있다. 불교의 깨달음은 사회과학적 분석의 지식과는 다르다. 그것은 직관적 지식이며 생사生死의 괴로움을 뛰어넘는 지혜인 것이다. 이러한 깨달

152 여익구, 『민중불교철학』, 민족사, 1993, p.32.
153 『大正藏』 25, p.656中.

음을 성취하기 위해서는 팔정도의 하나인 '정정正定'과 같은 덕목의 실천도 필요하다. 그럼에도 민중불교의 한 자료에는 다음과 같은 언급이 발견된다.

> 산속에 앉아서 고요히 수행한다고 하는 따위는, 수행의 변증법적 완성을 몰각한 처사이며 무지의 소산이고 수행의 안티테제적 차원에 빠져 있는 모습이다. 이것은 부정의 부정 속에서 획득되는 진리의 체득이 못 되고 부정 그 자체에 매몰되어 있는 극히 낮은 단계의 수행 형태이다.[154]

'고요한 수행'에 대한 이러한 평가는 깨달음에 대한 잘못된 시각이 가져올 수밖에 없는 필연적 귀결이다. 불교적 실천은 ①자각적自覺的 실천 ②각타적覺他的 실천 ③자비적 실천으로 3분할 수 있을 터인데, 여기에 어떤 순서나 변증법적 단계가 있다고 생각하지는 않는다. 이러한 실천과 수행은 상황에 맞게 선택되어야 할 것이고, 이 세 가지 실천이 조화를 이룰 수 있도록 노력해야 한다.

다음으로, 민중불교는 우리가 사는 사회의 제반 문제가 근본적으로 사회의 구조적 모순에 기인한다고 보는 경향이 있는 것 같다. 다음의 언급은 그러한 입장을 대변하고도 남음이 있다.

> 자선이나 복지는 사회의 구조적 모순 속에서 생겨나는 사회의

---

154 『민중법당』 제4호, p.8.

낙오자들을 거두어들임으로써 오히려 모순적 사회체제를 간접적으로 옹호하는 것이 되며, 체제의 변혁을 무기한 연기시키는 것에 소극적으로 협력하는 것이 된다. 사회의 변혁이란 자선이나 복지의 대상이 되는 낙오자가 발생하지 않도록 하는 사회체제의 건설을 말한다. 보다 중요한 것은 빈곤자를 동정하기보다는 타인의 도움이나 동정 없이도 살아갈 수 있는 빈곤 발생의 원인을 제거하는 일이다.[155]

이러한 입장은 "사회의 변화, 발전의 동인이 인간의 실천적 행위인 계급 활동으로 발현되는 것은 필연적이다. 이 계급 활동의 총체적 표현이 운동이고 운동의 최고 형태가 혁명이다. 다시 말해서 혁명은 계급 활동의 최고 형태라고 할 수 있다."[156]는 주장으로까지 나아간다. 여기에서 말하는 계급 활동은 결국 계급적 모순과 질곡을 극복하고자 하는 피지배자계급의 투쟁이라고 보아도 좋을 것이다. 또한 이러한 혁명적 투쟁의 당위성과 필연성은 한국사회에 있어서뿐만 아니라 전 역사과정을 통하여 항상 존재한다는 '역사 법칙적 관점'을 민중불교는 고수하려는 듯하다. 이것은 결국 '모든 역사는 계급투쟁의 역사'라는 마르크스의 입장과 별로 다를 바가 없다고 본다.

이처럼 역사를 계급투쟁의 역사로 보고 폭력혁명을 정당하게 바라보는 민중불교의 한 시각은 마르크시즘과 다를 바 없다고 보며, 이것은 민중불교가 해결해야 할 가장 큰 문제점이라고 할 것이다.

---

155 여익구, 앞의 책, p.22.
156 『민중법당』 제4호, p.7.

408

또한 민중불교 일각에서는 한국의 불교가 교리의 훈고적 해석과 교조주의적 주입식 교육의 수준에 머물고 있어, 시대의 변화에 따른 사회적·역사적 요청에 부응하지 못하고 있다는 인식 아래, 불교교리의 사회과학적 해석과 비판을 시도한다. 하지만 여기에는 아직 많은 문제점이 남아 있다. 한 예를 들어 보자.

화엄종은 궁극적으로 세계의 모순이나 대립 면의 투쟁을 직시하지 않고 세존의 초기불교 철학적 관점을 왜곡해서 물질의 운동이나 변화를 모든 것을 평정, 조화의 관점으로 환치시켜 놓고 추상화했다. 이 결과 선·악 시비는 얘기하지 않게 되고 일체의 것을 원만무애 圓滿無碍한 평화공존의 세계로 환원하여 버린다. 억압자와 피억압자, 귀족과 노예, 도둑놈과 재판관, 의사와 환자 등은 모두 세계의 관계의 망網의 불가결한 결합을 목적으로 하고 있는 것이다. 화엄종은 이것을 세계가 상호협조, 상호보완, 상호수요, 정지적인 관계의 망으로 충만되어 있는 것처럼 환상하게 된다. 이리하여 세계는 일체의 차별이 말소되며 사람들이 당면한 현실적 고통의 세계는 투쟁하여 극복되어야 할 세계가 아니며 조화·평화의 세계인 것이다. 설사 고통의 현실이 온몸에 닥친다 하더라도 화엄신앙 속에서 환상의 불국토에 최후의 위안을 얻도록 교정한 사상이 화엄사상이라고 할 수 있다. 이것은 결국 수·당의 노예제 지배질서에 봉사한 상부구조였다는 것이 더욱 명백한 결론이라고 할 수 있다.[157]

---

157 여익구, 앞의 책, pp.104~105.

한마디로 말해서, 여기에서는 화엄사상의 고유한 자체논리를 이해하려는 자세는 찾아볼 수 없고, 사적 유물론史的唯物論이라는 그물로 투망질만을 하고 있음을 보게 된다. 사회학의 그물로 불교를 붙잡으려고 하면 잡히는 것은 불교 그 자체가 아니라 불교 속에 내재하는 얼마간의 사회학적 진실일 뿐이요, 심리학의 그물로 불교를 붙잡으려고 하면 잡히는 것은 역시 불교 속의 얼마간의 심리학적 진실일 뿐이다. 마찬가지로 사적 유물론으로 불교를 포착하려 해 보았자 불교의 핵심은 잡히지 않는다. 사적 유물론에 의하면, 불교는 상부구조에 속하기 때문에 계급투쟁의 역사 속에서는 당연히 지배계급에 봉사할 수밖에 없으며, 특히 유심론唯心論으로 규정되고 있는 후기불교는 무엇이든 지배이념을 제공하는 체제 교학의 범주를 벗어날 수 없다. 원래 종교적 인식을 거부하는 사적 유물론의 입장에서는 유식唯識사상과 선禪사상, 천태天台사상과 화엄華嚴사상의 각각의 독특한 철학체계나 이론체계는 크게 문제시되지 않는다. 다양한 사상들은 모두 획일적이고 기계적인 이데올로기적 분석에 의해서 유형적으로 파악되고 평가될 뿐이다. 이러한 입장은 반드시 반성되어야 한다고 본다.

그뿐만 아니라 위의 주장들을 잘 검토해 보면 후기불교는 그 '교리 내용 자체'가 아니라 '교리의 한 부정적 가능성(교리가 악용될 가능성)' 때문에 심한 비판을 당하고 있음을 알 수 있다. 또한 그러한 '가능성'과 역사적 '사실'이 명확하게 구별되지도 않고 있다. 그것은 실로 공평하지 못하다. 왜냐하면 '부정적 가능성'을 거론한다면 당연히 '긍정적 가능성'도 함께 거론해야 할 것이기 때문이다. 그리고 '교리 자체'가 아닌 '교리의 한 가능성' 때문에 비판을 가하는 것도 옳지 않다. 예를 들어

활인검活人劍도 살인용으로 쓰일 가능성은 있다. 그렇다고 해서 그 가능성 때문에 활인검을 무조건 나쁘다고 말할 수는 없을 것이다. 정작 나쁜 것은 활인검이 아니라 활인검을 살인하는 데 사용한 사람이다. 따라서 교리 해석의 초점은 일단 교리 내용 자체에 놓여야 한다. 사실상 위에서 거론되고 있는 '화엄사상'이나 '실유불성론悉有佛性論' 등은 현실의 모순과 부조리를 은폐하고 기만하는 것이 아니라, 그리하여 우리들의 행동을 잠재우는 것이 아니라, 우리에게 조화와 통일의 존재론적 근거를 제시함으로써 화해와 공존을 향한 적극적 실천을 촉발시키고 있는 것이다.[158]

4) 민중불교운동의 의의와 반성

민중불교운동이, 짧은 기간에도, 사회적으로 이룩한 실천적 성과와 불교계에 끼친 영향력은 적지 않은 것이었다. 몇 가지 극복해야 할 과제와 문제점이 있음도 물론이다.

먼저, 민중불교운동의 의의에 대해 논의해 보기로 한다.

첫째, 민중불교운동은 끝없는 분쟁과 기계적 타성, 그리고 무기력의 늪에 빠져 있던 불교계에 강력한 문제의식을 불러일으킴으로써 새로운 기류를 형성시켰고, 호국불교라는 미명하에 시대착오적 발상만을 거듭하던 보수적이고 폐쇄적인 교단에 진보적 역사의식과 비판적 사회의식을 고취시킨 하나의 도화선이 되었다. 세인들을 깜짝 놀라게 한 1986년의 9·7 해인사 승려대회, 불교재산관리법의 전통사찰보존법

---

158 박경준 외, 앞의 책, pp.165~168.

(여기에도 많은 문제점이 남아 있지만)에로의 개정 등은 모두 이러한 배경과 맥락에서 생각해 볼 수 있을 것이다.

둘째, 훈고적이고 교조주의적인 매너리즘에 깊이 함몰해 있던 불교학 연구 풍토에 사회과학적 또는 해석학적 접근방법을 도입함으로써 역동적인 교리해석을 위한 기초를 다져 놓았고, 동시에 교리에 대한 비판적 입장과 다양한 시각을 갖도록 함으로써 앞으로의 불교 연구 풍토 개선을 위한 좋은 자극제 역할을 하였다. 특히 법성의 『앎의 해방, 삶의 해방』은 일관성 있게 독창적인 교리 해석을 시도하고 있는 주목할 만한 책이며, 민중불교운동의 견인차 구실을 했던 여익구의 『민중불교 철학』도 적지 않은 문제점을 안고 있음이 사실이지만, 중요한 성과물이라고 하겠다.

셋째, 삶의 현장이 아닌 산속의 은둔 종교, 남성이 아닌 여성 중심의 종교라는 불교의 부정적 이미지를 깨뜨림으로써 뜻있는 청장년으로 하여금 불교에 대한 새로운 인식과 적극적인 관심을 불러일으키게 하고 불교신자들에게도 개인적 기복신앙에서 탈피하여 사회구제의 중요성에 눈뜨게 할 수 있는 계기를 마련하였다.

넷째, 민중불교운동은 보수적인 불교권 내에 '불교의 사회화 및 사회의 민주화'의 필요성과 당위성을 인식시키고, 반독재민주화 투쟁의 열기를 확산시켜 마침내 6·29선언이라는 민주화 진행의 교두보를 쟁취해 냄으로써, 한국사회의 민주발전에 일익을 담당했다는 점이다.

다섯째, 민중불교운동은 그동안의 활동을 통해서 나름의 경험과 조직기반을 다져 놓고, 일반운동단체와의 연대활동을 통한 공적에 의해서 불교권의 위상을 확보해 놓음으로써 미래의 불교운동을 위한

412

자체역량을 축적해 두었다는 점이다.[159]

다음으로, 민중불교운동이 남겨 놓은 문제점과 과제에 대하여 살펴보기로 한다.

첫째, 민중불교운동은 체계적이고 조직적인 이론과 이념이 결여되어 있다. 분명한 운동이론이 정립되지 않은 상태에서의 운동은 내부적 혼란과 분열을 면키 어려우며, 역사적 생명력도 짧을 수밖에 없다. 또한 전통적인 신행과 운동을 접목시킬 수 있는 '민중불교의 수행론'이 개발되어야 한다.

둘째, 불교교리에 대한 독단적이고 주관적인 왜곡은 반드시 극복되어야 한다. 불교 왜곡의 몇 가지 예, 즉 불교의 '깨달음'을 '역사적 객관세계에 대한 올바른 인식'과 같은 것으로 보려고 한다든가, 초기불교(원시불교)와 후기불교(대승불교)를 전혀 무관한 별개의 것으로 이해한다든가, 화엄철학을 '현실의 차별을 합리화하고 정당화시키는 지배논리' 정도로 파악하려 든다든가 하는 점들은 크게 우려하지 않을 수가 없다. 불교운동의 이념을 정립하는 것은 참으로 중요한 일이지만, 그렇다고 하여 불교의 고유한 사상체계를 심도 있게 공부해 보지도 않고 또는 불교교리 및 불교사에 대한 총체적인 이해도 없이 불교를 아전인수격으로 왜곡한다든가 견강부회하는 일은 주의해야 한다.

셋째, 불교운동이 불교사상의 정체성을 잃고 통속적인 이데올로기로 전락하지 않도록 유의하지 않으면 안 된다. 민중불교 속에는 마르크시즘을 그대로 원용한 것 같은 이론이 간혹 눈에 띈다. 예를 들면

---

159 홍사성 외, 『민중불교의 탐구』, pp.117~119.

'승가 공동체가 사유재산을 부정하기 때문에 사유재산을 인정하는 자본주의는 배격되어야 할 것'이고, '정토淨土는 계급 없는 사회에 다름 아닌 것'이며, '국가는 계급적 대립의 산물로서 부정되어야 할 것'이고, '역사의 과정은 경제적 요인에 의해서 결정된다'는 등의 주장이 바로 그것이다. 그리고 민중불교가 그 구제(해방)의 대상으로 설정하고 있는 '민중'이라는 단어도 억압받고 착취당하고 소외당하는 사람들만을 지칭하는 계급개념이다. 따라서 민중을 해방시키기 위해서는 가진 자와 지배자는 타도해야 된다는 것이다. 이와 같은 내용은 일체중생의 구제를 지향하는 불교의 근본정신과는 거리가 멀다 할 수 있다. 운동 목표를 분명히 한다는 것은 필요한 일이지만, 불교운동은 단순한 사회운동이나 정치운동이 아니라 어디까지나 종교운동이라는 점도 유념해야 한다.

넷째, 민중불교운동이 몇몇 문건들을 통해 제시하는 투쟁방법으로서의 폭력은 원칙론이 될 수 없다는 점이다. 증오심을 바탕에 깔고 있는 폭력혁명이론은 불교의 근본교리에는 위배된다. 불교는 본질적으로 지혜와 자비의 종교인만큼, 불교운동은 만인에 대한 자비심에서 출발해야 한다. 그리하여 만인을 다 살릴 수 있게 하기 위한 온갖 지혜로운 방법(善巧方便)을 강구하고 설득(교화)과 인내와 정진을 끝없이 실천해 가야 한다. 고통받는 민중은 선이고 지배자와 가진 자는 악이라는 식의 흑백논리는 경계해야 한다. 이러한 도식적인 이해는 참으로 관념적인 것이어서 실체적 진실을 호도하고 역사 속에서 살아 움직이는 개체를 말살하기 쉽다. 그러나 지혜와 자비의 정신을 구체화하는 일은 폭력투쟁보다도 훨씬 더 어렵고 투철한 구도자적 자세를 요구한다. 그렇기 때문에 불교인은 돌과 화염병으로 투쟁할 것이 아니라 지혜와 자비로써 투쟁해야 한다.

'민중불교운동'은 1980년대 한국 사회의 총체적 위기 속에서 민중이 체험했던 사회적 고통에 대한 불교적 성찰이자 불교적 사회실천운동이었다.

민중불교운동은 그 짧은 역사에도 불구하고 오늘의 한국불교의 흐름을 크게 바꾸어 놓았다. 조계종을 비롯한 불교종단들의 체질변화와 수많은 불교시민사회운동단체의 활동이 그것을 입증해 주고 있다.

최근에는 '민중불교'라는 용어 대신 '참여불교' 또는 '실천불교'라는 단어의 사용이 일반화되어 가고 있는 것 같다. 용어야 어쨌든, 미래의 불교는 '민중불교운동'의 이념을 계승하여 개인적 수행을 통한 자기완성과 함께 사회적 실천을 통한 세계완성에 큰 기여를 해 가야 할 것이다.

참고문헌

I. 原典類

『長阿含經』(『大正藏』 1)

『中阿含經』(『大正藏』 1)

『雜阿含經』(『大正藏』 2)

『增一阿含經』(『大正藏』 2)

『四分律』(『大正藏』 22)

『彌沙塞部和醯五分律』(『大正藏』 22)

『根本說一切有部毘奈耶雜事』(『大正藏』 24)

『南傳大藏經』

『金剛經』

『金色王經』(『大正藏』 3)

『大般涅槃經』

『大薩遮尼乾子所說經』(『大正藏』 9)

『無量壽經』(『大正藏』 12)

『法華經』(『大正藏』 9)

『分別業報略經』

『佛說大阿彌陀經』 권1(『大正藏』12)

『修行本起經』(『大正藏』 3)

『勝鬘經』(『大正藏』 12)

『藥師琉璃光如來本願功德經』 권1(『大正藏』 14)

『涅槃經』(『大正藏』 12)

『維摩詰所說經』(『大正藏』 14)

『諸德福田經』(『大正藏』 16)

『華嚴經』(『大正藏』 9)

『高僧傳』권12(『大正藏』50)

『大乘阿毘達磨集論』

『大乘義章』

『大智度論』(『大正藏』25)

『菩薩本生鬘論』

『佛所行讚』(『大正藏』4)

『阿毘達磨大毘婆沙論』

『阿毘曇心論經』

『中論』(『大正藏』30)

Dīgha-Nikāya(*D.N.*), ed. by T.W. Rhys Davids and J.E. Carpenter, 3Vols., London: P.T.S., 1890~1911. tr. T.W. and C.A.F. Rhys Davids, *Dialogues of the Buddha*, 3Vols., London: P.T.S., 1899~1921.

Majjhima-Nikāya(*M.N.*), ed. by V. Trenckner and R. Chalmers, 3Vols., London: P.T.S., 1887~1901. tr. I.B. Horner, *Middle Length Sayings*, 3Vols., London : P.T.S., 1954~1959.

Saṃyutta-Nikāya(*S.N.*), ed. by L. Feer, 6Vols., London: P.T.S., 1884~1904. tr. C.A.F. Rhys Davids and F.L. Woodward, *The Book of the Kindered Sayings*, 5Vols., London: P.T.S., 1917~1930.

Aṅguttara-Nikāya(*A.N.*), ed. by R. Morris and E. Hardy, 5Vols., London: P.T.S., 1885~1900. tr. F.L. Woodward and E.M. Hare, *The Book of the Gradual Sayings*, 5Vols., London: P.T.S., 1932~1936.

Suttanipāta(*Sn.*), ed. by Dines Anderson and Helmer Smith, London: P.T.S., 1984.

Dhammapāda(*Dhp.*), ed. by H.C. Norman, London: P.T.S., 1970.

Jātaka, ed. by V. Fausböll, London: P.T.S., 1879.

Sacred Books of the East, Vol. II, Edited by F. Max Müller.

II. 單行本類

高範瑞,『價値觀研究』, 나남, 1992.

高翊晋,『현대한국불교의 방향』, 경서원, 1984.

_____,『아함법상의 체계성 연구』, 동국대학교출판부, 1990.

국제크리스찬교수협의회 편,『現代社會와 宗敎』, 主流, 1987.

金大植 外,『經濟學原論』, 박영사, 1991.

金大煥,『社會思想史』, 法文社, 1991.

金東華,『佛敎倫理學』, 文潮社, 1971.

_____,『佛敎學槪論』, 보련각, 1972.

_____,『原始佛敎思想』, 京城文化社, 1982.

金洙槿,『經濟成長 이야기』, 韓國經濟新聞社, 1990.

都聖達 외,『共産主義 이데올로기의 虛와 實』, 한국정신문화연구원, 1992.

박경준 외,『실천불교의 이념과 역사』, 행원, 2002.

朴東敬,『家庭經濟學』, 博英社, 1973.

박현채 편저,『정치경제학강의』, 돌베개, 1991.

서경수,『불교철학의 한국적 전개』, 불광출판부, 1990.

成基重,『職業倫理』, 螢雲出版社, 1987.

宋榮培,『中國社會思想史』, 한길사, 1988.

沈義輔,『職業倫理』, 白山出版社, 1992.

오경환,『종교사회학』, 서광사, 1990.

元義範,『印度哲學思想』, 集文堂, 1990.

李箕永,『佛敎와 社會』, 韓國佛敎研究院, 1978.

李載昌,『韓國佛敎寺院經濟研究』, 불교시대사, 1993.

鄭允炯,『西洋經濟思想 研究』, 創作과 批評社, 1981.

鄭泰爀,『印度宗敎哲學史』, 김영사, 1985.

趙淳,『經濟學原論』, 法文社, 1987.

洪庭植,『佛敎入門』, 동국출판사, 1967.

金淙鎬,『勞動과 人間』, 以文出版社, 1990.

韓筌淑·車仁錫,『現代의 哲學 I』, 서울대 출판부, 1990.

黃璟植, 『社會正義의 철학적 기초』, 文學과 知性社, 1985.

黃弼昊, 『分析哲學과 宗教』, 종로서적, 1989.

東國大學校 편, 『佛教와 現代世界』, 1976.

佛教新聞社 편, 『현대의 제 문제 그 불교적 해답』, 밀알, 1989.

『實踐佛教』 第四輯, 일월서각, 1987.

韓國社會科學研究所 편, 『現代이데올로기의 諸問題』, 民音社, 1978.

韓國哲學會, 『哲學』 第三十三輯, 1990.

『(증보)韓龍雲全集 2』, 신구문화사, 1980.

宮坂宥勝, 『佛教の起源』, 東京: 山喜房佛書林, 1972.

奈良康明, 『佛教史 I』(世界宗教史叢書7), 東京: 山川出版社, 1979.

大野信三, 『佛教社會經濟學說の研究』, 東京: 有斐閣, 1956.

木村泰賢, 『大乘佛教思想論』, 東京: 大法輪閣, 1982.

_____, 『原始佛教思想論』, 東京: 大法輪閣, 1982.

_____, 『印度哲學宗教史』, 東京: 大法輪閣, 1981.

村上眞完, 『インド 哲學概論』, 京都: 平樂寺書店, 1991.

山崎元一, 『古代インド社會の研究』, 東京: 刀水書房, 1987.

三枝充悳, 『初期佛教の思想』, 東京: 東洋哲學研究所, 1978.

增永靈鳳, 『根本佛教の研究』, 東京: 風間書房, 1948.

和辻哲郎, 『原始佛教の實踐哲學』, 東京: 岩波書店, 1973.

山本啓量, 『原始佛教の哲學』, 東京: 山喜房佛書林, 1973.

舟橋一哉, 『原始佛教思想の研究』, 京都: 法藏館, 1983.

水野弘元, 『原始佛教』, 京都: 平樂寺書店, 1981.

宇井伯壽, 『佛教汎論』, 東京: 岩波書店, 1962.

_____, 『印度哲學研究(第二)』, 東京: 甲子社書房, 1925.

雲井昭善, 『佛教興起時代の思想研究』, 東京: 平樂寺書店, 1967.

西谷啓治, 『現代社會の諸問題と宗教』, 京都: 法藏館, 1978.

日本佛教學會論, 『佛教と社會の諸問題』, 京都: 平樂寺書店, 1970.

友松圓諦, 『佛教經濟思想研究』, 東京: 東方書院, 1932.

_____,『佛教に於ける分配の理論と實際(上)』, 東京: 春秋社, 1965.

淺野研眞,『佛教社會學研究』, 東京: 凡人社, 1935.

久保田正文,『佛教社會學』, 東京: 日新出版, 1963.

前田惠學,『原始佛教聖典の成立史研究』, 東京: 山喜房佛書林, 1966.

早島鏡正,『初期佛教と社會生活』, 東京: 岩波書店, 1964.

早島鏡正 外,『インド思想史』, 東京: 東京大學出版會, 1985.

佐佐木教悟 外,『佛教史概說－』, 京都: 平樂寺書店, 1967.

中村 元,『釋尊のことば』, 東京: 春秋社, 1958.

_____,『宗教と社會倫理』, 東京: 岩波書店, 1969.

_____,『原始佛教を讀む』, 東京: 岩波書店, 1985.

_____,『原始佛教』, 東京: 日本放送出版協會, 1974.

_____,『原始佛教の思想』, 東京: 春秋社, 1981.

_____,『原始佛教の生活倫理』, 東京: 春秋社, 1978.

中村 元 編,『ブッダの世界』, 東京: 學習研究社, 1980.

增谷文雄,『佛陀時代』(現代佛教名著全集 第四卷, 印度の佛教 3), 東京: 隆文館,
    1972.

增谷文雄,『佛教槪論(現代人の佛教 12)』, 東京: 筑摩書房, 1966.

平川 彰,『原始佛教の研究』, 東京: 春秋社, 1980.

平川 彰 外 編,『講座・大乘佛教』 1, 東京: 春秋社, 1981.

孝橋正一,『現代佛教論』, 京都: 春秋社, 1980.

_____,『社會科學と現代佛教』, 大阪: 創元社, 1968.

岩本 裕,『佛教入門』, 東京: 中央公論社, 1970.

松本史朗,『緣起と空』, 東京: 大藏出版株式會社, 1989.

吉田久一,『日本近代佛教社會史研究』, 東京: 川島書店, 1991.

佛教傳道協會, *The Teaching of Buddha.*

Boulding, K.E., 朴東淳 譯,『제로成長社會(*The No-Growth Society*), 三星美術文化
    財團(三星文化文庫 58), 1989.

Hayek, F.A., 김영청 譯,『노예의 길(*The Road to Serfdom*)』, 동국대학교 출판부,

1993.

브라운, 레스터 外, 오수길 外 역,『지구환경보고서-2001』, 도요새, 2001.

싱어, 피터, 황경식·김성동 역,『실천윤리학』, 철학과 현실사, 1992.

이소노가미 겐이치로, 박희준 역,『윤회와 전생』, 고려원, 1990.

슈마허, E.F., 김정우 역,『佛敎經濟學』, 대원정사, 1988.

조애너 메이시, 이중표 역,『불교 일반시스템이론』, 불교시대사, 2004.

타고르, R., 박희진 역,『기탄잘리』, 홍성사, 1983.

和辻哲郎, 안승준 역,『원시불교의 실천철학』, 불교시대사, 1993.

Hook, Sidney, 梁好民 역,『맑스와 맑스주의자들』, 文明社, 1972.

Scott, A.M., 정태섭 역,『共産主義』, 思想界社出版部, 1961.

Christopher Queen and Sallie King, ed., *Engaged Buddhism*, State University of New York Press, 1996.

헬레나 노르베르-호지 외,『지식기반사회와 불교생태학』, 아카넷, 2006.

Davids, Rhys, *Buddhist India*, Delhi: Motilal Banarsidass, 1981.

Dissanayake, Piyasena, *Political Thoughts of the Buddha*, Colombo: The Department of Cultural Affairs, 1977.

Dray, William H., *Philosophy of History*, Englewood Cliffs, N.J.: Prentice-Hall, 1964.

Eliade, Mircea, *The Myth of the Eternal Return(of Cosmos and History)*, Princeton: Princeton University, Press, 1971.

Ghoshal, U.N., *History of Indian Policical Ideas*, London: Oxford University Press, 1959.

Jones, Ken, *The New Social Face of Buddhism*, Boston: Wisdom Publications, 2003.

Karunaratne, W. S., *Wesak Number 1965*, Colombo: Department of Cultural Affairs, 1965.

Keynes, J.M., a.a.o.

Lamotte, Etienne, *History of Indian Buddhism*, Louvain: Peeters Press, 1988.

Ling, Trevor, *The Buddha*, Baltimore: Penguin Books Inc., 1973.

_____, *Buddha, Marx and God*, New York: St. Martin Press, 1966.

Marcuse, Herbert, *One-Dimensional Man*, London: Routledge & Kegan Paul Ltd., 1964.

_____, *Reason and Revolution*, Boston: Beacon Press, 1964.

Marx, k., Engels, F., *The German Ideology*, MECW, Vol.5.

Majumdar, D.N., *Races and Cultures of India*, London: Asia Publishing House, 1961.

Murti, T.R.V., *The Central Philosophy of Buddhism*, London: Geoge Allen & Unwin Ltd., 1974.

Oldenberg, Herman, *Buddha*, Varanasi: Indological Book House, 1971.

Popper, Karl R., *The Poverty of Historicism*, New York: Harper & Row, 1964.

Radhakrishnan, S., *The Dhammapada*, London: Oxford University Press, 1958.

_____, *Indian Philosophy* Vol.I, London: George Allen & Unwin, 1977.

Rahula, Walpola, *What the Buddha Taught*, London: Gordon Fraser, 1978.

Ratnapala, Nandasena, *Buddhist Sociology*, Delhi: Sri Satguru Publications, 1993.

Rawls, John, *A Theory of Justice*, Cambridge: Harvard University Press, 1973.

Rudolf, A.F., Hoernle and Herbert A. Stark, *A History of India*, Delhi: Sri Satguru Publications, 1986.

Russell, Bertrand, *The Conquest of Happiness*, New York: Bantam books, 1968.

Smith, A., *Wealth of Nations*.

Spellman, J.W., *Political Theory of Ancient India*, Oxford: Charendon Press, 1967.

Spiro, Melford E., *Buddhism and Society*, New York: Harper & Row, 1970.

Tillich, Paul, *Christianity and the Encounter of the World Religions*, New York: Columbia University Press, 1964.

Toynbee, Arnold, *An Historian's Approach to Religion*, London: Oxford University Press, 1956.

Warder, A.K., *Indian Buddhism*, Delhi: Motilal Banarsidass, 1980.

Weber, Max, *The Religion of India*, New York: The Free Press, 1958.

422

_____, *The Protestant Ethic and the Spirit of Capitalism*, London: George Allen & Unwin, 1978.

_____, *The Sociology of Religion*, Boston: Beacon Press, 1964.

Wittgenstein, Ludwig, *Tractatus Logico Philosophicus*, London: Kegan Paul, 1922.

Zimmer, Heinrich, *Philosophies of India*, New York: Meridian Books Inc., 1956.

III. 論文類

Alt, Wayne, "There is no paradox of desire in Buddhism", *Philosophy East and West* 30, No.4, October, 1980.

Herman, A.L., "A Solution to the paradox of desire in Buddhism", *Philosophy East and West* 29, No.1, January, 1979.

Jayatilleke, K.N., "Aspects of Buddhist Social Philosophy-A Recent Criticism of Buddhism", *The Wheel*, No.128·129, 1969.

Loy, David, "The difference between saṃsāra and nirvāṇa", *Philosophy East and West* 33, No.4, October, 1983.

Neville, "World Community and Religion", 『人類文明과 圓佛敎思想』, 1991.

Visvader, John, "The Use of Paradox in Uroboric Philosophies", *Philosophy East and West* 28, No.4 October, 1978.

Zuniga, Francisco, "Socio-ethical Thought in Early Buddhist Literature(Based upon Pāli Texts)", A doctoral dissertation of Seoul National University, 1989.

金東華, 「佛敎의 國家觀」, 『佛敎學報』 第十輯, 佛敎文化研究所, 1973.

金煐泰, 「佛敎的 治國의 史的 實際」, 『佛敎學報』 第十輯, 1973.

남궁선, 「共業의 사회성에 대한 생태철학적 해석」, 『한국불교학』 46, 2006.

朴京俊, 「大乘涅槃經の業說について」, 『印度學佛敎學研究』 51, 2002.

_____, 「대승열반경에 나타난 일천제 성불론」, 『한국불교학』 17, 1992.

_____, 「業說을 통해 본 佛敎의 歷史精神」, 『東國思想』 第九輯, 1976.

_____, 「대승경전관 정립을 위한 시론」, 『한국불교학』 제21집(한국불교학회, 1996).

_____, 「민중불교 이념의 비판적 고찰」, 『동국대학교연구논집』 제18집(동국대학
    교대학원, 1988).

_____, 「佛敎 共業說의 사회학적 함의」, 『佛敎學報』 제52집(동국대학교 불교문화
    연구원, 2009).

徐閏吉, 「平和와 協調의 原理로서의 佛敎」, 『東國思想』 第七輯, 1976.

西義雄, 「原始佛敎に於ける社會觀」, 『印度學佛敎學研究』 通卷 第2號, 1953.

여익구, 「민중불교 구현을 위한 몇 가지 철학적 문제」, 『실천불교』 제4집(일월서각,
    1987).

元義範, 「宗敎와 政治」, 『東國思想』 第八輯, 1975.

尹炳植, 「佛敎의 人間觀」, 『哲學과 宗敎』 창간호, 1990.

尹世遠, 「佛陀의 政治思想에 관한 研究」, 中央大 博士學位論文, 1985.

李載昌, 「佛敎의 社會·經濟觀」, 『佛敎學報』 第十輯, 佛敎文化研究所, 1973.

李仲杓, 「阿含의 中道體系研究」, 東國大 博士學位論文, 1989.

李智冠, 「現代 속의 僧伽像」, 『東國思想』 第八輯, 1975.

이현옥, 「용수의 정치이념과 그 실제 -『보행왕정론』을 중심으로-」, 『한국불교
    학』 제24집.

田崎正浩, 「根本佛敎を基盤とする新經濟學」, 『印度學佛敎學研究』 통권 제11호.

정승석, 「대승불교의 실천 이념」, 『실천불교의 이념과 역사』(행원, 2002).

鄭承碩, 「分配問題에 대한 佛敎의 基本認識」, 『省潭 金羽泰敎授回甲紀念論文集』,
    1992.

鄭泰爀, 「佛敎의 政治理念」, 『東國思想』 第八輯, 1975. 第十一號, 1958.

中村 元, 「大乘佛敎興起時代のインドの社會構成」, 『印度學佛敎學研究』 4-1.

_____, 「大乘佛敎興起時代のインドの社會構成」, 『印度學佛敎學研究』 통권 제
    7호.

車仁錫, 「現代이데올로기와 宗敎」, 『人類文明과 圓佛敎思想(上)』, 1991.

春日禮智, 「佛敎印度の社會」, 『印度學佛敎學研究』 通卷 第35號, 1969.

한국교수불자연합회 편, 「깨달음의 사회화, 어떻게 이룰 것인가」(한국교수불자연
    합회 제6회 한·일 불교학술대회 자료집, 1996).

許祐盛, 「無我說: 自我解體와 世界止滅의 倫理說」, 『철학연구』 29, 1991.

424

洪庭植,「佛教의 政治思想」,『佛教學報』 第十輯, 1973.

IV. 辭典類

『望月佛教大辭典』, 東京: 世界聖典刊行協會, 1974.

『佛學大辭典』, 台北: 大東佛教研究院, 1961.

『新·佛典解題事典』, 東京: 春秋社, 1966.

『佛教語大辭典』, 東京: 東京書籍, 1981.

Monier-Williams, ed. *Sanskrit-English Dictionary*. Oxford: The Clarendon Press, 1899.

T.W. Rhys Davids and W. Stede, *The Pali Text Society's Pali- English Dictionary*, London: Routledge and Kegan Paul Ltd., 1979.

정승석 편,『불전해설사전』, 민족사, 1989.

찾아보기

박경준

동국대학교 대학원 불교학과 명예교수.

동국대학교 불교학과를 졸업하고 동 대학원 불교학과에서 철학
박사학위를 취득하였다. 1995년부터 동국대학교 불교학부 교
수로 재직하였으며, 동국대학교 불교문화연구원장, 중앙도서관
장, 평생교육원장, 에코포럼 운영위원장, 불교학연구회장,『불
교평론』편집위원장, 민주평화통일자문회의 상임위원, 공직자
종교차별자문회의 위원, 불교방송시청자위원회 위원 등을 역
임하였고, 현재 정의평화불교연대 지도법사로 활동하고 있다.
주요 저서로『불교학의 사회화 이론과 실제』,『다비와 사리』,
『민중불교의 탐구』(공저),『지식기반사회와 불교생태학』(공저)
등이, 역서로『근본불교와 대승불교』,『원시불교사상론』,『아시
아의 참여불교』,『지구를 구하는 경제학』,『동남아시아의 불교
수용과 전개』,『불교사회경제학』(공역) 등이 있다.

불교사회경제사상

재판 1쇄 인쇄 2022년 11월 29일 | 재판 1쇄 발행 2022년 12월 9일
지은이 박경준 | 펴낸이 김시열
펴낸곳 도서출판 운주사

(02832) 서울시 성북구 동소문로 67-1 성심빌딩 3층

전화 (02) 926-8361 | 팩스 0505-115-8361
ISBN 978-89-5746-716-9 93220 값 25,000원
http://cafe.daum.net/unjubooks 〈다음카페: 도서출판 운주사〉